国家出版基金项目
NATIONAL PUBLICATION FOUNDATION

法治中国创新研究
主编 肖金明

公正司法的逻辑与路径

秦前红 等 著

山东大学出版社

图书在版编目(CIP)数据

公正司法的逻辑与路径/秦前红等著. —济南:
山东大学出版社,2018.12
(法治中国创新研究/肖金明主编)
ISBN 978-7-5607-6264-7

Ⅰ. ①公… Ⅱ. ①秦… Ⅲ. ①立法—研究—中国
Ⅳ. ①D920.0

中国版本图书馆 CIP 数据核字(2018)第 295286 号

责任策划:尹凤桐
责任编辑:姜　明
封面设计:张　荔

出版发行:山东大学出版社
社　址　山东省济南市山大南路 20 号
邮　编　250100
电　话　市场部(0531)88363008
经　　销:新华书店
印　　刷:山东新华印务有限责任公司
规　　格:720 毫米×1000 毫米　1/16
27 印张　429 千字
版　　次:2018 年 12 月第 1 版
印　　次:2018 年 12 月第 1 次印刷
定　　价:42.00 元

总 序

一

前些年，有一部名为《法治中国》的政论片引人注目，它由“奉法者强”“大智立法”“依法行政”“公正司法（上）”“公正司法（下）”“全民守法”六集构成，比较全面地呈现了改革开放以来尤其是党的十八大以来中国法治建设取得的重大成就。如果说这部政论片还有什么需要改善和加强的地方，那就应当是进一步突出宪法在法治中国建设中的基础地位，凸显依规治党和依法执政对于依法治国战略实施的关键作用，强化法治社会理论与实践对于法治国家建设的重大价值，更加完整地表述新时代全面依法治国、建设法治中国战略的内涵和外延。从一定意义上讲，在推进国家治理体系和治理能力现代化进程中，法治中国是一个需要特别涵养的概念，它已经超出了传统的法学和法治知识体系，强烈需要中国法治理论创新、制度创新和实践创新。基于此，法治中国的时代命题似乎还可以更严谨一些，可以完善各集题名为：第一集“奉法者强，尊宪者威”，第二集“依规治党，依法执政”，第三集“科学立法，良法善治”，第四集“严格执法，依法行政”，第五集“公正司法，司法公信”，第六集“全民守法，法治社会”。这不仅可以进一步加强《法治中国》的完整性，更能够在世界视野中深层次地反映法治建设的中国元素、中国特色和中国风格。

“法治中国创新研究丛书”就是这样一部体现法治建设中国元素、中国特色和中国风格的创新性理论成果。该成果以“奉法者强，尊宪者威”为信条，将党内法规与法治建设、科学立法与良法善治、行政创新与法治政府、公正司法和司法公信、法治社会与社会治理等新时代重大理论和实践命题整合为一个研究系列，或以新内容或以新视角，面向更为宏阔和更有深度的法治中国建设伟大实践，在如下几个领域或方向上的学术创新和理论深化取得了重要进展：

一是秉持法治创新的基本理念，确认“政党—国家—社会”的分析框架，基于在党内法治、国家法治、社会法治三条战线上全面推进法治的逻辑认识，以党内法规现象为研究对象，运用一般法学原理和方法探讨党内法规制度的形成和运作；从提升党内法规研究学理化水平、推动党内法规学学科化的角度，系统探讨党内法治的基本范畴和特别逻辑，超越传统法学与传统法治的视野与范式；在考察中国共产党党内法治历史经验的基础上，分析党内法规制度逻辑，研究党内法治实践规律，深化党内法治理论研究，形成“理论—历史—制度—实践”的党内法治研究框架体系。

二是以立法的科学性为基本出发点，以法治运行的逻辑起点——立法现象为主要研究对象，遵循“实践—规律—制度”的分析理路，探讨科学立法的经验与规律，探索完善立法制度体系的机制与路径，致力于深化科学立法研究，推动立法学学科不断成熟发展，全面提升我国立法实践的科学化、规范化与法治化水平；基于为全面依法治国、建设法治中国战略实施提供坚实立法支持与有力法治保障的实际需要，反对立法虚无主义与法律万能主义，坚持用实践的、发展的、全面的眼光认识立法现象，正确处理立法与法治、改革、发展、反腐等重大命题的逻辑关联；在法学学科体系中明确立法学的智识贡献，多维和真实地揭示立法现象的本质与规律，进而检视和构造立法实践的制度依据、行动过程、产出形态、利益方案和表达方式。

三是以人民主体性为根本出发点，以非强制性的行政权力形态——行政软权力为主要研究对象，从功能主义的理论视阈出发探索行政软权力理论形态及其实践经验，以深入推动中国特色社会主义法治政府建设，推动行政程序法制、行政伦理法制和社会价值评价法制的发展，并坚持“法治国家、法治政府、法治社会一体建设”的基本思路，紧扣时代脉搏，关注行政自主领域软权力治理的实践和法治化路径，回应了行政软权力及其法治化的理论难题，构建起一个比较严谨的理论范畴与体系，为行政国时代硬权力治理与软权力治理相结合的现代行政法治提供理论依据，对创新中国行政法理论和完善中国公法学理论体系，具有重要学术价值，对推进全面依法治国、建设法治中国，深入依法行政、建设法治政府，推进新时代国家治理体系和治理能力现代化，具有重大现实意义。

四是将立法、执法与司法确定为法治国家建设的三个基本维度，明确它们对法治国家、法治政府、法治社会一体建设的重要作用，尤其强调司法是制约权力、保障权利实现的最后一道屏障，立基于四十年改革开放宏大背景之下叙事，贯穿“权利与权力之间的制约平衡”基本逻辑，将公正司法置于各种关系之中予以观察和界定，对公正司法的逻辑与路径展开系统的学理阐述，尤其是打破以往仅从司法主体或者司法过程探讨司法公正的传统，更加注重司法公正的实现逻辑及其路径，将司法改革与公正司法紧密相连，以公正司法的目标方向引导司法改革，以司法改革完善公正司法的维护和实现机制，并按照通过司法改革走向司法公正的逻辑进路，重点探讨司法改革的重大现实问题，分析司法改革面临的迷局和存在的隐患，防范司法改革中的“撕布效应”，以及深化司法改革须正确处理的多重关系。

五是遵循国家法与民间法共治的法治逻辑，呼吁关注以社会权利为基础的民间法现象，基于法治社会中民间法与国家法的关系、民间法的现状以及民间法如何回应社会结构变化等多元角度分析，提出“社会三元结构理论”与回应型民间法的一般理论，夯实民间法与法治社会关系的理论基础，阐明民间法对于法治社会建设的重大意义和积极作用，将法治发展的历史视为一部激昂的政治发展史和一部鲜活的社会发展史，表达了法治依赖于有法有治、政治受制于权力博弈、社会常呼唤多元价值的重要观点，强调法治社会需要在一个严谨又不失活力的宪法框架内，促进政府与社会有界、国家与民间相融，发挥国家法、律令法条的宏观框架作用和民间法、社会规范的“生活化”效应，以促成法治与德治相结合、自治与共治相统一的社会样态。

二

法治中国建设的目标指向近代以来中国人民孜孜以求的民族复兴和国家富强。在历史维度上，法治中国建设必须依托党的领导制度和中国特色社会主义制度予以展开，依规治党也好，良法善治也好，政府法治、司法公信、社会法治也好，都是在这一历史维度下法治中国建设的内在要求，是法治建设所不可缺少的中国元素、重要环节和核心内容。

山东大学肖金明教授等所著《党内法治逻辑与范畴》一书，着眼于完善和发展中国特色社会主义制度，建设中国特色社会主义法治体系，建设社会主义法治国家，推进国家治理体系和治理能力现代化的战略目标，依循党领导人民治国理政新理念新思想新战略，以坚持党的领导、人民当家作主、依法治国有机统一为主线，将“坚持依法治国、依法执政、依法行政共同推进，法治国家、法治政府、法治社会一体建设”与依规治党、依法执政、依法治国有机统一连线，主张通过党内法治推进党内治理，通过党内法治联动国家法治，推进党和国家治理体系和治理能力现代化，科学阐释“党的治理现代化—依规治党、法治政党—依法执政、依法行政—依法治国、法治国家—国家治理现代化”的法治中国建设逻辑体系。

该书在分析党内法规的概念与特征、价值与功能、类型与历史、现象与定位等基础上，侧重于探讨党内法治的一般含义与基本逻辑、党内法治体系的基本构成与建设路径，关照党内法规制度创新，形成覆盖党的领导和党的建设各方面各领域的党内法规制度体系，涵盖党内法规运行“制定—实施—监督”程序与机制的各层面全过程，探讨党内法治与国家法治、政党法治与党内法治、党内法治与社会法治、依规治党与以德治党等党内法治重大前沿问题。探究党内法治逻辑与范畴，目的在于深化党内法规的科学研究，推进党内法规学科建设，对实践中的中国法的形态和体系的新变化作出学理阐释，以丰富发展中国特色社会主义公法学知识体系、理论体系和学科体系，创新发展中国特色风格气派的法治知识体系、理论体系和话语体系。

浙江工业大学石东坡教授所著《科学立法规律与机制》一书，以提升立法活动的科学化水平、构建更为完善的立法制度体系为目标，着眼于在新时代的历史方位中进一步加强和改进立法工作，形成完备的法律规范体系，让立法为全面深化改革提供法治动力，为全面依法治国夯实制度基础，致力于完善和发展中国特色社会主义制度，建设中国特色社会主义法治体系，推进国家治理体系和治理能力现代化。

该书以立法实践开篇，以立法科学结章，确立和解析立法的一系列实践范畴和法理范畴，从本质上将立法确认为一种政治、法律的实践活动，主张在“大数据时代”趋势和新科技背景下重构立法调查及其方式方法，深度把握立法需求体系，萃取立法理性、科学立法设计、运用立法评价以求把握立法效果、发挥立法效应，并始终以审议为中心，突出代议民主权利作为立法决定权利（力）的本源性，在宪制前提和共识基础上开展相对充分的博弈，全面、具体、细密地考量各种利益主张、价值分歧与设计方案，为立法需求者供应具有正当性、合法性、可及性、协同性的法律产品，进而通过置身国家和地方立法实践的切进考察，凝练和锻造立法之法理，发展新时代立法实践所需要的具备阐释功能和批判功能的立法学理论、立法学学科和立法科学。

山东大学（威海）门中敬教授所著《行政软权力与法治政府建设》一书，以推进法治政府建设和国家治理能力现代化为目标，以行政软权力治理法治化为主题，基于行政国时代行政职能多元化背景和行政软权力的概念建构，阐释了行政软权力的权力属性及其理论和现实意义，分析了行政软权力的主要特征、价值与功能、内在作用机理等，重塑了行政权的内部构造，并建构起“行政硬权力—行政软权力”的行政权二元构造理论。

该书在行政权的二元构造理论基础上，探讨了支撑行政软权力发挥实际效用的传统伦理文化、现代法治文化和社会制度规范等软权力资源，以及功能主义模式下行政软权力的法律控制模式——一种符合目前中国国情的，以程序主义法范式为主导的，由行政程序法制、行政伦理法制和社会价值评价法制等复合而成的行政软权力规制模式，形成了比较完备的软权力治理及其法治化理论体系，并依循上述思路回顾了改革开放四十年来政府软权力治理的实践历程，总结了软权力治理的重要成就和基本经验，对行政软权力治理的未来进行了展望。

武汉大学秦前红教授等所著《公正司法的逻辑与路径》一书，从制约权力和保障权利两个方面出发，强调多方主体（部门）及多个制度配合对公正司法的重要性，分别探讨了公民权利与公正司法、最高法院与公正司法、司法如何吸纳民意、检察机关与公正司法、监察改革与公正司法、人民监督员制度与公正司法、宪法实施与公正司法等实质问题，尤其强调司法自身的规律性和能动性对公正司法的重大影响。基于司法规律对公正司法的作用，突出了尊重并运用司法规律能力的重要意义，循由司法规律实现社会正义；特别强调程序公正这一司法规律的重要性，认为程序公正是司法公正的前提，并对“司法能动性”消解或挑战司法规律的许多认知进行了深刻反思，通过分析金融危机中司法权的能动性、司法能动与司法节制以及中美司法能动主义比较，阐明了司法能动性对公正司法的作用及其限制。

该书关注公正司法的域外经验，主要选取了美国和欧盟的一些经验样本进行比较分析，着重介绍了美国最高法院通过裁判说明塑造法院权威的方式、《欧洲司法改革报告（2011～2012）》以及域外经验对中国的启示和借鉴意义。

北京市委党校吕廷君教授所著《法治社会的民间法之维》一书，以国家与民间对比视角探讨民间法对于法治社会的意义，强调与国家法相比的民间法更具“生活化”和地方性色彩，基于丰富多彩的民间法现象客观上勾勒出的一幅法治社会的民间法图景，分析了民间法具体的表现形式和民间法中蕴含的权力与权利逻辑，对厘清法治社会中国家法与民间法的权力边界，分析社会权利与国家权力、政治国家与民间社会之间博弈的意义。观察分析法治社会中存在的乡规民约、订婚制度、民间禁忌、谣言规制和民间信仰等不同形式的民间法，发现部分民间法现象的权力向度与规范属性，以及以“微信”中的权利与权力关系为例证，阐释科技发展解构传统社会权力时所带来的民间法的相应变化。

该书特别关注法治社会中民间司法和民间法治文化，分析了民间司法所具有的独特进路和基本原则，尤其是不同于国家司法所体现的更多内心制约和行为自觉，民间司法对于法治社会建设的独特意义；阐释了“价值—理念—思维”多层次的民间法治文化，通过法文化的“软权力”消除民间法治的灰色地带，以及对民间法与国家法互相协调、形成合力共治的法治社会格局的积极作用。

三

改革开放以来，政治经济社会的变化和发展得益于解放思想、经济建设和民主法治。就法治而言，它当然应当与民主联系起来，民主与法治的关系决定着国家制度的质量和治理的水平。改革开放初期提出的“发展社会主义民主，健全社会主义法制”的政治论断写入 1982 年宪法，至今仍有重大意义。现行宪法第五次修改，新宪法修正案将“社会主义法制”修改为“社会主义法治”，这不仅是再次强调法治超越法制的意义，更重要的是强化民主与法治的关系，这是改革开放四十年后更加突出的事关国家治理现代化的重大命题。

什么是法治？法治当然与人权息息相关，它是权利的可靠保障，规范权力和保障权利，这是千真万确的。2004 年的宪法修正案宣告国家的人权立场：国家尊重和保障人权。党的十八大在描述全面建成小康社会的目标时阐述了完整的法治逻辑体系：依法治国基本方略全面落实，法治政府基本建成，司法公信力不断提高，人权得到切实尊重和保障。新时代以来，中国法治的走向受制于两条主线：权利法治需要进一步加强，治理法治需要给予高度关注。人权与善治已经在法治中国建设进程中高度关联，人权思维和善治逻辑将共同决定着中国法治的进程和水平。这无疑对中国法学尤其是公法学提出了时代要求，面向党的十八大以来中国法治理论创新、制度创新、实践创新所带来的中国法体系的显著变化，中国法学需要一次适应新时代需要的根本性变革和重构。

三十年前，苏联法学理论主体影响消沉，西方法学理论多元影响补位，激活了当时处于僵化状态的法学理论体系，实现了改革开放以来中国法学的第一次变革和重构。比较而言，改革开放四十多年后发生的再一次法学变革和重构则更具根本性和革命性，它以治理革命为时代背景，以法治中国建设为现实依托，以法学中国化为根本目标和本质特征，将是中国法学在第一次变革和重构基础上的转型并升级。这也正是“法治中国创新研究丛书”的学术努力方向和学术价值所在。

肖金明

2018 年 12 月

前言

司法制度是一国宪制的重要组成部分。中华人民共和国成立以后尤其是改革开放以来，一直致力于探索建立契合于中国政治、经济、文化特点且能满足人民需要的司法制度。在“五四宪法”基础上修改而成的“八二宪法”对中国的宪制架构有了基本的定型，其所确立的当代司法制度总体上与社会主义初级阶段的基本国情相适应。但是随着改革开放所引致的客观情势的根本变迁，以及全球化、国际化、网络化带来的社会巨大转型，中国的国家治理战略和治理方式也随之发生重大调整。特别是社会主义市场经济的发展、依法治国方略的全面推进、尊重和保障人权的强烈期待，司法体制功能不足和司法能力低下已无法完全匹配人民群众日益增长的司法需求，中国司法制度到了需要改革完善的时刻。中国共产党敏锐地顺应了这一时代需要，在党的十五大正式提出推进司法改革，十六大提出司法体制改革，十七大提出深化司法体制改革，十八大提出进一步深化司法体制改革。之后，党的十八届三中全会和四中全会相继对司法体制改革作出全面且深入的部署。党的十八届三中全会通过的《中共中央关于全面深化改革若干重大问题的决定》和四中全会通过的《中共中央关于全面推进依法治国若干重大问题的决定》，乃是针对司法体制改革的纲领性文件。党的十九大在此基础上提出“深化司法体制综合配套改革”。

既往五年来的司法体制改革，集中解决司法地方化、司法行政化的弊端，并以司法员额制、司法责任制为重要抓手，努力提升司法职业化水平，改变人权司法保障落后的局面。监察体制改革的全面推开和党政机构合署合并改革的肇启，更为司法体制改革提供强大助力。此种以执政党政治权威、政治优势强力推动的改革展示了巨大的行动力量，并使得中国司法的局面为之一新。中国的司法改革虽然还在进行时，但司法体制现代化应该期待以成。

最高人民法院即将发布的《最高人民法院关于深化人民法院司法体制综合配套改革的意见》，即《人民法院第五个五年改革改革纲要(2019～2023)》。这份号称“审判机关5G版”的司法改革方案提出了65项改革举措，构建了十大体系，涉及人民法院工作机制、诉讼程序、队伍建设、科技创新等各个层面，被誉为未来五年指导人民法院改革规划和实施推进的纲领性文件。检察机关为积极推进司法体制配套综合改革，也制定了《2018～2022年检察改革工作规划》，其中涉及捕诉合一、跨行政区划检察改革、检察人员分类管理、检察机关内设机构改革等46项重要改革举措，深受社会的关注和期待。

在司法改革的蓝图确立以后，剩下的最重要问题就是如何选择合适的司法改革进路，以保证司法改革的目标顺利实现。在笔者看来，处理好下列几种关系乃为重中之重。

司法的政治化与法律化的关系。所谓司法的政治化，主要意指司法应如何处理与政治问题的关系。尽管关于什么是政治问题的看法众说纷纭，任何只要涉及公众事务或者权力、职位的获得与运行皆可划入所谓的“政治”的概念。因此，任何涉及国家权力、政治统治的事务，皆可包括在政治事务的范围之内。在中国特定的政治架构下，司法中的政治首先当指司法应该如何尊崇执政党的领导，并在司法活动中充分贯彻实施的党的路线、方针、政策。其次是要求司法要恪守权力分工的原则，不能轻易僭越应由其他国家机关决定或判断的职权领域。美国联邦最高法院在1962年所作出的Baker v. Carr的判决中，曾提出判断政治问题的六项标准：(1)宪法明文规定的属于其他国家机关(国会、总统、行政部门)的职权;(2)宪法虽未规定职权的归属,但法院明确欠缺解决该案件之能力;(3)明显的是司法权之外的其他国家机关的政策考量;(4)政府机关不协作时,法院即无法独立解决之案件;(5)该案件只有被归属于政治事件,方能解决者;(6)承办审理该案件,会造成其他国家机关的极度难堪者。上述美国法院判断政治问题的标准,当然不可能完全适合于中国司法,但也不乏参考借鉴意义。所谓司法的法律化,则大抵指司法必须遵循法律思维并运用法律技术、法律程序来实现司法正义,提升司法权威。

司法的适应性与司法的自主性关系。所谓司法的适应性,有三个方面的含义:一是指司法制度的建构和完善,不能抱持理想主义的情结,必须使司法制度适应一国的政治、经济、文化发展水平和民族传统。二是指司法与民意之间要保持良性的互动关系。司法要独立行使职权,但又不能孤立于民意之外,完全忤逆民意的社会期待。三是指司法制度的完善不能完全框限于法律的壁垒之中。社会主义民主发展和社会主义法制健全相辅相成,民主有品质,法治才有权威。所谓司法的自主性,乃是指独立行使职权属于司法的本质规律所在,必须从体制、机制、司法人员权利保障等各个方面创造司法独立行使职权的环境和氛围。

司法的职业性与司法的平民性的关系。孙笑侠教授认为,中国近20年来司法改革的根本性分歧在于司法的职业性和平民性之间固有矛盾的冲突。从中华人民共和国成立后的多次司法改革来看,大致都是在司法职业性和司法平民性之间的选择。司法的平民性大抵与司法的民主性、人民性、群众路线以及司法民粹主义等属于一个系统范畴内的一组概念,司法的职业性则与司法的专业性、规律性属于一个系统范畴的概念。由于人民、群众等都属于抽象的复数概念,因此,司法平民性与职业性的冲突在具体个案上往往集中体现为司法与民意的紧张关系。孙笑侠教授进而认为,当下的全面司法改革有三个深层难点:第一,如何回应现时期社会转型的矛盾集中爆发阶段的特点?司法的职业性和平民性,如何在两者之间调和,而不是偏废一方?比如司法能动主义在中国如何回应社会民众的需要而又不违背职业性的要求？第二，如何克服司法职业性与本土国情不相兼容的问题？职业性在哪种层面上去强调和标准化，在哪种层面上可以淡化和本土化？第三，如何防止司法人民性和平民化为大众化，如何看待其危害性？

司法的统一性与司法的多元性关系。在中国这样一个单一制的多民族统一的国家，司法统一性与司法多元性的关系首要是如何协调好司法处理全国性事务、保证法治统一与兼顾地方性特点、充分发挥地方积极性之间的矛盾问题；其次是如何协调好少数民族与汉民族利益之间的利益关系问题；再次是在党内法规与法律法规二元法治系统并立的情况下，如何处理好党规与国法之间的关系；又次，是处理好司法改革的顶层设计与地方、部门的自主性试错之间的关系问题；最后，是处理好国家司法作为纠纷的主导型解决机制与民间调解、和解、仲裁之间的关系问题。

司法改革的事业值得吾辈付以终身，不断思考和探索。

作　者

2018 年 12 月

目 录

第一章
司法改革与公正司法

改革是当代中国的主流话语，司法体制改革也成为这一宏大叙事的构成单元。制度是共识的固化，制度改革则是重新凝聚共识的过程；体制是关系的制度化，体制改革就需要梳理或重建关系。司法体制改革的基本框架已经由中国共产党最高决策层拟就，那么由决策向现实转换的过程亦须汇聚更多的智识，被改革的对象似不应成为改革规则的决定者，改革过程也不应神秘化和封闭化。司法体制改革牵涉面甚广，不可能一蹴而就，也没有一劳永逸的药方，理清多重关系的过程可谓田忌赛马式的博弈格局，唯有以法治方式凝聚各方共识，分轻重缓急循序渐进，才能渐次实现帕累托最优的改革目标。

■ 第一节 司法改革面临的五大迷局

长周期、高频度的司法体制改革其实并非司法运作的规律，而是司法运作的异数。司法体制属于政治体制之范畴，因而当司法不适应政制时，当然应选择进行司法改革，但若政制不适应司法时，也不应排斥政治体制的改革。改革举措应当符合正当性、整体性、有效性的要求，且应在尊重司法权威的共识下进行。

深化司法体制改革从谋篇到布局再到推进已有数年之久，社会期待渐次升温，但改革最终成效如何其实需要不断观察和调试。其原因在于，本次司法体制改革面临着诸多问题：

第一，司法制度本应是一国宪制中最为稳定的部分，但自1949年以降，人民共和国成立至今已逾一甲子，期间趋于常态和稳定的司法制度不过半数而已。在1949年筹备建国之际，以“废除伪法统”为由，毅然决然地废除了国民党“六法全书”，将清末以来累积之法政成果风雷扫荡。中华人民共和国前30年因革命路径依赖与社会动荡，司法被沦为敝屣，以致10年“文化大革命”时，竟有“砸烂公检法”和“老和尚打伞，无法无天”之说。即便是后30多年，中国政法系统亦不断变易。自1999年最高法院发布《人民法院司法改革纲要》（通常称之为“一五司法改革纲要”）起，司法体制不断处于改革之中。承接“一五司法改革纲要”之后，陆续有“二五”“三五”“四五”司法改革纲要。如此长周期、高频度的司法体制改革其实并非司法运作的规律，而是司法运作的异数。如此境况之意旨可能在于：借司法改革以还债，前面欠账太多，期以司法改革来弥补；真诚希望改革，但陷入司法改革的彼岸迷途，目标不清，方案不定，甚至以后错改前错，于是反复折腾；社会期待太殷，或者意见分歧太大，只得借改革之名以因应社会期待。

第二，中国近代以来的诸多革命或改良之中，司法制度皆不成其对象或至少不是首选。晚近如“清末新政”，其改革内容涉及军事、商业、教育、政治和法律等诸多领域，而司法体制仅为其中之相当小一部分。新近如肇始于20世纪70年代末之改革开放，其所欲革新的主要是陈旧不堪的经济体制。但中国自20世纪80年代以降，社会对政治体制改革的呼唤此起彼伏。邓小平同志亦于1986年6月提出：“改革应包括政治体制的改革。”①然而与经济体制改革一样，政治体制改革同样面临着既得

---

① 邓小平：《在听取经济情况汇报时的谈话》，中共中央文献研究室编：《十二大以来重要文献选编》（下），人民出版社1988年版，第18页。

利益的阻力，政治体制改革会产生巨大的阵痛。于是，改革主导者策略性地选择所谓风险最低、成本最小的司法体制改革作为政治体制改革的突破口和“试验田”，以防因政治体制改革而出现断崖之变，并借此在一定程度上回应社会对政治体制改革的期待。但问题在于：司法体制固然属于政治体制之范畴，因而当司法不适应政制时，当然应选择进行司法改革，但若政制不适应司法时，回避政治体制改革是否是明智之选？

第三，既往“摸着石头过河”式的改革虽可说是当时环境之下的“无路之路”，但此般改革所遵循的乃是先“变革”后“变法”的逻辑，其使得法律滞后于社会变革，这就意味着改革极易发生在法律的范围之外。时至今日，如此改革已遭遇正当性、整体性、有效性不足的质疑。正由于此，现今“全面深化改革”的方法论也随之调整为“立法先行”，在法治下推进改革，在改革中完善法治①，并强调当下之改革必须不脱宪法、法律之框限，即所谓“重大改革皆须于法有据”。但自古以来，改革莫不从变法开始。在“中国特色社会主义法律体系已经形成”的背景下，改革所要耗费的法律成本无疑唯艰唯巨。若启动宪改，则忧众声喧哗，难聚共识。即便只是普通法律的“立、改、废”，也易陷法网之羁绊，顾此而失彼。

第四，司法体制改革必须在尊重司法权威的共识下进行，但司法之权威在中国历史千百年来始终难为统治者和普通民众所尊崇。董必武同志早就指出：“劳动人民在解放以前对一切反动的法律存在着极端仇视和不信任的心里。”②中华人民共和国成立之后，虽欲通过立法和司法加强国家法制建设，但在党政主导的政法体制之下，我国司法制度长期饱受司法工具论之困扰。21 世纪的前 10 年因法治“回潮”而造成司法权威严重式微。因此，在此背景之下开展的司法体制改革，在谈及司法责任制时则顺理成章，但若谈及司法待遇保障、身份保障时则要力证司法为什么比他者更重要、更高贵。但司法权威和司法尊严乃是现代司法的

---

① 参见《中国共产党第十八届中央委员会第三次全体会议公报》，人民出版社 2013 年版，第 8 页。

② 董必武：《论社会主义民主和法制》，人民出版社 1979 年版，第 78 页。

一般规律,司法体制改革的方向之一便是形塑司法权威和司法尊严,司法权威和司法尊严的建立在很大程度上亦是司法体制改革成功的标志。在这个意义上来说,不顾建立司法权威,甚至侵蚀司法权威的工具主义司法体制改革是走不了多远的。

第五,中国作为单一制中央集权大国,其司法一方面要因应政体之需而遵循法治统一原则;另一方面则要基于大国的差异性因素而顺应省情、市情、县情、乡情之变,以契合社会转型下的多样化之势。因此,司法体制改革设计于操盘中的统分之争也滋生无穷困扰。譬如,所谓的"省以下人财物统一管理",此举所欲解决的乃是为人长期诟病的司法地方化问题,但如此高度的统筹和集中是否符合司法权运行的基本规律以及我国现行宪法的规定乃是令人生疑的。与此同时,当前的司法体制改革还存在诸如改革的碎片化,在"政治正确"的桎梏下画地为牢、闭门造车等隐忧,这更使得当前司法体制改革之途令人担忧。

■ 第二节 司法改革存在的五大隐忧

进一步深化司法体制改革,反映了党对司法不公、司法公信力不高等司法领域诟病的深刻反思,改革举措若能深入"病灶",将有助于确保司法机关依法独立公正行使职权,实现司法公正。然而,我们在为司法体制改革及其成效怀有期待时,亦应直面当前改革所存在的诸多隐忧。

第一大隐忧,在"政治正确"的桎梏下画地为牢,虚化宪法的有关规定。司法权作为以国家名义行使的裁判权,其建构和运行既要反映其作为上层建筑的政治特性,也要遵循实践技术的普遍规则,这是现代司法实践得出的基本规律。中国语境下的司法权是党的领导、人大的监督之下的国家权力,司法体制改革当然不容偏离社会主义法治道路,却也不意味着可以漠视甚或拒斥现代司法的一般规律。十八届四中全会要求"借鉴国外法治有益经验,但决不照搬外国法治理念和模式"。然而,在当前改革的决策和执行过程中,似乎更强调把握正确的政治方向,在“政治正确”的桎梏下画地为牢,忽视了回归司法基本规律。观当前的若干改革方案,在字面上有意无意地绕过独立司法、司法终局性,以及宪法实施对司法权及其运行的根本保障等司法基本规律,在“政治正确”的牵引下不触及问题实质,在文字层面兜兜转转,未免有以“制度自信”掩饰思想僵化的嫌疑。

譬如,现行《宪法》第 126 条和第 131 条确立了独立司法的宪法原则,这是立宪者吸取历史教训和借鉴现代司法文明的法制成果。当前的改革却始终未能旗帜鲜明地确定独立司法的改革取向,似乎但凡提及“独立司法”便会走向“三权分立”,触及“政治不正确”的红线。事实上,执政党通过主导立法将其意志承载于法律之中,司法系统忠实适用法律就是体现并维护党和人民的利益,那就没有理由不通过一个独立公正的司法系统使法律得到执行。改革从起始就确立了党的领导这一政治规定性,当然不会因为遵循普遍规律,使用了“独立司法”等字眼就取消了党对司法的领导,也不会引发思想波动和混乱,不仅无损于党的领导地位和权威,反而能凸显党尊重世界文明成果的开明姿态,强化党治理国家的正当性。

第二大隐忧,改革闭门造车,堵塞社会讨论和批判空间。司法体制改革不是孤立的,需要凝聚各方共识,理清与司法权运行相关的各种关系。司法体制改革的框架目标已由最高决策层拟就,那么改革由愿景到决策,从决策向现实转换的过程亦须保持开放性,汇聚更多的智识,允许社会各方面的讨论甚或批判,提升改革的正当性,降低改革脱离实际的风险,确保改革的可持续性。毋庸讳言,当前的司法体制改革相当程度上是在闭门造车,非但未给普通民众、专家学者留下讨论和批判的空间,即便是作为改革举措承受者、司法权力行使者的法官检察官等群体亦未见参与其中。若干改革方案从论证起草,到出台执行,无一不处于秘而不宣的状态,似乎因司法的高度专业性而不容外界置喙。诸多试点地方的法官检察官员额制、薪酬制度等改革方案仅是少数人闭门私议,一线司法人员只能在惴惴不安中焦虑等待。一些地方出现了法官检察官扎堆离职的现象，其缘由之一便是这种闭门决策耗尽了他们对改革的正向预期。开放讨论可能影响改革决策的效率，减缓改革的推进速率，但未建立在广泛共识基础上的改革，其可持续性和成功概率是令人生疑的。司法体制改革只有祛除封闭性和神秘色彩，充分凝聚社会各界特别是法律职业共同体的共识，决策才能更切合实际，执行才会更顺畅，成果也才可能是正向积极的。

第三大隐忧，司法改革的碎片化，顶层设计沦为部门设计。司法体制改革关涉对司法权力分配和运行机制的调整，并与其他国家权力和公民权利高度关联，兹事体大，未有完备的顶层设计不可贸然推进。然而，当下司法体制改革所呈现的景观是，最高人民检察院、最高人民法院、公安部、国家安全部和司法部等部门分头论证起草与本部门职权相关的改革方案，报请中央政法委或中央深改委批准，再由各部门分头组织实施。此种模式下，虽然改革决策有更高层把关，但改革方案难免从起草之时就嵌入了部门利益，欠缺对司法权运行的宏观考量和整体观照。例如，改革方案的酝酿始终未见法律共同体中最具活力的组成单元——律师群体的深度参与。若干方案实施的过程更有各部门各自为政、彼此脱节或相互冲突的可能。上述部门作为被改革的对象，当然可以参与改革方案的讨论和设计，却不应成为改革规则的实质主导者，避免因其自身利益牵连而影响改革方案的公正性，限缩了改革决策所应具备的宏观视野，也避免在实践中“拆东墙补西墙”“黑熊掰玉米”式的恶性循环。应当让相关主体的主张充分表达和公开博弈，将改革的主导权和决定权交由更高层级、相对中立的主体，确保司法体制改革的系统论证和顶层设计的科学性。

第四大隐忧，未经成熟试错即上升为“经验”盲目推广。试错式改革是在一定范围内，按照理论预设和制度愿景进行改革探索，在“试验”中探寻“对”与“错”，积累成熟经验以全面推开。由于这种改革范式能在相当程度上降低改革成本，规避改革风险，因而成为中国改革探索的重要路径之一。从20世纪末的司法体制改革部署，到中央深改组审议通过的若干试点方案，都体现了司法体制改革的试错式路径。然而，必须注意的是，试错式改革所获得的“经验”唯有经由长时间和全方位的检验始得进一步推广。换言之，若未经成熟的试错，即得出所谓的“经验”而盲目推广，不仅有违试错式改革的初衷和目的，而且极易造成改革部署的混乱，徒增改革成本和破局风险。譬如省以下人财物统一管理，此项改革在是否符合法治思维和法治方式、是否与人民代表大会理论和现行制度存在紧张关系、是否与现行法律相冲突等方面尚有未解疑问，更缺乏成熟试错后得出的精密连贯、富有可操作性的制度机制的情况下，便已在多省份推开。仅是在纸面上进行“兵棋推演”，便贸然推开，又再追求“可复制、可推广的制度经验”在全国推广，这样的“试错”路径着实令人担忧。

第五大隐忧，部分改革举措理论逻辑混乱不清。改革应当遵循一定的原则旨归和理论逻辑，并在具体的改革举措中加以体现，一以贯之，从而避免因理论不明、逻辑不清而引发改革实践的混乱脱序。然而，当下司法体制改革的不少举措便存在理论逻辑混乱的问题。譬如，在一个法治社会中，只有法院的判决才是辨别是非的最高权威，法院判决的既判力是不可动摇的，当前司法体制改革在强调落实终审和诉讼终结制度的同时，却又以建立“涉法涉诉信访依法终结制度”的方式保留了信访机制，只不过突出了信访的“法治化”。实则二者相互矛盾，信访机制的存续必然还会以行政权消解司法权的终局权威。再如，《领导干部干预司法活动、插手具体案件处理的记录、通报和责任追究规定》扩大了以往党内法规对“领导干部”的界定，为其划定了干预司法活动、插手具体案件处理的红线，虽有助于排除对司法的非法干扰，但因在制度设计上想当然地将各级司法机关和党委政法委置于一个超然于各种利益羁绊和人情世故的地位，该规定在实施过程中可能出现的困境亦不难预见。因而，司法体制改革的具体措施在酝酿和决策时，务必突破思维惯性和逻辑定式，充分论证、反复推理，至少在学理和逻辑关系上周延自洽。唯有如此，相关措施付诸实践后才可能达致改革的预期目标。

■ 第三节 司法改革要谨防“撕布效应”

司法改革牵涉面甚广，牵扯利益甚众，政策导向与法律导向相互交织，具有牵一发而动全身的作用，不可率尔操觚，必须经过审慎试错，谨防“撕布效应”。既要从党和国家事业全局出发，加强总体谋划，也要从实际出发，尊重基层首创精神，鼓励各地在机制改革上进行积极探索，为全国逐步推开试点积累经验，创造条件。

中央全面深化改革领导小组第三次会议审议通过《关于司法体制改革试点若干问题的框架意见》(以下简称《司改框架意见》)，决定在东、中、西部选择上海、广东、吉林、湖北、海南、青海六个省市先行试点，为全面推进司法改革积累经验，司法改革将告别仅有蓝图而无路线图的局面。

《司改框架意见》面临的第一个难题是司法改革依轨、变轨还是脱轨，变法修宪如何进行？与十一届三中全会启动改革开放进程所面临的法治环境迥然有异的是，当初只有粗糙的、为数不多的法律法规，社会整体运行主要依靠政策驱动、行政动员，而截至 2018 年 8 月底，现行有效法律 267 件、行政法规 756 件、地方性法规 12000 多件，已经形成了较为完整的一个法律体系。任何改革都必将面临与具有刚性强制力的法律、法规之冲突，严重者甚至可能陷入一个法网之中左冲右突而不得。具体到本次司法改革而论，《宪法》第 101 条规定：“……县级以上的地方各级人民代表大会选举并且有权罢免本级监察委员会主任、本级人民法院院长和本级人民检察院检察长。”与之相应的《地方组织法》《法院组织法》《检察院组织法》《法官法》《检察官法》《监督法》，以及众多地方性法规等均依照宪法的该条规定，进行了更细化的规定。由于上述法律法规的各种制定主体、制定程序各有不同，启动修法过程必然耗费巨大立法成本，更为重要的是若无宪法先行修改成功，此类修法过程便无法启动。而宪法的修改是一件应当极为严肃、慎重的事情，轻易启动修宪程序为一项尚不能称为成熟的司法改革试错背书，弄不好会进一步贬损宪法权威性。

《司改框架意见》面临的第二个难题是司法改革与人大理论、制度定式的巨大紧张关系背后的迷惘与选择。中国第一部《宪法》(即1954年宪法)便确认了人民代表大会制度作为我国根本政治制度的宪政体制。其具体体现为：中华人民共和国一切权力属于人民，但“人民行使权力的机关是全国人民代表大会和地方各级人民代表大会”。法院、检察院由同级人民代表大会产生并向同级人民代表大会负责。1954年宪法所确立的宪法体制，为现行宪法亦即1982年宪法所继承。上述体制在我国已先后运行几十年，并为全国人民和各级国家机关所熟悉。理论上也把人大产生并监督一府两院，当作人大制度的核心意涵，支撑此种体制运转的已有一系列成文法律法规和不成文惯例。当实施司法统管制度后，本级人大与本级法院检察院之间是否还有监督负责关系？还是本级人大与省级人大共同监督负责？法院、检察院是否还需要向同级人大报告工作？人大对法院、检察院的工作如不满意，能否启用监督法所规定的一切监督手段？还是只能限制使用甚至禁止使用某些监督手段，比如罢免、弹劾等？地方人大失去对检、法两家的实质监督权后，是否会导致权威进一步式微？针对上述问题，如果没有慎重考量系统设计，仅仅是率尔操觚，则可能造成国家机关运行脱节、前后失序的危险。

《司改框架意见》面临的第三个难题是法治改革向度与民主改革向度的冲突与权衡。司法改革可经由两个向度展开：一是以垂直性来加强独立性，凭借改变权力的层级控制来摆脱地方权力对司法的羁縻；一是以司法民主性来抗衡对司法的不当干预。比如，加强人民陪审员、人民监督员制度，适度开放人大代表的竞争性选举，加强人大在司法监督方面的话语权，将司法经费预算由政府主导转向人大主导，将司法人员编制完全交由人大决定、对党政官员干预司法的严格问责等。本次改革选择了法治改革向度为主的司法改革路线图。但省内统管而不是全国统管，其实是对司法运行现状的妥协与迁就。此种改革仅仅是部分收紧了司法的地方性而并未完全还原司法的全国性。当下中国政治权力运行的弥散化、地方权力诸侯化，主要是以省级行政区划为表现症候的。省级党政保持了辖区范围内的高强度控制。一个可以佐证的事实是，在全国诸多省份的省高级法院早已掌控了对中级法院乃至基层法院院长的人事任免权，但司法地方化的现象却是青山已改、夕阳不落。以司法统管、纪委垂直、税收工商食品安全直辖为表征的全面收紧地方性之改革，在逻辑上预设了地方性一无是处满是恶，其初衷虽可嘉许，但可能遮蔽了事实本身的丰富性。大国地方本身不具有完全的同质性，发挥中央、地方两个积极性一直是中国这样的单一制国家要处理的永恒议题。

《司改框架意见》释放的信息表明，司法改革牵涉面甚广，牵扯利益甚众，政策导向与法律导向相互交织，具有牵一发而动全身的作用，不可率尔操觚，必须经过审慎试错。改革试点的目标和原则是：坚持党的领导，坚持中国特色社会主义方向，坚持遵循司法规律和从中国国情出发相结合，按照可复制、可推广的要求，推动制度创新，着力解决影响司法公正、制约司法能力的深层次问题，完善和发展中国特色的社会主义司法制度。改革试点的总体考虑是，坚持顶层设计与实践探索相结合，既要从党和国家事业全局出发，加强总体谋划，也要从实际出发，尊重基层首创精神，鼓励各地在机制改革上进行积极探索，为全国逐步推开试点积累经验，创造条件。

《司改框架意见》主要针对下列问题提出了政策导向：一是对法官、检察官实行有别于普通公务员的管理制度。二是建立法官、检察官员额制，把高素质人才充实到办案一线。三是完善法官、检察官选任条件和程序，坚持党管干部原则，尊重司法规律，确保队伍政治素质和专业能力。四是完善办案责任制，加大司法公开力度，强化监督制约机制。五是健全与法官、检察官司法责任相适应的职业保障制度。六是推动省以下地方法院、检察院人财物统一管理。七是完善人民警察官员、警员、警务技术人员分类管理制度。

当下的国人一方面带有对改革的强烈预期，以及因对中央权威的信赖而保有对改革的忠诚，另一方面则因改革是又一次重大利益的切糕过程——既往有过的借改革之名而屡屡不合比例转化改革风险的事实，又使得很多人对改革充满了惶恐和疑虑。因此，司法改革注定是一次艰难而充满风险的航程。本次司法改革当然不是一次帕累托改进，亦即在所有人利益都不受损的情形下，来进行一次增量改革。而是有相当部分的人和很多地区、很多部门都有可能在改革中利益受损。当此情况下，这些利益受损者以言之凿凿的理由要求调整改革方案、消减改革效应甚至阻挠改革时，改革者如何因应这些政治正确、事实充分、逻辑正当的理由，这其实便是我们所说的改革必须处理的“理由政治”问题。

《司改框架意见》所强调的法官、检察官员额制，法官、检察官分类管理以及法检人、财、物省内统管，其初衷在于法官、检察官待遇有一定乃至大幅度提升。但这样一个改革初衷在司法重要性有着深层的历史积淀和体制认同乃至信仰支撑的西方国家似乎是一个不是问题的问题，而在中国却一定遭受缘何具有“重要性”的诘问。在法院、检察院内部，他们会遭遇本院其他同事的“羡慕嫉妒恨”，并强加以“拿得多当然必须要干得多的”精神负担。在法院、检察院外部，则会遭遇“法官、检察官凭什么比军人、警察、党政干部、体制内知识分子待遇更优，难道法官、检察官重要我们就不重要”之类的追问。在强大的体制利益集团裹挟和社会舆情攻讦之下，改革的决策者能否足够强大，守住防线，这确实考验改革者的智慧和勇气。一个显而易见的道理便是重要性被普遍强调、重要者被普遍加封的时候，其实改革的重要性一定会被大打折扣。中国的司法改革是在法治出现严重倒退，司法权威直线下降时点上倒逼启动的，社会大众将司法改革指向司法公正，而司法者却指向待遇，这种改革的错愕感尤其期待改革设计的理性权衡。部分法院、检察院的改革试点方案为摆脱上述“理由政治”的窘境所欲采行的妥协方案，只是法院、检察院总体待遇额度不变的情形下，在内部改变份额的切分游戏规则。此种妥协不仅背离改革的初衷，而且会严重贬损改革的美誉。

《司改框架意见》另外一个极为重要的预期便是借由改革，赋予办案者独立办案权，在法院则是要改变判案不审、审案不判的不良状况，回归并尊重司法规律。一个成熟的法治体系，可以在立法时体现统治者或治理者的意志和价值取向，尽管当代各国立法越来越通过强化代议民主和公众参与来表现立法的民主向度，但法律最终只能是政治力量对比关系的表现。在立法构成体系且能覆盖社会生活的方面时，首先要强调执法者严格执法，守法者全面守法。如果产生纠纷，则应该交由一个中立、权威、值得信赖的司法系统去解纷。无选择则无荣誉也无责任，因此司法的规律要求法官个人具有独立裁判权。本次有关司法人员分类管理、职业保障的改革其终极指向也在于契合司法规律，给予法官、检察官自主性、积极性。以往以检察委员会、审判委员会集体议决案件，院长、庭长、检察长、处长签批案件的体制本来是中华人民共和国成立初期因司法人员素质欠缺而采取的权宜之计，后来被固化为一种路径依赖，进而形成一种表面上集体负责而实际上相互转嫁责任的司法怪象。框架改革意见当然主观愿望良好，问题在当下这样一个社会急剧转型、各种社会矛盾严重凸显的时期，法官、检察官独立办案所引致信访、闹庭乃至社会冲突等问题，院长、检察长乃至党委政府面对维稳压力，是否还有足够耐心把握住，力挺法官、检察官的司法决断，面临考验。倘若法院、检察院各级领导者过问案件的权力被抽走，而维稳的后果却要他们共同承担，这样的改革恐怕难以为继。同理，一方面要求党委、政府尊重法院、检察院独立行使审判权、检察权，另一方面因司法裁判引发社会稳定问题却要他们首先负责，在此种情况下很难排除他们以种种堂而皇之的理由去干预所谓关键个案、敏感个案。

■ 第四节 深化司法改革须正确处理的多重关系[①]

司法体制是司法机关设置、职权和相互关系的制度化。十八届四中全会为深化司法体制改革描绘了基本框架，而推进改革亟待破解的重要命题就是在宪制框架内正确处理与司法体制相关联的多重关系，亦即外部与执政党、权力机关、行政机关和公民的关系，内部的权力配置、监督制约和人事管理等关系。面对多重关系的司法体制改革是类似田忌赛马式的博弈，唯有祛除封闭神秘，以法治方式凝聚共识、落实推进，司法

---

① 本节系与苏绍龙合作，其主要内容曾发表于《法律科学》(西北政法大学学报)2015 年第 1 期。收录时有修订。

体制改革的结果才会是“正和”。

一、司法体制改革回顾

中国语境下的司法是执政党领导下的国家权力行为，体制渊源则可追溯到工农革命时期的苏区司法模式，历经80年的革故鼎新。改革是当代中国的主流话语，司法体制的改革也成为这一宏大叙事的构成单元。1997年，中共十五大确立了“依法治国，建设社会主义法治国家”的基本方略，明确提出“推进司法改革，从制度上保证司法机关独立公正地行使审判权和检察权”。十六大完整地提出了“司法体制”的概念，专项阐述了“推进司法体制改革”问题，提出改革的任务是建立保障在全社会实现公平正义的社会主义司法制度。十七大又提出“深化司法体制改革，优化司法职权配置，规范司法行为，建立公正、高效、权威的社会主义司法制度”的新命题。十八大则提出“进一步深化司法体制改革，坚持和完善中国特色社会主义司法制度，确保审判机关、检察机关依法独立公正行使审判权、检察权”的改革目标。归结而言，司法体制改革的目的是建立公正高效权威的社会主义司法制度，十余年间四次全国党代会、若干文件决定对司法体制改革的指引重点明确，未曾失焦，然而司法体制改革之路却艰辛异常。

中共十八届三中全会以全面深化改革为主题，对司法体制改革的部署主要涵盖确保依法独立公正行使审判权检察权、健全司法权力运行机制和完善人权司法保障制度三个方面，但对改革措施的表述还较为笼统。十八届四中全会是执政党历史上首次以“法治”为主题的中央全会，审议通过的《中共中央关于全面推进依法治国若干重大问题的决定》(以下简称《决定》)延续十八届三中全会关于全面深化改革的部署，对全面推进依法治国布置了180多项改革举措①，打破了章节的区隔。梳理《决定》全文可发现，涉及司法体制改革的举措有30余项，包含在三个改革方

---

① 参见新华社:《厉行法治的航标　依法治国的宣言——〈中共中央关于全面推进依法治国若干重大问题的决定〉诞生记》,《人民日报》2014年10月30日。

向和八个改革基点之下(见表1-1)。这应当是执政党历史上关于司法体制改革决策层最高、涉及面最广的部署。

表1-1 《中共中央关于全面推进依法治国若干重大问题的决定》有关司法体制改革的部署

总体要求	改革基点	改革举措
完善司法管理体制和司法权力运行机制,规范司法行为,加强对司法活动的监督,努力让人民群众在每一个司法案件中都能感受到公平正义	完善确保依法独立公正行使审判权的检察权的制度	①建立各级党政机关和领导干部支持法院、检察院依法独立公正行使职权的制度机制;②健全维护司法权威的法律制度;③建立健全司法人员履行法定职责保护机制。
	优化司法职权配置	①健全司法权力分工负责、相互配合、相互制约的体制机制;②推动实行审判权和执行权相分离的体制改革试点;③完善刑罚执行制度,统一刑罚执行体制;④探索实行法院、检察院司法行政事务管理权和审判权、检察权相分离;⑤最高人民法院设立巡回法庭;⑥探索设立跨行政区划的人民法院和人民检察院;⑦探索建立检察机关提起公益诉讼制度。
	完善司法权力运行机制,严格司法	①改革法院案件受理制度;②完善刑事诉讼中认罪认罚从宽制度;③完善审级制度;④推进以审判为中心的诉讼制度改革。
	加强对司法活动的监督	①健全司法机关内部监督制约机制;②完善人民监督员制度;③加强检察机关法律监督;④依法规范司法人员对外交往行为,建立终身禁止从事法律职业制度。
	保障人民群众参与司法	①保障公民陪审权利;②深化司法公开;③拓宽人民群众有序参与司法渠道,完善司法调解机制,探索司法听证程序,丰富化解涉诉信访的方法。

续表

总体要求	改革基点	改革举措
完善司法管理体制和司法权力运行机制，规范司法行为，加强对司法活动的监督，努力让人民群众在每一个司法案件中都能感受到公平正义	加强司法人权保障	①完善对行政强制措施的司法监督；②强化诉讼权利保障制度；③健全落实刑事基本原则的法律制度；④完善防范和纠正刑讯逼供、非法取证和冤假错案的司法监督机制；⑤建立切实解决执行难的法律制度；⑥保障当事人依法行使申诉权利。
推进法治社会建设	推动全社会树立法治意识	①完善法律援助制度，健全司法救助体系；②健全统一司法鉴定管理体制；③实行国家机关“谁执法谁普法”的普法责任制，建立法官、检察官、行政执法人员、律师等以案释法制度。
加强法治工作队伍建设	建设高素质法治专门队伍	①把思想政治建设摆在首位；②推进法治专门队伍正规化、专业化、职业化，提高职业素养和专业水平；③畅通立法、执法、司法部门干部和人才跨部门交流渠道；④建立法官、检察官逐级遴选制度。

提出上述改革举措，体现了执政党对司法不公、司法公信力不高等司法领域问题的深刻反思，执政党中央更是将导致这些问题的深层次原因归结为司法体制不完善、司法职权配置和权力运行机制不科学、人权司法保障制度不健全。应当说，《决定》呈现出执政党面对现实的态度、通盘改革的思路和破解问题的决心，是值得肯定的。作为中央全会的决定只能提纲挈领地描绘出司法体制改革的基本框架，具体改革方法和步骤还有待于相关部门的进一步细化。但可以预见的是，这些部署势必将成为今后一个时期司法体制改革的基本指引。

司法体制是行使司法权力的国家机关的设置、各机关之间职权划分和相互关系的体系、机制的总和。体制的重要内涵就是关系的制度化，体制改革自然就需要理清或重建各种相关联的关系。十八届四中全会规划了一个在党的领导下“科学立法，严格执法，公正司法，全民守法”的法治格局，五个方面是相互连接、缺一不可的，这符合实现法治的学理逻辑和现实路径，也是中国现实政治的真实反映。司法是法律实施的重要环节之一，其体制改革就不可能是孤立的。“完善司法管理体制和司法权力运行机制，规范司法行为，加强对司法活动的监督”是司法体制改革的目标，那么，若以司法体制本体作为参照系，司法体制改革就必须在外部处理好与执政党、权力机关、行政机关和公民的关系，在内部处理好权力配置、监督和人事管理等关系。只有把这些与司法体制改革相关联的多重关系处理好，为改革所构建的制度机制才能有效运转，改革的目的也才能逐渐实现，否则改革就会陷入零和博弈甚至负和博弈怪圈，即改革的“结果”仍需要新的改革来解决。①

二、司法体制改革需要处理的外部关系

按照《决定》的表述，形成“科学立法，严格执法，公正司法，全民守法”法治格局的重要前提，就是坚持党的领导，这是中国共产党“领导核心”地位的体现。由此，深化司法体制改革在司法体制外部至少涉及党的领导、人大立法监督、政府执法和公民有序参与等方面，那么就必须处理好与执政党、权力机关、行政机关和公民的关系。

1. 与执政党的关系

现行《宪法》规定，人民法院依照法律规定独立行使审判权，人民检察院依照法律规定独立行使检察权，均不受行政机关、社会团体和个人的干涉。对照中国政治现实可知，执政党和人大是不受这一条文规制的，人大的监督和党的领导都不属于“干涉”：人大作为权力机关，法院和

① 参见徐汉明等：《深化司法体制改革的理念、制度与方法》，《法学评论》2014 年第 4 期。

检察院由其产生，对其负责，受其监督，而党对司法的领导则是社会主义根本制度所隐含的，是中国政治的规范命题。[①] 因此，《决定》也毫无疑问地强调了坚持党对深化司法体制改革的领导。同时，现行《宪法》也规定全国各族人民、一切国家机关和武装力量、各政党和各社会团体、各企业事业组织，都必须以宪法为根本的活动准则，《决定》也强调党要在宪法法律范围内活动。因此，党对司法和对深化司法体制改革的领导，都必须是在宪法和法律框架内领导。

关于党对司法的领导，《决定》采用了"支持司法"的表述，"支持"一词在语义上带有力度感，尚偏中性。从直接体现党的作用的层面来看，《决定》试图从正反两个向度体现党"支持司法"：正向上，要求各地党政机关和领导干部都要支持法院、检察院依法独立公正行使职权；反向上，要求建立领导干部干预司法活动、插手具体案件处理的记录、通报和责任追究机制，这是一项新举措，似乎也成为确保司法机关独立公正行使职权制度机制建设的重心。执政党决心斩断本党党员干部干预司法的黑手，这当然值得肯定，但这一机制的构建和实施似乎还面临着不少需要厘定的问题。

首先，规制对象。从《决定》文字上理解，这一机制规制的主体是"各级党政机关和领导干部"，那么，具体的范围应当如何界定？是仅指各级党和政府部门的领导干部，还是参照"中共中央、全国人大常委会、国务院、全国政协、中央纪律检查委员会的工作部门或者机关内设机构的领导成员，最高人民法院、最高人民检察院的领导成员（不含正职）和内设机构的领导成员；县级以上地方各级党委、人大常委会、政府、政协、纪委、人民法院、人民检察院及其工作部门或者机关内设机构的领导成员；上列工作部门的内设机构的领导成员。县级以上党委、政府直属事业单位和工会、共青团、妇联等人民团体的领导成员"[②]来界定？"领导干部"

---

① 参见程竹汝：《依法治国与深化司法体制改革》，上海人民出版社 2014 年版，第 33～50 页。

② 参见中共中央：《党政领导干部选拔任用工作条例》第 4 条。

是否仅指担任副处级以上领导职务的人员，正科级以下人员和担任处级以上非领导职务的人员是否包括在内，已从领导职务上退职退休的人员是否也受规制？事实上，在中国这样的人情社会中，能够以不同形式和力度干预司法的主体不胜枚举，执政党建立这一机制的用意是排除其他公权力对司法权的非法侵扰，那么，从这个意义上而言，比照刑法对于诸多职务犯罪案件犯罪主体的规定，采用"国家工作人员"这一范畴，去除部门范围和职级的模糊空间，或许能更好地达到建章立制的初衷。

其次，应受记录、通报和追责的行为标准。按照《决定》的表述，应受记录、通报和追责的行为是"干预司法活动、插手具体案件处理"，再结合"干预司法机关办案的，给予党纪政纪处分；造成冤假错案或其他严重后果的，依法追究刑事责任"的表述来理解，可知所有"干预司法活动、插手具体案件处理"的行为都应受到记录和通报，但责任追究则分类处理：一旦干预司法机关办案，就应予以处分，采"行为犯"标准；造成冤假错案或其他严重后果的，依法追究刑事责任，采"结果犯"标准。若按此标准，那么对干预司法行为实施追责的这根"红线"的确放得很低，这无疑对公务人员形成了威慑，但要使这一机制真正起到作用，对"干预""插手"和"其他严重后果""司法活动""案件处理"的具体含义便须在机制运行前就进行精准的界定，以免使规范的执行者和遵守者都感到彷徨。

再次，实施记录、通报和追责的主体。从"党纪政纪处分""刑事责任"的责任形式倒推，实施追责的主体应当是党的纪律检查委员会、行政监察部门和司法机关，实施记录和通报的主体则并不明确。基于现实可操作性的考虑，司法机关作为干预行为的受体，由其进行干预行为的记录和通报是最适宜的，但又必须以司法人员履职保护机制的建立健全为前提，以此让司法人员解除后顾之忧，敢于将干预行为及时报告所在的司法机关进行记录。司法机关记录后，又向对实施干预行为人员有处分权限的纪检监察部门通报，由其给予相关人员党纪政纪处分，涉及犯罪的，则可由检察机关直接侦办。

近年来，学界对党的政法委的存续和职能较为关注。《决定》用一个自然段的篇幅作出了回应，认为政法委是党委领导政法工作的组织形式，必须长期坚持，同时将政法委的职能表述为“把握政治方向、协调各方职能、统筹政法工作、建设政法队伍、督促依法履职、创造公正司法环境”，以及“带头依法办事，保障宪法法律正确统一实施”。从积极的一面来看，中央实际上否定了部分政法委直接干预司法、审案定案的做法，把政法委的职能定位在宏观的“把握”“协调”和“统筹”层面，不允许干预具体案件的处理。但从另一方面来看，政法委几乎是逐层依附各行政区划内的党委而设的，甚至乡镇一级党委都设有政法综治委员，各级政法委在同级或下一级法院院长、检察院检察长的提请任免等重要事务上都发挥着巨大的影响力。既然最高决策层已经强调司法权是中央事权[①]，国家法律要统一正确实施，省以下地方法院、检察院人财物统一管理，那么，是否还有必要在所有行政区划内都设置政法委，用以发挥统筹协调和督促的宏观作用？此外，根据《决定》对政法委的功能定位，这是否意味着要求政法委组成人员应具备政法工作经历或相当的政法专业能力？这些问题在《决定》中还无法找到答案，但却是党依法执政和司法体制改革必须解决的问题，应当在中央正在研究制定的《中国共产党政法委员会工作条例》中予以明确。

另外，各级法院、检察院都设有党组，以保证在司法机关内实现党的领导。《决定》要求党委要定期听取政法机关工作汇报，做促进公正司法、维护法律权威的表率，政法机关党组织也要建立健全重大事项向党委报告制度，同时还要求加强政法机关党的建设，在法治建设中充分发挥党组织政治保障作用和党员先锋模范作用。那么，从党“支持司法”，保证法院、检察院依法独立公正行使职权的基本点出发，司法机关内的党组织就应当只发挥政治保障作用和常规党建职能，不参与、不干预任何司法活动。同时，司法机关向党委汇报工作的形式和内容，司法机关党组织应当向党委报告的“重大事项”的范围和程序，有权听取司法机关汇报的党委的层级等涉及各级党委与司法机关关系的问题，在依法执政和加强党内制度建设的语境下，都可以也应当首先以党内法规的形式加

---

① 参见孟建柱：《深化司法体制改革》，《人民日报》2013 年 11 月 25 日。

以明确和固定，廓清党行使领导权的程序和边界，既保证党的领导，又确保司法机关依法独立公正行使职权。倘若这一关系始终理不清讲不明，就会影响党的威信和司法的公信。

2.与人大的关系

人大制度是中国最根本的制度安排，人大作为国家权力机关居于国家权力架构的核心，“一府一委两院”均由其产生，受其监督，对其负责，并承担立法和监督等职权。全国人大是宪法规定的最高国家权力机关，但这种最高地位在现实中有时越来越难以体现，在某些领域甚至出现了削弱的趋势，全国人大构造在宪法文本与社会现实之间出现了背离。[①]《决定》对进一步完善人大制度作出了诸多部署，明确提出了完善全国人大及其常委会宪法监督制度，健全宪法解释程序机制，完善立法体制，推进科学立法、民主立法，加强重点领域立法等举措。司法机关与人大有着极为密切的关联，因而司法体制改革也不能逃脱人大这一维度自说自话，对于法院、检察院而言，在健全的宪法监督制度和宪法解释机制，以及健全和良善的法制基础上，才可能真正地维护独立行使职权的宪法地位，彰显公平正义的法律价值，这是深化司法体制改革不可或缺的外部条件。置于人大制度这一根本政治制度之下，司法体制改革也面临着必须处理的一系列关系和问题。

首先，司法解释的合宪合法性问题。在司法实践中，最高人民法院和最高人民检察院时常单独或联合制定司法解释，内容关乎在审判或检察工作中如何具体适用法律规范。这些司法解释总数已达 3000 多件。回溯历史和法律规范，1979 年制定的《法院组织法》在并无“七八宪法”明确规定的情况下，授予最高人民法院“对于在审判过程中如何具体应用法律、法令的问题，进行解释”的职权，同年制定的《检察院组织法》则没有相应的规定。全国人大常委会 1981 年通过的《关于加强法律解释工作的决议》规定，“凡属于法院审判工作中具体应用法律、法令的问题，由最高人民法院进行解释；凡属于检察院检察工作中具体运用法律、法令的

---

① 韩大元：《论全国人民代表大会之宪法地位》，《法学评论》2013 第 6 期。

问题，由最高人民检察院进行解释”，最高人民检察院据此拥有具体应用法律的解释职权。然而，1982 年施行的现行《宪法》则完全没有确认最高人民法院和最高人民检察院拥有具体应用法律的解释职权，《立法法》也明确规定“法律解释权属于全国人民代表大会常务委员会”。且不论组织法和人大常委会有无权力在没有宪法依据的情况下授予最高人民法院和最高人民检察院具有应用法律的解释职权，单看现实，最高人民法院和最高人民检察院制发的司法解释并不单单针对某一具体案件处理中的法律适用问题，而多是针对某一类案件或事项，往往针对法律中的一个条款就制定数十条解释，这些解释条文具有普遍规范性，全国司法机关必须执行且可以反复适用，那么这种解释行为就具备了立法性质，这就不得不让人们对司法解释的合宪合法性产生质疑。

《决定》在“完善立法体制”小节中强调，“加强法律解释工作，及时明确法律规定含义和适用法律依据”，这是针对人大立法解释而言的。同时，在司法体制改革的部署中提及“加强和规范司法解释和案例指导，统一法律适用标准”，在关于《决定》的说明中也要求“最高人民法院本部集中精力制定司法政策和司法解释”。那么，在强调健全宪法监督制度和宪法解释机制的大背景下，对于立法解释和司法解释的关系和分界，特别是司法解释的制定主体和程序、效力和适用范围等问题，就应当作出明确规范，以维护宪法法律的权威和国家权力运行的正常秩序。

其次，省以下地方法院、检察院人财物统一管理与人大制度的冲突问题。我国现行《宪法》明确了全国人民代表大会和地方各级人民代表大会的组织运行原则是民主集中制，这一原则体现于人大与法院、检察院的关系之上就是法院、检察院由同级人民代表大会产生并向同级人民代表大会负责。从实践上看，法院、检察院对同级人大负责的形式主要是报告工作，同级人大对法院、检察院的监督形式主要就是听取和审议工作报告，县级以上人大还有权罢免同级的法院院长和检察院检察长。但是，在实施省以下地方法院、检察院人财物统一管理后，省以下地方人大与同级法院、检察院之间是否还有负责和监督的关系，还是本级人大与省级人大共同监督负责？法院、检察院是否还需要向同级人大报告工作？如果人大对同级法院、检察院的工作不满意，能否启用监督法所规定的一切监督手段，或罢免“省管”的院长和检察长？如果人大失去了对法院、检察院的实质监督权，会否导致人大权威的式微？显然，理顺这些关系还需看到有清晰的规划。“统一管理”倘若没有基于宪制高度的慎重考量、系统设计就“一刀切”，则很可能造成国家机关运行脱节、前后失序的危险，因此必须严肃对待。

再次，人大在司法体制改革中的应有作用。制定和修改有关国家机构的基本法律是全国人大的重要职权，同时，《立法法》也将人民法院和人民检察院的产生、组织和职权，犯罪和刑罚，对公民政治权利的剥夺，限制人身自由的强制措施和处罚，基本民商事制度、诉讼和仲裁制度列为绝对法律保留事项。司法体制改革涉及国家司法制度的变动，属于绝对法律保留事项，全国人大常委会就理应在改革决策和执行的全过程发挥应有作用。但从1997年司法体制改革正式启动以后的实践情形来看，改革的总体方案系由中央政法委或各类领导小组制发，甚至作为改革对象的最高人民法院和最高人民检察院也会自行制发“改革纲要”“改革实施意见”，全国人大及其常委会多处于事后为改革举措“背书”的尴尬境地，这种做法极大地贬损了人大和宪法法律的权威。从维护宪法法律和根本政治制度权威的角度出发，全国人大及其常委会应当在司法体制改革的调研、决策和督促检查等各个阶段发挥作用，可在全国人大设立司法改革委员会，作为司法改革的决策机构。① 各级人大亦应发挥对法院、检察院的经费、人员编制和法官检察官的遴选等问题的决策权和监督权，如此，司法体制改革的正当性和实效性才会得到加强。

3.与政府的关系

我国国家机关之间的关系不同于西方国家立法、行政、司法机关相互制衡的三权分立体制，而是实行民主集中制的活动原则，但这并不意味着我国国家权力的宪制秩序放弃了权力制约原则，宪法法律就全面地

---

① 参见徐昕：《中国司法改革的现实与未来——兼谈2009、2010、2011民间司法改革年度报告》，《哈尔滨工业大学学报》(社会科学版)2012年第5期。

体现了权力的分工和制约原则，以行政诉讼和行政非诉执行为主体的法院监督，均是司法权力对行政权力制约的重要表现。《决定》除了对政府依法行政，建设法治政府作出部署外，还提出了完善行政诉讼体制、探索建立检察机关提起公益诉讼制度等重要举措，值得认真研究。

在《决定》审议通过后，全国人大常委会通过了《行政诉讼法》的修改决定，这是《行政诉讼法》自 1989 年制定后作出的首次修改，重点解决“立案难、审理难、执行难”的问题，扩大了受案范围，降低了立案的门槛，建立跨行政区域管辖行政案件制度，降低了行政机关干预、阻碍法院立案的可能，原则要求行政机关负责人应当出庭应诉，加大了对拒不执行裁判的行政机关和直接责任人的处罚力度，旨在实现案结了事。显然，这些修改保障了公民、法人和其他组织的诉权，规范了行政诉讼的程序，确保公民法人的合法权益得到实现，具有进步意义。

《决定》要求“把所有规范性文件纳入备案审查范围”，而由法院审查行政机关规章以下规范性文件就是行政诉讼体制改革的重点之一，也体现在此次《行政诉讼法》的修改中。规章以上规范性文件的备案审查，已在《立法法》中有明确规定，修改后的《行政诉讼法》取消了受案范围为“具体行政行为”的规定，而是对可诉的“行政行为”进行了列举，并将对行政机关制定的规章以下规范性文件的审查权赋予法院。第 53 条规定，“公民、法人或者其他组织认为行政行为所依据的国务院部门和地方人民政府及其部门制定的规范性文件不合法，在对行政行为提起诉讼时，可以一并请求对该规范性文件进行审查”，并明确该条规定所指的“规范性文件”不含规章，即指规章以下的规范性文件。与此相呼应，第 64 条规定：“人民法院在审理行政案件中，经审查认为本法第五十三条规定的规范性文件不合法的，不作为认定行政行为合法的依据，并向制定机关提出处理建议。”从整个法律规定链条来看，这意味着法院对效力位阶在规章以下的行政机关规范性文件拥有了“审查权”，但审查的结果是“不作为认定行政行为合法的依据，并向制定机关提出处理建议”，并不能径直宣告被审查的规范性文件无效。

对行政机关制定的规范性文件形成严密完整的审查体系，可以督促行政机关依法行政，使一些地方政府随意减损公民法人权利、增加公民法人义务的规范性文件游离于司法监督之外的状况逐步得到改变。但是，法院的“处理建议”处于何等效力，如何保证法院发出的“处理建议”能转变为制定机关的自主纠错行为，若制定机关不认可法院关于规范性文件不合法的认定时又该如何处理，这些问题事关法院能否有效监督政府行政，需要进一步地明确和相应的制度建构，否则这项审查制度的实施效果恐难达到预期。

探索建立检察机关提起公益诉讼的制度是《决定》提出的一项新举措。在社会生活中，一些个人、法人和组织违法或者侵权行为侵害国家和社会公共利益，有的行政机关违法行使职权或者不作为造成对国家和社会公共利益侵害或形成侵害危险，由于没有直接利害关系人或者利害关系人不确定，导致无法提起诉讼。2012 年修订的《民事诉讼法》规定对污染环境、侵害众多消费者合法权益等损害社会公共利益的行为，“法律规定的机关和有关组织”可以向法院提出诉讼，但原告的具体范围较为模糊，《决定》提出检察机关提起公益诉讼的举措似乎与该规定相衔接。但全会关于《决定》的说明，仅就行政机关违法行使职权或者不作为造成对国家和社会公共利益侵害或有侵害危险的情形，如国有资产保护、国有土地使用权转让、生态环境和资源保护等方面“违法行政行为缺乏有效司法监督”的行为作了阐述，并未涉及个人、法人和组织侵害公共利益的行为。

综合来看，《决定》所指的“公益诉讼”应当有两种情形，既包括检察机关针对个人、法人和组织侵害公共利益的行为所提起的民事公益诉讼，也包括针对行政机关违法行使职权侵害公共利益的行为提起的行政公益诉讼；既督促个人、法人和组织依法规范自行行为，也督促行政机关依法履职，维护公共利益。对照现行法律规定，民事公益诉讼在《民事诉讼法》中已有基础规定，但不甚明确和周延，给检察机关在实际工作中提起民事公益诉讼造成了障碍，而行政公益诉讼则尚无《行政诉讼法》的支撑，这些法律空缺都需要尽快填补，以使公益诉讼制度能尽快运转起来。①

---

① 参见倪洪涛:《行政公益诉讼、社会主义及其他》,《法学评论》2014 年第 4 期。

4. 与公民的关系

《宪法》明确规定："中华人民共和国的一切权力属于人民。"人民是国家的主人，是国家权力的来源，有权参与国家各项事务的管理。司法权作为国家权力的重要组成部分，其产生与运行都应全面体现人民主权的宪法原则。同时，公民和国家是最重要的宪法主体，宪法实施的重要意义就是规约国家权力，保障和增进公民权利。有鉴于此，《决定》提出了保障人民群众参与司法，加强人权司法保障的举措。

完善人民陪审员制度，保障公民陪审权利是《决定》关于保障人民群众参与司法的改革举措，从文字表述上分析，主要涵括增加陪审员数量、扩大参审范围、完善随机抽选方式和调整陪审员审判职权几个方面，这些改革的落实同样面临各种问题。首先，按照基本法律《法院组织法》的规定，可以被选为人民陪审员须满足积极条件"有选举权和被选举权的年满二十三岁的公民"和消极条件"被剥夺过政治权利的人除外"；《人民陪审员法》规定，人民陪审员除应满足拥护宪法、品行端正、身体健康、未受过开除公职和刑事处分、非司法等特定职业人员的条件外，一般应当具有高中以上文化程度，相比《法院组织法》增加了多项条件。同时，人民陪审员的名额由基层法院"根据审判案件的需要"提请同级人民代表大会常务委员会确定，陪审员人选由公民本人申请或基层组织推荐，基层法院会同同级司法行政机关审查，再由基层法院院长报请同级人大常委会任命。如此选任条件和方式，减损了人民陪审员的代表性和正当性。因此，完善人民陪审员制度，首先应建立民主和科学的人民陪审员选任制度。设计人民陪审员制度的法律基点是将陪审视为一种公民权利，让人民陪审员代表人民参与司法、表达意见。那么，可以考虑比照县级人大代表选举的程序和方式，建立公民直接选举人民陪审员的制度机制，使其代表人民、对人民负责，同时扩大选任范围，增加选任数量，在保证不干扰司法公正的前提下，让不同行业、性别、年龄、民族和文化程度的公民都能参与陪审，提升人民陪审员的代表性。其次，除适用简易程序审理的案件和法律另有规定的案件外，人民陪审员与法官组成合议庭审理社会影响较大的刑事、民事、行政案件，以及刑事案件被告人、民事案件原告或者被告、行政案件原告申请由人民陪审员参加合议审判的案件，实际陪审的案件较少。应当调整人民陪审员参审案件的范围，细化陪审适用条件，充分保障当事人申请人民陪审员参审的权利，提高人民陪审员在涉及公众利益案件中的参审比例，对于知识产权、医疗事故等专业性较强的案件，还可建立专家陪审机制。再次，在完善人民陪审员选任方式的基础上，严格落实随机抽选陪审员的方式，杜绝一些法院出现的陪审员成为"驻庭陪审""编外法官"的状况，实行陪审员在诉讼当事人的见证下，从"陪审员库"随机抽选的方式，排除人为因素干扰陪审公正的可能性。又次，调整人民陪审员的审判职权，目前人民陪审员除不得担任审判长外，同法官有同等权利，在案件事实认定和法律适用上与法官享有同等权力，但并非每位陪审员都熟知法律，有能力参与法律适用问题的审理和裁决，因此出现陪审员不会、不敢、不愿发表意见，"陪而不审""审而不议"的现象。《决定》提出逐步实行人民陪审员不再审理法律适用问题，只参与审理事实认定问题，这是符合司法规律的改革，但这项调整是否意味着形成人民陪审员负责事实认定，法官负责法律适用问题的审理分工格局，还是法官均参与事实认定和法律适用的审理和裁决，需要进一步的评估和研究。最后，还必须改革人民陪审员的考核、奖励和补助机制，在现行制度下，人民陪审员的任免、考核和奖励都直接与基层法院挂钩，参与陪审所得的补助则列入法院和司法行政机关业务经费，由同级政府财政保障，这种关系使人民陪审员承受了来自所在法院和地方政府的隐性压力，不利于人民陪审员依法公正行使职权，可以考虑在公民直接选举人民陪审员后，其考核、奖励和补助也由县级人大常委会负责。

人民监督员制度建立的初衷是加强公民对检察机关查办职务犯罪工作的监督，是公众监督司法、参与司法的重要形式。《决定》提出完善人民陪审员制度，将监督的重点放在监督检察机关查办职务犯罪的立案、羁押、扣押冻结财物、起诉等环节的执法活动上。但完善人民陪审员制度，至少必须在以下几个方面理清思路：

第一，人民监督员制度是 2003 年由最高人民检察院报请中央批准并报告全国人大常委会后实施的，监督员履职的依据主要是最高检察院的规定规范，缺乏具体的法律依据，亟须完善人民监督员制度的法律基础。

第二，目前人民监督员是由检察机关商请其他单位、组织推荐，检察机关考察后确认产生，再由检察机关“邀请”参与监督案件查办，存在“自己选人监督自己”的情形，需要对这种选任方式加以改革。根据最高人民检察院和司法部商讨的方案，拟由省市两级司法行政机关负责人民监督员的选任和管理工作，再由检察机关随机抽选人民监督员监督相关工作，指定居所监视居住违法、阻碍律师依法执业等也将纳入监督范围。然而，这一改革思路是值得再三推敲的，虽然是由检察机关“邀请”，但由行政机关“选人”“管人”去监督检察机关的工作，这种机制是否具备法理依据，是否符合人大制度和民主集中制原则？为何人民监督员的选任、管理和监督工作就偏偏要绕开人大而另起炉灶？这是涉及根本政治制度和宪法原则的重大问题，必须严肃认真地考虑。因人民监督员与人民陪审员在性质和职责等方面的不同，可考虑人民监督员由省、市两级人大常委会选任和管理，建立“人民监督员库”，由人大常委会随机抽选监督员监督相关案件的查办，使人大与公民对检察机关的监督并行，同时，人民监督员履行职责的培训、考核、奖惩和补助保障等工作也要与检察机关脱钩。

第三，按照最高检察院的现行规定，人民监督员履职程序和效力都有诸多问题，监督评议案件程序不完善，监督员知情权未能得到充分保障，对不采纳多数人民监督员意见的处理决定缺乏救济程序。解决这些问题，需要提升规范层级，完善监督前、监督中的程序细则，设置复议复核程序，建立人民监督员监督事项告知制度和参与案件跟踪回访、执法检查等机制，形成一个完整的监督链，方能使人民监督员能监督、敢监督，监督有实效。

司法公开是《决定》部署保障人民群众参与司法的重要方面，要求构建开放、动态、透明、便民的阳光司法机制，保障公众对司法工作的知情权和监督权。随着新媒体技术的不断发展，公众获取信息、传播信息的途径日趋多样、方式日趋便捷，舆论对司法机关的影响也在发生改变。

须知舆论是一把双刃剑，在司法实践中，一些裁判虽然是合法公正的，但是因为案件公开不及时、不主动、不充分，造成公众质疑和社会误解，影响了司法机关的公信力；另一方面，舆论裹挟司法的情况也并不鲜见，一些正在审理的案件经由媒体报道传播甚至恶意炒作，迅速成为社会焦点，舆论审判暗流涌动，给司法机关和审判人员造成巨大的压力，未尝不会对公正裁判形成干扰。由此，要落实阳关司法机制，必须在公开和公正之间作出平衡，实现二者的高度契合。司法机关一方面通过发言人、新媒体等渠道，依法及时回应社会的关切，传播真实、准确的信息，增加司法人员释法说理，杜绝“八股”式的法律文书；另一方面，应当在尊重新闻传播规律和司法规律的基础上，平衡言论自由和独立的司法价值，尝试通过立法防止舆论影响司法公正，对媒体报道正在办理的案件的时间和内容作出适当和必要的规范，对于参与审理重大案件或社会广泛关注的案件的法官和人民陪审员，还可借鉴国外有益经验，实行案件审理期间与外界隔离的机制，最大限度减少舆论对审判人员依法公正作出裁判的干扰。

国家尊重和保障人权是我国宪法明确的规定。在法治国家，司法权力是维护人权的坚强后盾，司法程序是公民依法理性维权的基本途径，司法机关是保障人权的责任主体，保障人权也是司法机关的重要职责。当公民合法权利遭到非法侵害时，可以向司法机关寻求救济，司法机关必须依法履行职责，按照法定程序和要求及时查究非法侵权行为，为被侵害人提供强制性的救济，这不单是法治社会中公民的维权逻辑，也是法治社会中司法机关的履职使命。十八大将“人权得到切实尊重和保障”列为全面建成小康社会的目标之一，十八届三中全会提出了完善司法人权保障的要求，《决定》进一步明确提出了加强人权司法保障的举措，包括完善对行政强制措施的司法监督，强化诉讼权利保障制度，健全落实刑事基本原则的法律制度，完善防范和纠正刑讯逼供、非法取证和冤假错案的司法监督机制，建立切实解决执行难的法律制度和保障当事人依法行使申诉权利等方面。建立或完善人权司法保障的制度安排，意欲使司法权力严格依法运行，首先做到自己不侵害人权，又确保其他国家权力依法行使，防范和制裁其他国家权力恣意专横侵犯人权的情形。当然，也必须指出，人权作为人应当享有的权利和自由，本身就是一个复杂和不断发展充实的范畴，我国现行《宪法》以列举的形式确定了公民广泛的权利和自由，此即公民权利的“正面清单”。《决定》中涉及人权司法保障的多为公民人身自由、诉讼权利、财产权益和诉愿权等权利和自由。在强调依法治国、依法执政、依法行政共同推进，法治国家、法治政府、法治社会一体建设的背景下，唯有落实公民权利的“正面清单”，将所有纸上的权利变成现实可行的权利，各项法定权利受到侵害都能通过司法程序寻求救济，那么人权司法保障制度才可谓之“完善”。

三、司法体制改革需要处理的内部关系

按照十八届三中全会的部署，全面深化改革的总目标是完善和发展中国特色社会主义制度，推进国家治理体系和治理能力现代化。司法制度是国家治理体系的重要组成部分，司法机关定分止争的能力是国家治理能力的重要部分，司法机关行使职权能力的提高，不但需要理顺外部关系，更重要的是处理好“内因”，完善司法体系自身的制度机制。

《决定》提出完善司法管理体制和司法权力运行机制，正是要完善司法体制的内部关系。司法管理体制是对如何管理司法活动和相关事务的体制设计，司法权力运行机制则是对司法权力配置、运行及其相互关系的制度安排。形成科学合理的司法管理体制和规范高效的司法权力运行机制，有利于保障司法机关依法独立公正行使职权，充分发挥司法定分止争、制约公权、保障私权和维护社会公义的基本功能。《决定》在这一方面提出了诸多改革举措，既有与之前相关文件相关联和延续的内容，也有一些富有新意的提法。限于篇幅和智识，这里仅对部分司法体制改革牵涉的内部关系问题进行分析探讨。

（一）司法权力优化配置中的关系

现行《宪法》和《刑事诉讼法》都规定了法院、检察院和公安机关“分工负责、互相配合、互相制约”的原则，但仅限于“办理刑事案件”。实践中，我国刑事诉讼活动是“流水线”式的运作，公安机关行使侦查权，检察

院行使检察权，法院行使审判权，分工明确但互相制约不足。《决定》提出："健全公安机关、检察机关、审判机关、司法行政机关各司其职，侦查权、检察权、审判权、执行权相互配合、相互制约的体制机制。"需要注意的是，在这一表述中，并无"办理刑事案件"的限定。同时，相对于《宪法》和《刑事诉讼法》的规定，《决定》将司法行政机关及其执行权也纳入其中，这在中央文献中是首次出现。结合《决定》的相关表述分析，司法行政机关的权力或有重大调整，目标是形成"四机关"各司其职，互相配合、互相制约的关系格局，其切入点大概有以下几个方面：

首先，推行审判权与执行权相分离的体制改革。审判权是司法权力，裁判执行权则带有行政性质，我国生效民事和行政裁判目前是由法院负责执行，同时法院还依据行政机关或当事人申请，对部分非诉讼事项进行强制执行，这种分工格局分散了法院的精力，"执行难"的问题也影响了司法权威。这项改革的一个可能或是将执行权从法院剥离出来，法院不再设执行员和执行机构，而交予司法行政机关执行。然而，民事诉讼裁判的执行交予司法行政机关执行尚无太多障碍，但行政诉讼裁判的执行或将是司法行政机关"不能承受之重"，而强制执行在无更有力和明确的法制保障之前恐怕也不宜从法院权力中抽离。当然，倘若执行权并不从法院中剥离出来，由作出裁判的法院或其他同级法院的执行机构负责执行，或者将执行权上提至上一级法院，那么执行成本会否超出必要限度，这样的审执分离模式又能否达到审判机关减负的预期目的，这需要在法律和现实等多重维度进行权衡。因此，审执权力分离的范围、步骤需要有通盘考虑，不能贸然推进，否则又会造成新的制度困境。

其次，统一刑罚执行。目前，我国刑罚执行权由多个机关分别行使，死刑缓期两年执行、无期徒刑、有期徒刑由司法行政机关管理的监狱执行；被判处管制、宣告缓刑、假释或被暂予监外执行的，由司法行政机关的社区矫正机构执行；死刑立即执行、罚金和没收财产的判决，由法院执行；拘役由公安机关执行。刑罚执行权的分散不利于统一刑罚执行标准，也不利于对刑罚执行情况进行法律监督。从相关表述上看，司法行政机关的刑罚执行权可能将扩大，使公安机关、审判和检察机关在刑事诉讼中更好地实现相互制约,也便于检察机关集中注意力对刑罚执行情况进行法律监督。

再次,法院、检察院司法行政事务管理权和审判权、检察权相分离。十八届三中全会提出了推动省以下地方法院、检察院人财物统一管理的改革措施,《决定》进一步提出:"改革司法机关人财物管理体制,探索实行法院、检察院司法行政事务管理权和审判权、检察权相分离。"从性质上看,法院、检察院的人财物管理属于司法行政事务,此前,一些试点地方已试行了法官、审判辅助人员、行政管理人员分类管理的改革,将司法事务和司法行政事务以人员分类管理的方式相区分。《决定》提出法院、检察院司法行政事务管理权和审判权、检察权相分离的改革举措,又强调要"认真总结历史经验,借鉴国外合理做法,积极探索符合我国国情特点的司法机关人财物管理体制"①,那么法院、检察院的司法行政事务管理改革可能比此前的"员额制"改革更进一步,将司法行政事务管理从法院、检察院剥离出来,移交司法行政机关管理,使法院、检察院专注行使审判权和检察权。

总体来看,强调完善"四机关"及其职权各司其职,相互配合、相互制约的司法权力配置格局,不但意味着司法机关权力的重新配置,更重要的是,需要针对过往司法实践中各司法机关分工明确、相互制约不足甚至是空置的情况,有针对性地细化、补充相互制约的法律规范,做到先立后破,在法治轨道上推进改革,使侦查权、检察权、审判权和执行权真正实现相互配合和制约,那么,司法权力"优化配置"的改革目的才算达致。

(二)司法管辖制度改革中的关系

司法管辖包括司法机关的地域管辖和案件管辖,我国司法机关目前的设置是按照行政区划逐级设立,管辖行政区划内的案件,一方面因为地方党政在人财物方面容易对司法机关形成钳制,造成司法地方保护主义,另一方面因为各地区间发展不平衡,有的地方司法机关案件办理压

---

①　孟建柱:《完善司法管理体制和司法权力运行机制》,《人民日报》2014 年 11 月 7 日。

力巨大，有的地方又存在司法资源闲置的情形。对此，十八届三中全会提出了探索与行政区划适当分离的司法管辖制度的改革方向，《决定》进一步提出了具体改革举措。

《决定》提出最高人民法院设立巡回法庭，审理跨行政区域重大行政和民商事案件。当下中国正处于社会转型期，各类社会矛盾频发，全国法院受理案件数量不断增加。据2014年的统计数据，最高人民法院受理案件11016件，审结9716件，比2012年分别上升3.2%和1.6%；地方各级人民法院受理案件1421.7万件，审结、执结1294.7万件，同比分别上升7.4%和4.4%。① 从绝对数量和相对比例而言，大量案件涌入了最高人民法院，使其不得不动用大量的人力物力审判接访，甚至故意下压审级，分散了最高人民法院监督全国地方法院和专门法院的精力，不便于当事人诉讼，事实上也给首都北京造成了巨大的维稳压力。按照十八届三中全会关于四级法院职能定位的规划，一审法院明断是非定分止争，二审法院案结事了，再审法院有错必究，最高人民法院保证法律统一正确实施，《决定》就此提出设立最高法院巡回法庭，使巡回法庭"重心下移、就地解决纠纷、方便当事人诉讼"，最高人民法院本部发挥监督指导全国法院工作职能，集中精力制定司法政策和司法解释，审理对统一法律适用有重大指导意义的案件。

从《决定》中"巡回"和"本部"的用词来看，最高法院巡回法庭性质上应当是最高人民法院的派出法庭。按照现行《法院组织法》的规定，派出法庭只有基层法院可以设立，最高人民法院组织架构是"设刑事审判庭、民事审判庭、经济审判庭和其他需要设的审判庭"，那么，巡回法庭是否属于"其他需要设的审判庭"？巡回法庭审理地方重大民商事和行政案件审级属于最高法院一级，在未经法律确认的"大行政区"范围内审理案件，法律依据是否充足？巡回法庭如何接受党的领导，与人大的关系如何设置？另外，关于巡回法庭的组织，是从最高人民法院各审判庭抽调

① 参见周强：《最高人民法院工作报告——2014年3月10日在第十二届全国人民代表大会第二次会议上》，《人民日报》2014年3月18日。

法官轮流到各巡回法庭审案，还是在各大区就地遴选法官建立巡回法庭并赋予其最高人民法院的审判职权？巡回法庭是否“巡回”，是固定驻在特定地方，还是定期轮换驻地？设立最高人民法院巡回法庭需要一套完整的制度机制建构，这些问题都还有待法律作出明确的规定。

设立跨行政区划的人民法院和人民检察院是《决定》针对地方法院受理案件和跨行政区划当事人增多，许多案情复杂重大，有的地方部门或领导利用职权和关系插手案件处理，形成相关诉讼“主客场”的现象，而对司法管辖体制改革提出的具体举措，旨在平等保护外地当事人合法权益、保障法院独立审判、监督政府依法行政、维护法律公正实施。设立跨行政区划的法院和检察院，其好处在于可以更大限度地排除地方保护主义对审判工作的干扰，保障法院、检察院依法独立行使职权，有利于构建普通案件在行政区划审理、特殊案件在跨行政区法院审理的诉讼格局，而将现有的铁路运输法院和检察院加以改造，合理调配并充实审判和检察人员，是最为节省制度建构成本的方案。但是，推行这一改革也必须回答一些有关必要性和可行性的问题。

首先，在已经强调建立领导干部干预司法活动、插手具体案件处理的记录、通报和责任追究制度，建立司法人员依法履职保护机制等一系列确保法院、检察院依法独立公正行使职权的制度机制的基础上，还有无必要为了排除地方干扰而专门设立跨行政区划的法院和行政机关？其次，按照我国现行《宪法》和《法院组织法》《检察院组织法》的规定，地方各级法院、检察院均按行政区划设置，法院和检察院由同级人大产生，并对同级人大及其常委会负责并报告工作。若设置跨行政区划的法院和检察院，就必须明确哪一级人大拥有跨行政区划法院和检察院的设立权，相应的司法人员任免权、经费预算管理权和监督权等问题，否则会对人大制度造成冲击。同样，也要面对执政党如何对跨行政区划的法院和检察院进行领导的问题。再次，跨行政区划的法院和检察院的职权、组织和性质如何确定，是否会与行政诉讼体制机制改革相配套，按照“提高行政诉讼案件的级别管辖，对行政诉讼案件采取异地集中管辖”的思路，将跨行政区划法院建设成为专门审理行政诉讼案件的“行政法院”？若不是，那么它们与所在行政区划已有的法院和检察院的关系如何厘定，职权如何划分，是撤销原有建制加以重组，形成跨行政区划法院和检察院，还是在原有的法院和检察院之上再加一个层级？如何保证跨行政区划的改革成本低廉可控？总之，跨行政区划法院和检察院的设立在《宪法》《法院组织法》《检察院组织法》和三大诉讼法等层面都有许多需要严肃面对的关系和问题，这些问题若不解决，那么跨行政区划法院和检察院的司法活动亦无法正常进行。

（三）司法人员管理制度改革中的关系

我国司法人员在招录、遴选、培养和任用等方面，实行与普通公务员相同的模式，同时，80％的案件在基层办理，而基层机关人多职数少，司法人员职级低、待遇差、职业发展空间有限，既不利于拓展提升司法人员的专业素质，也会影响案件的办理质量。十八届三中全会提出了建立符合职业特点的司法人员管理制度的改革方向，主要涉及司法人员分类管理制度、选任招录制度、任免惩戒制度和职业保障制度。《决定》在此方面的改革举措并未集中论述，而是分散在各项改革要点当中，主要包括健全司法人员履行法定职责保护机制，明确各类司法人员工作职责、工作流程、工作标准，实行办案质量终身负责制和错案责任倒查问责制、法治工作人才交流机制，完善司法职业保障体系，建立法官、检察官、人民警察专业职务序列和工资制度，建立法官、检察官逐级遴选制度等方面。

十八届三中全会后，中央深改组批准下发《关于司法体制改革试点若干问题的框架意见》，上海等五省市开始实行法官、检察官员额制改革，将法检机关工作人员按比例分为三类，即法官、检察官，法官助理、检察官助理等司法辅助人员，行政管理人员。以上海试点改革方案为例，三类人员占人员总数的比例分别为33％、52％和15％，意欲使85％的司法人力资源投入案件审理的一线。实行法官、检察官员额制，将司法人员分类管理是一项与司法人员职权、职级和薪资待遇等方面相关联的制度改革，推行之初就面临诸多的困难，处理不好就会遭遇阻力，因此必须妥善解决与员额制改革相关联的问题。

首先，科学确定法官、检察官的名额和比例。在一线具体从事案件办理的法官、检察官的人数，与当地的人口数量、经济发展水平、案件数量、案件的复杂难易程度，以及经费装备、司法辅助人员的配置、交通环境条件等方面因素密切相关，若生硬地划定比例，会使法官、检察官人数与实际需求不相协调，则可能无助于提高案件办理水平和效率，但若无指导性的比例要求，又会因各地落实情况的差异，导致改革推进的脱序。现实的办法是要对法官、检察官的工作量进行精准的测算，应以优秀法官、检察官配足合格助理情况下亲自完成的核心工作量为基准，而非简单地以平均工作量为参照，在此基础上对照本级法院、检察院的办案总量确定法官、检察官的名额。

其次，合理确定法官、检察官的标准。在部分地方的改革中，出现了简单地论资排辈分配法官、检察官名额的情况，一些不参与案件办理的行政、政工领导挤占了法官和检察官名额但又不参与办案，导致部分助理被迫直接参与办案，有办案权的人不办案、不负责，无办案权的人既办案又负责的恶性循环。法官、检察官的标准，除了遵照《法官法》和《检察官法》的规定外，还应当基于各级法院不同的审级分工和职权定位，既坚持专业素养和能力标准，也强调资历和办案经验，综合以往办案业绩和职业道德素养对拟任人选进行综合考察。一些长期不办案或极少办案的“资深”法官、检察官应当不予进入新的法官、检察官序列，一些高学历的年轻法官、检察官，因为缺乏实际办案经验而暂时不能进入法官、检察官序列的，应有意识地在助理岗位上加以历练，成熟后优先遴选为法官、检察官。

再次，法官、检察官的名额应处于适时变动的状态。地方各级法院的受案数量以每年 8%左右增幅增长，实行员额制导致法官人数减少，这会否影响到日益增加的案件得到公正高效的办理？要避免案件积压，保证案件公正高效地得到审理。这应当从两方面入手：一是确保“存量”，将所有法官配置到办案一线，庭长、副庭长应当从行政事务中解脱出来，成为办案的主力。二是做好“加减法”，一方面根据实际办案需要，适时从优秀助理人员和律师、法律学者当中选拔法官检察官，以及通过立法、执法、司法部门适格人才交流渠道中选拔法官检察官；另一方面，也要通过法官检察官考评，建立不适任法官检察官的退出机制。

建立法官、检察官的逐级遴选机制是《决定》根据十八届三中全会精神进一步加以明确的改革措施，根据这项改革，初任法官、检察官由高级人民法院、省级人民检察院统一招录，一律在基层法院、检察院任职；上级法院、检察院的法官、检察官一般从下一级法院、检察院的优秀法官、检察官中遴选。此前，最高人民法院发布了《人民法院第四个五年改革纲要(2014～2018)》，要求初任法官首先到基层人民法院任职，上级法院法官原则上从下一级法院遴选产生。结合《纲要》和四中全会后披露的信息来看，这项改革意欲使除书记员、司法警察等司法辅助人员外，中级以上法院和市级以上检察院不再直接从应届毕业生中招录法官、检察官。初任法官、检察官由高级法院、省级检察院统一招录，一律安排在基层法院和检察院任职。在"充分消化"现有在编人员基础上，中级以上法院、检察院不再任命助理审判员和助理检察员，今后各级法院、检察院招录的法官助理符合法官和检察官条件的，经过法定选任程序，也一律到基层法院和检察院任职。上级法院、检察院的法官和检察官，除可面向社会公开招录符合条件的律师、法学学者和其他法律工作者以外，一般从下一级法院、检察院中经过一定年限职业训练的优秀法官、检察官中遴选。

按照最高人民法院的改革方案，与逐级遴选机制和人财物省以下统管改革相配套，在省一级设立遴选委员会，由法官代表、组织人事部门和社会人士代表组成。那么，此项改革会否造成上下级法院之间新的行政化倾向，弱化上级法院对下级法院的审级监督，这是应当引起注意的问题。同时，按照现行法律，审判员等法官需要经过同级人大常委会的任命，那么省级遴选委员会与省市县三级人大常委会的关系如何协调，各级人大常委会的任命程序会否彻底形式化？若省一级人财物统管的改革举措已不容变动，那么，承担逐级遴选工作的也应当是省级人大常委会。这既符合现行宪制权力秩序和民主集中制的国家机关活动原则，也有利于完善人大制度。当然，出于审查候选人职业操守和业务能力的便利性和专业性考虑，遴选委员会成员应当由司法机关工作人员和其他法律职业人员占绝大多数，而组织人事部门和社会人士代表要有针对性地进行政治和品行考察。另外，新招录的初任法官、检察官，以及各级法院、检察院招录的法官助理符合法官和检察官条件的，经过法定选任程序，都一律到基层法院和检察院任职，而基层法院和检察院经过一定年限职业训练的优秀法官检察官经过遴选又上升至上一级法院、检察院工作，那么这种模式会否导致承担最重办案压力的基层法院和检察院没有优秀人才、留不住优秀人才，单纯成为初任法官和检察官的“实习基地”，进而影响基层法院和检察院的办案质量？各级法院和检察院人才结构合理调配的问题，应当是设计运行法官、检察官的逐级遴选机制所必须考虑的，否则将顾此失彼。

整合十八届三中全会后的相关实践，以及四中全会《决定》关于司法人员管理体制改革举措后会明显地发现，立案登记制和各类责任制使法官、检察官的责任压力在不断加重，而相应的履职保护机制、职务序列和薪资改革却未能及时跟进，只增压不激励，这并不符合司法工作规律和以人为本精神。十八届三中全会提出完善主审法官、合议庭办案责任制，让审理者裁判、由裁判者负责，《决定》进一步明确提出明确各类司法人员的工作职责、工作流程和工作标准，实行办案质量终身负责制和错案责任倒查问责制。最高人民法院公布的《四五纲要》中已明确提及法官独任审理案件的裁判文书不再由院、庭长签发，而由主审法官裁判和负责，但在案多人少、法官超负荷办案的情况下，又发生了法官不敢裁判、不愿负责，希望还是由院、庭长签发裁判文书以分担风险的尴尬局面。

出现这种局面的原因应当是多方面的：一是防止干预司法记录问责机制还未建立，法官办案若受到无形的干预和压力而不得不作出违法裁判的，日后追查责任，因有实据可查而受到问责的恐怕只会是法官；而如果法官坚持按照法律规定和良知作出裁判，又恐怕遭到打击报复。二是在案多人少、法官疲于审案的情形下，法官自己对办案质量也不是都信心满满。三是法官职业保障体系不健全。目前，我国法官的职级呈现“双轨制”的格局。一类是与普通公务员相同的从副国级到副科级的行政级别序列，另一类是2001年《法官法》修改后实行的从首席大法官到五级法官的十二级法官等级序列。决定法官薪资待遇水平的往往是其行政级别，一些终日疲于奔命忙于审理案件的法官收入远不如不参与审案的行政政工干部，在缺少激励的境况下，再向法官施加审案和责任制压力，出现反弹也就不难理解了。因此，应尊重司法规律和人性特质，尽快完善司法人员的履职保护机制、职务序列和薪资制度，构建司法人员尽责履职的“保护伞”和“加油站”，那么司法人员管理体制的整体改革才能得以顺利推进。

（四）司法权力运行监督机制中的关系

十八届三中全会提出了“健全司法权力运行机制”的改革方向，在四中全会的《决定》中主要体现在推进严格司法和加强对司法活动的监督等改革基点上，涵盖法院案件受理和审级制度改革，完善刑事诉讼中认罪认罚从宽制度，推进以审判为中心的诉讼制度改革，以及健全司法机关内部监督制约机制，加强检察机关法律监督、人民群众监督和社会监督，依法规范司法人员的对外交往行为等方面。相关改革举措的分析在前文多有涉及，此处不再赘述，重点就防范和查办司法腐败中涉及的关系进行讨论。

司法腐败对司法机关的公信力有着巨大的侵蚀效应，不仅影响司法的公正和廉洁，损害法治的权威和公信，也影响着人民对法治、对司法的信任和信心。《决定》提出“对司法领域的腐败零容忍，坚决清除害群之马”的要求，在多方面提出了防止和惩治司法腐败的制度措施，归结起来有以下方面：一是司法机关内部业务隔离，司法机关内部人员不得违反规定干预其他人员正在办理的案件，建立司法机关内部人员过问案件的记录制度和责任追究制度。二是外部屏蔽，依法规范司法人员与当事人、律师、特殊关系人、中介组织的接触、交往行为，切断利益输送的渠道。三是建立违法违纪被开除公职的司法人员、吊销执业证书的律师和公证员的终身禁业制度。四是要求破除各种潜规则，整治司法工作中的不正之风。

司法权力也是国家权力的一部分，因而也应将司法权力关进制度的笼子中。《决定》针对司法腐败产生的多方面原因，提出多方位的制度建构举措，这一改革方向无疑是值得肯定的。但是与其他改革措施一样，其推进过程中，也不免会出现困惑，比如与建立党政干部干预司法活动、插手具体案件处理的记录、通报和责任追究制度一样，司法机关内部人员过问案件的记录制度和责任追究制度也面临着过问行为如何界定、如何发现，由谁记录、由谁追究责任的问题。如果没有充分的履职保护和中立客观的记录问责主体，那么这项制度或者陷于空转，或者查究失度，给司法人员造成心理负担。再如，在推行省以下人财物统管和人员分类管理等改革后，法院内的纪检监察室如何定位，纪检监察人员如何归类，若在组织关系上继续向同级地方党委纪检监察部门负责或报告工作，会否与司法机关"去行政化"和"去地方化"的改革取向相冲突？会否成为地方党政系统干预司法机关独立公正行使职权的暗道？这些关系和问题事关能否构建牢靠可行的司法腐败防范和查办机制，无法回避。

四、结论

改革不是自我否弃，而是运用合理方式和手段的自我精进。"凡属重大改革都要于法有据。在整个改革过程中，都要高度重视运用法治思维和法治方式，发挥法治的引领和推动作用。"①这种"法治改革观"提醒我们，法治为深化改革提供了最佳的表达载体和实施机制，而深化司法体制改革也需要运用法治思维和法治方式。"法律职业共同体"和"法治专门队伍"这两种表述指称的对象或许是相同或相近的，但前者无疑是法治思维的外露，而后者则恰恰是革命思维惯性的延续。改革思维的转换或许不是朝夕间就能实现的，但基于国家治理体系和治理能力现代化的目标，就必须为之。

制度是共识的固化，制度改革则是重新凝聚共识的过程；体制是关系的制度化，体制改革就需要梳理或重建关系。司法体制改革的基本框

---

①　新华社：《把抓落实作为推进改革工作的重点　真抓实干蹄疾步稳务求实效》，《人民日报》2014 年 3 月 1 日。

架已经由执政党最高决策层拟就，那么由决策向现实转换的过程亦须汇聚更多的智识，被改革的对象似不应成为改革规则的决定者，改革过程也不应神秘化和封闭化。司法体制改革牵涉面甚广，不可能一蹴而就，也没有一劳永逸的药方，理清多重关系的过程可谓田忌赛马式的博弈格局，唯有以法治方式凝聚各方共识，分轻重缓急循序渐进，才能渐次实现帕累托最优的改革目标。

第二章
公民权利与公正司法

针对公权力频频越界侵犯公民私权等问题，坚持独立司法，通过完善司法审查等方式，实现以司法制约行政，倚靠审判机关监督行政机关，使公民权利具有真实和现实意义，方能确保公民在其权利与自由遭受公权力侵害时可获切实有效的司法救济保护，确保国家民主之源、宪治之本乃至法治之基不致毁损。

■ 第一节 从人权立法保障走向人权司法保障

党的十八届三中全会提出要“完善人权司法保障”，这是执政党首次公开提出如此行动目标，其对中国未来人权运动的发展和人权保障制度的完善可谓意义深远。

人权是人之为人应该享有的权利。一部人权发展史就是人类不断摆脱客体性争取主体性的历史。从远古时期奴隶为客体贵族才是人，到人文主义运动时期发出“我是一个人”的高亢呐喊，再到启蒙运动时期强调人生来是自由、平等的，最后到成文宪法诞生后公开确认每个人在形式上的自由、平等权……一部人类文明史差不多就是人类争取平等人权的历史。人权最初被表述为与生俱来的自然权利，但以洛克为代表的启蒙思想家认为混沌初开下的自然状态，人的自然权利易受到人的自然禀赋差异的影响，更易受到部分野心家的觊觎与侵害。而自然状态下缺乏一个公认的裁判者来裁决权利纠纷制止权利侵害，于是人们以契约相约进入国家状态。在国家状态下，人权通过成文法律实证化成为人权的重要保障路径。

中国官方对人权的态度经历了从拒斥到接纳的过程，但时至今日尚有部分人提及人权讳莫如深。故而党的十八届三中全会对人权保障的强调，是对人权正当性的有力加持，亦是一次让人权完全脱敏的重要之举。当今世界将近 200 个国家，罕有公开反对法治、人权的。人权已成为一个国家的准生证与护身符，更是衡量一个国家政治文明水准的标尺。作为一个没有任何自己私利只是致力于争取并支持人民当家作主的政党，没有任何理由丢弃人权这面鲜艳的旗帜。

从 1990 年国务院关于人权问题的白皮书公开以正面态度肯定人权，到 1997 年、1998 年中国分别加入《经济、社会、文化权利国际公约》《公民权利与政治权利国际公约》，再到 2004 年《宪法修正案》将“国家尊重和保障人权”写入《宪法》文本。这是中国人权事业发展的几个标志性时刻。对应于上述时刻，中国的立法机关开始了密集快速的人权普通立法具体化的过程。众所周知的即有《老年人权益保障法》《妇女权益保障法》《未成年人保护法》《残疾人保障法》《劳动法》《民族区域自治法》《选举法》等。迄今为止，中国已加入 27 项国际人权公约。

仅仅被法律条文所确认的权利还只是纸上的权利，要使纸上的权利变成现实的权利，完善的司法保障制度是必不可少的重要条件之一。人权的司法保障首先是要尊重保障公民的诉权。诉权是公民的基本人权之一，是第一制度性的权利。一项权利之所以构成权利，必须通过法律的规范、确认、保障并通过法律规定的方式救济才能完成。在现代法治社会中，法律的存在、发展以及法律自身的正当性是以保护人权为目的。宪法、法律一方面通过原则性、具体性规定，确立公民受保护的各种权利，另一方面又通过诉权、正当程序、救济机关等保障性制度安排来使公民权利得到充分实现。其中诉权具有“基础人权”的特性，是一种“核心权利”，因此诉权的实现程度成为人权是否得到充分保障的一个重要指标。既往中国各级法院曾基于种种原因对诸多案件不予受理。从最早的有关计划生育引起的侵权纠纷不予受理到后来互联网管理引起的纠纷不予受理等等……近现代政治文明和司法文明塑造了法院是权利保护神的形象，不需要铸犁为剑，只通过法槌高举，就能化干戈为玉帛，将社会纷争乃至骚乱平息，这是法院最优力量的表现。也正是在法庭上，社会的弱者能得到与最强者公平辩驳、公平对垒的机会，法院也才能成为正义的堡垒。如果法院动辄回避社会争议焦点，那么必然会导致法院的公信力资源流失，权威大幅度衰减。

人权的司法保障还涉及法院公平的审理程序、裁判的拘束力和既定力得到充分尊重、裁判文书得到迅速有效的执行等等。其中在刑事案件的审判中，为了使当事人（主要指被告）的沉默权、辩护权、人格尊严得到尊重，杜绝刑讯逼供，实现法、检、公三机关在办案环节上的真正制约等，都是实现司法公正不可缺少的制度安排。正如中国经济发展要补上商品经济这一课一样，中国的法治发展其实也应该补上形式法治这一课。

第二节
人权保障为何需要独立司法

无救济则无权利，如若没有切实有效的司法保护，公民权利将只能停留在纸面之上。而独立司法作为现代法治的重要原则，是落实公民权利保护的重要环节。因为唯有独立司法，才能使权利免受公权力的倾轧，才能有效解决私权纠纷，才能维护法律权威、保护权利免受舆论的裹挟，才能回应公民权利合理期待、祛除高权部门对审判的左右和操纵。

随着我国市场经济的日趋发展以及法律体系的日益完备，权利观念获得普遍接受认可、已然深入人心，权利主张与权利保护亦成为社会大众之普泛性价值追求，因此，将公民权利在《宪法》与法律中列明保护实乃大势所趋。然而，无救济则无权利，如若没有切实有效的司法保护，没有公正权威的司法裁决，公民权利将只能停留在纸面之上，空有其表，难具其实。而独立司法作为现代法治的重要原则，是实现司法公正的关键所在，亦是维护司法权威的根本保证，更是落实公民权利保护的重要环节。

首先，独立司法是保护权利免受公权力倾轧的有力屏障。司法机关独立享有司法权，通过司法审查等方式监督制约行政机关是现代民主政治之当然意涵。我国是信奉人民主权原则的国家，国家的一切权力属于人民。然而人民并不直接行使此项权力，而是通过选出民意代表组成各级人民代表大会作为国家权力机关持有并行使该权力。根据《宪法》第 3 条之规定，行政机关由国家权力机关产生，因而执法权实质源于人民授权。然而所有拥有权力的人，都倾向于滥用权力。① 权力的过分集中极易导致权力的腐败，致使权力行使者背离人民意志等权力异化现象的出现。从频惹争议的强拆纠纷，到千夫所指的城管虐民事件，再到广为诟病的刑讯逼供等等，公权力侵害倾轧私权的系列纠纷业已成为直逼当前司法体制的重大难题。正如美国大法官马歇尔所言："公民权利的精髓在于公民受到侵害时，每个公民都有权请求法律保护。"②

其次，独立司法是解决私权纠纷、确立司法公信的重要保证。司法权作为以事实认定、法律适用为主要内容的判断权，其终局效力对当事人权利义务产生决定性影响，加之司法权的适用具有被动性，故而司法权行使极易受到来自各方面的干涉与影响。正如美国宪法之父约翰·汉密尔顿所言："司法部门既无军权又无财权，不能支配社会的力量与财富，不能采取任何主动的行动，故而其既无强制，且无意志，唯有判断，且为实施其判断亦需借助行政机关力量。"③因而为实现公民权利救济、实

---

① 参见[法]孟德斯鸠：《论法的精神》上卷，许明龙译，商务印书馆 2012 年版，第 185 页。

② Marbury v. Madison，5 U.S. 137 (1803).

③ [美]汉密尔顿、杰伊、麦迪逊：《联邦党人文集》，程逢如等译，商务印书馆 1980 年版，第 453 页。

现公正审判，独立司法不仅要独立审判权，还须独立司法行政权。

就独立审判权而言，我国《宪法》第131条规定，人民法院依照法律规定独立行使审判权，不受行政机关、社会团体和个人的干涉。因此，法院作为专司审理和裁判诉讼的“公断人”，在裁断私权纠纷之时，应当独立于双方当事人、居中而超然，遵循自由心证，仅依宪法和法律及法官自身良心而作出明确双方权利义务、准确划定权利界限的公正裁判，从而使得司法裁断自作出伊始即获当事人双方之信服，在确保司法公信力的同时树立司法权威，真正实现划定权界、定分止争，避免审结案不了、信访不信法等现象出现。

就独立司法行政而言，唯有就法官的选任、考核、晋升、调职、任职期限、薪俸福利保障等方面加以明确规定，实现其司法行政独立，方能真正支撑法官之独立审判，避免司法腐败现象出现。如若法院的人事、福利待遇在地方政府、党委的控制之下，在遇有领导插手干预的案件，法官坚持独立审判极易招致自身不利后果的情形之下，出现法官偏私、审判不公、当事人不服之窘境则是在所难免。

再次，独立司法是维护法律权威、保护权利免受舆论裹挟的关键所在。独立司法不仅要独立于其他国家机关和争议当事人，还要独立于新闻舆论，保护公民权利免遭舆论绑架裹挟，以免私权成为舆论暴力之牺牲品。在新闻媒体日益发达、网络舆论极易煽动炒热的情形之下，新闻媒体往往为追求爆点而突出矛盾、巧用夸大片面之举煽动社会舆情，携民意以请命，裹众怒而逼宫。在汹涌舆情直逼而来的情势之下，甚少有法院能安然无视、坚守独立。从因喊杀者众而被处极刑的药家鑫案，到因群情愤然而无奈再审的李昌奎案，无一不暴露出舆论裹挟民意强逼司法低头迎合之态势。面对不法媒体以巧言诡辩之技、肆意左右舆论之情势，正义理智之声难以显现，倘若司法不能坚守独立、一味迎合，则司法公正之底线将会节节败退，公民权利之保障亦是空中楼阁，司法机关之公信也必将消磨殆尽。

最后，独立司法是回应公民权利合理期待、祛除高权部门左右审判弊病的抽薪之举。独立司法的核心内容在于，司法机关不受外界干扰，根据宪法和法律规定而独立自主地审理案件进而作出公正裁判。无论是亡者归来方能沉冤昭雪的赵作海案，还是真凶出现才使真相大白的聂树斌案，无一不是超出公民权利之合理预期，在无法排除合理怀疑、证据严重存疑且法院本应作出无罪判决的情形之下，由于独立司法遭无视，致使公民权利被践踏，最终导致冤案的发生。

赵作海案与佘祥林案除在“亡者归来”方面相似之外，且审理裁决亦均在地方政法委协调下作出。自 1995 年以来，中央政法委增加“研究和讨论有争议的重大疑难案件”等职能①，由于政法委协调意见偏重于政治效果或社会效果，法院如若追求审判契合协调目的，则毫无疑问具有先判后审之嫌，显然是对独立司法原则之背离。然而，接受党的领导是否就意味着必须接受政法委协调，拒绝政法委协调干涉审判是否就等同于拒绝党的领导呢？答案显然是否定的。宪法和法律是党领导人民制定而成，是党的方针路线的具体化，司法机关依照宪法法律独立公正审判、维护宪法法律权威就是接受和维护党的领导。因此，坚持独立司法、摒弃政法委立案等弊病，并不意味着排除政党领导。其对落实政党方针、路线法律的适用实施的同时就是在坚持党的领导。一言以蔽之，智慧的统治必然容受独立的司法或者其他独立的第三方机构。唯其如此，才可能在官民互博的案件中，迅速平息舆情危机，型塑人民对体制的忠诚；否则，当有司信用见疑时，必然导致有司发生形同扬汤止沸、社会上众声喧哗则三人成虎之乱象。过度迷恋高权单手摆平之能力，排斥无偏、无惧之公正独立司法的作用，则社会治理将透支巨大成本且易使社会陷入一地鸡毛的糟糕失序状态。

---

① 参见林中梁编著：《各级党委政法委的职能及宏观政法工作》，中国长安出版社 2004 年版，第 33 页。

■ 第三节 经济、社会、文化权利的可司法性[①]

从比较宪法的视角来看，经济、社会、文化权利无论在大陆法系国家还是在英美法系国家都构成了基本权利体系不可或缺的组成部分。经济、社会、文化权利在很大程度上牵引着现代宪法对基本权利保障范围和保障程度的拓展和深入。经济、社会、文化权利是否具有"可司法性"的问题，实际上涉及"可司法性"两个方面的论题：其一，经济、社会、文化权利基于其本身的法律属性是否可以被司法救济，以及这种救济的限度和范围有多大。其二，司法机关是否可以基于其司法职能对经济、社会、文化权利侵权作出具有法律拘束力的司法裁判。基于对经济、社会、文化权利的范畴、属性以及权利义务关联体系的认识，应当承认经济、社会、文化权利具有可司法性。

现代"福利国家"从很大程度上改变了传统的"夜警国家"基于经典自由主义宪政理念的法治模式。与传统基于自由主义的"夜警国家"相比，现代国家更加强调国家和政府积极责任，即国家根据宪法和法律必须对公民提供一种福利和社会保障以满足社会中那些最需要关注和帮助的个人和群体的生存和发展的需求，此为经济、社会、文化权利产生的客观环境。海内外法学界及司法实务界在探讨公民政治权利和自由权利时，往往强调国家公权力之限制与防御，而谈及以国家给付义务为重心的经济、社会、文化权利时，大多顾忌此类权利的"积极"属性，并尽力提防国家公权力对人民生活的深刻介入。从法哲学的高度看，二者实际上体现了两种权利哲学——以"群己权界"为基础的"防御权"哲学和以"福利国家"为本位的"社会权"哲学之间的对垒，若将这两种权利哲学的

---

① 本节系与涂云新合作，其主要内容曾发表于《法学评论》2012年第4期。收录时有修订。

分殊从法理念的高度拉回到实证法的论域，争锋的焦点之一便是经济、社会、文化权利是否可由司法机关给予救济和保障。

一、经济、社会、文化权利可司法性问题

经济、社会、文化权利的法定化和宪法化经历了一个相当长的法治发展的过程，虽然这种权利得到了许多国家宪法的确认和保障同时也获得了国际人权公约的认可和实施。① 然而，关于经济、社会、文化权利的可司法性的问题却一直存在着学理上和实践上的争议。从宪法学的角度看，经济、社会、文化权利的可司法性之争的核心在于该种权利是否可以由国家机器的强制力予以保障。本书是从"可司法性"的角度去检视经济、社会、文化权利的效力并试图解决经济、社会、文化权利是否可以被司法实务吸收的问题。

经济、社会、文化权利的可司法性问题在具有里程碑意义的"格鲁特布姆案"中由南非共和国宪法法院明确地提出来。在2000年10月4日"格鲁特布姆案"第二审判决书的第20段，南非宪法法院指出："经济、社会、文化权利的可司法性已经在相当程度上成为法理和政治辩论的主题，究竟经济、社会、文化权利在南非是否具有可司法性的问题，我们国家的宪法文本毋庸置疑地肯定，这个问题也在'南非宪法文本鉴定案'中被解释和分析过。在'鉴定案'中，有这样一种观点认为这些权利不具有可司法性，故它们本不应该被包括在新的宪法文本中……"②

一般而言，公民权利和政治权利从权利的属性上看是可司法的且毫无疑义，而经济、社会、文化权利从其本质上看是否具有可司法性却存在观点的对立和分歧。鉴于许多学者或者评论家主张经济、社会、文化权

① International Covenant on Economic, Social and Cultural Rights (ICESCR), G. A. Res. 2200A (XXI), 21 U. N. GAOR Supp. (No. 16) at 49, U. N. Doc. A/6316 (1966), 993U. N. T. S. 3, entered into force Jan. 3, 1976.

② Government of the Republic of South Africa and Others v. Grootboom and Others (CCT11/00) [2000] ZACC19; 2001 (1) SA46; 2000 (11) BCLR1169; (4 October 2000), para. 20.

利不具有可司法性，本书将这种观点或者主张称之为“经济、社会、文化权利可司法性否定论”（简称“否定论”或者“怀疑论”），将那些主张经济、社会、文化权利具有可司法性的称之为“经济、社会、文化权利可司法性肯定论”（简称“肯定论”）。

二、经济、社会、文化权利可司法性否定论

加拿大著名的人权法学者克雷格·斯科特总结了两类权利的法律特征区别并认为与公民权利和政治权利相比，经济、社会、文化权利是一种积极权利、不具有即刻实现的权利，也是不可司法救济的权利。

“否定论”认为经济、社会、文化权利不具有可司法性的最首要的理由是这种权利从本质上看是一种“积极权利”，积极权利是一种要求权利相对人积极作为并采取一定措施予以保障的权利，经济、社会、文化权利从本质上看要求国家对公民采取积极作为的手段和方法提供经济、社会和文化上的帮助和服务。作为积极权利的经济、社会、文化权利不具有“可司法性”其本质原因有二：

首先，“积极权利”是一种“伪权利”或者至少是一种“不纯粹”的权利。只有“消极权利”才是真正的权利或者说“纯粹的”权利。“积极权利”与“消极权利”的区别①在于：对于任意权利持有者 A、权利相对人 B 和权利所指向的某一事物 X 而言，其区别如表 2-1。

---

① 积极权利和消极权利的区别不同于伊赛亚·伯林（Isaiah Berlin）对于消极自由和积极自由的区分。柏林所指的消极自由是公民个人自由排除他人干涉的自由，即所谓“无人干涉我的活动，则通常说我是自由的。在此种意义上的自由仅仅指一个人可以不受他人阻碍地行动”。积极自由指的是或者通过自我决定的民主空间或者通过对他人的控制、掌握来决定一个人行为的限度和自由，即“希望成为我自己的意志，而不是别人意志的工具。希望成为主体，而不是他人行为的对象”（Isaiah Berlin，“Two Concepts of Liberty，”Inaugural Lecture before the University of Oxford，Oct. 31，1958，reprinted in Isaiah Berlin，*Liberty*，Henry Hardy ed.，2002，p. 166）。

表 2-1 一般类型化比较

消极权利	A 相对于 B 有消极权利去做 X，当且仅当 B 被禁止在任何方面阻止 A 去做 X。
积极权利	A 相对于 B 有积极权利去做 X，当且仅当 B 被要求在某种方面去为 A 提供 X。

以“生命权”为例，我们用生命权的内容置换上面的 X，可得表 2-2。

表 2-2 生命权举例说明

消极权利	A 相对于 B 有生命权，当且仅当 B 被禁止在任何方面去剥夺 A 的生命。
积极权利	A 相对于 B 有生命权，当且仅当 B 被要求在某种方面去为 A 维持 A 的生命。

从实证法的规定上看，“消极权利”才是真正的权利。“消极权利”是个人为确保自由而防范国家不法干涉的防御权，其本质在于排除国家的不法干涉。从“积极权利”的角度看，它似乎还需要另一方去维持权利持有者的生命，这显然是与实证法的规定意旨不符合的。而一个人对他人权益的维护与其说是一种“权利”倒不如说是一种“心灵上的美德”。

其次，“积极权利”与“消极权利”是冲突的。其体现于“自由”与“博爱”的关系上即为实施博爱则毁损自由。早在 19 世纪，法国立法议会议员和自由主义理论家弗雷德里克·巴斯夏就认识到了“积极权利”与“消极权利”的冲突并捍卫了“消极权利”的坚定立场，他认为很难将“博爱”这个词和“自愿”相割裂。若自由不被毁损，正义不被践踏在脚下，将“博爱”予以法律上的施行是万万不可能的。① 巴斯夏还论证道，当法律以友爱为借口，规定市民们牺牲自己的利益以造福公共利益时，人性并不会因此而消失。接着所有人会试图贡献的比别人更少，而拿取的比别人更

① Frédéric Bastiat, “The Law,” Chap. 2 in *Selected Essays on Political Economy*, Seymour Cain, tran., Irvington-on-Hudson, NY, 1995.

多。如此一来，那些在斗争中获得最多利益的人难道是倒霉者吗？显然不是，那些人反而是最具权势而最要尽心机的家伙。经济、社会、文化权利否定论或者怀疑论者认为“积极权利”和“消极权利”是冲突的，这也就是说，新兴的经济、社会、文化权利和那些传统的公民权利、政治权利从根本上是冲突的。而要将经济、社会、文化权利赋予法律上的实施力其后果必定是摧毁人类社会筚路蓝缕所开创的“自由民主”之路。

“否定论”认为经济、社会、文化权利是一种严重依赖于一个社会“资源状况”的权利，相比于那些不需要“资源分配”就能实现的传统的公民和政治权利，“资源依赖型”的权利不具有实施性因而也不具有可司法性。公民权利和政治权利是一种“排除干涉，权利即可实现”的权利类型，这些权利不依赖经济资源、成本低廉并且常常可以实施。[①] 其中最核心要点在于这种权利不涉及经济资源、财政资源的再次分配。经济、社会、文化权利实际上永远和一个国家的经济资源、财政状况紧紧相依。在资源紧缺、财源枯萎的情况下，这种权利根本就不能够保障，认为经济、社会、文化权利具有可司法性因而必定是荒谬的。英国政治哲学家和思想家莫里斯·克兰斯顿以“带薪休假权”为例进行了说明：要为世界上每个人提供“带薪休假”的权利现在完全是不可能的，并且在将来很长一段时间也是如此。克兰斯顿进一步得出经济、社会、文化权利根本不是真正的权利的结论。[②] 资源的依赖性导致的另外一个问题是“权利标准”的变动和多元化。从横向上比较，各个国家的资源状况和经济发展水平显然是不平衡的，且不说发达国家和发展中国家经济发展水平的差距和“南北问题”的尖锐，就发达国家之间而言，欧美各个国家的经济状况也是不一而足的。从纵向上比较，一个国家的资源状况和经济发展水平在各个时期也是不同的。经济危机和金融风暴中一国的财政状况可

---

① Robert Plant, "Needs, Agency and Rights," in C. Sampford & D. Galligan (eds.), *Law, Rights and the Welfare State*, London: Croom Helm, 1986, pp. 22, 31.

② Maurice Cranston, "Human Rights: Real and Supposed," in *Political Theory and the Rights of Man*, edited by D. D. Raphael, Bloomington: Indiana University Press, 1967, pp. 43-51.

能会极度恶化甚至崩溃，在这样的时期保障经济、社会、文化权利无异于空谈或者“画饼充饥”。再者，经济资源的分配和再分配是一国行政机关和立法机关的职能范围，由法院通过经济资源的分配来保障经济、社会、文化权利也是不恰当的。

一种权利的可司法性必定要求该项权利是“可操作”的，而可操作的要求之一便是“精确”和“详细”。经济、社会、文化权利是一个笼统的权利概称，而这个权利群下的各个“子权利”又具有高度的模糊性。这种权利的模糊性至多可以是一种“方针政策”的法律表达，而不能作出精确的司法判决。正如加拿大著名的人权法学者克雷格·斯科特所总结的，经济、社会、文化权利是模糊的，而公民权利和政治权利是精确的。[①] 对那些精确的传统权利而言，法官在对案件进行判断的时候很容易根据法律条文本身的规定作出符合法律原意的判断。这一点对于经济、社会、文化权利的裁判而言几乎是不可能的。

最为重要的一个论据是，那些传统的权利类型已经经历过人类法治的“千锤百炼”，成文法的规定已经细化和渗透到了这些权利的方方面面。在普通法系国家，判例法的发展绵延数百年，对公民权利和政治权利的判例汇编“汗牛充栋”。相比较而言，经济、社会、文化权利只是自德国“魏玛宪法”以来新兴的权利类型。各国虽然有这些权利法定化和宪法化的规定，然而这些规定“语焉不详”，多被看作一种“治国方略”或者“基本国策”。有些学者以南非为例来说明经济、社会、文化权利的模糊性。《南非宪法》第 27 条规定了公民的社会保障权：“任何人都有权获得社会保障包括适当的社会救济，若他们不能养活自身及抚养其家属。”那么这样一项社会保障权的要素如表 2-3 所示。

---

① Craig M. Scott, “The Interdependence and Permeability of Human Rights Norms: Towards a Partial Fusion of the International Covenants on Human Rights,” *Osgoode Hall Law Journal*, 1989(27), pp. 769, 833.

表 2-3　　社会保障权的权利要素(南非)

权利享有者	任何人
权利相对人	南非共和国
权利客体	获得社会保障
权利主体限度	不能养活自身及抚养其家属之公民

该项宪法权利的模糊性体现在:(1)权利的主体宽泛。任何南非公民都享有社会保障权,其唯一的限制性规定为“不能养活自身及抚养其家属之公民”。那么如何判断一个南非公民是否是“不能养活自身及抚养其家属之公民”呢?南非宪法没有明确规定。(2)权利的相对人模糊。南非社会保障权的相对人为国家,那么是否是任何国家机关都承担这种保障的义务呢?若只是南非的国家行政机关承担这项义务,那么承担这项义务的行政机关具体是哪些呢?(3)权利的客体模糊。社会保障权的权利客体为公民要求国家向其提供社会保障,那么这种社会保障到底包括什么内容呢?国家提供社会保障满足公民物质需求的程度是什么呢?以上的分析表明,南非宪法法院在社会保障权案件中面临着极为模糊的权利规定。同理,任何经济、社会、文化权利都具有类似的性质特征,任何司法机关在进行类似案件的裁判时都会由于这种权利的“不精确”要么不能进行裁判要么会无限滥用“自由裁量权”。

经济、社会、文化权利的可司法性必然会导致“民主正当性危机”和违背“权力分立的原则”,这种可司法性违背了司法权设置的本意。经济、社会、文化权利的可司法性实质上是通过司法机关的裁判来保障这些具有资源依赖性的权利。社会资源的分配或者再分配应该是由有权的代议机关来决定,因为由民主选举产生的代议机关如议会、国会、人民代表大会比那些不是经过民主选举产生的法院有着更高的民主正当性。代议制民主是现代法治国家民主的一种基本形式。民主法治国家的基本原则一般包括人民主权原则、普选原则、法治原则、多数决定原则、程序原则和公开原则。① 从遵循基本民主原则的角度看，作为法院的司法机关不应该去决定一个国家各类资源的分配，由法院裁决经济、社会、文化权利必定涉及对该种权利实现所依赖的各种资源进行一次再分配，而这个分配应该由人民或者人民的代议机关来完成的。②

经济、社会、文化权利的可司法性从实践上看是司法机关的权力扩展到了资源分配、财政安排的领域，而这些职能通常是由立法机关或者行政机关来行使的，所以经济、社会、文化权利的可司法性也有悖于“权力分立”的原则。无论是总统制（如美国）、议会制（如英国）、半总统半议会制（如法国），还是我国的人民代表大会制度，司法机关的权力都不能去侵蚀那些由立法机关、行政机关本身固有的职能领域。正是考虑到司法机关和行政机关、立法机关的关系，南非宪法法院在“苏布拉姆案”中明确表明：“位于 Kwazulu Natal 的地方行政机关对该地区的医疗服务承担着责任，它必须决定足以支持所有医疗服务的财政并且决定这些财政如何开支。这种选择涉及两个层面上的决策难题，在政治层面上如何确定医疗预算，在职能层面上如何取舍政策的轻重缓急。当政治决策机构诚实善意地进行理性决策、医疗部门对这些事务又有不可推卸的职责之时，法院将会保持相当的谦抑。”③最终南非宪法法院认为，它不能去干预那些比它更适合决策的机关关于医疗财政分配的措施。④ 一般而言，法院作为行使司法权的机关，其职能主要是审判职能。所以，法院干预立法和行政将极大地破坏“权力分立”的宪法原则，也不符合司法权本身具有“消极性”的本质特征。由此可见，司法机构裁决资源和财政的分配从

---

① 参见周叶中：《代议制度比较研究》，武汉大学出版社 2005 年版，第 22～31 页。

② Aoife Nolan，Bruce Porter，Malcolm Langford，“The Justifiability of Social and Economic Rights：An Updated Appraisal，”CHRGJ Working Paper，No. 15，2007.

③ Soobramoney v. Minister of Health（Kwazulu-Natal）（CCT32/97）［1997］ZACC 17；1998（1）SA 765（CC）；1997（12）BCLR 1696（27 November 1997），para. 29.

④ Soobramoney v. Minister of Health（Kwazulu-Natal）（CCT32/97）［1997］ZACC 17；1998（1）SA 765（CC）；1997（12）BCLR 1696（27 November 1997），para. 59.

根本上违背了民主的基本原则。

从更大程度上去否定经济、社会、文化权利可司法性的原因在于一个司法限度的问题。法院对此类权利的司法裁决将突破司法的限度，毁损司法机构在宪法安排下的权威和功能。“否定论”在司法限度方面的考量包括：(1)法院缺乏处理和裁决经济、社会、文化权利的信息资源。(2)司法机构缺乏相应的专家、技术或者相关的经验去衡量在何种程度上保障经济、社会、文化权利。(3)法院无力成功地完成那些“政策中心”性质的诸如经济、社会、文化权利所要求的资源分配方面的任务。(4)法院缺乏必要的手段和救济途径去最有效地保障经济、社会、文化权利。有学者指出，如果司法机关不得不在经济、社会、文化权利比较模糊的情况下进行，那么司法机关本身的能力问题就会变得非常突出。具体到司法机构审理经济、社会、文化权利侵权案件的时候，法院在多大程度上可以进行判断和抉择呢。南非宪法法院在“格鲁特布姆案”的一审中所关注的问题恰好就在于法院如何去“二度揣测”哪些经济、社会、文化方面的社会资源状况以及相关的行政政策和措施具有适当性和合理性。显然，法院是一个司法机构，它并不掌握一个国家的社会资源状况，也不可能替代那些经济、社会、文化政策的决策者和执行者。所以法院并不宜在经济、社会、文化权利案件中“贸然行事”。

三、经济、社会、文化权利可司法性的论证

在立宪主义兴起的早期，制宪者们所关注的主要问题是如何保障在一个自由的社会中构建一整套以保障公民权利和政治权利为核心的宪法原则和体制。随着福利国家向“无缝隙政府”的转变，“分权制衡”原则亦将被“分权协作”所取代，而汗牛充栋般的宪法判例则随时准备着将现时人们对于宪法的全新理解嫁接到这颗古老的宪法之树的某一个枝丫之间。① 这种趋势在 20 世纪得到了展现，从德国魏玛宪法和苏俄十月革命宪法将新

① 参见江国华：《宪法哲学导论》，商务印书馆 2007 年版，第 35 页。

型的“经济、社会、文化权利”纳入基本人权类型中[①]到南非宪法法院在“南非宪法文本鉴定案”和“格鲁特布姆案”中的判决，经济、社会、文化权利不但得到了宪法文本的确认，也被吸收到了许多国家的司法实务之中。

经济、社会、文化权利可司法性否定论首要的立论基础其实是“消极权利”和“积极权利”的二分法。在“权利二分法”范式下，消极权利对应的是一种国家消极的不干涉的义务，积极权利对应的是一种国家积极的作为义务。前者是真正的法律义务，后者并非真正的法律义务。

但是，从权利的历史和哲学基础上看，抽象人权下的各类具体人权应该是一体的，任何一种人权的实现其实都既包含着国家的消极义务又包括国家的积极义务。[②] 以“接受公正审判权”为例，它显然被归类为以保障自由权为核心的公民权利和政治权利之中。《公民权利和政治权利国际公约》第 14 条和美国宪法第六修正案都规定了“接受公正审判权”。从内容上看，“接受公正审判权”至少包含以下十项内容：由合格的、独立的和中立的法庭审判的权利；审判时间不被无故拖延的权利；公开审判的权利；告知被指控的权利；准备辩护和与辩护人联系的权利；出庭受审、辩护和获得指定辩护的权利；获得翻译人员帮助的权利；不得强迫自证其罪的权利；不受重复追究的权利；不受事后法追究的权利。细观“接受公正审判权”的权能要素，它不但包含了国家的“不作为”“不干预”的消极义务，也包含了国家“作为”“干预”的积极义务。譬如，由合格的、独立的和中立的法庭审判的权利需要国家去确保这样的法庭得以建立，审判时间不被无故拖延的权利要求国家确保审判时间的不拖延，公开审判的权利要求国家除非出于保护当事人权益或公共利益必须公开庭审，告知被指控的权利要求国家履行告知当事人的义务，获得翻译人员帮助的权利需要国家提供免费的翻译，获得律师援助的权利要求国家为诉讼中

---

① 参见秦前红、叶海波：《社会主义宪政研究》，山东人民出版社 2008 年版，第 228 页。

② Sandra Liebenberg, “The International Covenant on Economic, Social and Cultural Rights and its Implications for South Africa,” *South African Journal on Human Rights*, 1995(11), pp. 359, 362.

经济状况困难的当事人提供免费的律师。

“权利二分法”经不起理性的考验反而是“漏洞百出”的。正如美国著名学者亨利·舒所指出的那样，人身自由权或者生存权都不能简单地被划分为“消极权利”和“积极权利”两种，有时公民权利和政治权利比经济、社会文化权利更加“积极”而有时经济、社会、文化权利比公民权利和政治权利更加“消极”。① 再者，法律义务都是有层次的，无论是政治权利和自由还是经济、社会、文化权利，它们都在相应的义务层次上对国家/政府有着相应的要求。著名人权法学家菲利普·阿尔斯通和佐恩·艾德认为，对于任何形式的权利而言，其相关义务都有以下三个层次：(1)尊重的义务；(2)保护的义务；(3)实现的义务。以禁止酷刑而言，国家/政府的义务有以下几个层次：(1)国家不得使用酷刑；(2)国家阻止/禁止私人使用酷刑；(3)国家保障有效和健全的刑法体系实现公民不受酷刑对待。以受教育权而言，国家/政府的义务有以下几个层次：(1)国家尊重美国公民的受教育权；(2)国家保护公民的受教育权不被他人侵犯；(3)国家提供必要的教育资源保障实现公民的受教育权。从义务层次的角度上也可以看出无论是“积极权利”抑或是“消极权利”在人权从法定权利变为实在权利时都有着相通之处。正如《林堡原则》所指出的，《经济、社会、文化权利国际公约》与《公民权利和政治权利国际公约》之间是相互关联的。尽管我们可以将大部分权利明确地划分为属于一个或者另一个公约的范畴，但是仍有一些两个文件都提及的权利和条款，我们不能对其作出明确的区分。不仅如此，两个公约还分享了一些共同的规定和条款。② 经济、社会、文化权利委员会第 9 号一般性评论在关于公约的国内履行和实施中还尤其强调了两类权利的“不可分性”，并且得

---

① Henry Shue, *Basic Rights: Subsistence, Affluence and U. S. Foreign Policy*, 2nd ed., Princeton University Press, 1996, p. 37.

② “Masstricht Guidelines on Violations of Economic, Social and Cultural Rights”, Maastricht, U. N. Doc. E/C. 12/2000/13; Theo C. van Boven, Cees Flinterman, Ingrid Westendorp (eds.), *The Maastricht Guidelines on Violations of Economic, Social and Cultural Rights*, SIM: Utrecht, SIM Special No. 20.

出了经济、社会、文化权利“可司法性”的初步结论：一个根据经济、社会、文化权利的定义而将这种权利归为某一类型的严格分类，并使得这种权利在司法救济之外的做法是任意的并且与两个公约是不可分割、相互依存的原则相矛盾。那样将急剧地削弱法院在司法中保障弱势群体权利的能力。经济、社会、文化权利和公民权利、政治权利在本质的法律关系上有着共通性和不可分割性。基于这种相同性，经济、社会、文化权利也可以像公民权利和政治权利那样实现“可司法性”。

权利的成本并不与权利的类型化存在必然联系。一项权利是“昂贵的”还是“低廉的”并不取决于这种权利属于公民权利、政治权利还是经济、社会、文化权利。从宪法学的角度上看，公民基本权利的成本取决于具体情况下权利相对人（国家）履行义务的难易程度。假如权利的保障一定需要和实现权利的成本捆绑，那么最终可能导致国家以某项权利的成本“昂贵”为名剥夺人民实际上应该享受到的基本人权。而在处理权利与成本的关系上，立法机关基于功利主义的考量，决定基本权利的保障幅度与保障程度则是可以被正当化的，然而，基于权利实现之成本而否认基本权利的论证逻辑显然是站不住脚的。

权利成本理论过分夸大了“成本”而漠视了“权利”本身。“有权利便有救济”不仅是一句经典的法律谚语也是一个古老的法律原则，只有当个人遭受的侵权通过政府公平而可预期地得到了矫正，个人才能在法律而不是道德意义上享受权利。[①] 权利的救济既然是一条普天下法治社会所遵循的公理，那么作为一般法律原则，对权利的保障，其重心应在于“救济”而非过于热切的“成本”考量。正如在马伯里诉麦迪逊一案中，联邦最高法院面临的第二个法律问题便是：“如果他（马伯里）具有权利，并且这项权利受到侵犯，其国家的法律能否为他提供救济？”马歇尔大法官是这样推理的：公民自由之精义在无疑的是在于当人民受到伤害时，每个人都有权要求法律保护。政府首要职责之一便是提供保护……合众

① Stephen Holmes & Cass R. Sunstein, *The Cost of Rights: Why Liberty Depends on Taxes*, New York: W. W. Norton & Co., 1999, p. 26.

国政府一直被称为法治——而非人治政府。若法律没有为违反了法律赋予之权利提供救济，那它就一定配不上此崇高称谓。

宪法权利的精义正是在于当宪法所保障的权利受到侵犯时，国家应该为此提供救济。经济、社会、权利既然已经得到了很多国家的宪法化和法定化，那么对经济、社会、权利的保障必然要求司法的救济。在南非1999年August and Another v. Electoral Commission and Others一案中，作为“第二被告”的选举委员会主席在其法律宣誓书中陈述到：一种特殊的选举可以以多种方式进行，那种需要大量财政资金和物资准备的选举是一个成本巨大、保障困难的过程……而且有必要注意到被告确实有义务去促进民主和登记选民，但选民有责任去申请注册且参与选举，并且被告没有义务去找寻到所有可能符合选举资格的公民。换而言之，选民需要保证他们自己为了选举而尽到适当的责任。这个案子涉及囚犯的选举权实现的问题。作为被告之一的选举委员会主席的观点从某种程度上代表了四个被告共同的态度和观点：由政府去主动提供财政和设施保障囚犯的选举权是“成本巨大”的。南非宪法法院最终否定了被告基于权利“成本巨大”的论证并认为囚犯根据1998年《选举法》第八节第二条的选举权必须予以保障。被告对于保障囚犯的选举权有着提供一些必要安排和措施的法定义务。被告必须在即将举行的选举中积极保障原告的选举权。南非法院这个判例的启示在于：即使是公民权利和政治权利也是有“成本”的。基本权利的救济重心在于通过合理的制度设计保障这些基本权利被侵犯时应该得到的救济。

主张国家财政资源不足而否定社会权得作为给付请求权者，在日本事务上虽亦有之，只是日本学者大须贺明曾对此主张提出批判，认为用财政和财源的制约来简单看待一切。这种主张存在两个问题：其一是它贯穿着“纲领性规定论”的思维方式，即以重视国家财政的观点为理由来否定生存权的法的权利。其二是将财源的制约当作立论的绝对根据，而完全不考虑国民。尤其是作为残疾人的被控诉人的生活实际状态，即使是对于财源本身，也仅仅是一般抽象地重复财政财源的词句，而对财源数额的适当程度、财源分配的合理性等财源的实际状况及应有方式却不加任何分析。[①] 故权利实现所依赖的财政成本和资源多寡不应该决定经济、社会、文化权利的法律属性，也不能否定它的可司法性。

公民权利和自由从根本上说依赖于国家的作为，甚至所有法律上实施的权利必然都是积极权利。美国著名学者史蒂芬·霍尔姆斯和凯斯·桑斯坦论证的基本思路值得借鉴。他认为，权利依赖于政府，这必然带来一个逻辑上的后果：权利需要钱，没有公共资助和公共支持，权利就不能获得保护和实施。旧的权利与新的权利、以前美国人的权利与富兰克林·德拉诺·罗斯福新政以后美国人的权利都是这样。福利权和私有财产权都有公共成本。契约自由权的公共成本不比卫生保健权的少，言论自由权的公共成本也不比体面住宅权的少。所有的权利都需要公库的支持。由此可见，任何权利要从"法定状态"变为"实然状态"都需要成本和资源。公民权利和政治权利的成本和经济、社会、文化权利的成本并非"质"的区别而是"度"的区别。既然公民权利和政治权利的侵害可以得到司法救济，经济、社会、文化权利的侵害又为何不能够得到司法救济呢？

经济、社会、文化权利可司法性否定论者认为，经济、社会、文化权利是"模糊的"，这种权利不像公民权利和政治权利那样"精确"，因而不能在法律上实施[②]，故经济、社会、文化权利不具有"可司法性"。经济、社会、文化权利可司法性肯定论者认为，"模糊"权利亦可司法，以"模糊性"而否定"可司法性"不但是对一般宪法权利的误读更是对司法保障经济、社会、文化权利限度的低估。"否定论"不符合经济、社会、文化权利已经宪法化和法定化的事实。且不说 1966 年《经济、社会、文化权利国际公约》在世界上就有 160 个缔约国，从 1919 年德国魏玛宪法经济、社会、文化权利的首次宪法化到 1996 年南非宪法对经济、社会、文化权利的确认，这种权利宪法保护遍及世界各个法域。举例而言，实现了经济、社会、文化权利可司法性的国家现在包括孟加拉国、哥伦比亚、芬兰、肯尼亚、匈

---

① 参见[日]大贺须明：《生存权论》，林浩译，法律出版社 2001 年版，第 338～339 页。

② Erika De Wet, The Constitutional Enforceability of Economic and Social Rights: *The Meaning of the German Constitutional Model for South Africa*, Butterworth-Heinemann, 1996, p. 42.

牙利、拉脱维亚、菲律宾、瑞士、委内瑞拉、南非共和国、爱尔兰、印度、阿根廷、美国、加拿大等国家。就中国的司法实践看，在2003年“王泽隆请求合江县民政局发放抚恤金案”中，四川省泸州市中级人民法院判决原告王泽隆本身属于法定的优抚对象，他没有取得革命伤残人员证不是因为原告自身不符合条件，而是因为四川省合江县民政局的行政不作为导致原告没有取得革命伤残人员证。四川省合江县民政局应该负有积极义务为王泽隆办理革命伤残人员证，这样才能保障王泽隆的“获得物质帮助权”。[①] 由此可见，经济、社会、文化权利的可司法性已经得到司法实务之认可。“否定论”将经济、社会、文化权利排除于司法救济之外，实际上是混淆了“方针规定说”“抽象权利说”和“具体权利说”三种学说的界限。下面本书借鉴日本关于“最低生存权规定之法律性质”的三种学说来说明经济、社会、文化权利的法律属性（参见表2-4）。

表2-4　　最低生存权规定之法律属性

	方针规定说	抽象权利说	具体权利说
规定性质	政治方针规定	抽象权利规定	具体权利规定
国家义务	政治道德义务	抽象法义务	具体法义务
是否具裁判规范性	否	有	是
得否提起不作为违宪确认诉讼	否	否	是
得否直接依宪法请求生活保障给付	否	否	论者主张不一

从日本学界关于最低生存权规定之法律属性的三种学说之争论，我们可以看出经济、社会、文化权利无论是作为宪法上的抽象权利还是具体权利的时候都具有可司法性的。经济、社会、文化权利可司法性否定

① 四川省泸州市中级人民法院(2003)泸民终字4月23日判决书。最高人民法院中国应用法学研究所：《人民法院案例选(总第50辑)2004年行政·国家赔偿专辑》，人民法院出版社2005年版，第376～379页。

论者混淆了三种学说的区别并认为经济、社会、权利是一种方针政策之规定。宪法权利规范的“模糊”不构成其不具有“可司法性”的理由。综观各国立宪史和当今世界各国宪法规范，基本权利的“模糊”甚至成为宪法文本的一个共通特征。即便是公民权利和政治权利在宪法中的规定也是“模糊”的，但这并没有成为否定公民权利和政治权利可司法性的理由，相反正是司法机构在现实生活中活生生的司法裁判活动才更加凸显了由司法保障人权的不可替代的作用。

经济、社会、文化权利可司法性肯定论者认为，经济、社会、文化权利为现代法治国家提供了一个新的“政治正当性”基准——能够更有效保障公民福祉的政府才具有更高的正当性。在这种民主理论的变迁中，权力制衡原则已经不再是立宪主义时代立法、司法和行政三权“各自分立”的模式，而是一种“协作式”的新型权力分立模式。在现代社会，司法在政治及社会体系中处于一种“平衡器”的特殊位置。① 联合国 1985 年第七届联合国预防犯罪和罪犯待遇大会通过了《关于司法机关独立的基本原则》。根据这个原则，司法机关应对所有司法性质问题享有管辖权，并应拥有绝对权威就某一提交其裁决的问题按照法律是否属于其权力范围作出决定。国家向司法机关提供充足的资源，以使之得以适当地履行其职责，是每一会员国的义务。司法机构的一项主要任务是审查宪法或法律是否获得了如实的实施。在现代宪制的“权力分立”模式下，国家应该向司法机关提供充足的资源，确保司法机构能够有效和适当地履行其司法职能，所以由司法机构来保障经济、社会、文化权利并不违背“权力分立”的宪法原则。

近代民主理论与“有限国家”或“消极国家”的法哲学理念密切相关，“有限国家”主张“最小的政府是最好的政府”，将政府职能仅仅限于维持社会秩序，禁止政府干预公民的社会经济生活，政府存在的目的是保障人的不可剥夺的生命、自由和财产等自由权。在这种立宪主义的理论

---

① 参见［日］谷口安平：《程序的正义与诉讼》，王亚新、刘荣军译，中国政法大学出版社 1996 年版，第 9 页。

下，政府就好比是“政治守夜人”。现代“福利国家”或者“积极国家”则主张“最好的政府是提供最多福利的政府”。法理学家罗斯科·庞认为“个人生活中的社会利益”是以文明社会中社会生活的名义提出的使每个人的自由都能获得保障的主张或要求，这种要求使他获得了政治、社会和经济各方面的机会，并使他在社会中至少能过一个合理的最低限度的人类生活。① 与此同时，“伴随社会生活而来的各种责任将由社会来承担”。作为“福利提供者”的政府在这种“社会利益”或者“社会福利”的分配中毫无疑问将起着相当重要的作用。

在次好的政府中，“古典自由政府”和“社会民主政府”哪种类型的政府可以提供更多的“社会福利”或者能够更好地保障公民的经济、社会、文化权利呢？显然，“社会民主政府”是一个最佳选择。由此，本书认为“夜警国家”时期和“福利国家”时期存在两种政治正当性的标准。在“夜警国家”时代，政治的合法性的基础是“如何设计一套民主宪制使得公民权利、政治权利得到最大的保障”，而在“福利国家”时代，政治的合法性的基础是“如何实施一套民主宪制使得公民的经济、社会、文化权利得到最大的保障”。宪法是保障公民基本权利的最根本的法律，因此，在现代国家的“福利”需求日渐旺盛的大背景下，宪法所确定的经济、社会、文化权利最终的救济方式必定是求诸司法。

关于经济、社会、文化权利的“可司法性”问题，还涉及各国的宪制及其发展水平，通过比较研究可以大致归纳出经济、社会、文化权利的可司法性至少包括三种情况：第一，当宪法中的经济、社会、文化权利被具体的宪法施行法或者其他部门法细化之后，经济、社会、文化权利的可司法性体现在具体的非宪法法律秩序之中。例如，当中国立法机关通过了《社会保险法》之后，我国《宪法》第 14 条第 4 款和第 45 条所保障的公民的基本权利就可以通过《社会保险法》进行司法化。第二，司法实践，当法院穷尽部门法中所有的法律手段或救济措施仍不能保障公民在宪法

① 参见[美]罗斯科·庞德：《通过法律的社会控制》，沈宗灵译，商务印书馆 1984 年版，第 36～40 页。

上的经济、社会、文化权利的时候，法院可以直接诉诸基本权利中关于经济、社会、文化权利的规范进行保护。如南非宪法中的基本权利条款就是可以被直接进行司法适用的。第三，违宪审查的启动，即由法院直接进行违宪审查或者通过法院转由具有违宪审查权的机关对经济、社会、文化权利侵权的抽象行政行为或者立法行为进行违宪审查。

从法院方面看，司法在保障经济、社会、文化权利方面的限度除了受到政治正当性的约束外，更受到法院自身能力的约束。然而反观司法的功能，其保障人权和救济人权当属“应有之义”。经济、社会、文化权利属于基本人权，司法完全负有救济基本人权的积极义务。当代宪法是以人权保障为终极目标和根本价值的，宪法中法定的基本权利是基本人权的列举。相较于“权力限制”而言，“权利保障”更具有根本性。从某种意义上讲，“权利保障”可以为“权力限制”量体裁衣。用“权力限制”来推导“权利保障”无疑是倒果为因。宪法中人权保障的条款不但是对行政机构课以的积极义务，也是立法机关和司法机关课以的积极义务。从国际人权法的角度看，国际义务的承担不仅及于一国的立法机构、行政机构也及于一国的司法机构。《世界人权宣言》第 8 条规定，任何人当宪法或法律所赋予他的基本权利遭受侵害时，有权由合格的国家法庭对这种侵害行为做有效的补救。对国际人权法层面的国家义务进行系统解释，我们也可以得出人权保障不仅是立法和行政机关的义务同样也是司法机关的义务。

法院的“不为”和“不能”是两个层次问题，而无论是坚持司法能动主义还是奉行司法消极主义，法院都面临着“经济、社会、文化权利”救济的最终任务。法院的“不为”指的是“能够，但不愿意”，亦即面对经济、社会、文化案件法院虽然可以行使其司法裁量权对这类权利予以确认和保障，但是法院由于过分谨慎地处理它与行政部门的关系而不受理或者较少地作出对权利请求人有利的判决。法院的“不能”指的是“愿意，但不能够”，也就是说，法院的确愿意承担保障公民基本权利的积极义务，但是由于法院囿于自身能力的限度和国家资源的稀缺而不能够受理或者作出对权利请求人有利的判决。对于法院的“不为”显然是司法机关怠于保障人权，不但与宪法是人权保障的大宪章不符也是对国家在经济、社会、文化权利保障方面应承担的国际义务的违反。从司法实务的层面看，正是在民主化转型时期的印度和南非这类国家，经济、社会、文化权利的“可司法性”不但得到了法院的确认而且权利请求人大多也得到了胜诉。

四、结论和启示

宪法中经济、社会、文化权利规范不仅宣示着当代宪法人权保障的积极价值，实际上也是基本权利规范法定化的最高指南。宪法所以会将这些意识形态与价值判断的理由规定下来，不是想要增加一些政治诗歌或一些纲领式的条文目录，而是要积极地反其道而行，宪法是很严肃与真诚地规定下来，必须将这些价值决定完全满足后，宪法才会完全地显示出它的光芒来指引每个国民及整个国家一条应走的大道。[①] 一个实行法治国家的宪法，不是一个宣誓式的宪法，而是一个要实践的宪法。[②] 无论从基本权利本身的法律属性上看，还是从司法机关本身负有保障人权之义务的角度上看，经济、社会、文化权利都具有可司法性。而且，更进一步，经济、社会、文化权利的在司法实践中得到保障不仅是基本权利保障机制的健全运行的内在要求，也是众多民生问题得以法治化解决的一种有益选择。

---

① Adolf Arndt, *Das nicht erfüllte Grundgesetz. Ein Vortrag*, Tübingen: J. C. B. Mohr (Paul Siebeck), 1960, S. 22.

② 参见陈新民：《德国公法学基础理论》(上)，山东人民出版社 2001 年版，第 169 页。

第三章
司法规律与公正司法

古罗马法学家塞尔苏士有言："法是一门实现善良和公正的艺术。"①公正是司法的必然要求，而欲使司法权朝着公平正义的方向运行，必须遵循司法规律设计司法权行使的规则。也正是鉴于此，我国从司法规律出发，对司法改革的方案进行设计。从2004年开始，我们国家启动了统一规划部署和组织实施的大规模司法改革，从民众反映强烈的突出问题和影响司法公正的关键环节入手，按照公正司法和严格执法的要求，从司法规律和特点出发，完善司法机关的机构设置、职权划分和管理制度，健全权责明确、相互配合、相互制约、高效运行的司法体制。②

---

① [意]桑德罗·斯奇巴尼选编：《民法大全选译(正义和法)》，黄风译，中国政法大学出版社1992年版，第34页。

② 参见中华人民共和国国务院新闻办公室：《中国的司法改革》(白皮书)，人民出版社2012年版，第6页。

■ 第一节 提高尊重并运用司法规律的能力

习近平总书记指出:“要坚持符合国情和遵循司法规律相结合。”[①]运用司法规律的能力是衡量执政党执政能力的最重要标志之一,不可以任何理由拒斥和否弃司法规律。

中华民族要实现伟大的复兴,除了在经济、文化上必须具有强大的竞争力外,还应该在制度上证明自己的优越性。而这种优越性的获得当然包括吸取世界一切政治文明包括司法文明的有益成分,由此《宪法》序言所要求建立的“富强民主文明和谐美丽”的国家目标才能实现。运用司法规律的能力是衡量执政党执政能力的最重要标志之一。一个政党是否成熟,其执政能力的高低,从其驾驭、运用司法规律的能力可窥其端倪。中国共产党在过去的革命战争年代和建设时期,曾经对运用行政资源完成社会动员和社会整合驾轻就熟,并取得许多宝贵的成功经验,但在中华人民共和国成立后将近30年的时间里(十一届三中全会以前),一直没能准确认知法律在社会主义国家建设中的应有定位和作用。1999年宪法修正案将“依法治国,建设社会主义法治国家”写进宪法文本,这一治国方略作为执政党意志的体现,本应更能凝聚全民共识,坚定人民对法治发展的信心,但在其贯彻的过程中也出现了动摇和游移甚至出现了“人治回潮”的不正常现象。多年来,我国为“维稳”所支付的巨大成本,除了与社会转型、社会利益多元化、阶层结构冲突等相关联外,更重要的原因在于法治没有成为解决社会冲突的底线。所谓“人民内部矛盾用人民币来解决”“越闹好处越大”都是严重偏离法治精神的典型例证。

中国执政党近年来一直致力于自身的革新,但由于强大的路径依赖惯性,这种革新还远未完成。这表现在:政党与司法关系尚未合理定位,

---

① 《习近平谈治国理政》第2卷,人民出版社2017年版,第130页。

政党的司法政策摇摆不定，司法发展的人治主义色彩浓……上述现象都说明中国执政党还未完成对中国司法规律的探索。法治从学理上说有着很复杂的表征，但概而言之，法治体现为“政治问题法律化，法律问题制度化，制度问题程序化，程序问题技术化”①。没有法治的权威，社会即无稳定的预期，也无长治久安可言。法治发展经历了“形式法治和实质法治”两个阶段②，犹如中国市场经济的形成要补上商品经济这一课一样，社会主义法治国家的形成也不能逾越“形式法治”的阶段。比如“疑罪从无”以及“法官自由裁量”就是形式法治所体现的司法规律，不可以用任何理由加以拒斥和否弃。

■ 第二节 循由司法规律去实现社会正义

司法规律为司法体制改革提供的方向指引，循由司法规律去推进司法改革和实现社会正义，要保证法院的独立审判权威，要正确对待法官的职业化、精英化问题，要辩证地看待革命战争时期形成的司法经验，要消解法院系统越来越浓厚的“行政化”现象。

当下中国的法治建设在司法层面需要解决好以下几个突出的问题。第一，要保证法院的独立审判权威。中国现有的政党制度和人民代表大会体制，既能保证法律体现党的意志和主张，又能保证法官的遴选合乎党确立的标准。在此前提下，党应该充分支持并保障法院独立行使审判权，并用制度来约束党的个别组织及其领导人僭越法律来妨碍法院的独立审判。党应该不断积累和总结通过宪法规定的国家权力体制开展对司法权运行监督的经验，尽量避免舍弃现有体制另起炉灶，导致国家权

---

① 秦前红：《政治文明就是政治问题法律化，法律问题程序化》，《中国司法》2012 年第 12 期。

② 参见郭道晖：《法理学精义》，湖南人民出版社 2005 年版，第 313～314 页。

力体制运行梗阻。

第二，要正确对待法官的职业化、精英化问题。改革开放40年来，中国法治发展的一个重要成果，就是坚持法学教育的专业化，并用司法考试制度建立法官的准入制度。本来随着市场经济的发展，法律事务的愈趋复杂化，应该更加坚持法官的职业化培养道路。但近年来，中国社会管理出现的新情势以及司法作为解纷机制显现的某些不足，使党内有些同志甚至是政法机关的负责同志对法官的职业化、专业化产生了动摇。对此党应该有足够智慧拨开迷雾，厘清司法人才发展的主流与支流。与此相关联的是要解决转业军人、党政干部过多进法院，挤占专业法律人才进法院空间的问题。片面强调转业军人、党政干部政治素质过硬而罔顾其专业能力不足的做法是不恰当的，且会透支社会对法院专业品质的信赖成本。

第三，辩证地看待革命战争时期形成的司法经验。一切以时间、地点为转移，是马克思主义辩证法的精髓。延安时期形成的许多司法经验比如"马锡五"审判方式，是在战争时期法律事务比较单一、土地空间比较狭小、人口数量不多的环境下形成的，不可无限扩大到一个国家范围内的法治实践。党的工作思维是既要走群众路线，又不能做群众的尾巴。以改变工作作风为名，让司法沦为民粹操作的工具，只能贬损司法的权威。

第四，要消解法院系统越来越浓厚的"行政化"现象。这种现象表现为：用管理、考核行政系统公务员的办法来对待法院的审判人员；在法院内部院长、庭长不审案却对案件裁判有重大决定权；下级法院院长越来越多由上级法院下派，导致宪法、诉讼法所规定审级制度不断虚化；党政干部缺乏基本法律素养却被安排担任法院院长；等等。法院系统的过度行政化，会牺牲法院的自主性，损害法官的职业认同感，并忽略实现公平正义必须遵循的程序规则，导致潜规则的盛行，且易引发司法腐败。祛除法院的"过度行政化"必须坚持审判公开、法官独立审判等一系列法治原则，并借鉴其他国家、地区有益的司法经验，改变执政党对具体司法案件的干预。总而言之，就是将尊重司法的基本规律提升为执政党治国理政的一项重要原则。

■ 第三节 司法公正的前提是程序公正

司法公正往往与个案的处理有密切勾连，案件的客观真实状况裁判者并不能亲闻亲睹，只能依据诉讼各方所提供的证据来推知案件的真实，因此司法公正应该体现为关于“推知”的游戏规则的公正，换言之，司法公正就是程序公正。为了促成司法公正的实现，程序制度的建设是极其重要的一个环节，程序权利也是公民基本人权的重要组成部分。

司法公正在我国当下的法治话语体系中似乎享受着特别的恩宠，论及它的文章可谓纷至沓来，数不胜数。但由于话语本身的前见作用，我们关于司法公正的含义的认知，却嵌上了浓重的中国法制语境色彩。我们过去对司法公正的判断主要以社情民意为基准，集中表现为民众关于冤案昭雪、正义伸张、权利实现、利益保障等实体诉求，正所谓“法者，平之如水也”。但公正在西方的法治语境中主要是一种精英话语。在他们看来，法律不仅是一种意识，更是一种科学，非由经过专门和长期系统训练的“法律人”来感知和判断，便不能达成关于法律现象的正确认识和处理方法。司法公正从一定意义上来说就是程序公正。其具体内容应该包括以下几个层面：

第一，程序应当是公平的，它要求案件的裁判者应该严守中立的立场。用美国学者戈尔丁的话来说，裁判中立要求：任何人不能做自己案件的法官，裁判者不能与裁判的结果有利益瓜葛，冲突的裁判者不应当对当事人一方有好恶偏见。这个立论是建立在对人性本身的判断和推理的基础之上的。正如中国的一句名言所云：一个人做一件好事并不难，难的是一辈子做好事。我们的日常经验告诉我们，人性是靠不住的，因此任何制度建构的意旨都在于限制和减少因人性的不可靠所带来的危险。

第二，由于程序是以当事人为中心而安排的，因此程序的公正应保证当事人在程序面前是平等的。具体言之，它意味着当事人在诉讼中的地位平等，当事人双方有平等和对等的诉讼权利和义务，要公平分配当事人的举证责任，裁判者要平等对待诉讼各方。

第三，程序的公正还要体现程序的“参与性”。它要求：当事人没有主张的事实不能作为判决的依据，裁判者应将当事人之间无争议的事实作为判决的事实根据，法院裁决应论及诉讼双方所提出的论据和证据，等等。

程序公正是结果公正的保证，没有程序公正是很难保证裁判者能够做到正确平衡各种利益主张，同等情况同等对待；程序公正是实质公正的外化，尤其在以合议庭的多数决定来裁决诉讼各方的利益时，如果没有程序的公正就很难使当事人心服口服，其裁决的执行成本也会极其高昂。因此，为了促成司法公正的实现，程序制度的建设是极其重要的一个环节，程序权利也是公民基本人权的重要组成部分。有鉴于此，我们应该建立和健全以宪法为核心、以各种程序法律为保证的制度体系。

司法的根本功能在于依据法律来判断是非，解决纠纷，因此，法律是司法活动的根本前提。尤其在中国这样一个不承认判例法而以制定法为主要表现形式的国家，司法公正首先必须要求立法是公正的。借用英国著名思想家培根的话说，如果司法不公正是污染了河流的话，那么立法不公正却是污染了河流的源头。由于种种原因，中华人民共和国成立后所颁布的四部宪法中只有 1954 年宪法和现行宪法规定了法律面前人人平等原则，但同样是这条原则在中西法制体系中却有着不同的语境。

我国过去的通说认为，法律面前人人平等原则只是指国家司法机关和执行机关在适用法律和执行法律时，相同案件应当相同对待，不同案件应当不同对待。基于马克思主义关于法律有阶级性的观点，法律只能体现统治阶级的意志，不能体现被统治阶级的意志，因此法律面前一律平等不能包含立法上的平等。现在我们对这一问题有了新的认识。

司法公正需要围绕司法权的配置建构一个科学合理的司法体制，同时，要根据社会转型对司法权的要求，完善司法权的运行结构，实现司法权结构的合理化。在这其中，司法权与立法权结构关系的合理化，对实现司法公正有着关键性的持续性的影响。我国实行以人民代表大会制度为根本政治制度的政治体制，全国人民代表大会和地方各级人民代表大会是实现人民权力和保障人民当家作主的主要形式。我国《宪法》规定，所有国家行政机关、司法机关、军事机关都要由人民代表大会产生，对人民代表大会负责，接受人民代表大会监督。由此推而论之，人民代表大会有权监督司法活动，是我国宪制的当然之意。我国目前各级人大对司法机关的监督形式也多种多样，比如人大任命和选举司法机关的工作人员，司法机关的主要领导要在人大会议上报告工作，以及多年前人大对司法机关的"个案监督"等。

由于我国的政治体制是在一种全新的意识形态上所进行的试验，这种制度既和民族本土的制度资源相疏离，又曾因长期不屑于借鉴西方成熟的法治经验，加上我们的监督制度体系的不健全，造成当前人大对司法进行监督的许多困扰。比如，司法机关为寻求工作报告获得人大及代表的首肯，不惜刻意地迎合人大的意志和情绪，实现了司法与政治的亲密接触；隐性的个案监督广泛深入地介入司法过程，导致司法独立性的丧失，司法裁决的既判力、终局力成为空谈，个别地区人大几乎成了又一个上诉机关，以至于公民权利长期处于不确定状态。独立司法是司法公正的一个重要前提，司法裁判者如地位没有保障，行动处处受到掣肘，便会产生司法不独立。因此，为保证独立司法，实现司法公正，人大的监督职能应主要体现在制定法官的选举、任命、罢免、弹劾与惩戒等程序制度上，使其一方面保证法官不会任意被追究责任，另一方面也保证不会出现法官任意裁判或徇私枉法而不被追究责任的情形出现。与之相适应的是法院向人大报告工作制度和人大个案监督等制度则因情而废改。

目前，在我国所进行的司法改革，因缺乏宪法的刚性约束和统一的改革理念，造成改革政出多门，效率低下，甚至弄出一些闹剧来。不仅大量规则的出台是司法机关既做运动员又当裁判员的结果，而且由于我国当下没有专司宪法监督的专门机关，导致司法机关的一些违法措施也打着改革的旗号纷纷出台。比如，所谓社会对法官的罢免问责制度，所谓聘请法官配偶监督法官业余活动制度，错案追究制度，限制当事人申诉次数制度等等，不一而足。仅以所谓聘请法官配偶监督法官本人业余活动为例，它把人们最私密的感情关系投向怀疑的阴影中，鼓励社会走向“杀熟之路”，而同时其本身也避免出现不了夫妻沆瀣一气局面的出现，这种所谓改革措施的成败得失是可想而知的。还有某些司法机关竟把不许卖淫嫖娼作为其工作人员的职业准则之一，我们闻之或许只能悲戚地一笑了之。

司法公正要求司法权谨守本分，避免出现过多的“司法能动”和“法官造法”。我们过去和现在都存在许多司法机关打着“支持改革开放，保国卫民”的旗号，去支持“计划生育事业”，支持乡镇收缴“公粮水费”，支持“重点企业经济发展”等等，导致司法机关失去其中立性、被动性的基本属性而沦为地方主义、部门主义的保护伞，从而司法超脱于各种利益的争执之外而不偏不倚的特性也荡然无存。与之相联系的是“两高”司法解释权的功能定位也极其模糊和暧昧，最高人民法院和最高人民检察院借由这种解释权的模糊性，不断进行权力“抢滩”和“利益登陆”，又获得了许多边际权力。

奇怪的是对于这样一个涉及国家机关之间权力配置的基本制度，长期在我国宪法典中没有任何规定。直到 2000 年《立法法》颁布之前，“两高”进行司法解释都以全国人大常委会的两个决议作为授权依据。无疑这种制度建立的“合宪性”是极为缺乏的，这从另外一个层面也证明了在我国建立专门违宪审查制度的急迫性。司法公正是一个宏大的话语，但为了达致司法公正却必须从一个个具体制度的建构和具体问题的解决做起。当务之急是要把那些为着司法公正而进行的司法改革统一到宪治的轨道上来，加速建立我国的专门违宪审查制度。

第四章
司法如何吸纳民意[①]

经由一系列全民高度关切的个案而引发的法院审判与民意诉求之间的角逐和较量，成为转型时期司法所必须直面的难题。其核心的法理学问题在于司法裁判的权威和公信力，如何在一个民主法治的社会中与大众的法律表达形成一种良性互动的关系。专业论者主张民意并不能代替法官在案件中的专业主义判断，民意论者主张司法判决应该吸纳民众的见解；回应论者主张在法院独立审判的基础上回应一定时期内的民意。基于司法在宪法体制中的功能设计和当今中国民意表达的现实问题，中国应该以“回应型”司法哲学处理司法与民意之间的关系，这将会促成司法之殇与民意之难现实困境的法理破解。

① 本章系与涂云新合作，其主要内容曾发表于《探索与争鸣》2013 年第 7 期。收录时有修订。

第一节 司法和民意的本义

学理上关于司法与民意关系的探讨首要的工作便是限定论域，而论域的限定又取决于人们对何谓司法、何谓民意的追问。对于“司法”一词而言，人们通常在广义和狭义的层面上使用这个词汇。

司法制度有广义和狭义之分，就狭义而言，在实行三权分立的国家司法指的就是审判，在我国指审判和检察制度。故“司法”一词在我国的法律语境中就是指人民法院和人民检察院依照法定的职权与程序适用法律处理诉讼案件的专门活动，具体包括人民法院对刑事案件、民事案件、行政案件的审判、执行活动以及人民检察院在刑事案件、民事案件和行政案件中的检察活动。[①] 本书基于限缩论域和便利比较研究的考量，将从一个更加狭义的角度来探讨司法，所论述的司法主要指法院基于法定的职权和程序处理诉讼案件的专门活动。

“民意”一词在现实生活中则是被最为广泛使用同时也被高度滥用的一个词汇。因为大多数人在使用“民意”一词时，与“公意”“众意”“民心”不作任何区分。“民意”就一般词义而言是指人民（群众）的意愿。在现代的政治合法性的话语中，民意系借用人民的自由表达而成为一种公众的意见，而这种公众意见在代议制度下需要被民意机关中的议员和政治家认真倾听。在诸多纷繁的概念中，“民意”与“公意”的区分最为要紧。法国的启蒙思想家卢梭对政治合法性的描述仰仗“公意”这一个概念。卢梭所谓的“公意”是政治正当性的一个逻辑概念，它超越于民意、众意和所有的公共意见至上、民主之下的每个人都应置于公意的最高指导之下，受公意的约束而接受体现公意的多数人的统治；如果共同体的

① 参见谭世贵：《中国司法制度》，法律出版社 2008 年版，第 2～5 页。

个别人或少数人排斥公意，则全体就要迫使其服从。① 基于以上理解，“民意”并非“社会契约论”意义上的“公意”，而是在民主法治社会中民众借用表达自由，从而汇成的一种大多数人的公共意见。

第二节 司法与民意关系的现实困境

近年来借助媒体和舆论，一些个案形成了民众高度关注的“公案”，司法进入到了本书所谓的“民意时代”。这种民意时代不仅是指“涉诉民意”中讨论者的平民身份，更重要的是指通常素不相识呈现零散化的公民个体以某个疑似腐败案件曝光为契机，以网络媒体为纽带，以意见领袖为核心，迅速形成了就某一问题抱有强烈倾向性观点的意见集团。

“群众的力量”在新的时代借助新的方式又收获了无数赞扬，但其当下成果越是非凡，笔者就越担心其将来越是难测。本书认为，司法与民意的互动对传统的司法理念和转型时期的司法实践形成了极大的挑战。本书分别从中国和美国法院判决与民意的互动关系作为基本的素材来梳理司法与民意现实困境的一般性问题。

中国司法进入“民意时代”的趋势在新世纪初随着互联网在中国的兴起而变得越来越明显。以“许霆盗窃案”“吴英集资诈骗案”为例，中国司法与民意复杂而深刻的互动关系彰显无疑。本书无意探讨案件本身的法律技术问题，而将重心置于两起案件的审判过程和公众讨论的关联来分析司法和民意在当今中国的困境。

其一，许霆盗窃案。许霆盗窃案是一起涉及广州青年许霆持自己不具备透支功能、余额为 176.97 元的银行卡，到广州市商业银行自动柜员机前取款 170 次获得 174000 元而被检察机关以盗窃罪提起公诉的案

① 参见[法]卢梭：《社会契约论》，李平沤译，商务印书馆 2011 年版，第 24 页。

件。[1] 许霆案自一审宣判以来迅速成为公众探讨的焦点案件之一。在这种大规模的探讨中，法律专家、学者、律师、法官、网络、论坛、博客都纷纷卷入了这场讨论，讨论的主题集中在一审法院对许霆的判决是否过重、法律适用问题等等。在学界，有学者认为，判决书的推理、适用法律的解释方面做得不够，导致了一审判决结果离大众的法律期待甚远。还有学者认为，银行在案发后应该采取民事救济等谦抑的手段追回损失，而银行直接动用公权力的做法值得进一步的检讨。北京大学教授张谷和华南理工大学教授关永宏则主张应该对许霆案中被告人判处盗窃罪，但应该在量刑上考虑例外情形。与此同时，众多网民都卷入到了许霆案的激烈讨论当中。网民们尽管理由不一，知识背景不同，都无一例外地坚持认为判刑太重。清华大学教授张明楷则认为，对案件的分析必须重视行为是否侵害了法益，行为人对侵害法益的事实是否具有认识与认识可能性。许霆案应该以盗窃罪审判，虽然在审判期间，媒体几乎一边倒，要么提出许霆无罪，要么提出量刑畸重。可是，媒体并不代表民意。[2] 中国人民大学教授刘明祥则认为，法院认定许霆构成盗窃罪并不妥当，而应当认定其构成信用卡诈骗罪。但同时，只要透支者主动返还或者经银行催收后返还了的，还只能算是一般的非法透支，并不构成犯罪。这样处理，既合乎法律的规定，又合情合理，能为社会公众所接受。[3] 从整个案件司法与民意的互动关系来看，广州中院的再审与其说是司法认知发生了改变，不如说是司法屈从于民意的压力。二审减轻改判许霆为有期徒刑五年其实是司法与公众博弈的结果。[4] 值得一提的是，在这种司法与民意的互动中，关于许霆案，公众的意见也迅速发生了分歧，民间的意见被分为“适用民法派”和“适用刑法派”“银行有责派”和“银行无责派”。本案最终以最高人民法院核准了广东省高级人民法院的判决而结束，在宣判

---

① 参见最高人民法院(2018)刑核字第18号刑事裁定书。

② 参见张明楷:《许霆案的刑法学分析》,《中外法学》2009年第1期。

③ 参见刘明祥:《许霆案的定性:盗窃还是信用卡诈骗》,《中外法学》2009年第1期。

④ 参见周安平:《许霆案的民意:按照大数法则的分析》,《中外法学》2009年第1期。

之后，广州市中级人民法院还专门针对社会公众热议的一些争议问题以及许霆为何获法定刑以下的量刑，在案件宣判后进行了公开的释法答疑。

其二，吴英集资诈骗案。吴英集资诈骗案是一起涉及浙江东阳市私营企业主吴英通过成立多家公司以合伙、投资、借款等方式进行高额民间融资而被检察机关以集资诈骗罪提起公诉的案件。法院在审理该案中所认定的核心争议法律问题是：侵犯公民财产权利犯罪中被害人的资金来源是否可以成为影响犯罪嫌疑人定罪量刑的认定标准？事实上，正如有的学者所指出的，对于民间金融，我国现行法律主要是通过禁止非法集资来对其进行规范的。不过，一方面由于规范表达的“过度涵摄”而难免导致官方的监管无力，另一方面由于其没能尊重真实社会的具体诉求而使之沦为无人信仰的法律，以致最终导致陷入监管困局，这有力地说明立法表达必须尊重真实世界的社会实践。[①] 回到本案的审理过程，该案在极短的时间内吸引了大量的记者、媒体的关注，法学家、经济学家和一些企业家认为，计划经济时代不会有“吴英案”，完善的市场经济时代也不会有“吴英案”，“吴英案”是当前改革过渡期的产物，需要在改革中给予足够的重视并加以解决。吴英案判决公开后，社会上围绕吴英是否该杀展开了热烈的讨论。与药家鑫案发生时社会上一片喊杀声的情况正好相反，参与对吴英案判决讨论的社会公众，这次几乎一边倒地认为吴英即使有罪，也罪不当死。围绕着吴英案的二审判决，整个社会构筑了一股强大的反对杀吴英或者要求慎杀吴英的呼声。专栏作家吴晓波则认为，对吴英的死刑判决是一个制度性行为，其核心主题便在于全面遏制现行体制外的民间金融业探索。

在美国，司法与民意之互动关系不仅在理论界激发了热烈的讨论，也在各州法院和联邦最高法院的实务中体现出来。就美国法学理论界而言，诸多美国法学家撰文指出美国的司法实际上遭遇着民意的重重包

---

① 参见肖世杰：《从吴英案看我国民间金融的监管困局与改革路径》，《法学论坛》2012 年第 6 期。

围与挑战，而坚守司法独立精神的法院事实上也在很大程度上回应着民意的偏好。康奈尔大学 Christopher J. Casillas 教授、Peter K. Enn 教授和华盛顿大学路易斯分校 Patrick C. Wohlfarth 教授的大量实证研究表明，许多美国的法官们倾向于承认民意可能影响司法判决，但是这种影响并非直接作用于个案判决的作出，实际上，广泛的民意通过媒体、代议制度在推动着美国司法政策朝着他们所期望的方向转变。同时，基于法律现实主义和实用主义的传统，法官在裁判个案时是将民意的表达作为一种潜在的“背景知识”。在重大案件中，法院更加倾向于保持一种克制和传统的态度，法官们反而在非重大案件中倾向于一种积极的姿态与大众的司法期待保持一致。[①] 从美国司法的实务来看，联邦最高法院所处理的案件大都已经上升到具有全国范围重要性的高度，一旦联邦最高法院受理极具争议性的案件，媒体的报道、党派观点的纷争、律师学者的讨论、网络的非议都成为一个不争的事实。在美国州法院系统，其实上述的争论就早已经存在了。以持枪权案例为例，从美国州法院与民意互动的实证资料可以看出，缅因州和纽约州在枪支控制问题上司法与民意的分歧最为剧烈。在 Doe v. Portland Housing Authority 案中[②]，缅因州最高法院多数意见认为州宪禁止缅因州的议会制定比联邦层面更加严格的枪支控制法。在 Hamilton v. Berretta U. S. A. Corp. 案中[③]，纽约州最高法院认为在公民因非法使用枪支而受伤的情况下，手枪制造商在枪支的市场运营中并不对这些伤者承担任何过错。在 People v. Brown 案中[④]，纽约州最高法院认为没有证据表明被告人在第一次和第二次枪支销售中触犯了刑法。相比而言，在夏威夷州、新泽西州和罗得岛州关于持枪权的判决中，法院的观点和民意是一致的。正如学者所言，民意是

---

① Christopher J. Casillas, Peter K. Enns & Patrick C. Wohlfarth, “How Public Opinion Constrains the U. S. Supreme Court?” *American Journal of Political Science*, 2011, 55(1), pp. 74-88.

② 656 A. 2d 1200, 1202 (Me. 1995).

③ 750 N. E. 2d 1055, 1059, 1061-62 (N. Y. 2001).

④ 788 N. E. 2d 1030, 1033 (N. Y. 2003).

否影响美国法院的判决结果是一个极其复杂的理论问题，对于诸如持枪权案件、堕胎案件、同性婚案件和种族歧视案件，一方面，多数法官的保守倾向十分鲜明，另一方面人权保障的呼声不绝于主流媒体和舆论当中，坚持司法独立的美国法院也不得不在民意宣泄的漩涡中作出艰难的价值和道德判断。

第三节 司法与民意关系的法理破解

面对司法过程中的民意，中国司法应该在坚持司法审判独立的基础上，采用一种“回应型”的司法理念。司法机关依法独立行使职权应该是最高的价值原则，在任何时候都必须被恪守。司法机关应该考虑的是那些在一段时期内汇聚社会共识的民意，并且以司法审判回应社会大众在某一个时期内的正义期待。

司法应当如何面对“民意”或者是“民愿”，甚至是“民怨”？观诸人类司法文明演进史，我们似乎找不到一套一劳永逸的解决方案。现实的经验告诉我们不管一个国家司法体制成熟与否，都可能在特定情形下遭遇种种困境。从中国社会引起社会广泛关注的个案来看，司法与民意的现实困境包括以下三个方面：

第一，从司法纠纷解决机制的功能角度上看，专业主义的司法审判与一般大众的“法感”存在紧张关系。正如许霆盗窃案和吴英非法集资案所显示的那样，如果司法机关依照法律文本的规定严格地适用法律，那么判决的结果虽然在技术上符合了法律的规定，但是，在一个转型社会中，一般大众却往往基于他们朴素的“法感”认为，严格地适用纸面的法律并不符合发展和变化了的实际生活。同时，中国的司法改革还处在一个努力回应人民正义期待的过程之中，在一个案件引起社会高度关注之后，法院往往迫于各种压力也需要考虑案件的社会效果和政治效果而有弹性地适用法律。从法理的角度上看，如何沟通司法审判中的专业理性和社会大众的常识理性，也有赖于司法改革进程的进一步发展，无论如何，我们必须正视的现实是：中国现阶段的司法审判工作与人民大众的正义期待还存在一定距离。

第二，从民意表达上看，中国当下急剧膨胀的公共参与的诉求汇聚成了一种强有力的民意，这种民意不仅体现在人民代表大会制度之下的立法过程，也扩及到了本来属于专业主义判断领域的司法审判之中。而囿于公民言论、出版、游行、示威等自由表达权利在主流渠道的种种限制，公民往往会借助网络等新媒体技术来释放他们对于正义的各种诉求和意见，在这个过程中，新闻媒体起了重要的作用。在司法权威尚未树立时，民意对媒体的依赖性也会增强——媒体既可能裹挟民意放大其观点，也可能反向促成民意的形成（如"药家鑫案"），然而无论哪种情况，都决定了媒体在与司法机构的商谈中将居于优势地位——由于媒体并非专业的法律机构，"连最优秀的法制记者，也不可能像法官那样通晓法律规则、司法技术和案情"[①]。而且，随着形势的发展，司法与媒体关系的内容变得更加丰富、立体和互动，所涉及的问题扩大到公众的知情权、司法行为的规范、司法功能的放大和司法的公信度等。[②]

第三，从司法审判的法外因素上看，普通公民通过"舍法求法"的方式寻求社会关注，而这种社会关注也形成了对司法的考验。在现代社会，普通公民寻求正义的渠道不单"应有尽有"，且"能有尽有"，除了司法外，还有行政的、媒体的、社区的、政党的、宗教的、家族的、行业的等多种渠道，甚至还有黑社会的正义。这些看似非正式的渠道，实际上几乎贯穿现实法律诉讼过程的每个环节。[③] 在中国当下的司法审判中，法院还往往会遇到各种"涉诉上访"的例子，这也是典型的"舍法求法"。案件当事人或者利害关系人在判决结果不符合其意愿的时候，也会选择到政法

---

① 吕明、李岩：《司法民主的空间：必要性、可能性及限度》，《云南社会科学》2013 年第 1 期。

② 参见蒋惠岭：《司法与媒体关系的再认识》，《人民法院报》2013 年 5 月 31 日。

③ 参见吕明、夏勇：《舍法求法与媒体正义——从敬一丹的〈声音〉说起》，《环球法律评论》2005 年第 1 期。

委等机关“诉冤”或者干脆将“悲天悯人”的案情通过媒体曝光而引起全社会的关注，法院在面对这些案件时必定会受到社会公众意见的影响。

司法与民意的现实困境在中国司法改革不断向前推进的过程中，更加具有重大的法理意义。一方面，当司法试图恪守其专业主义判断的独立秉性时，转型时期汹涌的民意足以让法院的努力沦为其正当性消弱的催化剂。另一方面，在一个人人司法官化的时代，当民意主导了整个国家的司法审判时，司法之独立性与被动型品质将付出沉重的代价，甚至在极端的时候，公共舆论的审判将替代法官的专业判断，司法为民粹所裹挟。

司法与民意的现实困境揭示了法院并非在一个与世隔绝的真空状态中定分止争，法院也绝非类似于唯理主义者所创设的自动售货机那样——“投进去的是诉状和诉讼费，吐出来的是判决和从法典上抄下来的理由”①。法官在无数的个案审判中，不仅面临的是“裁判规范”“法律事实”“直接或间接证据”“事实之间复杂而纠结的因果关系”，更重要的是法官仍然会面临着法律正义所赖以生存的“社会基础”“伦理道德”“政治权力”“公众舆论”“价值标准”等诸多的“超实证法”的因素。法条主义或者部门法主义论者，往往基于专业主义和严格的形式法治主义的精义从技术路径让司法逐渐成长起来；而经验主义或者超验主义论者，往往着眼于司法的正当性源泉和实质法治主义的精神，从司法哲学的角度给予审判活动更多的养分。二者看似都不可偏颇，而且互为助益。就本书核心论题中司法与民意互动关系之本质而言，本书试图超越微观个案的视角对这个问题提出法理上的解决之道。

司法与民意互动关系在一般法理上的探讨，表明专业论者、民意论者和回应论者三方都各持其理。对于专业论者而言，正如我国台湾地区学者黄茂荣所指出的，法官的审判活动不应该受到民意的直接干扰，但其审判活动还是应该接受社会的公评。在选举民主之民粹化倾向的威

① [德]马克斯·韦伯:《论经济与社会中的法律》，张乃根译，中国大百科全书出版社 1998 年版，第 6 页。

胁下，具备专业知识及专业良心的司法工作成为唯一可能不被选举裹挟的中流砥柱与防线。该砥柱与防线一旦崩塌或溃决，公平正义要再见天日，全体同胞将需要付出相当的折磨。① 从司法权在宪法设计上的功能来看，司法独立的价值保障了法官不偏不倚地适用法律，而民意之表达可以借由代议机关的讨论、争论和审议凝结在立法之中，而在一种理想的情况下，法官严格适用法律就是最大限度地尊重民意。鉴于法律上的判断以裁判众人之事为其特点，它自始必须以公认的标准作基础。固然感情用事的价值判断在日常生活上屡见不鲜，或占据了绝大部分，且在议会或法院也不能使之绝迹。但作为法律共同体中至关重要的法官以及法院的审判工作应该有客观化的规范上的价值判断。只有这样，法官才能将自己公正裁判的意向转化为公众的共同信念，和谐滋润着自己所服务的地方。②

对于民意论者而言，司法权威的树立从根本上不可能脱离民意的高度信任与支持，司法虽然不像代议机关那样时时刻刻应该倾听民众的心声，但也应该不断在一个日渐多元的民主社会中需要面临民意的各种指责、评论甚至是改革的呼声。西方谚语称“枪炮作响法无声”，反之法无声处必然会枪炮响。有学者指出：如果司法不能将民众对国家、社会的不满引入法庭，通过司法程序加以化解，那么，民众最终会选择诉诸暴力来解决纠纷。③ 在民众强烈要求司法改革的领域下，当下中国司法公信缺失，司法权威不足，司法改革备受批评和误解。司法改革的公开透明，公众以评论、意见、建议、提案等各种方式参与司法改革的进程，有助于回应民众对司法及其改革的现实需求，及时发现司法改革的问题，选择更为紧迫的改革议题，增加改革的社会认同度，提升司法改革乃至政权的正当性。④

---

① 参见黄茂荣：《法学方法与现代民法》，法律出版社 2007 年版，第 267 页。

② 参见黄茂荣：《法学方法与现代民法》，法律出版社 2007 年版，第 268～269 页。

③ 参见宋英辉：《中国司法现代化研究》，知识产权出版 2011 年版，第 4 页。

④ 参见徐昕、黄艳好、卢荣荣：《中国司法改革年度报告(2011)》，《政法论丛》2012 年第 2 期。

由于中国的法治实践还处于变革与建制交互影响的阶段,我国当下关于司法与民意的探讨在很多根本的问题还无法在官方和民间、在学理和实务中形成较为一致的见解。一方面,民意的形成在很大程度上依赖于信息的充分披露、思想观点的自由交换以及媒体的独立公正。在这些条件付之阙如之时,真实民意的形成往往被遮蔽和阻塞,并且当民意不能够有效透过公众参与被立法吸收时,个案的司法判决就难免会受到民意的诸多质疑和挑战。另一方面,司法机关若径行依据民意裁判案件,则极有可能脱离实际案情和法律的明确规定;若置民意于不顾,则会面临"冒天下之大不韪"的情势。司法权威之式微和民意表达之不畅形成了中国司法之殇和民意之难的双重困境,面对如何破解这种双重困境的难题,专业论者、民意论者都开出了各自的法理药方。

因此而言,中国司法应该在坚持司法机关独立行使职权的基础上,采用一种"回应型"的司法理念。其核心要义有三:(1)司法审判的独立行使职权应该是最高的价值原则,在任何时候都必须被恪守;(2)法院不能在个案中直接依据民意判案,而是应该通过司法民主和司法公开与社会形成一种间接的沟通和交流;(3)司法机关应该考虑的是那些在一段时期内汇聚社会共识的民意,并且以司法审判回应社会大众在某一个时期内的正义期待。无论如何,坚持以法律为依据并服膺于法律的精神必须在司法机关和社会大众中树立起来,转型时期的法治建设必定会面临着种种现实困境,国家也处于一个"全民司法官化"的时代。在这个时代,回应型司法哲学无疑提供了一个破解司法和民意关系现实困境的法理解决之道,它一方面能够使法院切实背负起其在宪法设计上独立审判的使命,另一方面也可以使法院妥善处理一个时期内民意的各种抨击和质疑。

第五章
司法能动与公正司法

“司法能动性”消解或挑战了我们关于司法规律的许多认知。一个当然值得的追问是:通常认为一定程度上国家类同一架有机的机器,国家的权力总量是恒定的,各种国家权力之间保持一种合理的职能划分和良性的互动,才能取得纳什均衡中的正和效应。17～18世纪西方国家的设计者们甚至把牛顿静力学当作了分权学说的支撑理据。在当下中国,当审判权力这一支异常活跃而其他国家权力不能相应跟进、配合或予以适当制约时,可能出现的局面到底是“杯具”还是“洗具”?

■ 第一节 金融危机中司法权的能动性[①]

“司法能动主义”是一个不合中国司法语境的、含义混乱的标签,不足以正确反映我国司法权在金融危机背景下所面临的现实挑战,应当用“司法权的能动性”来替代相关的论述。当下中国司法权能动性的发挥

---

① 本节系与黄明涛合作,其主要内容曾发表于《海峡法学》2010年第2期。收录时有修订。

对于应对诉讼量激增的客观形势、充分利用司法资源、完善司法程序都具有积极意义。同时,司法权也必须在宪政框架内恪守其本分,遵循应有的界限。

自2008年年底次贷危机引发全球金融海啸以来,世界经济面临巨大困境。我国作为经济全球化进程中的重要成员,也承受着相当严峻的考验,而法院系统的工作同样面临许多前所未有的问题与挑战。在这种形势下,我国的法院系统以积极的姿态,主动介入社会经济生活,力求以司法方法达到有效化解和预防纠纷、促进经济平稳较快增长的目的。法院在实际工作中采取了一系列具体措施,如向党政决策机关提出司法建议、在具体案件中解释适用法律法规、对于可能出现的法律纠纷进行预防等等,都收到了不错的效果。然而这样的做法也引起不少争议与担忧,即这样“主动”地行使司法权是否有悖于司法权的消极属性?在其他国家引发巨大争议的“司法能动主义”是不是也成为了我国司法工作的圭臬?在金融危机的背景下,发挥司法能动性的主张究竟有多少合理性和必要性呢?目前,司法解释正在更多地受到全国人大常委会备案审查的制约,创造性解释(即“法官造法”)正在受到否定。

本书认为,所谓违背司法权根本价值的“司法能动主义”本身是一个被误用和滥用的概念,并不适合用于评价当下中国司法系统的状况,而司法权的消极属性也应当放在具体的历史时空中来讨论其真正的价值指向。适逢金融危机对于社会经济各个方面造成巨大的冲击,适当地发挥司法权的能动性,创造性地解决法律纠纷,在一定的条件下也是具有合理性和可行性的主张。

一、司法能动主义的原罪

对于法院系统很多具体做法的批评主要在于,认为能动性的司法就是司法能动主义,即司法机关超越其固有职能,侵犯其他国家机关的权力,这不合于司法权的本质,也是于法治社会有害的。然而,这种表述是对司法能动主义的误用。

“司法能动主义”最早是作为批判法官及其判决意见的武器而出现

的概念。尽管第一次从学术上析出这一词汇是 1947 年由美国学者阿瑟·M·施莱辛格发表于著名杂志《财富》上的一篇评论美国联邦最高法院的大法官的文章。然而,基于法院在一个分权体制的政府中应当扮演何种角色的讨论很早就开始了。当评论家和政治家认为法院的某些判决不可接受、或者法院僭越了其应有的职权范围时,"司法能动主义"这面旗帜就被祭出,用于指责法官们不守本分、扩张司法权干涉其他政府部门权力的行为。

给司法能动主义下一个准确的定义很难,因为历史上有过很多政客和学者以各种理论、说辞来定义过这个概念,以至于其含义非常混乱。然而可以肯定的是,司法能动主义常常作为一种制约和监督司法权的话语力量而存在。简单回顾 20 世纪美国最高法院的历史可以发现,曾经有三次大规模批判司法能动主义的浪潮,其间这个概念内涵和外延的变化可以充分证明,司法能动主义至多是一个毁誉参半的司法风格,绝不能算作是对于司法权本身的背叛。

第一次对司法能动主义的集中批判出现在"洛克纳时代"。以 1905 年的洛克纳诉纽约案①为起点,直到罗斯福新政时期,这段 30 多年的时间在美国最高法院的历史上被称为洛克纳时代。洛克纳时代最高法院的诸多判决招致社会舆论的强烈谴责,其中最核心的批评就是这些判决是"司法能动主义"的,以法官的信念和个人好恶替代了国会以及各州的民意机关的政策选择。当时的美国正经历着市场经济的高速发展,垄断资本借助自由放任的市场机制急速扩张,由此带来一系列社会问题,例如剥削工人、使用童工、遏制竞争、政府腐败、贫富差距等等。联邦政府和各州政府为应对社会危机,纷纷出台一系列旨在管控垄断资本,保障工人最低工资与基本福利的法律法规,然而这些法律无一例外地被最高法院宣布违宪。最高法院基本上遵循两种宪法逻辑来完成违宪审查②:对于国会通过的管理垄断企业的法律,法院通过论证所谓产品的生产阶

---

① Lochner v. New York, 198 U. S. 45(1905).

② Ewin Chemerinsky, *Constitutional Law*, Aspen Press, 2002, p. 243.

段不属于宪法“商业条款”所指涉的“州际商业”，因此不属于国会权力的范围之内，从而将国会立法宣布为超越权限而违宪；对于州政府通过的保证最低工资的法律，最高法院通过论证保证最低工资相当于强行剥夺企业主的财产和侵犯了劳资双方的合同自由，因此违反宪法“正当法律程序条款”，从而违宪。可见，最高法院在这里花招频出，目的都是保护企业免受政府干预，从而支持市场经济的自由发展。但问题在于，垄断资本对于社会的危害在当时已经是社会共识，而政府出台的遏制垄断、保护弱势群体的法律也是深得民心。面对立法机关和行政机关明确的政策选择和其背后强大的民意支持，法院却仍旧僵化地抱持过时的绝对自由放任经济的观念，并“积极”运用违宪审查权阻拦“进步”的法律，因此遭致社会各界的强烈批评。司法能动主义在这里也第一次有了极为丰富的注脚，即司法权没有尊重民意机关的政策选择，滥用了司法审查权，阻碍了社会对于新的经济秩序的追求，因此这种“积极主动”不符合法院在三权分立体制下的定位，是不可取、不合理的。

第二次关于司法能动主义的大讨论开始于20世纪60年代的民权运动时期。此时的联邦最高法院的风格已经经历了转向，从洛克纳时代的严格审查经济领域立法转至严格审查社会领域立法。因此，最高法院的能动主义体现为以宽松的标准扩张解释宪法权利法案的条款，将二战后为各国普遍接受的人权观通过平等保护、正当程序等条款导入宪法诉讼中，实质上提升了对于少数族裔等弱势群体的保护。这其中的典型案例有1962年的安格尔诉维泰尔案①（禁止公立学校的祈祷）、贝克诉卡尔案②（实现选举中的一人一票）以及1966年的米兰达诉亚利桑那案③（创立著名的米兰达警告）。可以想象，这个时候挥舞司法能动主义大棒的就是反对民权运动的保守派政治势力了。保守派认为，最高法院不受约束的任意扩展权利法案的内涵，是代替了政治部门成为法律的创制者而

---

① Engle v. Vitale, 370 U.S. 421, 424-425(1962).

② Baker v. Carr, 369 U.S. 186, 207-208(1962).

③ Miranda v. Arizona, 384 U.S. 436, 444(1966).

非裁判者，判决的结果导致了激烈的社会变迁和广泛争议，这都不是作为法官应有的表现。司法能动主义作为一个批判性的武器，在洛克纳时代为左派所运用，而到了沃伦法院时期则为右派所青睐。这个有趣的变化看似矛盾，实则凸显出司法能动主义这一概念本身意涵的不确定性，也就是说并不存在一成不变的司法能动主义，而民权时代的司法能动主义显然对社会进步是有利的。

第三次关于司法能动主义的争论主要是发生在伦奎斯特法院时期。在经历了沃伦时代在民权立场上的激进路线之后，20 世纪 80 年代到 90 年代的联邦最高法院回归到一种偏保守的立场。很多判决出于保护州权的考虑而撤销了联邦法律，或者出于纠正“反向歧视”(reverse discrimination)的需要推翻某些支持“积极行动”(affirmative action)先例，或者在原有的自由派刑事程序的先例上有所倒退。这样的判决自然也招致不少批评，其中尤其是大法官斯卡利亚和托马斯，常常被认为当今司法能动主义的代表人物。不过此时批评者的立场与前两次又分别不同，不变的依然是“司法能动主义”的语义混乱和万金油式的用法。

司法能动主义的原罪在于，它是一个负面的标签，被论证者用来批判那些他们不认同的判决意见和法官个人。这个词的英语原文的本意是过于积极的、不安于本职的，因此一开始就注定是贬义的色彩。谈论司法权时，谈论法官的角色和风格时，对这个概念也常常被意见相左的两方交替使用，但其实它从来就没有一个清晰的、统一的、确定的定义，也从来不是指导法官进行司法操作的明确标准。昨天的司法能动主义的批评者今天就可能成为它的鼓吹者，甚至昨天还被认为是司法能动主义的解释方法在今天就被认为完美的司法克制的体现。① 所以，司法能动主义这样一个标签式的概念必须被抛弃。

二、司法权之消极性的重新认识

司法能动主义之所以背负着原罪式的负担，重要的原因就是对于司

---

① Eric J. Segall, "Reconceptualizing Judicial Activism as Judicial Responsibility: A Tale of Two Justice Kennedys," *Arizona State Law Journal*, Fall 2009, 41, p. 709.

法权本体性价值的认识。司法权被认为是消极、被动的，因为消极立场的法官被认为将促进更加公正、更加理性的判决。普通法传统中越是坚持司法权的消极性，越是将社会公平正义归因于法官的消极性，那么司法能动主义遭到的敌视也就越多，这一点在我们这个法治传统不深的话语环境中应当特别留意。

认可司法权的消极属性，是不是就必须否定当下我国法院系统所积极采取的那些应对业务量激增、新问题不断的情形的举措呢？消极的司法机关是不是完全不可以积极地行动呢？

首先，我们必须厘清“司法权的消极性”的真正内涵。在西方国家经典的分权制衡体制中，“消极的司法机关”是相对于“积极的政治机关”而言的，即政治机关如立法机关和行政机关与人民保持着更直接的联系，因而适合于为推进国家战略、实现社会目标而设定计划性的、指导性的方针政策，这些工作不需要具体个案的存在为前提，不是依申请而启动的政府行为，因此相对于“不告不理”的法院而言是更加积极的。

司法权的消极性这样的观念，在很大程度上是政府部门之间相对意义上的消极。然而政府部门之间的消极与积极，不能等同于作为整体的政府与社会之间的消极与积极。可以说，在自由放任市场经济时代，整个政府包括民选机关在内，都是消极的。因为相比于今天的行政权扩张、福利国彰显的时代，那个时代的政府实在是反应太慢、办法太少、编制太小了。也就是说，为了完成庞大、复杂、长期的社会治理任务，比如说应对金融危机这种市场失灵的局面，过于消极的政府治理本身就是行不通的。尽管相对于立法机关和行政机关而言，法院永远是比较消极的部门，但是在这个时代，在社会治理的意义上一个积极行动的司法权却很可能是必需的。

美国的20世纪30年代被称为“新政时期”，为了把美国从大萧条中拯救出来，整个政府结构都在经历巨大的变迁，夜警国家的时代一去不复返。其政府在1938年出台了一部调控小麦生产的法律，规定了农场主的产量配额以求稳定国内小麦市场。然而这部法律的合宪性遭到了个别农场主的质疑，他们认为国会制定该法律超越了其管理“州际商业”的权力。但是联邦最高法院在维克德诉费尔本案①中强调了实质性影响(substantial effect upon interstate commerce)标准,认为单个农场的产量虽然很小,对市场影响不大,但是如果任由事态发展,则累积效应一定会导致市场失控和小麦价格的跳水,所以国会有权管制这种对州际商业可能造成实质性影响的活动。这个判决意见有几点值得注意:首先,以司法判决的形式史无前例的确认了国家干预农场主的小麦生产的权力,可见政府管控已经深入到何种程度,而司法权也成为政策的执行者。其次,法院的论证过程体现了社会控制的理念,因为累积效应、实质性影响等等对于小麦市场的分析超越了对于法律的文本解释,而是将社会治理层面的分析方法运用其中,彰显了法院阐发立法政策的角色。如果我们再联系到当时美国法律界正在经历从法律形式主义(Legal Formalism)向法律现实主义(Legal Realism)再向法社会学(Legal Sociology)的转向,就可能更加清晰地看到,司法权本身也在不断地调试自身在社会系统中的定位,表现出一种超越普通法官作为一个纯粹法律职业阶层的、古典的群体形象而转变为一群社会管理者的历史倾向。

由此可见,每当面临巨大的社会经济变迁,政府政策推进的力度空前强大的时候,法院无论是从自身的角色定位还是到法律方法上都会倾向于采取一种积极入世的姿态,这一点不断地被历史经验所证明。

其次,“司法权的消极性”同样也有其特定的外延。例如在普通法系国家,司法权的消极在某种意义上等于法官的消极加上对抗式的诉讼结构。反过来讲,正是因为英国、美国等普通法国家传统上的以当事人及其代理人为中心的司法程序的成功运作,凸显了法官作为消极的居间裁判者的形象。但是司法权作为一个整体,不是只有法官而已,司法系统作为一个解决纠纷的权威机制不能以消极主义这种大而化之的描述一笔带过。例如辩诉交易制度,就是对于传统的刑事程序的重要创新。有

① Wickard v. Filburn,317 U. S. 111(1942).

调查表明，当今美国进入刑事程序的诉讼中绝大多数都以辩诉交易终结。① 那么这种行之有效地提高司法权效率的同时又完成司法职能的创新制度是否也要陷入司法能动主义的论战呢？显然没有道理。实际上从功能主义的角度看，司法权作为政府的一部分，必须以解决法律争议、化解社会矛盾为终极追求，而每次制度上的创新和改进都是为了更好地服务于这个目标。如果这些创新和改进被认为是司法权过于能动而被废止，则司法权早已不堪重负。再比如法官参与到大众普法教育当中，这算不算积极的宣传法治精神、预防社会纠纷的好举措呢？但是这种积极却不是有损于“司法权之消极属性”的积极，而是有利于司法价值的彰显的积极。

古老的法谚必须还原到古老的情景中才能真实地展现其问题背景、话语体系和价值指向，居间裁判的法官相对于控辩双方而言是消极的，并不表示司法系统就是以消极面目示人，司法权的消极性这句话要强调的是法官中立和对抗式诉讼程序的价值，但从来没有否认过司法权应该追求高效、充分、积极地回应真实的法律纠纷。

三、金融危机下司法权能动性的正当性论辩

依上述分析可知，司法能动主义其实至多是一个标签，因为从字面上就可以表达一种“反消极主义”的价值观，因此被历史上不同立场的政治家、不同观点的学者用来批评甚至攻击那些他们不喜欢的司法判决和法官，但是对于这则术语本身则是徒增混乱。

此外，我们不应忘记：“司法能动主义”是一个舶来词汇，而且关于这个词汇的讨论也几乎全部发生于美国法律体制内。所以，司法能动主义承载的意涵、争论并不具有中国的本土特征，是不是能够准确地传达中国司法实务中的问题呢？这其中存疑颇多。

本书之所以借由金融危机这样一个特殊的角度来探讨司法权的能

---

① William Burnham, *Introduction to the Law and Legal System of the United States*, West Group, 1999, pp. 269-270.

动性，是因为这场危机所引发的大量的法律纠纷以及其中呈现出来的新的法律问题给我国各级法院的日常工作带来了诸多挑战，必须积极地进行应对，否则难以在这个时期确保社会各部门经济活动的连续性和稳定性。一言以蔽之，司法系统为了履行其基本职能，必须拿出一定的对策，改进工作方法，完善制度建设，从而提高司法工作的效率、质量，正是在这样的背景下，才出现了如前文所提到的那些积极、主动的举措。

但是，发挥能动性不能等同于司法能动主义。上文已经分析了司法能动主义这个概念的误用，那么司法能动性究竟是什么？正当性何在？

首先，马克思主义哲学认为，主观能动性就是在认识和改造世界的过程中有目的、有计划、积极主动的有意识的活动能力。在中国的语境当中，主观能动性更是常常体现为以积极主动的态度、理念、方法去处理工作和学习当中遇到的具体问题。具体到司法工作中，就是积极主动地应对数量激增的诉讼和前所未见的新型法律问题。从这个角度讲，“司法能动性”不是一种对于司法权本身的僭越，而是积极履职的必然要求。同时，在司法工作的某些方面强调能动性的发挥与通常提到的法官在诉讼程序中公正、中立的消极形象并不违背，因为二者是司法制度的不同面向。在判例法系国家，庭审前的证据开示(discovery)、庭审中的交叉盘问(cross examination)、陪审团事实审等制度可以说充分体现了法官的消极角色，是其司法系统不可或缺的组成部分。但是法庭对于陪审团的指导、专家证人制度甚至独立管制机构(independent regulatory agency)承担准司法功能，这些都是司法权能动性的发挥，可以说某些制度在其出台之时都颇具革命性，其背景无非是为了解决当时司法机关所面临的挑战，历史证明了这都是对于司法制度演进的创造性贡献。

其次，如果我们适当地强调司法机关作为政府的组成部分这样的角色，适当地强调其社会治理的功能的话，那么司法制度的每一个环节都是服务于维护法律秩序、公正高效地解决法律纠纷这一总的目标的。为了实现这样一种社会治理的职能，发挥主观能动性，充分地利用司法制度资源，可以说是世界各国司法系统的通行做法，而与所谓的“司法能动主义”无关。在美国，法院大量的鼓励当事人在正式诉讼程序之外，采取协商、调节、仲裁等非诉讼解决方式(Alternative Dispute Resolution,学术上一般简称“ADR”)解决彼此的法律争议,而双方达成的协议能够得到法院的认可甚至执行。ADR的流行主要是由于近几十年来诉讼量不断攀升以致有限的司法资源难以应付,但是法律纠纷的解决又是客观的社会需要,因此出现了这种非传统、非典型的司法程序。再以德国为例,德国联邦宪法法院在违宪审查程序中有时以立法建议的形式终结诉讼程序,即对于某项被申请人提请进行合宪性审查的立法,并不判决其撤销,而是向立法机关发出修改的建议,从而使法律由违宪状态转为合宪状态。这种制度表面上是法院超越其裁判者地位而介入立法程序,但是从实际效果上却减缓了撤销违宪法律所带来的震动,同时修改法律的也仅仅是建议,法院在立法程序中并不存在当然的地位。

可见,能动性地行使司法权,在不同法系、不同法律体制下都有存在的空间,其本质就是充分利用制度资源、不断完善司法程序,而这显然是放之四海而皆准的道理。不过需要注意的是,主张发挥司法的能动性,其前提就在于现有的制度资源难以令人满意地完成司法权的职能,现有的司法程序存在进一步完善的需要。因此对于当前我国司法系统所采取的能动性措施,也必须放在这样一个分析框架中来检验:(1)是否出于应对诉讼量激增的需要或者是否出于解决前所未有的法律问题的需要;(2)是否已经穷尽了现有的司法制度资源;(3)拟采用的新措施是否能够实现司法程序上的改进和完善,而不仅仅只是权宜之计。

我们可以运用这个标准来对当前的能动司法进行一番检验,或许可以给出一个清晰的正当性的讨论。

第一,法院在某些案件中适当地采取宽松解释标准和采用法律拟制的方法。从法律解释和适用标准而言,宽松或严格的解释标准都是正常的司法理性的运用。从更好地实现国家应对金融危机的政策目标,避免以法院的知识、经验、观点去取代立法机关和行政机关有针对性的政策选择的角度看,宽松解释符合上述检验标准的第一项和第二项:因为金融危机下的政府应对措施具有紧急性、灵活性和更强的针对性,比一般的基础法律更具有操作性,也更加直接地代表了决策者的政策意愿。此时的法院就应该尽量地尊重立法者的选择，同时约束法官在理解法律规范上的裁量权，才能够实现稳定市场的政府目标。至于第三项而言，法官在某些法律部门或法律问题上尊重政治部门的立法政策，赋予其较强的正当性，显然并非一时的权宜之计，美国行政法上著名的谢弗朗(Chevron)原则就是这种司法审查标准的典型。政府相对法院有应对危机的优势，在行政管理方面的规范以专业知识作为支撑，因此金融危机下的司法机关对于行政机关和立法机关政策选择的尊重是一种明智的权力平衡和良好的分工合作。但是这里的尊重也绝不是一味的顺从，与谢弗朗原则针锋相对的理论认为，司法权始终应该掌握对于行政行为的最终审查权，对于行政机关的尊重限于其事实判断，而不包括法律判断。无论如何，这里的问题是一个司法权面对积极、活跃的政治部门的权力运行时，如何拿捏一个准确的定位。面对金融危机，政府的政策法规也许是救急不救命、偏向于效率而忽略公平的，那么此时法院如何确保个案正义，如何拒绝行政机关的滥用职权或者违背正当程序，就是一个值得研究的问题。

第二，统一法律解释适用的标准的问题。这本身就是解决同案不同判问题的重要方法，在案件数量激增、新型法律争议凸显的时候尤其应该积极运用这种办法。美国最高法院的调卷令制度[也有人称“提审制度”(writ of certiorari)]就充分体现了司法机关灵活利用制度资源并主动地解决法律适用不统一这个难题的传统。调卷令是一种令状，用于将下级法院管辖下的案件移转至最高法院管辖，常常被最高法院用作发表关于某重大宪法问题意见的手段，颇受实务界和学界关注。美国是联邦体制，因此各个州都是独立的司法系统，同时联邦法院自成一个系统。宪法作为国家最高效力的法律，应当为各州法院共同遵守，然后宪法条款还是需要由各州法院解释适用，而判例法体制下某一州的判决意见并不构成另一州的司法先例，因此常常会出现不同州对于同一宪法问题存在不同判决结果的情形。此时的最高法院很可能出于统一宪法适用的需要，以调卷令的形式将各州不同级别的法院正在进行的宪法诉讼集中到华盛顿合并审理，借此机会阐明最高法院的立场，从而创设一套统一的原则和法理以解决某个具体问题。调卷令的使用可以不以当事人的申请为前提,因此是一个积极主动的实现司法政策的工具,并在实践中收到比较好的效果。实际上调卷令制度就是美国联邦最高法院能动性司法的重要表现,但是从来不曾陷入所谓“司法能动主义”的批评,相反却是美国宪法得以长足发展的关键机制。在我国的司法实践中道理也是一样的,尽管我国最高人民法院的司法解释与美国的判决意见的性质有一定差别,但是同样可以统一司法系统对于新型法律问题的适用标准,同时提高法律适用的统一性,应该说也是符合上述司法能动性检验标准的。

第三,关于向党政机关提供司法建议的问题。表面上看,此举可以更有效地将具体案例中遇到的法律适用的问题反映到法律制定和修改的程序中,从而提升立法技术、避免规范语言的模糊、填补立法漏洞,似乎是符合上述能动性的检验标准的。那么,司法建议能不能被认为是司法制度上的一种创新和完善?美国的分权制衡理论之所以禁止联邦最高法院向总统出具咨询意见,从根本上是源于权力分立的考虑,司法权被限制在“案件与争议”的范围内,而咨询意见属于侵入了行政权的传统领域,不利于三权之间的平衡。我国的情况有所不同,宪法明确规定人民法院对各级人民代表大会及其常委会负责,同时又规定人民法院是我国的“审判机关”,那么各级法院将审判实践中反映的问题以司法建议形式反馈于立法机关或党政机关,是否超越了其审判职能?要回答这个问题,似乎还要从一个宪制层面的宏观角度来审视司法权的定位。而上述三要件的司法能动性检验标准稍显不足——其仅仅站在司法系统之内看司法权,而没有涉及司法权如何与立法机关、行政机关乃至党的机关保持良好互动的关系。

四、司法能动性的界限

要对上述的司法能动性检验标准进行提炼,必须从相反的角度考量其缺失,这就必须论及司法能动性的界限。本书认为,核心还是在于认清司法权的宪法地位和宪法属性,司法能动性的界限,实质上就是司法权的界限，也就是宪制中的司法权定位。

第一，司法权能动性的发挥不能僭越司法权的本质属性，能动性仅仅是坚持个案正义、公正中立以及法律理性等本体价值基础至上的工作风格和倾向。归根结底，政策制定实现对社会进行宏观治理的功能，这是政府部门的职能。他们作为人民的代表、利益诉求的筛网，承担了设计政府目标、发展规划、提供公共产品和服务等等主动的义务，是社会运行的推动者。与此相对的，司法机关就像是社会运行的监督者和矫正者，通过个案的解决将既定规则的意义更清晰、更具体地阐发出来，确保社会正常运转。历史不断地证明，法官所具有精英理性让他们更适合分析、阐发、论理、判断。但是，如果要求法官向决策机关直接提供政策建议，或者在个案判决中超越法律原则与规则去作政策选择，则会破坏法官的职业理性。

第二，司法权的能动性虽然是因社会需要，但也不能被其他机关所强加。如果是外来力量的强加，那么对于司法权的伤害可能比我们预想的要多。被外来压力所强迫的司法能动性，很可能落入工具主义的泥淖，不能促进自身创造性的发挥，反而是亦步亦趋，却又进退失据。

第三，司法权的能动性不能削弱司法权的独立性。司法权在当下宪法体制中的定位存在一个两难困境：独立性的缺失使得司法权的消极性并不能带来司法权威的提升；同时司法能动性的发挥又有某种“运动式”司法的嫌疑，结果也并不一定是加强了司法权在政治生活中的影响力，反而导致司法实践中思路和标准的混乱。司法能动性的发挥，不能以牺牲司法机关固有的独立性为代价。这个独立性不是政治上的独立性，而是专业知识和经验理性所构筑的方法上和功能上的独立性。司法机关是政府的一部分，也是社会治理的一个权力向度，但是司法机关也应有其相对的独立性。

由此观之，司法能动性的检验标准或许可以修正为一种四要件的标准：(1)是否出于应对诉讼量激增的需要或者是否出于解决前所未有的法律问题的需要；(2)是否已经穷尽了现有的司法制度资源；(3)拟采用的新措施是否能够实现司法程序上的改进和完善，而不仅仅只是权宜之计；(4)是否能够恪守司法权的本质属性，而不会削弱其独立性和应有的宪法地位。司法权有其界限，那么司法能动性也必有其界限。将一种宪制层面的角度纳入司法能动性的考察当中，会有助于我们站在司法以外来看司法，更准确、冷静地把握司法权的合理位置。

能动的司法，终究必须是公正的司法、程序正义的司法，即便把社会效果、政府目标纳入法律适用的过程中，但是最基本的法律方法还是无外乎证据的审查、逻辑的函摄、文本的解释、利益的权衡；能动的司法，终究还是司法，就算危机时期的司法要强调政策的灵活性，但是法官毕竟是法官，超越个案正义去追求抽象、普遍的社会效果不是法官的第一要务。如果说提升司法效率、完善司法程序的举措是当下司法制度中可欲的、良性的“能动司法”，那么必然是因为其既坚持了司法权的本职，又创造性地适应了社会变迁和经济危机。对于本身就缺乏深厚法治传统、同时又处于社会急剧转型时期的中国而言，这种本体价值与能动性的两相平衡恐怕是很长一段时间内无法回避的课题。

■ 第二节 在司法能动与司法节制之间
——以《香港特别行政区基本法》为例[①]

人权法案时代，香港法院司法审查的基调曾由对立法进行严苛审查趋向于后来的尊重行政机关、立法机关在政策制定中的优势。而到了基本法时代，越来越多的行政行为及立法可被质疑是否与《中华人民共和国香港特别行政区基本法》(以下简称《基本法》)一致，传统上被视为不宜司法化的政治、经济、社会问题也突破理论的藩篱涌入法院。香港法院延续了人权保障领域的能动状态，但在面对涉及经济、社会、文化权利

① 本节系与付婧合作，其主要内容曾发表于《武汉大学学报》(哲学社会科学版)2015年第5期。收录时有修订。

的案件以及政治性案件时，香港法院又发展出一套基于司法技术理性的司法节制，以期维护特别行政区法治的统一与稳定。可以预见的是，香港法院仍需在后续的审查实践中结合具体案件厘清法院司法审查权力的界限，避免介入高度政治性的争议，以恪守普通法体制下司法机关的角色。

一、香港法院宪制性司法审查及其制衡

港英时代，香港本地立法机关根据《英皇制诰》的授权行使立法权，其通过的条例若与《英皇制诰》相抵触，在理论上会因违宪而被认定无效，故香港法院（包括英国枢密院）有权对香港立法机关通过的法例进行司法审查，但一直以来香港法院没有被激发其发挥司法审查的权力，香港学者亦倾向于认为理论上香港法院一直享有此种意义上的司法审查权，只不过极少行使。与美国马布里诉麦迪逊案的"伟大篡权"不同，香港法院获得具有违宪审查意义上的司法审查权始于 1991 年《英皇制诰》第 7 条的修订和《人权法案条例》的通过。《基本法》实施之初，"特区法院有无违宪审查意义上的司法审查权"这一争议随 1999 年香港终审法院在吴嘉玲案中的判决达到顶峰。学者多依司法违宪审查与宪制性法律解释之间的深度关联，根据《基本法》第 158 条全国人大常委会授权特别行政区法院解释《基本法》的规定，推演出终审法院具有违宪审查意义上的司法审查权①，这一观点以《基本法》为依据，从理论与规范的契合之处为终审法院司法审查权寻找规范依据，但普通法传统和香港法院历史上审查法规的先例对此问题可能有着更强的说服力。②

就代议制机关与法院的关系而言，早前香港的行政主导体制导致代议制机构的发展受限，使香港立法会无法对终审法院形成强有力的制衡。近年来越来越多地涉及立法权与行政权权限争议、立法会内部事项

① 参见李树忠、姚国建：《香港特区法院的违基审查权——兼与董立坤、张淑钿二位教授商榷》，《法学研究》2012 年第 2 期。

② 参见祝捷：《香港特别行政区终审法院法规审查的技术实践及其效果》，《政治与法律》2014 年第 4 期。

争议的案件诉诸法院，如 2005 年梁国雄诉行政长官案，涉及香港政府行政命令与立法会立法权限的冲突；2006 年梁国雄诉立法会主席案，涉及修正案动议权、立法会议事规则是否违宪；2008 年郑家纯、梁志坚诉立法会案，涉及立法会调查权；2009 年陈裕南及罗堪诉律政司司长案，涉及《立法会条例》第 25 条及 26 条有关立法会选举团体投票是否违宪等。而行政对司法的制衡主要体现在人事方面，行政长官通过行使法官任命权影响司法权，且这种任命权受由当地法官和法律界及其他方面知名人士组成的独立委员会的制约，其目的在于保障司法独立。正是由于其他重要权力分支尚不能对香港司法构成强有力的制衡，加之中央对香港特别行政区自治事项的不干预，香港法院面对纷至沓来的司法复核案件，多能以积极能动的姿态保障人权；但面对政治性的或涉及经济、社会、文化政策的案件时，香港司法又不得不保持足够的谦抑与节制。

二、人权法案时代香港法院的司法审查

1997 年以前，《人权法案条例》第 3 条规定，应废止人权法案生效前与之相抵触的立法，第 4 条规定对条例通过后的法律的解释应与《公民权利与政治权利国际公约》保持一致。同时修改后的《英皇制诰》第 7 条规定，任何法律不得以与公约不一致的方式限制在香港享有的权利与自由，这一宪制性的发展使香港法院拥有审查本地条例合宪性的权力。

冼友明案形成了 1991 年 6 月到 1993 年 5 月间法院审查时更乐于接受新观点并对立法进行严格审查的基调。虽然冼友明案设立了较宽松的保障人权的解释方法，但两年后却遭到枢密院司法委员会在律政司诉李广桔案中的反击，"香港司法必然要热忱保障人权，但《人权法案条例》的实施必须基于现实和良知，坚持适度原则，否则保护正义的人权法案则会沦为非正义，亦会遭公众质疑。为维护社会和个人利益间的平衡，固定的标准并不适用于立法机关解决社会疑难问题，社会政策的制定乃是立法机关的主要责任"①。1993 年 5 月以后，枢密院在李广桔案中的决

① Attorney General v. Lee Kwong-kut(1993)3H. K. P. L. R. T_2.

定遂成为法院司法审查的主流做法，即强调司法审查的现实性以及立法在形成政策过程中的优越地位。在后来的冼友明案中枢密院司法委员会运用“酌情判断余地原则”（Margin of Appreciation）取代已建立的合理性原则，以更保守、更主观的方式来论证法院是否应当尊重立法机关的立法。酌情判断余地原则本是指，与国际法院相比，国内法院在评价国内需求和状况时具有优越地位，这一原则虽未正式进入香港本地法律，但枢密院将其发展成法院应尊重立法机关在政策制定中的优势。1991～1995年间，挑战《人权法案条例》失败的案件是挑战成功案件的2倍，不同层级的法院也显示出类似的概率，并且下级法院的法官比上诉法院的法官在适用人权法案时更为自由，上诉法院在整体上则更趋于保守。挑战失败的案件某种程度上是因为法院采取了较低的、宽松的审查标准，模糊的论证取代了细致的论证。

人权法案时代，冼友明案开启香港法院运用国际法或比较法资源解释《人权法案条例》的风潮，在肯定国际法和比较法资源对法院解释《人权法案条例》具有裨益的前提下，法官普遍强调对其的运用应当有所限制。在昆岗有限公司诉城市规划委员会案中，法官认为应根据普通法的文意解释规则来解释《人权法案条例》，而不应诉诸大量复杂的、不确定的、兜售“司法能动”的外国判例。若采纳大量的欧洲判例来对《人权法案条例》作出阐释的话，“普通法就会消失”，“除非某些判例具有极强的说服力，否则香港法院便会堕入欧洲人权法浩瀚的文字之中”①。香港特别行政区诉艾勤贤案中，法官也拒绝通过超出普通法范围外的人权法案来保障人权，坚持认为人权法案仅是普通法保障人权的宣告，香港特别行政区诉张嘉辉案中，法院坚持运用以往判例所确立的普通法证据判断规则，并认为英国或加拿大的证据判断规则与案件无关。枢密院对运用国际法和比较法资源来解释《人权法案条例》也持怀疑态度，而对行政机关的政策制定、议会至上原则给予充分尊重。枢密院的态度传达出这样

① Kwan Kong Compony Ltd. v. Twon Planning Board, HCMP No. 1675 of 1994, para 82-85.

一层含义：对于香港司法，普通法足以履行保护基本权利和自由的责任，国际法和比较法能做得并不多。但也有学者认为，对司法能动的过度反对只会导致“宽泛的目的解释”流于空文，“去能动化”将香港法院从人权保障的国际标准中分离，也与其他致力于保障人权的普通法地区渐行渐远。

总体而言，《人权法案条例》的制定使得香港法院司法审查权的行使日趋频繁，香港法院（包括英国枢密院）发展了香港的释宪理论和方法，这些理论和方法一直沿用到 1997 年后的《基本法》时代。

三、《基本法》下的司法能动：香港法院与人权保障

学界对“司法能动”缺乏统一的定义，如科米西（Keenan D. Kmiec）教授认为，宪法审查中的司法能动表现为推翻其他部门有争议的宪法性行为、忽视先例、法院造法、抛弃已被接受的宪法解释方法、以结果为导向进行裁判。马歇尔（William P. Marshall）教授则将“司法能动”概括为“七宗罪”：不尊重民选机构的多数决定、无视制宪者原意、不遵循先例、突破裁判权限的限制、司法造法和司法创新、对其他政府分支施加肯定性义务或进行司法监督矫正、运用司法权力完成党派目标。与前述司法能动的典型表现不同，香港法院（包括香港终审法院）司法能动的状态更多表现在人权领域，法院通过审理案件，广泛利用司法权力，通过扩大平等和个人自由的手段去促进公正，保护人的尊严。由于《基本法》的覆盖面较《人权法案条例》更广，法院在实践中受理了更多有关是否与《基本法》相符的司法审查案件。对于人权条款，香港法院通常采用“目的解释”这一较宽松的解释方法；反之，对个人权利和自由的限制则采取较严格的审查标准，对施加于基本权利之上的限制必须作出狭隘的解释。

一般而言，对基本权利的限制必须满足两个要件：第一，对基本权利的限制必须由法律规定；第二，限制基本权利必须为达至条文所述的合法目的之“必要”，该合法目的通常包括国家安全、公共秩序、维护道德以及保障他人的基本权利与自由等等。

任何施加于基本权利的限制必须由法律规定，《基本法》文本中有多

处使用“法律”“法律程序”“依法”等表述，且含义并不清晰。香港外籍公务员协会诉行政长官案中，当事人起诉行政长官推动的两项涉及公职人员任命和开除的法案《公务人员管理命令》和《公共服务条例》违背《基本法》第48条第(7)项和第103条，因为行政长官任命和开除公职人员必须经由法律程序而非行政命令。Keith法官认为，《基本法》第48条第(7)项中的“依照法律程序”与《基本法》其他条款中的“依法”需作出不同的解释，此处“依照法律程序”并非指“依照法律规定的法定程序”，而是结合《基本法》第103条指代“依照香港原有关于公务人员的招聘、雇用、考核、纪律、培训和管理的制度”。香港过去开除、辞退公职人员是由《英皇制诰》下英王以及殖民地条例规定，虽然香港原有的制度与如今行政长官通过行政命令来开除、任命公务员人员具有宪制上的不同，但这并不意味着“维持旧有的体制”就必须要求新的体制一定得通过立法来决定。

在外籍公务员协会诉行政长官案，法院结合《基本法》中的体制性条款对“依照法律程序”作出灵活、宽泛的解释，以维持《基本法》下香港新旧体制的平衡。后来在2005年的梁国雄诉行政长官案中，法院从人权保障的角度，将《基本法》第30条中的“法律”限缩解释为立法会制定的法律。该案中，当事人认为《截听条例》授权政府以行政命令的方式设立拦截电话的许可程序，无法满足《基本法》第30条规定的“依照法律程序”要件。法官拒绝在本案中适用Keith法官在前述香港外籍公务员协会案中对《基本法》第48条第(7)项“依照法律程序”的解释，指出《基本法》第30条“依照法律程序”当基于隐私权做限缩解释，意指程序应由法律规定。该程序亦构成法律的部分，以满足法律的确定性这一要件。

在基本权利保护领域，基本权利难免会和其他社会价值冲突，在考虑一项限制是否为达致合法目的所必要时，法院在验证是否“必要”时须考虑受保障权利所施加的限制与所达到的目的是否相称。虽然比例原则与香港法院传统的司法审查理由有重合，但按照比例原则，法院需要评估决策者所取得的平衡，而非单纯考虑有关决定是否合理。终审法院曾指出，虽然比例原则会因宪制性文件的文本表述、各司法管辖区宪法解释传统等因素而有所不同，但各地区所采行的比例原则本质上是相同的。1999 年焚烧国旗案中，在面对将侮辱国旗、区旗的行为规定为刑事犯罪的法律是否违反《基本法》和《人权法案条例》保护的表达自由这一问题时，终审法院裁定将侮辱国旗、区旗的行为规定为刑事犯罪是对表达自由施加的有限度的限制，与所要达到的保护作为国家独有象征、作为特区特有象征的国旗、区旗目的相称。2005 年梁国雄诉特别行政区案中，终审法院在考虑《公安条例》对和平集会权利的限制是否符合《人权法案条例》第 17 条的规定时，裁定警务处长为维护"公共秩序"对和平集会权利施加限制的法定酌情权符合比例原则。但终审法院指出，当宪制性文件中仅采用概括表述而没有指明施加限制可允许的具体目的时，法律需要额外考虑"目标是否具有足够的重要性以至于有理据对基本权利施加限制"。在公法领域，尤其是在宪法层面，比例原则几乎已经扩展至保护包括自由和平等在内的所有个人权利，当个人的自由和平等与另一种法益发生冲突时，比例原则即得以适用。在后来涉及歧视女童的平等机会委员会诉教育署署长案中，教育平等委员会认为教育署分配二级年名额的政策违宪，这种分配将男女平分作为标准使男生比女生进入二年级更有优势。法院运用比例原则对有损女童权利的歧视性措施进行了严格审查。

《基本法》第 39 条规定："(1)《公民权利和政治权利国际公约》《经济、社会、文化权利国际公约》和国际劳工公约适用于香港的有关规定继续有效，通过香港特别行政区的法律予以实施。(2)香港居民享有的权利和自由，除依法规定外不得限制，此种限制不得与本条第一款规定抵触。"如何解释 39 条第(2)款，仍有争议：狭义的解释认为只有当公约依据 39 条第(1)款直接转换为本地立法后，才能作为香港法院司法审查的依据。广义的解释则认为应将 39 条第(1)款和 39 条第(2)款分开解释，对前者的解释不会影响对后者的解释，虽然前者要求将公约转换成本地立法方可适用，但后者为法院提供司法审查的标准依然有效。Gurung 案中，Gurung Kesh Bahadur 是尼泊尔人，因其妻子为香港人，Bahadur 取得了在香港居留至 1999 年的权限，但 1997 年 10 月，他飞往尼泊尔作短暂旅行 7 天后返港，根据《移民条例》第 11 条第(10)项的规定他起飞离开香港之时即丧失居港资格，入境处要求将其驱逐出境。作为香港非永久性居民其享有《基本法》第三章规定的基本权利，但 Bahadur 所请求的旅行权为《基本法》第 31 条所保护，但《人权法案》与其他一般法律均没有规定。法院将《基本法》中的权利分为两类：(1)《基本法》和《人权法案》均有规定的权利；(2)仅《基本法》规定，《人权法案》未规定的权利。针对(1)中的权利，法院将《基本法》第 39 条视为普遍限制条款，对基本权利的限制必须同时满足 39 条所设的两个限制条件。若某项权利为《基本法》排他性权利，即前述(2)中的权利，法院可根据受争议权利的主题和性质来判断其是否应受限制。Gurung 案中，原讼法庭采取了前一种方法，但《基本法》第 39 条第二处限制无法满足，因为当事人所请求保护的权利不在《人权法案条例》中。需注意的是，《基本法》第 39 条第二处限制针对的是公约而非人权法案，《人权法案条例》作为国内法可由立法机关变更①，其中的基本权利亦可能发生变化，如果是并存性基本权利，《人权法案条例》的修改、废止将导致该种权利的修改、删减。还可能导致前述第(2)种权利"被国内立法清除"，致使《基本法》中的排他性基本权利不如人权法案中的权利重要。同样立法也可增加新的具有限制性的《人权法案条例》权利使之与《基本法》中规定的权利并存，则原来的《基本法》权利就会多出一层限制。但有学者指出，实践中该情况不太可能发生，国内立法机关必须谨慎对待公约的实施，因为此举极有可能损害《基本法》第 39 条执行和实施公约的宪法义务。Gurung 案中，终审法院拒绝了原讼法庭的做法，而是认定《公民权利与政治权利国际公约》仅提供最低限度的国际标准的人权保障，《基本法》在此基础上提供更多的保护。《基本法》中的基本权利是否可被限制以及对权利限制的审查标准取决于所涉权利的主题和性质，而这取决于法院如何解释《基本法》。

《基本法》第 39 条通常被解释为《公民权利与政治权利国际公约》《人权法案条例》与基本法一样具有宪法性地位，因而被推翻的法条也是与前述宪法性法律不一致的，国际公约被《基本法》通过 39 条并入国内法因

---

① Andrew，1999：333-335。

而成为《基本法》保障人权最强有力的工具。1997 年后的香港法院以更开放、能动的姿态在人权法领域使用国际法和比较法,诸如平等机会委员会诉教育署署长案,《基本法》第 25 条、《人权法案条例》第 22 条、《公民权利与政治权利国际公约》第 26 条、《性别歧视条例》和《消除对妇女一切形式歧视公约》得到适用;在同志平权案中,当事人认为现行刑法中相关条款违宪,构成了以性取向为基础的歧视,损害了公民的平等权,《基本法》第 25 条、《人权法案条例》第 14、22 条、《公民权利与政治权利国际公约》第 2 条、第 3 条、第 17 条、第 26 条得到适用。此外,国际条约监督机构的评论、香港政府提交给条约监督机构的年度报告、先进普通法国家如加拿大、英国、美国、澳大利亚、新西兰的判例,先进宪法法院如南非宪法法院判例,先进的国际裁决机构如国际法院的判例等,也是香港法院解释和适用《公民权利与政治权利国际公约》和《人权法案条例》援引最多的资源。但终审法院对海外判例的援用并不僵化,而是按普通法的精髓不断发展这些案例,如在 2012 年的变性人结婚案中,终审法院明确拒绝英国法院在 Corbett 案中的判决,英国法院裁定繁殖性交是普通法下的婚姻构成之基础,故只有生理因素才是评定某人性别的标准。但终审法院认为,随着时代的变迁,这种婚姻构成论已不适,在评定性别身份时,还应考量生理、心理和有否进行过“变性手术”等因素。

四、《基本法》下香港法院对政治性案件的司法审查

香港政治问题进入法院的渠道十分宽广,当事人可在一般的刑事案件、民事案件审理过程中就案件隐含的政治问题提出抗辩,法院唯有通过解释《基本法》来处理。早在人权法案时代,李妙玲诉律政司案就缘于当事人通过一般的民事诉讼程序挑战功能组别的合宪性。在该案三人合议庭中,法官认为此案应该通过司法复核程序提出。公民提请司法复核的法律依据包括《高等法院条例》第 21K 条以及《高等法院规则》第 53 号命令、《基本法》第 35 条。由于特区法院对于司法复核案件的受理较为宽松,这就导致很多政治争议进入法院,法院不得不成为调整各种政治关系的第三方。让 · 希斯彻(Ran Hirschl)教授将“政治问题司法化”定

义为“依赖司法机关来解决某些困扰一个政治体的、具有重大争议性的政治问题”，这类现象又可分为但不限于以下类别：(1)选举过程的司法化；(2)通常被视为立法机关或行政机关专属事务的司法化；(3)对政权更替事项的司法化；(4)转型正义(transitional justice)的司法化；(5)通过司法机关来处理政治体内的族群分裂、语言分裂、宗教分裂等问题。根据前述分类，香港法院更多面临的是第(1)类或第(2)类案件。

2008年郑家纯、梁志坚诉立法会案中，立法会委任调查委员会调查了梁展文任职于房地产机构时的工作是否与其曾任房屋及规划地政局常任秘书长、房屋署署长期间参与制定或执行的重大房屋、土地政策的决定有关。调查委员会向郑家纯和梁志坚发出传票，要求其出席聆讯并提交相关证据和文件。本案争议的关键在于《基本法》第73条是否将权力授予了立法会下属的调查委员会。否定说认为《基本法》第48条和第73条对立法会的职权规定已相当清楚，并没有授予立法会调查委员会传召权，而且《基本法》明确规定了廉政公署的权力，故立法会此举为滥用职权；肯定说则认为立法会有权将其职权细化，交由下属机构行使，但权力的行使须受制于第73条第(1)至(9)各项职权1。最后法院选择对“立法会”进行灵活、宽泛的解释，认为《基本法》并没有明确规定立法会必须作为整体来行使传召权。

当事人还根据《立法会条例》第9条第(2)项规定指出，即便调查委员会获得了立法会授权也必须在立法会决议明确规定的事项范围内行使传召权，即传召必须以立法会的决议为依据，否则构成“越权”。对此，法院援引2009年梁国雄诉立法会主席案指明法院不能挑战议会自身事务，即使出现违反议会规则的事项，也只能由议会而不是法院来解决，法院对立法会制定的程序规则是否符合《基本法》的司法管辖必须受到一定限制。早在2006年梁国雄诉行政长官案，法院判行政长官曾荫权签发的《执法(秘密监察程序)命令》违反《基本法》，同时要求政府重新立法，不得以行政命令代替法律。后立法会主席范徐丽泰以立法修订意见不符合立法会《议事规则》为由驳回了反对派议员提出的立法修订案，梁国雄议员遂向高等法院提请司法复核，指控范徐丽泰引用《议事规则》，以涉及公帑开支为由否决反对派议员提出的修订案这一做法违反《基本法》。此案带来的直接后果即是法院对立法会《议事规则》进行是否合乎《基本法》的司法审查，虽然当事人挑战失败，但香港法院利用审理司法复核案件强化自身“解释基本法”及“宪法复核”权能的趋势却不容小觑。后来在2014年梁国雄诉特别行政区立法会主席及律政司司长案，终审法院根据议会特权原则，裁定立法会主席有权为立法会辩论设限和结束辩论，且指出立法会议员把对立法会《议事规则》和立法会主席决定的不满，皆依循司法复核来寻求救济的行为可能会严重损害立法会有序、有效、和平地议事运作。

近年来，《立法会条例》第25条及26条有关立法会功能组别选举的团体投票是否违宪问题以及特首选举结果是否有效问题等等都曾诉诸法院。陈裕南及罗堪诉律政司司长案中，上诉人以功能组别的团体投票有损《基本法》规定的永久性居民选举权和平等权为由提请司法复核。上诉法院根据目的解释指出《基本法》第26条是否允许团体在立法会选举中投票这一问题应结合《基本法》第68条及香港政治体制发展的历史沿革来理解，立法会功能组别为香港政改循序渐进、平稳过渡到普选中的一环，且香港永久性居民的普选权规定于《基本法》第三章“居民的权利与义务”，《基本法》第四章“政治体制”也并未禁止立法会赋予其他人(包括团体)选举权和参选权。至于平等权，上诉法院则认为团体投票的资格并不取决于财富或能力的多寡，而是某个团体被认同为社会中某个组别的主要成员，因此《基本法》第25条规定的平等权在此无法得到适用。

香港法院介入政治选举过程除司法复核途径外，还包括《行政长官选举条例》第32条规定的“选举呈请”等程序，香港特区第四任行政长官梁振英就因在选举期间被另一位候选人何俊仁向高等法院提交选举呈请，同时申请司法复核，要求推翻选举结果。原讼法庭以“选举呈请”与“司法复核”程序不得同时进行、“选举呈请”业已丧失时效为由拒绝批准其司法复核许可申请。终审法院可酌情决定是否受理司法复核案件的上诉及选举呈请的上诉，尽管何俊仁案有关争议点属于理论性质，但上诉委员会仍以案件涉及重大公共利益为由就“选举呈请”与“司法复核”两项程序的关系及《行政长官选举条例》第34条规定的7日期限是否违反《基本法》两项争议批准上诉。终审法院根据目的解释，认为“选举呈请”是质疑选举结果最主要、最便捷的方法，立法者设计7日的紧迫时限也便于尽快处理对选举的质疑。当然，选举呈请并非质疑选举结果的唯一合法程序，但不同程序基于立法者不同的制度设计，拥有不同的程序时限也是合理的，应给予立法者足够的酌情判断余地。虽然终审法院以没有合理胜诉机会为由最终不受理选举呈请，但此案预示着在未来法院会被更多地卷入有关选举的政治问题中去。

一般而言，在具体的宪法审查过程中都有顺承的两阶段，即审查启动阶段和审查结果（判决）阶段，如果法院对提交给它的案件依法裁定不予受理或径直判断案件所涉法律或行政行为并不违宪，那么完整意义上的宪法审查并未启动。根据《基本法》第35条，香港司法复核的潜在被告十分广泛，其中“行政部门”的外延极为庞大，包括特区政府的政策局、部门以及半官方的机构，故不难理解为何立法会议员梁国雄能就立法会主席曾钰成的“剪布”裁决申请司法复核、何俊仁能就行政长官的选举结果申请司法复核了。能够进入审查结果（判决）阶段的案件往往是具有一定的社会影响力、法院可能会对立法或行政行为进行价值判断的重要案件，《高等法院条例》第21K条以及《高等法院规则》第53号命令引入了重要案件过滤机制，其目的就在于防止公共机构不受不具备可争辩性的诉讼的过分干扰。广泛的救济渠道固然可以使相关权利人有机会得到宪法上的救济，但也可能被政党、团体、个人所利用，有些议员甚至将提起司法复核视为挑战政府的一种方式。根据对前述案件的梳理，不难发现香港法院在宪法审查启动阶段呈现出积极姿态，但在实体判断阶段则采取消极主义立场，即采取一种不断扩大司法审查范围，但又踌躇于对实体问题作出违宪判断的宪法审查，亦被称为“违宪判断消极主义”。①

① 参见刘练军：《消极主义：宪法审查的一种哲学立场》，法律出版社2010年版，第19页。

五、《基本法》下香港法院对涉及经济、社会、文化政策案件的司法审查

由于《基本法》文本的开放性，不可避免地为司法能动提供了空间，香港司法的价值取向侧重于对基本权利的保护，尤其是政治权利和公民权利。但“一国两制”及《基本法》的实施也意味着香港经济、社会、文化体制的与时俱进，众多涉及新旧体制冲突的案件入禀法院。

在霍春华诉医管局案中，当事人质疑2003～2007年期间公立医院增加非本港居民产科收费的若干项决定构成对内地妇女的歧视。终审法院采取了较为简单的判断方法：是否有合理的依据支持根据居留资格将妇女分为A1(本港妇女)和A2(非本港妇女)两组？最后终审法院以公共资源的有限性，香港社会福利体制的延续性，市民享有的经济、社会、文化权利需受到一定程度的限制，内地妇女的人数对香港本地居民的影响等因素为由认定作出这样的区分是合理的。在此案中，终审法院还详细阐述和引用了“酌情判断余地”原则，法院指出酌情判断余地原则关乎行政与立法机关不同的宪制角色，关乎国家社会经济政策的事宜主要由立法机关负责。就社会经济政策问题而言，若当局面临多个合理可供选择的解决方案时，法院不宜代替行政或立法机关作决定，除非选择的方法明显不具有合理性。法院对立法和行政机关所作判断的尊重程度，因个案而异，取决于争议问题的性质。

孔允明诉社会福利署案起因于社会福利署署长拒绝了孔允明提出的综合社会保障援助申请(简称“综援”)，理由是自2004年1月1日起，所有综援申请人按规定必须已居港至少七年。而2004年之前，综援申请资格在居港条件方面是居港一年。孔允明就署长拒绝批予综援提请司法复核。与霍春华诉医管局案不同，原讼法庭法官并未对经济社会权利的限制采取传统的司法审查，而是主张将《基本法》第36条规定的福利权结合145条进行解释。但《基本法》第145条只是提供了一个对政府政策较弱形式的司法审查，法院对社会经济权利限制的解释就以一种淡化个人权益的方式进行，这将导致法院转向高度尊重行政部门的决定。上诉

法庭在合并解释的基础上指出福利权这项权利本身即包含资格限制的要件，但资格限制的要件必须是合法的而不应构成歧视。对此，终审法院认为合并解释无疑留给行政机关形成社会福利政策巨大的空间，行政机关能自由确定获得任何福利所具备的资格或限制性要件，只要不构成歧视即可，此种解释可能导致《基本法》第25条保护的平等权从社会福利权利中被剥离出去。最终终审法院运用比例原则审查七年居住时限，认定该限制对比1997年业已存在的福利权的削减“明显缺乏合理基础”，且与移民制度促进家庭团聚等目标相悖，因而法院最终裁定此项政策调整违宪。

天主教香港教区诉律政司司长案中，2004年香港《教育条例》经过第40条BK(2)项、(3)(a)项和BU(2)(3)项的修订，改变了学校的管理方式，规定每间资助学校草拟规管校董会运作的章程，并提交教育局常任秘书长批准，而校董会须注册为法人团体。法团校董会需按照办学团体制定的抱负及办学使命，以及依据办学团体草拟章程管理学校。天主教香港教区认为前述修订条款并没有建基于“原有教育制度”，而是引入了崭新的与原有教育体制无关的“新政”，违背《基本法》第136条第(1)款，“香港特别行政区政府在原有教育制度的基础上，自行制定有关教育的发展和改进的政策，包括教育体制和管理、教学语言、经费分配、考试制度、学位制度和承认学历等政策”，并损害了《基本法》第141条规定按照“原有办法”自主办学的权利。《基本法》第141条规定：“……宗教组织可按原有办法继续兴办宗教院校、其他学校、医院和福利机构以及提供其他社会服务……”终审法院认为天主教香港教区主张的“按照原有办法办学”并非一项实际的宪法权利，否则每当政府推行教育政策时，需先向学校咨询，以确定政府制定的政策是否与其原有办法相容而不冲突，如此《基本法》第136条就成为毫无意义的一纸空文。141条第(3)项“按原有办法”应置于141条宗教自由内进行整体解释，旨在使宗教自由成为一项实际权利，故141条第(3)项应解释为宗教组织“在涉及行使宗教信仰及宗教活动自由的权利范围内，可按原有办法继续办理”。而2004年香港《教育条例》中的措施并不涉及任何“宗教内容”因而不构成违宪。

前述案件多涉及香港法院对《基本法》经济社会体制性条款的解释，霍春华诉医管局案中，各级法院并未细化《基本法》第138条“政府自行制定发展中西医药和促进医疗卫生服务的政策”的抽象要求，而是笼统认为，有效的医疗体制随社会经济状况、公共需求的变化而变化。在孔允明诉社会福利署案中，法院直接指出，福利体制受制于具体的社会经济条件，既可能变得更“慷慨”也可能变得更“吝啬”，若出现后一种情形，则福利权会遭到某种程度的限制甚至削减。天主教香港教区诉律政司司长案中，《基本法》第136条也仅要求政府在原有教育体制的基础上自行制定有关教育的发展和改进的政策，这必然要求法院审查现行教育体制针对过往教育体制的变化，而非传统的以个人权利为基础的司法审查。法院对136条所要求的“建基于原有教育制度”亦作出宽泛的解释，除非新的政策会导致重大改变或废弃原有的制度，否则不应禁止。但法院并非在所有体制性案件中都援引酌情判断余地原则而选择尊重立法或行政部门的决定。基于不同个案，酌情判断余地原则的适用空间可大可小，只有在立法或行政部门的政策、决定不侵犯居民的个人核心价值或明显缺乏合理基础时，法院才会选择消极不干预的立场。

在人权保障领域，香港法院大多秉持能动立场，通过扩大平等和个人自由的手段促进公正，积极保障人权。但法院的判决立场亦会随历史背景、案件领域而变化，比如法院对公民权利、政治权利和经济社会文化权利的保障强度、保障方法即有明显不同。法院在救济经济社会文化权利时，必然受制于司法本身的限制，即法院本身不能直接解决资源分配不平等的问题，法院缺乏强制性力量去有效地保障经济、社会、文化权利等。司法对香港现有社会经济制度和政策的冲击是十分有限的。即使同一领域的案件，法院立场也可能基于个案而有不同，个别案件甚至带有微妙的政治上或民意上的考量，如终审法院对2001年的庄丰源案作出了有利于“双非儿童”的判决。而在2013年外佣居港权案中，法院裁定外佣的“居住特质”已远离传统上被认为的“通常居住”的范围，不得被视为《入境条例》规定的“通常居住于”香港，因而不能成为香港永久性居民。就政治性案件而言，《基本法》实施以来，香港行政主导体制日渐受到挑战，立法会对行政长官制约有余，配合严重不足。特区政府不敢大胆施政，政府施政处处受掣肘，例如立法会近年来刮起“拉布”风潮——借权力灰色地带越权使用辩论权，借法条的灰色地带越权使用调查权等。香港法院在处理“政治议题”时保持了司法克己的优良传统，不能一概而论把法院介入立法会内部权限纷争、政治选举、立法与行政权限争议的举动都视为对行政主导体制的破坏，香港法院“司法扩权”某种程度上恰是现行《基本法》对香港政治体制构建模糊的结果，香港政治市场失灵的结果。虽然大量体制性、政治性案件涌入法院但并不意味着法院的裁判结果是政治性的。总体而言，香港司法审查制度在保障香港本地法律的合宪性和行政行为的合法性方面十分有效。

如前所述，香港法院在《基本法》构建的宪制中的角色定位并不十分清晰，在已有的制度空间内仍有可能引发宪法性危机，如马维昆案、吴嘉玲案等。虽然《基本法》赋予香港法院将案件提交人大释法的权力，但绝大多数涉及《基本法》解释的案件均可由终审法院自行定夺是否提请人大常委会解释。特区立法会并不具有完整的民主性，复杂而分裂的选举制度削弱了公众意见的影响力，立法会仅具有极少的制衡权力，民主代议制的缺陷迫使公众转向法院寻求协助，捍卫法治的最终职责不可避免地由特区法院来承担。尤其当涉及自治的范围或自治的完整性时，香港并没有适当的机制与中央政府交涉以处理这些争议。在这种情况下，法院难以远离争议而不得不“填补”制度真空，同时法院有别于行政机构之处在于法院不能回避问题，必须对呈交到法院的争议尽力作出裁决，还必须公开裁决的理由。香港的普通法法治与内地的法律制度有迥然不同的法律传统、解释方式以及容纳政治压力的能力，争议性的问题往往容易变成法律问题，因此法院首当其冲，凭其对《基本法》的理解来捍卫法治。综观香港法院司法审查的历史，法院难免主动或被动地卷入众多的政治争议，法院被置于政治争议漩涡的中心，这与现代宪制下法院的角色并不相容。在由普通法法院行使违宪审查权的地区中，尊重立法及行政机关，恪守自身权力边界已成为各国和地区法院的共同准则。可以预见的是，香港的司法审查将会朝着类似美国和欧洲大陆的司法审查模式发展，较之传统的英国司法审查更为活跃，香港法院仍需在后续的审查实践中结合具体案件厘清法院司法审查权力的界限，避免介入高度政治性的争议，以恪守普通法体制下司法机关的角色。

第三节 中美司法能动主义的比较[①]

中国语境下的“司法能动性”抑或是“司法能动主义”，来源于美国宪法学界所主张的“Judicial Activism”这一词汇的中文直译。作为一种典型的“西学东渐”式的司法理念，司法能动被重新解读并被视为今后司法改革的基本方向，甚至在一定程度上成为服务于政治统治的工具。在对中国司法能动现象予以全面的考量时，从司法能动的原初面貌入手，分析中美之间司法能动的不同特质，对于中国司法能动的未来和走向具有积极的意义。

即使在司法能动主义的发源地美国，学者们对于司法能动的争论往往也是基于不同的维度进行。如：克米克从司法能动的外在形式入手，认为司法能动在于忽视先例、司法性立法、偏离已被接受的解释方法[②]；沃尔夫从目的出发认为司法能动是“法官广泛利用手中的权力去促进公平并保护人的尊严[③]”。《布莱克法律词典》则认为司法能动是指司法机构在审判中不因循先例和遵从成文法的字面含义进行司法解释的一种司法理念。中国语境下对司法能动主义的理解可以被粗略地分为两种类型，即官方主张的司法能动和学界主张的司法能动。官方语境中的司

---

① 本节系与周伟合作，其主要内容曾发表于《河南省政法管理干部学院学报》2011年第1期。收录时有修订。

② 参见施嵩：《美国司法能动主义评析》，《云南大学学报》（哲学社会科学版）2010年第2期。

③ 参见[美]克里斯托弗·沃尔夫：《司法能动主义——自由的保障还是安全的威胁》，黄金荣译，中国政法大学出版社2004年版，第3页。

法能动强调司法的政治属性，如王胜俊认为："能动司法就是要发挥司法的主观能动性，积极主动地为党和国家工作大局服务，为经济社会发展服务。"[①]江必新认为，司法能动主要体现为司法在政治领域、诉讼活动和国家治理中的作用。[②] 学界则是将司法能动作为一种司法方法来对待，是指法官创造性地理解和适用法律，对案件作出理性判断并能动地服务社会。[③] 还有学者进一步明确司法能动就是指司法机关具备解释法律的权力，可以通过司法解释对法律予以补充。[④]

中美两国的司法能动基于不同的角度而展开。美国语境中的司法能动作为一种司法哲学而存在，司法机关可以基于正义的需求和人民的信赖不拘泥于成文法和先例，广泛运用其手中的权力以保护人的尊严。中国背景下的司法能动更多地体现为一种政策，实际上是对我国司法公正性程度不高的一种政治性弥补。因为国情、宪法制度和法律文化的差异，两国的司法能动呈现出完全不同的特质。

一、法治型能动与政治型能动——两种司法能动的性质界分

尽管能动主义似乎是对既定宪法秩序的破坏，但恰恰相反，美国司法能动正是法治主义的产物，它体现了美国宪法赖以建立的权力制约思想，更表现了从形式法治向实质法治的转变。

在自由资本主义时期，为了避免封建主义的噩梦重演，资产阶级法学家恪守严格规则主义，强调法律的安全性与法律的完善程度密切相关，对形式法治大力提倡。如马克斯·韦伯认为，资本主义需要的是像

---

① 王胜俊：《坚持能动司法，切实服务大局——2009 年 8 月 28 日在江苏省高级人民法院调研座谈会上的讲话》。

② 江必新认为，司法能动主要包括三个方面：一是坚持司法在国家政治生活中的引导地位；二是在诉讼中发挥能动，以司法方式维护社会稳定；三是发挥司法在国家治理和社会治理中的作用。参见江必新：《能动司法：依据、空间和限度》，http://theory.people.com.cn/GB/10930518.html。

③ 参见刘学智：《司法能动性的价值功能与限度》，《山东审判》2007 年第 3 期。

④ 参见庞凌：《法院如何寻求司法能动与司法克制的平衡》，《法律适用》2004 年第 1 期。

机器一样值得信赖的法律，戴雪对正式制定的法律倍加推崇。但在规则加事实等于裁判的逻辑演绎中，容易导致对法律规则的机械遵守，并将正义是否能够实现取决于“法”本身是否完美无缺。弗兰克·米歇尔曼则进一步从历史的角度对制定法的合理性提出质疑。他认为法的制定者不能合理地对今天任何一个人主张合法权威，并进一步指出法律的终极无限性：以极大的确定性去预期规则所遇到的任何情况，对于作为人的制宪者几乎不可能。如果把这个宪法难题称之为宪法的时间性问题，美国宪法是通过第 5 条来解决的，即人们可以随时启动修宪程序。但是公民并不能在他们选择的任何时候修改宪法，因为《宪法》第 5 条强加了绝大多数票通过的严格要求，并设置了阻碍修宪通过的繁杂程序。在此背景下，宪法解释的作用日益彰显，但是大量的解释路径是存在争议的，是采用原初主义的、文义主义的、道德主义的、先例本位的还是正义本位的解释方式？就奥斯丁和拉兹之间的对比，法律解释可以围绕主权的意志来决定，也可以围绕正义和理性来进行，这种解释路径的区别在司法领域分别被冠以克制主义和能动主义的标签。理性的解释方式被卢本菲尔德称之为“合法性的解释”。他认为宪法的解释方法有责任去发现一种能够响应美国宪法之独特性的方式——这种方式把宪法作为其所是的那种特别的事物来维护。① 社会法学派的代表人物霍姆斯、卡多佐主张由司法机关去实现宪法的变迁功能，作为具有代表性的能动主义者，他们认为知识本质上是语境的，主张对司法权采取更少的限制。在这些社会法学家看来，法官不仅仅是法律的适用者，更加是法律的创造者，法官的基本任务在于克服形式法治的局限性，宣扬实质法治以维护社会正义。

司法机关通过法律解释对制定法予以完善是为了克服制定法的局限性。但是司法机关为什么具备此种职能，其正当性何在？法院本身的独立性会不会使这种司法能动偏离法律的轨道而导致司法权被滥用？

---

① 参见[美]拉里·亚历山大：《宪政的哲学基础》，付子堂等译，中国政法大学出版社 2007 年版，第 247～252 页。

传统的三段论演绎模式会不会演化为“S(刺激)＋P(个性)＝D(判决)”?[①] 最为普遍接受的答案为:任何一个制度框架内都必须有一个最终的裁决,同时法官也与普通人一样,将服从法律规则视为一项基本美德。人们有同样的理由相信法官不会作出影响司法公正的裁决,因为美国的法官有着相似的培训经历和教育背景。而与此同时,立法机关的成员并不能完全地代表民意。能动主义的支持者认为,司法能动绝不是意味着法官恣意妄为,只不过使法官的行为由一个相对狭小的空间迈向了更加广泛的空间,这个空间的边界由宪法的价值以及宪法秩序构成,并将宪法所确认的普遍法律原理以及正当行为准则作为规制司法能动的基本要素。[②] 在美国的宪法实践中,为了避免司法审查演变为司法至上,最后的策略是对法官的惩戒,包括对法官的弹劾,上诉法院的控制,重组最高法院以及对法官的不服从等等。具体而言,众议院半数以上、参议院三分之二以上成员通过表决可以对法官进行弹劾,国会还可通过增加新的法官的方式反对最高法院,如罗斯福执政时期对最高法院的重组计划;国会还控制着最高法院的上诉管辖权以及所有下级法院的管辖权,而且它还可以取消法院在某些领域未恰当行使的权力,并可通过对法官的任命来行使一种最为有效的制约,如马歇尔法院让位塔尼法院,沃伦法院让位于博格法院。况且,最高法院的判决也可能会被宪法修正案彻底推翻,《宪法》第 11、第 13、第 16 修正案就表明了这点。[③] 概括地讲,尽管法官在判决中可以创造新的行为准则,但是这种行为准则必须以宪法所确立的基本原则和内容作为指引,是基于法治主义的一种能动。

从中国司法能动的理论基础来看,司法能动实质上是“司法权属于人民”的现实体现。马克思主义经典作家特别强调审判机关的阶级属性,恩格斯指出法院所担负的政治职能的实现必须以法院社会职能的实

---

① 参见胡君:《司法能动的边界》,《湖南商学院学报》2008 年第 5 期。

② 参见刘国:《宪法解释方法的变革——宪法解释的法理分析》,中国政法大学出版社 2008 年版,第 208 页。

③ 参见[美]克里斯托弗·沃尔夫:《司法能动主义——自由的保障还是安全的威胁》,黄金荣译,中国政法大学出版社 2004 年版,第 3 页。

现为前提。[①] 列宁认为“最广大被剥削劳动群众参加下的人民法院,才能使遵守纪律和自觉纪律的愿望不至于成为空洞的愿望,才能有革命的政权”[②]。在他看来,法院不仅仅是惩罚机构,还担负着教育民众自觉守法的功能。“这种法院模式的基本原理在于将某种有关正义应如何实施的共同概念付诸实施,包括减少手续、尽快触及正义,平民战胜法律的公正概念。”[③]无产阶级法院的基本目的在于维护人民对司法的需求,一切有利于实现司法正义、促进司法公平的司法行为都是符合司法的人民性的。在对人民法院的专政职能予以重新审视以后,后斯大林时代的社会主义法院越来越重视与民众、社区和社会的关系,通过发挥解决纠纷的基本职能,维护正常的社会秩序,审判机关在社会结构体系中的工具性作用日益彰显。[④] 同样被冠以“人民法院”称谓的社会主义中国的审判机构,所有的回归到人民、创造条件化解纠纷的能动性措施,均是以社会主义司法权本身所追求的基本目标为出发点的。

从中国司法能动的生成和演进来看,这种能动并非建立在独立司法和法治权威的基础之上,而是属于由上至下的一种权力推动,主要体现为对党的方针政策的体现,用政治纲领代替制度构建。如执政党提出“三个至上”的司法方针后,司法机关为了响应党的政治主张,维护社会的稳定与和谐,特别强调法官不仅仅应局限于审判本身,更要在审判之外去化解纠纷、实现公正。从积极的方面讲,我国的司法能动是司法回归人民、体现社会需求的正当结果,也体现了执政党对依法执政、科学执政等执政观念的一种全新探索,而且这种能动在一定程度上化解了司法执行不力、司法效率偏低的历史难题,对于司法效能的实现具有很强的现实价值。但这种司法能动在一定程度上不是一种法治框架内的能动,是权力干涉司法的一种全新形式,会对独立司法带来负面影响。司法机

---

① 参见《马克思恩格斯全集》第 6 卷,人民出版社 1961 年版,第 291 页。

② 《列宁全集》第 34 卷,人民出版社 1985 年版,第 148 页。

③ [美]文森特·路易兹:《法律、审判和惩罚》,[英]安东尼·弗卢等:《西方哲学讲演录》,李超杰译,商务印书馆 2000 年版,第 202 页。

④ 参见王建国:《列宁司法思想研究》,法律出版社 2009 年版,第 269～270 页。

关在审理案件时会出现这样一种结果——尽管与司法的本质相违背，但是由于具备了政治伦理的正当性，具备了在中国土壤中生存的可能。

政治性能动充满了权力主治的色彩。按照我国宪法和法院组织法的规定，上下级法院之间是一种审判监督关系，主要是一种业务上的指导。但最高法院在制定司法解释时，并不仅限于个案的适用，而是具有很强的立法特质，并且对下级法院的刚性约束力十分明显。在地方各级法院中，地方法院也往往会制定相关的法律适用规则，对本级法院或者下级法院的审判活动予以约束，体现了一种权力等级的色彩。从各地司法能动的实践来看，我国的司法能动属于没有规则约束的自行探索，甚至对能动的实施主体、条件和标准都没有形成统一的认识，往往是党委和上级法院一声令下，各地法院大展拳脚，形成了“陇县模式”“马锡五模式”“平舆模式”等不同的司法能动模式。但这种繁荣的背后是司法权运作的一种不确定性，与其说是司法能动，不如说是“司法乱动”。

从性质上看，中美两国的司法能动有着不同的理论基础和时代背景。美国式的司法能动围绕着现实与制定法之间的冲突和张力而展开，其哲学基础为法律实用主义，强调法官对社会正义的追求。中国语境下的司法能动主要体现为政治上的推动，其根本目标在于更好地实现社会主义司法权的职能。而这一目标的解决，是建立在塑造法官全新的司法理念、培养法官亲民司法作风的基础之上，并特别强调法院的政治职能，导致这种能动在一定程度上脱离了制度的轨道，具有很强的政治主导的色彩。

二、结构型能动与方法型能动

在沃尔夫对美国司法能动的经典二分法描述中，司法能动可以通过法官行使自由裁量权的方式进行界定，也可以根据司法判决与宪法的关系进行界定。就第一种方式而言，能动主义的法官有义务为社会不公提供司法救济。主要体现为：第一，在宪法解释中采用“非解释主义”的方式，可以根据“未包含在宪法文本中的众多参考文献和执行性规范来作出裁决”[①]。第二，不拘泥于先例的约束，尤其是在宪法实践方面。美国大法官霍姆斯就认为，“时代的迫切需求，流行的道德和政治理论，对公共政策的直觉，都要比三段论的演绎更为重要”[②]。第三，法官在程序上的自由，不应将程序视为正义实现的障碍。第四，作出超越诉讼之外的广泛裁定，重视司法的决策功能。[③]

第二种意义下的司法能动则是围绕司法审查在美国的宪法地位而展开，在这个框架下，司法能动就是在宪法案件中由法院行使立法权。“传统的司法审查——局限于一部实施睿智的宪法所发布的明确命令——代表了司法克制主义一方，而现代司法审查——在包含笼统模糊原则的宪法所留下的缝隙间进行立法——代表了司法能动主义的一方。”[④]此种司法能动更多地体现为法律原则的概括，社会政策的制定，对公权力行使的合宪性审视，而不局限于针对某一项具体问题。波斯纳的观点更为直白，他在论及司法自制与司法能动时认为这两个名词可以在不同的意义上使用，一种是指法官是否能在审判过程中注入自身的政策观念和法律观点，另一种是指法院体系相对于其他政府部门的权力应该扩大还是缩小。就第一种意义而言，波斯纳认为这不是他所理解的自制抑或是能动的根本差异，因为法官在审判中依照自身观点对案件予以判断根本是无法避免的。对于后一种标准而言，波斯纳认为属于结构上的判断——这种结构实质上是一种宪法所划定的不同权力之间的关系，因为美国宪法的初衷在于用司法权来制衡其他政府权力部门。[⑤]

---

① [美]约翰·伊利·哈特:《民主与不信任——关于司法审查的理论》，朱中一等译，法律出版社 2003 年版，第 1 页。

② [美]波斯纳:《联邦法院挑战与改革》，邓海平译，中国政法大学出版社 2002 年版，第 325 页。

③ 参见[美]克里斯托弗·沃尔夫:《司法能动主义——自由的保障还是安全的威胁》，黄金荣译，中国政法大学出版社 2004 年版，第 3 页。

④ [美]克里斯托弗·沃尔夫:《司法能动主义——自由的保障还是安全的威胁》，黄金荣译，中国政法大学出版社 2004 年版，第 3 页。

⑤ 参见[美]波斯纳:《联邦法院挑战与改革》，邓海平译，中国政法大学出版社 2002 年版，第 325 页。

沃尔夫和波斯纳在对司法能动界定时不约而同地采用了层次上的划分。最薄的司法能动是指法官在审判案件时加入自身对法律的理解和判断;居中的司法能动是指法官在审判中对成文法和先例的实质改变,通过作出广泛的司法裁决消解一切阻碍社会正义实现的因素;最厚的司法能动是指运用司法审查的手段达到对其他权力的限度,即所谓结构上的能动——这种结构能动是指超越司法本身而言,是法院在宪法的空隙中立法。在他们看来,通过司法权的行使树立司法权威,影响其他权力形态,对公民权利和社会福利政策作出方向性指引,才是司法能动真正的意义所在。

结构性司法能动立基于联邦党人对三权分立思想的反思。孟德斯鸠所确立的三权分立学说并未对三权之间的关系作出明确的阐释,美国制宪者们在建国时也忽视了这个问题,他们认为"通过设计政府的内部结构,就可以通过各政府组成部分的相互关系使每个组成部分都成为使彼此保持适当位置的手段"①。但是分权本身并不能避免多数人的暴政,麦迪逊倾向于一个非政治性的部门来实行宪法的意志,汉密尔顿的表述更为直白:"司法部门的任务决定该部对宪法授予的政治权力危害最寡,因其具备的干扰与危害能力最小……可宣布违反宪法明文规定的立法为无效。"②联邦党人对法院的宪法定位是司法审查制度确立的理论基础,成为能动主义者运用司法权限制其他权力的重要理论支撑。尽管美国宪法并未对联邦法院的司法审查权予以明确规定,但通过马伯里诉麦迪逊案予以了确认,在后续的发展中逐渐从对是否与宪法相一致的严格审查演变为对是否符合自然正义的现代司法审查,司法审查的根本目的在于维护宪法的权威并对宪法所确立的基本原则和民主法治精神予以宣扬。

在美国司法权的发展与演进过程中,这种结构型的能动主要体现为

---

① [美]克里斯托弗·沃尔夫:《司法能动主义——自由的保障还是安全的威胁》,黄金荣译,中国政法大学出版社 2004 年版,第 3 页。

② [美]汉米尔顿、杰伊、麦迪逊:《联邦党人文集》,程逢如等译,商务印书馆 1980 年版,第 361 页。

通过判决对立法与行政部门进行制约，对公共政策的参与以及增设公民权利等主要内容。在罗斯福新政实施前的最高法院洛克纳时代，共有184项州立法被最高法院基于“正当法律条款”和“法律的平等保护条款”被宣判无效。[①] 沃伦法院时期的贝克案中，原告对1901年田纳西州分配大选议席的立法提起诉讼，认为由于人口结构的变化，使得议员代表选民的比例不平衡，违背了选举平等原则。布伦南大法官按照宪法修正案第14条确立的平等保护原则认为联邦法院有责任去解决立法机关无法解决的政治难题，并可以依照判决来重新划分联邦和州之间的立法权。贝克案不仅改变了Colegrovev v. Green案以及Smiley v. Hohn案因涉及政治问题被驳回的状态，而且运用司法判决对本应当由立法机关运用立法手段予以修正的政治问题予以了涉足，在美国宪法史上具有重要的地位。在莫里森案中，联邦法院认为国会颁布的《预防暴力侵犯妇女法》中有关起诉施暴者的规定超越了国会的立法权限而应被宣告无效。法院对于行政权的限制也非常明显，在1937年以前，联邦法院对政府在保障少数人的利益中能做什么以及不能做什么有过判决。1959～1973年期间，联邦法院在有关淫秽物品的一系列判决中告诫政府压制淫秽物品的权力是极其有限的。尽管联邦法院的这些判决在法理上具备争议，但就事实本身而言，确实是法院对立法权和行政权的一种制约。

作为一种结构性司法能动的重要体现，美国各级法院的基本宗旨还在于不拘泥于某一例具体的司法判决，而是通过对公民权利的创造和对社会政策的影响来限制公共权力行使的界限和方式。如著名的罗伊诉韦德案所确立的堕胎权，《纽约时报》诉沙利文案所进一步肯定的新闻自由权，马普案和米兰达案所确立的刑事证据采信原则，对不受欢迎的少数人群体的言论自由和宗教自由的保护，强迫各州建立起执行死刑的理性制度等等。法院对社会政策的影响也非常广泛，如在廷克诉得梅因独立社区学区案中，联邦法院所作出的判决就对美国的越南战争政策产生

① 参见李桂林：《司法能动主义及其实行条件——基于美国司法能动主义的考察》，《华东政法学院学报》2010年第1期。

了巨大的影响。

按照前文对中国司法能动蕴含的解读，中国目前可以被归入司法能动范畴的法律事实主要有如下几类：一是最高人民法院作出的具有普遍适用意义的司法解释，这种解释存在两种主要情形，即发布具有准法律性质的文本性司法解释（如最高人民法院制定的《民事证据规定》），或者针对某一个具体案件所作出的司法解释（如最高人民法院制定的《关于以侵犯姓名权的手段侵犯宪法保护的公民受教育的基本权利是否应承担民事责任的批复》）。二是在司法裁判中对法律原则的运用，如上海市闵行区法院对“婚姻忠诚协议”的认可，就是运用了私法领域中的意思自治原则，同样民法中的公平原则和公序良俗原则在司法判决中也被大量援引。三是树立典型案例指导机制，最高法院对具有指导意义的案件汇编成册，对相似案例予以指引。地方法院如南京中院也发布了典型案例，发挥司法的价值指引功能。[①] 四是对政策和常理的参照适用，如基层法院在审理劳动争议案件时，对地方劳动行政部门颁布的政策性规定予以参照；在马青诉古南都酒店一案中，法院依照常理作出了认定，体现了法院对社会道德与民间惯例的尊重。[②] 五是建立司法便民机制，如大量设立巡回审判法庭，将纠纷化解于田间地头。六是建立起大调解机制，将司法调解与人民调解、行政调解相结合。七是各级法院在其他制度上的创新，如积极探索创业投资、风险投资所形成股权的司法保护措施，妥善审理农业承包、转包、租赁等合同纠纷案件，依法保护土地承包经营权的自愿、合法流转等。八是司法机关对行政机关提出司法建议，以及采取其他方式参与社会政策的制定和实施等等。

中国目前的司法能动不能按照沃尔夫的两分法来给予简单的评判，对某项司法行为是否能被纳入能动的范畴并无一个统一的标准。这种能动主要体现为一种方法上的能动，而这种方法的外在表现又显得特别

---

① 参见张景义：《能动司法：三项重点工程的“助推器”》，《人民法院报》2010 年 5 月 7 日。

② 参见杨建军：《“司法能动”在中国的展开》，《法律科学》2010 年第 1 期。

纷繁复杂，既有法律意义上的方法，又有哲学意义上的方法，还体现为一种政治工具。可以被纳入法律方法范畴的有制定司法解释以及法官在审判中的自由裁量行为。最高法院所作出的司法解释就是为了服务审判本身所遭遇的制度盲区而存在，并且对扩大解释的行使显得非常小心。地方法院在审判中的能动性探索主要体现为司法方法，如在审判过程中法官改变了传统的逻辑演绎的判案方式，引入了利益衡量、先例尊重以及法理解析等方法。哲学意义上的方法体现为发挥法官的主观能动性，通过构建特定的平台，想方设法化解矛盾，体现司法的公正。法院与法官的价值不仅仅体现在审判过程中，更重要的是体现在维护社会稳定和促进社会发展中。可以这样讲，我国的司法能动明显的是法律上权力模糊状态下的产物，不具有明显的权力制约功能，而是具有一定的社会安抚功能和政治姿态功能，其基本宗旨在于通过方法的创设来回应社会对于司法的需求。

中美两国的司法能动并非决然没有重合之处，二者在“薄的司法能动”上有交叉，都推崇法官在司法裁判中应当发挥自由裁量权，认可法官主动去发现案件、审判案件，并都以一定的法解释方法、推理和论证方法作为载体。两种司法能动主义还都认可司法机关的公共职能，都特别赞许法院在公共政策实现上的巨大影响力，甚至都推崇司法机关为了追求社会效果而不必拘泥于法律本身的囹圄，但就两者的表现形式来看，其差异性显然要远远多于共性。可以这样讲，美国司法能动主要是为了服务于权力的平衡，而中国司法能动主要是为了服务于诉讼，从而化解社会矛盾，实现司法公正。

从两国司法能动产生的制度基础来看，美国司法能动尽管也强调法官在审判案件中运用法律方法实现对正义的追求，但这种能动来源于三权分立所确立的制度框架，围绕着司法权在国家权力体制中的作用而展开。中国司法能动的展开也无法回避司法权在我国权力体制中的地位问题，不能突破宪法对于司法权的性质定位。尽管司法机关可以采用司法建议的形式对有关国家机关予以适当的监督，但这种监督并不存在效力上的刚性。从目的来看，美国司法能动的价值在于破解权力的专断，通过司法机关的创造性活动适应社会的发展和变迁，以实现社会的正义和权利的保障。中国司法能动的目的在于对司法权的修补，以弥补司法机关威信不高、效率低下的弊端。与此同时，两国司法能动外在表现的差异也非常明显。在美国，法院不仅在审判中不拘泥于成文法和先例，更重要的是通过司法审查的路径监督其他权力形态，并通过宪法解释的方法解决法律的一致性和连续性的问题。其中，对权利和资源的再分配以及解决纠纷的司法权交给了初审法院，对于规则的创造主要交给了最高法院。中国的司法能动主要体现为司法裁判方法，包括抽象规则的制定，个案的指引或者是诉讼条件的创造。尽管也存在"造法"性司法解释，但无论是涉及的程度还是广度，均与美国有所不同，并且从整个司法能动的进程来看，真正被推崇的能动主要是指基层法院开展的提升司法效能的便民型能动。

三、关于中国司法能动的几点思考

由于我国司法权的社会主义属性，司法能动主义似乎天然具备了良好的生长土壤，属于不证自明的问题。但是如果对中国的司法能动问题缺乏一种法理上的证成，仅凭政策来大力宣扬或者是仅基于西方法治理念对其加以评判，均是一种缺乏理性的态度。

必须指出的是，美国式的司法能动不具有普适价值。作为司法能动主义的发端地，美国司法能动取得了良好的社会效果，特别是在克服极端的形式法治，深化司法权的权力控制功能等方面具备合理性。然而美国司法能动的成功实践，与美国的宪法制度、法治传统、法官的职业道德和法律修养以及其他权力形态特别是行政权的扩张等客观现实密不可分。在中国司法能动的路径探索中，切忌照猫画虎，将美国经验作为中国司法能够能动的合法性注脚。但美国司法能动也有值得借鉴之处，首先美国司法能动是建立在对宪法和法律尊重的基础上，尽管法官在判决中涉及的内容非常广泛，但其前提恰恰是对法律规则的信仰和司法克制的存在，而绝不是一种恣意的能动，这正是我国司法能动所欠缺的。到底我国的司法机关该如何能动，必须有一个宪法层面的定位问题，不能抛开宪法本身去谈能动，否则这种能动就会缺乏合理运行的轨道。其次，美国司法能动的成功与法官职业化和法官的高素质密不可分。尽管司法能动在美国也备受争议，但由于法官的判决所取得的良好社会效果，还是推进了美国民主的进程。需要特别指出的是，美国司法能动尽管以权力制约作为最终目的，但这种制约是以能动式的判决作为基本方式，主要体现为判决中的法解释方法。我国的司法能动尽管也是作为一种方法上的能动而出现，但是这种方法更多地体现为一种哲学意味上的方法，并不是一种严格意义上的法律方法，在法律解释、法律适用以及法理推论等方面的短板，可以从美国经验中获取。

司法能动主义在美国兴起的根本原因在于法律规范与现实发展之间的张力。由于政治利益集团和压力集团的作用，国会的立法进程总是偏缓，客观上需要法院及时采取法律解释的功能弥补国会立法的滞后性，同时美国的权力分立体制和宪法理论为司法能动的推动提供了制度支持和思想保证。而美国司法机关能够能动的最重要前提是法院本身的超然性和独立性：司法能动的主体性相当明晰，法官的宪法地位不受干涉和动摇。

司法能动在中国是否有实现的必要，恐怕还需要一番合理的论证，因为相对美国而言，我国的立法活动效率更高、针对性更强，是否需要由法官来履行一定的造法功能还值得商榷。同时由于受我国议行合一体制的制约，法院在公共政策领域能够起到多大的作用还是一个未知数。从我国司法能动的表现来看，副作用可能会相当明显：由于我国司法机关的独立地位还没有完全建立，在缺乏法官自主的前提下谈能动，会不会又是一种“政策干预法律”的表现？

在美国宪法发展史中，司法能动和司法克制并非一种非你即我、互相对立的关系，而是与社会现实需要和法律规范本身紧密联系，在某一个历史时期可以是能动主义占上风，另一个历史时期则体现为司法克制的天下。能动与克制本身也没有明显的界线，法官可能对立法的原意产生怀疑而站在能动主义一方，也可能同时因为对先例的尊重而持有克制主义的立场，法官对于能动还是克制的理解更多地体现为程度上的差异。

在我国司法能动的展开中，官方的论调值得审慎对待。如王胜俊认为“中国特色的社会主义司法应当是主动司法”。公丕祥认为能动司法不是应对金融危机的一时之策，而是人民法院工作发展的长久之计，言下之意暗含了司法能动应该作为司法权运行的基本策略和基本原则，并应当使其常态化。那么，将司法能动作为司法权运行的基本原则与司法本质应当是被动和克制的关系应该如何把握？如果“司法能动是社会主义司法权运行的基本原则”指的是在依法司法的前提下发挥司法机关的主观能动性，那么这种意义上的司法能动就缺乏探讨的价值，因为不论是司法机关还是其他国家机关，发挥主观能动性均是其职权范围内的应有之义，甚至在美国以及其他西方国家中也大量存在这种意义上的“能动”。如果把司法能动不仅仅当作一种哲学上的主观能动来对待，而是将其作为司法改革的突破口，或者是作为司法权运行的一项原则，在法治化程度不高、对规则缺乏应有尊重的中国，其潜在的危害也是不言而喻的。

美国建国后联邦法院的角色不仅仅在于审判案件、化解纠纷，通过宪法解释弥补法律漏洞，而且还在于对联邦制度的维护，以延续制宪者们对美国国家结构的安排。纵览联邦最高法院审理的违宪审查案件，如1904年的索恩希尔诉亚拉巴马州案，1905年的罗契纳诉纽约州政府案，1940年坎特韦尔诉康涅狄格州案，1957年舒华尔诉新墨西哥州案等有重大影响的案件，均是联邦法院为了维护宪法权威，就联邦和州之间法律规范的统一作出了相应的判决。

我国是单一制的社会主义国家，从单一制的国家形式出发，司法权应当在宪法和法律的框架下，由中央机关来统一安排，从而体现司法权作为国家权力的基本属性。然而由于地方司法机关的“行政化”和“地方化”，在法院的设置、经费来源甚至人事任免上与地方密切相关，导致司法审判成了地方的司法审判，在此背景之下谈司法能动是不是有对司法机关的地方化进一步推波助澜之嫌，或者使“司法能动”成为地方分享司法权并对抗司法权统一的新法宝？

对于目前政治话语推动下的司法能动，必须要结合中国司法权的本质和运行现状持一种谨慎的态度，但也绝对不是对司法能动的一种全盘否定。相反的是，如果以宪法和法律为基本框架，统一司法能动在中国语境下的蕴含，探索出一条适合中国特色的司法能动道路，对于树立司法的权威，提高司法的效能，体现司法的社会职能，使司法回归其本质属性倒是大有裨益的。

第六章
检察机关与公正司法

在我们国家，检察机关被认为属于司法机关之范畴，检察权也属于一项重要的司法权力。因此，实现公正司法自然与检察机关和检察权有着颇为密切的关联。一是因为检察机关作为司法机关，实现司法工作自然应当实现检察权的公正行使；二是因为检察机关作为我们国家的法律监督机关，保障司法公正是检察机关司法属性和法律监督属性的必然要求。

■ 第一节 检察机关参与行政公益诉讼的理论与实践[①]

与过往对公共利益的保护相比，行政公益诉讼在多方面取得了突破。囿于该制度在我国运行时间不长且欠缺有益经验，通过对实践中相关案例的分析，发现该制度存在很多问题亟待解决，如受案范围狭窄未达到公众对公益诉讼的期待，检察机关的特殊身份影响法院审判主导地

① 2017 年 6 月 27 日，全国人大常委会对《行政诉讼法》作出修改，在第 25 条增加了检察机关提起行政公益诉讼的规定。

位，缺乏检察机关承担败诉后果的规定，过高的胜诉率将增加滥诉的风险等。探究以上问题的理论与现实逻辑，妥善解决试点中的种种困惑，才能化繁为简地构建常规化的行政公益诉讼模式，使其发挥理想的效果，成为保护公益的重要法器。破解以上实践难题，需完善具体的公益诉讼制度，从立法体系中定义公益的范围，明确检察机关参与公益诉讼的地位，有效处理检察机关、审判机关和行政机关的平衡。

行政公益诉讼作为一种新型诉讼模式，伴随新一轮司法改革逐渐兴起，当前已在全国多个省份开展试点。① 司法改革本是一项涉及机制设置、权力机关协调等多方位的全面改革，需要一种宏观的、战略性的规划。② 行政公益诉讼与传统行政诉讼存在较大差别，2017 年修改的《行政诉讼法》已明确四类行政公益诉讼案件，全国适用。但在域外法治发达国家经历长时间的发展业已相当成熟，对公共利益的保护，监督行政机关依法行政大有裨益。如美国的检察长诉讼等③，虽然名称各异，但核心内涵与我国行政公益诉讼类似，都因行政行为导致公共利益受损而对行政机关提起诉讼。

一、检察机关参与行政公益诉讼的缘起和现状

我国检察机关参与行政公益诉讼肇始于 2014 年 10 月召开的党的十八届四中全会，此次会议提出“探索建立检察机关提起公益诉讼制度”，由此正式拉开了检察机关参与公益诉讼的序幕。要深入研究该制度，首先必须阐明检察机关参与行政公益诉讼的缘起和现状。

---

① 根据全国人大常委会的授权，2015 年 7 月 2 日最高人民检察院选定北京、广东、甘肃、内蒙古等 13 个省级行政区开展为期两年的行政公益诉讼试点。参见最高人民检察院：《检察机关提起公益诉讼改革试点方案》，《检察日报》2015 年 7 月 3 日。

② 参见陈卫东：《未来五年我国司法体制改革的若干建议》，《河南社会科学》2012 年第 2 期。

③ 美国的公益诉讼起源于环境保护领域，首见于 1969 年《密歇根州环境保护法案》，后被 1970 年《清洁空气法》所采纳，渐渐成为全国性的制度，并逐步发展为日后传播到其他国家的“检察长诉讼”。参见侯佳儒：《环境公益诉讼的美国蓝本与中国借鉴》，《交大法学》2015 年第 4 期。

(一)公益诉讼与行政公益诉讼的缘起

公益诉讼发端于20世纪六七十年代的美国并逐步扩展到全世界,其边界逐步从环境保护领域向更大范围扩展。它在20世纪初引发我国理论界的广泛关注,有学者结合中国实际作了如下定义:"公益诉讼是任何组织和个人根据法律的授权,就侵犯国家利益、社会公益的行为提起诉讼,由法院依法处理违法行为的活动。"①

涉及公共利益的诉讼根据被诉主体不同分为民事公益诉讼和行政公益诉讼,民事公益诉讼最早见于2012年《民事诉讼法》55条,主要针对污染环境和侵犯消费者利益的行为,用于解决平等民事主体之间的特定侵权纠纷。行政公益诉讼是国家积极作为论的产物,有利于实现司法权与行政权之间的功能秩序,也并不违反无利益无诉权原则。② 与民事公益诉讼不同,行政公益诉讼是因为行政机关的违法行政行为或不作为破坏公共利益而提起的诉讼,其出现得稍晚一些,在2014年修订《行政诉讼法》时并没有规定行政公益诉讼的内容,行政公益诉讼最早见于最高人民检察院于2015年7月2日公布的《检察机关提起公益诉讼试点改革方案》(以下简称《试点方案》)。③

(二)检察机关参与行政公益诉讼的现状

根据十八届四中全会提出"探索建立检察机关提起公益诉讼制度"的构想,全国人大常委会于2015年7月1日发布《关于授权最高人民检察院在部分地区开展公益诉讼试点工作的决定》(以下简称《授权决定》)。凭借全国人大常委会的授权,检察机关参与公益诉讼终于从党内决策走向了国家行为,《授权决定》和《试点方案》初步勾画了检察机关参与行政公益诉讼的基本框架。实务界对公共利益保护进行了长时间探

① 颜运秋:《公益诉讼理念研究》,中国检察出版社2002年版,第52页。

② 参见姜涛:《检察机关提起行政公益诉讼制度:一个中国问题的思考》,《政法论坛》2015年第6期。

③ 《试点方案》不仅对行政公益诉讼的范围、参加人、程序和诉讼请求进行了初步规定,还对民事公益诉讼的相关内容进行了规定,到目前为止,还没有单独针对行政公益诉讼发布任何公开的法律文件。

索，在《授权决定》正式发布之前，已于2014年10月20日开启了检察机关参与行政公益诉讼第一案。贵州省金沙县检察院起诉县环保局，请求判令环保局依法履行职责，环保局在接到法院的法律文书后，立即对行政不作为进行反思，采取措施予以补救，金沙县检察院经研究认为通过提起行政公益诉讼督促行政机关履行职责的意图已经达到，遂于11月4日撤回起诉。据最高人民检察院民事行政检察厅厅长郑新俭介绍，自2015年7月开展试点以来，截至2016年4月，各试点地区发现公益诉讼案件线索703件，其中行政公益诉讼案件线索554件，检察机关对325起公益诉讼案件启动诉前程序，其中行政公益诉讼案件为290件，行政机关已经履行职责或者纠正违法的为224件。①

我国目前正处在大变革大调整时期，各种问题丛生，现行的法律制度面临各种压力和挑战，特别是在环境污染、食品安全、消费者权益保护等涉及公益保护的领域，由于法律制度不健全，试图通过普通诉讼渠道解决以上问题困难重重，故加强公益保护，建立完善的行政公益诉讼制度，是本轮司法改革必须优先考虑的问题，也是理论界必须重点研究的课题。

二、检察机关参与行政公益诉讼若干问题检视

当前试点经验不足，制度构建不完善，导致实践中存在若干突出问题，经过对部分试点省份案件的梳理及社会影响重大案件的分析，研究发现总体上检察机关内部改革自主性不足、参与度不高，与外部机关的整体协调配合不多。同时，在具体制度安排上也有待改进，如受案范围狭窄未达到公众期待，检察机关的特殊身份影响法院审判主导地位，案件线索来源单一导致检察机关有独揽诉讼的可能等等。

（一）改革内部自主性不足和外部整体协调不够

在全国人大常委会授权之后，各项改革方案制度设计主要由最高人民检察院制定，如确定试点区域试点时间、制定具体实施办法，总结试点

---

① 参见刘子阳：《稳步推进试点325起案件启动诉前程序——全国检察已提起公益诉讼15件》，《法制日报》2016年4月14日。

改革经验教训等。据此，最高人民检察院是改革宏观规则和微观制度的制定者，试点改革尚存在内部自主性不足、参与度不高、外部整体协调不够两个问题。

地方检察机关自主性不足、参与度不高原因在于两个方面：第一，检察机关参与行政公益诉讼是一场自上而下的改革。我国自古以来就是中央集权型国家，导致各项大型改革往往由上而下逐步推进，与之前多轮司法体制改革一样，本次改革也是先由中共中央提出，再经全国人大授权，最后由最高人民检察院制定具体实施方案。此过程导致地方检察机关参与度不够，不论是在改革总体思路的确定还是具体制度的制定中，都缺乏地方检察机关尤其是省以下检察机关的直接参与，使地方检察机关处于失语的状态。第二，部分地区不尊重司法规律，以下达任务的方式要求限期完成改革。行政公益诉讼改革作为司法改革的一部分，必须尊重司法的基本规律，改革本身需要在合适的条件下按部就班地推进，但部分试点地区司法机关没有认识到司法改革与行政改革的差别，习惯于以行政命令的方式推进司法改革，往往拔苗助长而适得其反。如西部某试点省份要求在2016年3月之前市检察院至少提起一件行政公益诉讼，2016年6月以前县检察院至少提起一件行政公益诉讼。

检察机关与其他机关整体协调不够，对某些制度改革认识不一致，如检察机关思路与法院思路没完全统一，均以本部门为中心进行各自为政的碎片化改革，这也是长久以来改革形成的痼疾。本次改革以检察机关为主导，但绝不是仅仅依靠检察机关，若缺乏其他机关的协调配合，必难以达成改革效果。试点改革的各项指导性文件，分别以最高人民检察院和最高人民法院的名义单独下发，如最高人民检察院下发的《试点方案》《人民检察院提起公益诉讼试点工作实施办法》（以下简称《实施办法》），最高人民法院下发的《人民法院审理人民检察院提起公益诉讼案件试点工作实施办法》。若方案内容为本部门的专属业务且专业性强，由最高人民检察院或者最高人民法院单独下发亦无不可，但本书认为若检察机关和法院能够相互协调、统一制定方案，共同推动改革，以联合发文的形式或许能减少甚至避免文件冲突和不一致，就可以维护改革的权威性,防止改革成为各部门获取利益的“圈地运动”。

(二)检察机关的特殊身份影响法院审判主导地位

检察机关以公益诉讼人的身份提起行政公益诉讼,公益诉讼人不同于普通诉讼当事人,检察机关与诉讼并无直接的利害关系,而是代表公共利益。不过检察机关代表公益提起起诉只是一种应然的理想状态,并不能说明检察机关的任何诉讼请求都符合公共利益的需要,更不能以保护公益为借口侵犯合法私益,故必须防止检察机关借公益之名行干涉审判之实。实践中检察机关为了胜诉会借助公益诉讼人的身份,并以行使法律监督机关的职责为由对法院审判造成影响。另外,《试点方案》第四部分第 3 条提出“建立与人民法院的协调配合机制”,容易嬗变为检察机关参与审判甚至主导审判,最终妨碍法院的独立审判。要避免上述问题,必须厘清检察机关在诉讼中的角色。检察机关虽然具有公益诉讼人和法律监督机关的双重身份,但此时二者有主有次,公益诉讼人的身份是主要的第一性的,法律监督机关是补充的、第二性的。首先必须明确公益诉讼人的定位,从案件起诉到执行,检察机关都以公益诉讼人的身份参与诉讼,这是实现公益目标的主要手段。检察机关的法律监督权能是隐形的备用权能,不能恣意对个案审判施加额外影响,它主要是监督审判工作中审判人员违法行为和执行活动中的违法情形。法律监督机关的身份只是其享有诉讼权能的前提,它并不是以法律监督机关的身份提起诉讼。正如公民与行政机关因为民事争议产生的纠纷应该适用民事诉讼而不适用行政诉讼,并不能因为被告是行政机关就认定为行政诉讼,因为此时行政机关是以民事诉讼当事人的身份参与诉讼的。

实践中检察机关应摆正定位,作为公益诉讼人提起诉讼本身就是在履行法律监督机关的职责,实现保障公益维护公平公正社会秩序的目的。在诉讼中抛开案件本身施加额外影响,显然是法律所禁止的,会对个案公平造成不利影响。故在行政公益诉讼过程中,检察机关暂时“忘却”法律监督机关的身份,反倒有可能取得较好的效果,真正实现法律监督的职能。

（三）受案范围狭窄未达到公众对公益诉讼的期待

实践中，行政公益诉讼的受案范围依据的是《试点方案》和《实施办法》，两者规定的受案范围趋同。《试点方案》第 2 条第 1 款规定受案范围是"生态环境和资源保护、国有资产保护、国有土地使用权出让等领域"。我们不得不承认以上受案范围过于狭窄，其中缺乏许多亟待保护的公共利益，如弱势群体权益保护和食品安全保护。一个社会的文明程度，不在于强者的权限有多宽广，而取决于弱势群体的基本权益能否得到保障。梁上上教授认为："在现代社会，弱者利益应该获得制度性的特别保护，是正义的体现，具有越来越重要的意义。"①弱势群体相对其他人群来说，合法权益更容易受到侵害，且缺乏自救措施。当弱势群体的受教育权、劳动权等基本权利受到侵害时，急切需要公权力的救济和保护，此时被侵犯的基本权利具有公共利益的道义属性。有学者将妇女、儿童、老年人和残疾人等弱势群体的利益归结为"须特殊保护界别的利益，此乃公共利益的特殊存在形式，是社会均衡、可持续发展必须加以特别保护的利益"②。

食品安全与每个人息息相关，"民以食为天，食以安为先"，食品安全关系到国家和社会的稳定发展，关系到公民的生命健康权利。③ 而公民的生命权、健康权是享有其他一切权利的前提，是公民的基本人权，当前食品安全问题层出不穷，普通民众对食品安全产生了极大的质疑。生命权被认为是旨在保障这一生命的过程，而生命过程是人们享有权利和自由的条件。④ 当公民连基本的生命健康都无法得到保障，何谈其他社会利益。食品安全不仅涉及不特定多数人的利益，还是民众日常最关心的利益，行政机关如果不能加强行政监管为公民提供健康安全的饮食，即

---

① 梁上上：《异质利益衡量的公度性难题及其求解——以法律适用为场域展开》，《政法论坛》2014 年第 4 期。

② 韩波：《公益诉讼制度的力量组合》，《当代法学》2013 年第 1 期。

③ 参见尹金凤、蔡骐：《中国食品安全传播的价值取向研究》，《江淮论坛》2014 年第 3 期。

④ 参见韩大元：《宪法学为什么要关注生命权问题》，《法制资讯》2012 年第11 期。

侵犯了公益，是政府最大的失职，理应成为公益诉讼的被告。

(四)案件线索来源单一导致检察机关有独揽诉讼的可能

《试点方案》没有明确说明行政公益诉讼案件的线索来源，但试点范围限定检察机关在履行职责中发现危害公共利益的案件才能提起诉讼。检察机关履行职责的表述十分含糊，何为履行职责？履职主体是检察机关所有部门还是民事行政检察部门？这些都缺乏明确的规定。其可能是基于试点阶段应循序渐进而作出的模糊处理，某种程度上却限制了公益诉讼案件来源。对试点省份来说，如何发现和收集案件线索成为开展试点工作的瓶颈。① 虽然不是每个案件线索都会引发诉讼，但案件线索是办案的前提和基础，没有线索就不会有后续各项程序。从试点省份案件线索收集情况看，案源匮乏的情况还比较严重，最高人民检察院的数据显示，试点开展近 10 个月的时间里，行政公益诉讼案件线索只有 554 件，平均每个省每个月只能发现 5 条左右线索，其中能转化为诉讼的线索更是少之又少。② 长此以往将使行政公益诉讼陷入无案可办的窘境，不利于此制度的健康发展。

《试点方案》关于案件线索的表述，排除了其他主体自行收集线索的可能，无形之中会妨碍其他主体参与诉讼的积极性，检察机关垄断案件线索采集权后，会逐步形成对行政公益诉讼的垄断。在今后的实践中应该逐步拓宽案源渠道，将检察机关履行职责发现案件线索作扩大解释。主体不仅是检察机关的民事行政部门，还应包括检察机关其他部门；履行职责中发现的线索，不仅包括检察机关履行自身业务，如犯罪侦查、决定逮捕、审查起诉等职责中发现的线索，还应包括人大、政协、党委、政府

---

① 2015 年 9 月 17～18 日，贵州省人民检察院举办行政检察暨公益诉讼研讨会，围绕如何加强和改进行政检察监督、规范和完善公益诉讼试点工作进行了深入交流和研讨，其中吉林、安徽、江西等省代表都提到了行政公益诉讼案件线索来源问题。参见《省检察院举办行政检察暨公益诉讼研讨会》，贵州检察网，http://www.gz.jcy.gov.cn/tpxw/201509/t20150919_1681900.shtml，2016 年 6 月 10 日访问。

② 通过对试点省份民事行政检察工作情况的梳理，发现大部分试点省份都认为当前公益诉讼存在线索排查不力，办案规模不大等问题，某些省份甚至使用指令的方式，要求必须在一定期限之前，完成一件行政公益诉讼案件。

等机关移送的案件线索和公民、法人、其他组织控告申诉中发现的线索。因为检察机关的重要职能是法律监督，接受以上主体转交的线索是履行法律监督职能的体现，也是履行职责的应有范畴。

（五）各项方案均缺乏检察机关承担败诉后果的规定

从行政公益类案件的判决看，检察机关无一例外都胜诉，有些在胜诉之前，认为行政机关已经采取措施纠正了错误，公共利益受损的情形消灭，达到了预期目的，以撤诉的形式结案。检察机关提起行政公益诉讼一定会胜诉，不用承担败诉风险吗？至少从诉讼理论来看是不一定的，任何诉讼都存在败诉的可能性，检察机关参与公益诉讼也不例外，诉讼中必须有足够的证据，证明行政机关的行为侵犯了公共利益，检察机关才有胜诉的可能，若证据不足则难以胜诉。《人民法院审理人民检察院提起公益诉讼案件试点工作实施办法》17 条规定：“人民检察院提起行政公益诉讼案件，不适用调解。”故当检察机关证据不足，又不能调解时，必然存在败诉的可能性。目前正在实施的行政公益诉讼各项规定，都没有说明检察机关败诉的后果，从诉权的平等性和诉讼的完整性来讲显然是不合理的。《人民法院审理人民检察院提起公益诉讼案件试点工作实施办法》第 19 条虽然规定检察机关对行政公益判决可以提起抗诉，没有明确表明此时检察机关一定处于败诉状态，也可能认为判决、裁定确有错误，没有达到检察机关的预期而提出抗诉。另外，当检察机关败诉时，如果对判决不服，我们认为此时检察机关应提起上诉而不是抗诉，因为检察机关参与行政公益诉讼不同于刑事诉讼，起诉时是公益诉讼人的身份，但对案件判决不服，作为普通诉讼参与人也可以提起上诉。故此时应该以普通诉讼参与人的身份提起上诉，不应过分享有特殊身份，以使上诉审查更加客观公正。

（六）实践中过高的胜诉率将增加检察机关的滥诉风险

检察机关参与行政公益诉讼每诉必胜尚无败绩，极有可能增加检察机关提起诉讼的随意性而导致滥诉。同时，检察机关过高的胜诉率将加大法院的审判压力，使法院在作出对检察机关不利判决时慎之又慎，从而陷入胜诉率越高，法院越不敢轻易否定诉求，导致胜诉率更高的恶性循环。如何破解实践中的悖论，防范公益诉讼常规化之后出现滥诉的可能，关键在于检察机关必须严格按照法律和相关规定的要求，在符合条件掌握初步证据的情形下，提起行政公益诉讼。第一，检察机关毕竟是国家公权力机关，不同于普通的诉讼当事人，其参与诉讼承担的任务更为艰巨，社会关注度更高。普通公民只要认为自身权利受到侵害，就可以通过诉讼解决，不必有太多顾虑，甚至有可能在难以胜诉的情况下，抱着“重在参与”的思维提起诉讼。囿于检察机关的特殊身份，《试点方案》明确要求检察机关提起公益诉讼必须提供初步证据，故检察机关在提起诉讼时必须审慎思考，严格把关。第二，从防止检察权力过分膨胀的视角，检察机关亦不宜过多提起诉讼。权力天然具有扩张性，不仅行政权力如此，检察权力亦然，检察机关在改革中一定要谨记自身定位，防止在公益诉讼中肆无忌惮地扩张检察权，不正当地利用自身职权，频繁提起诉讼，干涉审判机关的公正审判，影响行政机关依法行政。检察机关任何一次诉讼的提起，都是对行政机关作为或者不作为的否定，必然会对行政机关的行政行为产生影响。行政公益诉讼频繁启动，使行政机关作出行政行为时慎之又慎甚至怠于决策，过多的考虑和犹豫不决会对正常的行政管理造成干扰，影响行政效率。另外，国家机关各司其职分工合作，理论上应该充分尊重各国家机关处理自身权责范围内的公务，除非证据充足，否则检察机关应该审慎行事不轻易开启行政公益诉讼。

（七）缺乏行政公益诉讼与公务员法、刑事诉讼法的衔接

如果检察机关提起行政公益诉讼胜诉，意味着行政机关违法行使职权或不履行法定职责，导致公共利益受到侵害。此时，会出现对行政机关责任人的后续处理问题。若是轻微的违法违纪行为，应根据行政机关内部惩戒措施，依法追究责任；如果违法行为严重，涉及犯罪还会牵涉行政公益诉讼与刑事诉讼的衔接。遗憾的是《试点方案》和相关规定并没有此项内容。实践中因为与公务员法的惩戒措施及刑事诉讼法没有衔接，可能导致行政公益诉讼胜诉。因难以追究行政机关相关人员的责任，也不会对行政机关产生强有力的威慑，行政机关仍然会知法犯法，类似领域的公共利益可能仍然受到损害，削弱今后对公共利益的保护。

如贵州锦屏县人民检察院诉县环保局行政公益诉讼案，检察机关诉讼请求包括：(1)确认环保局对鸿发石材公司、雄军石材公司违法生产行为怠于履行监管职责的行为违法；(2)判令环保局履行行政监管职责，依法对鸿发石材公司、雄军石材公司进行处罚。法院审理后判决检察机关胜诉。判决如下：确认被告锦屏县环保局在 2014 年 8 月 5 日至 2015 年 12 月 31 日对鸿发石材公司、雄军石材公司等企业违法生产的行为怠于履行监管职责的行为违法。[①] 在诉讼过程中，本案被告依法对鸿发石材公司、雄军石材公司进行处罚，使检察机关的第二项诉讼请求得到满足，但并不是环保局主动为之。环保局自始至终有能力采取措施对破坏公共利益的行为予以纠正，但怠于行使职责不重视检察建议，直到诉讼开始后才采取措施对相关企业进行处罚。法院虽然判决检察机关胜诉，但该案仍然留下缺憾，对行政机关的违法行为缺乏后续追责措施。[②] 此案中行政机关只是一般违法，但即使行政机关轻微的违法行为，仍然带来公共利益的巨大损失，后续是否追究相关人员的责任，目前不得而知，至少在公共的新闻报道上还没有相关责任人被追责的消息。

三、完善检察机关参与行政公益诉讼的初步设想

通过简要介绍检察机关参与行政公益诉讼的基本概况，结合当下行政公益诉讼试点实践中出现的困难，我们认为，对该制度的研究仍然处于边探索边改革的状态，需通过有效的制度构建尽快弥补实践中的不足之处，使其日臻完善。这一工作需要从改革规划、立法体系、衔接制度以及试点范围等方面着手。

---

① 《贵州首例环境行政公益诉讼案当庭宣判》，中国法院网，http://www.chinacourt.org/article/detail/2016/01/id/1790839.shtml，2016 年 6 月 10 日访问。

② 本书通过梳理行政公益诉讼的判决，发现类似判决还有很多，都没有对行政机关责任人的后续追责措施，如《福建清流检方对环保局提起的行政公益诉讼一审胜诉》，新浪网，http://news.sina.com.cn/o/2016-03-02/doc-ifxpvzah8548607.shtml，2016 年 6 月 10 日访问；《山东一县环保局批准化工企业生产被检察院起诉》，新浪网，http://news.sina.com.cn/o/2016-06-21/doc-ifxtfmrp2435114.shtml，2016 年 6 月 10 日访问。

(一)处理好自主积极改革与改革整体协调

只有使行政公益诉讼的自主改革与司法改革的整体相协调,才能维护司法改革的统一性和权威性,避免司法改革内部的制度矛盾,体现司法改革的精神和要求。适时地推进司法改革,构建一个适应法治国家要求的现代司法体系,是法治建设的必然要求。[①] 过往司法领域改革在起步阶段往往意气风发,大刀阔斧。但随着改革的深入,发现困难重重,陷入前改后废、人走政息的窘境,有些改革甚至一开始就与整体司法制度相矛盾。之所以出现以上尴尬导致改革难以推进,不可忽视改革者往往站在自身或者本部门的立场思考改革,没有将改革置于整个社会变迁的大背景下,即司法改革缺乏整体与部分系统思考意识。主政者应该依照司法权的性质和司法制度发展的客观规律,提出总体发展战略和全方位、多角度、深层次的具体部署。[②] 检察机关参与行政公益诉讼属于近年来兴起的诉讼制度改革,十八届四中全会的主题是依法治国,正是在这次会议上开启了新一轮司法改革的浪潮。要避免此次改革重复以往的弯路,必须将其置于整个司法改革的框架之内,统筹考虑综合协调,融汇本轮司法改革的精髓。如公益诉讼基于诉讼对象不同分为民事公益诉讼和行政公益诉讼,但二者的出发点都是维护公益,对两者的政策规定大都出自同一规范性文件,如《授权决定》《试点方案》《实施办法》等,可见二者之间关联密切。所以在构建各自独立的诉讼制度时,应该加强协调、相互借鉴,注重二者一脉相承的共同点,力避相互矛盾,防止各自为政的碎片化改革。

(二)完善立法体系证成检察机关公益诉讼的合宪性合法性

检察机关参与行政公益诉讼的合法性是构建行政公益诉讼制度的基础,其合法性来源于我国《宪法》《人民检察院组织法》《授权决定》《试点方案》和《实施办法》等,其合法性是毋庸置疑的,但其权威性和明确性

---

① 参见刘茂林:《中国宪法导论》,北京大学出版社 2009 年版,第 343 页。

② 参见陈卫东:《未来五年我国司法体制改革的若干建议》,《河南社会科学》2012 年第 2 期。

则稍显不足。一方面，我国《宪法》和《人民检察院组织法》虽然规定了检察机关是国家法律监督机关的性质，并将这项功能延伸到行政公益诉讼中，但没有明确说明检察机关可以作为原告参与行政公益诉讼，也没有概述其在公益诉讼中处于何种地位。另一方面，《授权决定》《试点方案》和《实施办法》虽然明确检察机关可以参与行政公益诉讼，并规定了相关权限和诉讼请求，但严格意义上全国人大的决定和最高检的规定都不是法律，其位阶过低，权威性不足，缺乏权威法律明确赋予检察机关提请行政公益诉讼的权力，存在立法休眠、司法躁动的趋势。

使行政公益诉讼从试点走向常规，构建完善的法律体系不可或缺，根据实践经验的积累，结合当前的法律法规，必须对立法的权威性、明确性作出调整。法律的渊源可以也应当保持足够的开放性，但规则的明确性、一致性、稳定性这些法律的基本品性必须坚守。[①] 宪法是原则性纲领性的规定，没有必要因为新出现行政公益诉讼就试图修改宪法条文，但为了更好地理解立宪者的意图，可以对我国《宪法》第 5 条、第 51 条和第 135 条综合分析证成检察机关提起行政公益诉讼的合宪性。根据以上条文，结合行政公益诉讼的制度构建，可以作出以下解读：当存在损害国家、集体、社会利益时，为维护国家法制的统一和尊严，必须有适格的主体保护公共利益，对侵犯公益的行为予以制止，防止出现因无原告导致破坏公益的行为无法被惩处，因此由检察机关担任公益诉讼人提起公益诉讼是适当的也是必需的。[②] 当前最可行的方案是在《人民检察院组织法》中明确检察机关参与行政公益诉讼的资格和权能，或者将检察机关提起行政公益诉讼作为行政诉讼的特殊模式，在《行政诉讼法》第 4 章“诉讼参加人”中说明其他组织可以包括人民检察院。遗憾的是在 2014 年 10 月行政诉讼法修改讨论中，因行政公益诉讼争议较大，尤其是行政机

---

① 参见何海波：《行政法治，我们还有多远》，《政法论坛》2013 年第 6 期。

② 这与最高人民检察院设置公益诉讼的初衷也是相吻合的，在公益受到破坏，没有适格原告时，检察机关必须义无反顾地站出来，承担公益诉讼人的职责。参见最高人民检察院于 2016 年 1 月 7 日公布的《人民检察院提起公益诉讼试点工作办法》第 42 条。

关的强力反对，行政公益诉讼并没有被写进《行政诉讼法》。[①]

（三）积极协调检察机关与其他组织在诉讼中的衔接

根据《实施办法》第28条，可以推定某些情况下其他组织是可以提起行政公益诉讼的，只有在其他组织没有或无法起诉时，检察机关才可以提起诉讼。[②] 有学者提出应该扩大原告范围："可以将行政公益诉讼的适格原告定位于公民、社会组织以及国家检察机关。"[③]因此如何在行政公益诉讼中使检察机关与其他组织相互衔接更好地发挥效果，是当下亟待解决的问题。在今后的实践中能否参考民事诉讼和刑事诉讼的相关规定，使检察机关和具有密切联系的其他组织共同作为原告参加诉讼，或者其他组织提起公益诉讼检察机关支持起诉，此种范式既有公权力的代表检察机关又有私权力的代表社会组织参与，促使公私权力在诉讼中有效合作体现公开公正。

域外公民权利发达的国家，社团组织、公益组织都可以提起行政公益诉讼，如"公民诉讼"是美国环境公益诉讼制度的亮点，公民诉讼扩张了公益诉讼原告的范围，其创新在于对原告的广泛授权。[④] 随着经济发展社会物质条件的变化，当前很多法律纠纷越来越复杂，有时需要专业组织参与，以提供技术支持，在未来的行政公益诉讼立法中，明确其他社

---

① 参见姜涛：《检察机关提起行政公益诉讼制度：一个中国问题的思考》，《政法论坛》2015年第6期。

② 2016年4月，徐州市人民检察院诉鸿顺造纸有限公司公益诉讼一案中，徐州市人民检察院首先向三家环保组织发出督促起诉意见书，但三家组织均认为，自身专业技术有限，法律知识不足，难以担当起诉重任。在该案中，虽然三家环保组织最终没有作为原告参与诉讼，并不是因为不具有原告资格，而是因为自身能力不足才没有参加诉讼。虽然该案是民事公益诉讼，但对于行政公益诉讼仍然具有较强的借鉴意义，因为对行政公益诉讼和民事公益诉讼的规定大多体现在同一个文件中。

③ 黄学贤：《建立行政公益诉讼应该解决的几个问题》，《苏州大学学报》(哲学社会科学版)2008年第3期。

④ 参见侯佳儒：《环境公益诉讼的美国蓝本与中国借鉴》，《交大法学》2015年第4期。

会组织的参与方式是十分必要的。① 检察机关具备丰富的法律知识并精于诉讼实践，其他组织则有相当高的技术水平和业务能力，二者合作有利于促进资源整合保护公共利益。如在环境污染案件中，环保组织相对其他主体来说具有专业的环保知识，对污染程度的测算，污染物品的采集等更为熟悉，即便环保组织尚不能直接参与诉讼，通过与检察机关密切配合提供帮助，同样有助于公益诉讼案件的解决，至少能增加诉讼中的民主成分。②

（四）明确界定公益定义适度扩大受案范围

公益的定义与公益诉讼受案范围息息相关，公益范围变宽必然扩大公益诉讼的受案范围。公共利益概念的不确定性使处于模糊地带的公共利益无法通过检察机关提起公益诉讼的方式得到保护。③ 建立公益诉讼制度，如何界定公益的范围是无法回避的问题，实践中明确公共利益的含义已非常急迫，理论界对公益的不同定义并不妨碍实践中通过立法明确公益范围。当前需要思考的是如何合理界定公益范围，既能尽量保护公共利益，又使公益诉讼在可接受的范围，防止片面扩大公益解释造成公益滥诉，以及公益范围过小造成公共利益保护不足的困境。④ 根据《试点方案》第1条第3款，公益诉讼的主要目的是保护公共利益，但将其范围限定在特定的领域。从实践案例来看，当前对公共利

---

① 有学者认为，在环保领域、消费者保护领域和劳动者保护领域等，可以赋予具备一定资格的团体组织诉权，以解决环境污染、消费者权益纠纷，维护公共利益。参见刘学在：《请求损害赔偿之团体诉讼制度研究》，《法学家》2011年第6期。

② 民主的意义恰恰在于，通过不同团体间的观念碰撞，使理性有更多的机会发出声音。检察机关与其他组织相互配合，共同作出决策，显然比检察机关单枪匹马地作出决策更有优势。参见刘瑜：《民主的细节》，上海三联书店2009年版，第171页。

③ 参见黄凤兰：《对检察机关提起公益诉讼的再质疑》，《中国行政管理》2010年第12期。

④ 参见行政公益诉讼作为行政诉讼的一种特殊模式，受案范围不能过于狭窄。受案范围过窄，无法解决现实生活中不断增加的利益保护，也与行政诉讼的立法目的相悖，使行政诉讼逐渐失去活力。参见莫于川等：《我国〈行政诉讼法〉的修改路向、修改要点和修改方案》，《河南财经政法大学学报》2012年第3期。

益的保护范围过于狭窄，还不能满足人民群众对公共利益保护的期待。[①] 或许当前立法者还不敢大规模放开公益诉讼的受案范围，希望通过以点带面的实践积累经验，最终制定公益诉讼法律时再扩大公益诉讼的受案范围。

当试点制度已然成熟需转变为常规制度时，如何更好地定义公益明确受案范围呢？我们认为实践中对公共利益的界定无外乎立法安排和司法实践，即通过在法律条文中明确界定公益的范围或者在司法审判中累积经验逐步确定公益范围。本书倾向于通过立法安排来界定公益范围：一是因为在专门法律中确定公益的范围权威性较强、耗时较短、法律位阶较高，符合我国成文法的传统；二是从维护法律体系的统一性来讲，立法安排更能保证法律体系的统一，防止各地司法机关裁量尺度的不同造成公益范围的变动。[②] 在选择立法安排模式后，还应适度扩大公益诉讼的受案范围，但要反对无限扩大受案范围的观点，“司法权同行政权、立法权的划分只有相对的意义，尤其在司法和行政之间”[③]。既要考虑当前司法审判的实际能力，又要考虑受案范围扩大的背后，必然带来检察权力的扩张，稍有不慎会造成检察权力的滥用。

（五）完善检察建议使其作为常规手段以节约司法成本

检察建议是检察机关行使法律监督权的重要手段，通过检察建议的形式，促使法益得到保护，能节约宝贵的司法资源。检察建议多体现在刑事诉讼中，即使在刑事诉讼中也不是强制性的，更不是前置程序。不管是我国《人民检察院组织法》还是《刑事诉讼法》都没有详细的规定，

---

① 自试点开展至2018年4月，各试点地区一共发现了公益诉讼案件线索703件，最终提起行政公益诉讼的只有15件，一方面是因为检察机关在提起诉讼前必须通过检察建议的前置程序，使绝大部分行政机关及时纠正了错误，没有提起公益诉讼的必要，另一方面可能也与当前过于狭窄的公益诉讼受案范围有关，并不是每件案件线索都属于公益诉讼的对象。

② 我国并没有判例法的传统，也不承认审判机关的立法权，公益范围的界定在理论界本就有较大的争议，短期内审判人员在一定程度上缺乏在司法实践中逐步确定公益范围的能力。

③ 王广辉：《比较宪法学》，北京大学出版社2007年版，第409页。

《行政诉讼法》也没有规定检察建议的内容。根据《试点方案》的诉前程序，检察建议是行政公益诉讼的前置程序。作为公益诉讼程序的一部分，必须规范检察建议的行使权限和内容。试点地区通过提出检察建议，督促行政机关纠正违法行为，取得了较好的效果。一般而言，行政机关接到检察建议后，基本能按照建议的内容，及时处理违法行为，防止公共利益继续受损，这也是当前行政公益诉讼难以进入诉讼阶段的重要原因。

实践中如何合理安排检察建议使其发挥最佳效果仍然值得深入思考，我们认为在检察机关参与公益诉讼时不仅要把检察建议作为一项前置程序，更应成为一种常规手段，将公益诉讼作为备选方案。唯有如此，才能节约宝贵的司法资源，促进司法效率的提高。同时，还应该有效监督检察建议，尤其是当检察建议不合理，行政机关提出异议时该如何操作，故今后必须明确检察建议的提出程序、监督方式和补救措施，使检察建议具有可操作性且愈加规范。

（六）充分发挥检察机关人员的积极性主动性

正因为行政公益诉讼没有直接的利益受损者，难以产生个体和群体与利益诉求有直接的关系，故公众缺乏对诉讼过程和诉讼结果的特别关心和监督。检察机关在诉讼中所发挥的作用不亚于普通诉讼当事人，既能提起诉讼请求，参与诉讼审判，还能提出检察建议和抗诉。因此，检察机关能参与行政公益诉讼的各个环节，发挥着不可替代的作用。若检察机关怠于履行自身职责或者不当履行自身职责，将给公益诉讼带来不可估量的损失，又因缺乏直接利害关系人的监督和关注，有可能逃脱法律的制裁。因此，今后在行政公益诉讼中，必须既坚持检察一体原则，又充分发挥检察机关办案单位和人员的积极性、主动性。

检察机关参与行政公益诉讼有赖于工作人员履行自身岗位职责，积极发挥公益诉讼人的作用，需要从以下方面改进：第一，健全检察机关参与公益诉讼的监督措施。当前检察机关参与公益诉讼的各项过程具有较大的自由裁量权，缺乏必要的监督措施。如检察建议的提起是检察机关根据自身对案件事实和相关法律法规的运用向行政机关提出，对其内容缺乏审核监督，检察建议能否减少公共利益的损失也缺乏衡量标准。第二，建立检察机关工作人员参与行政公益诉讼奖惩措施。只有制定切实可行的奖惩措施，才能既激励工作人员认真办案积极履行检察机关职能，又防止工作人员因为缺乏惩戒措施，在诉讼中恣意行使自由裁量权，不能审慎认真地参与诉讼。第三，完善下级检察机关和工作人员在政策制定中的参与权。当前各项方案制度，基本由最高人民检察院制定，下级检察机关和工作人员的参与程度较低，使得政策制定，难以体现基层第一线办案人员的意见建议。若能在宏观政策制定中，强化基层检察机关和第一线办案人员的参与度，必将提高办案人员的积极性和主动性，使出台的政策更符合实际情况。

四、结语：以点带面构建常规化的行政公益诉讼模式

对一项新的制度，学界应该少一些苛责多一些包容，少一些诋毁多一些鼓励，方能使新制度茁壮成长、愈加完善。目前，行政公益诉讼在我国刚刚处于起步阶段，还在试点，尚不成熟，需要理论界和实务界仔细关注、悉心呵护。但这并不意味着对试点中出现的问题可以视而不见、充耳不闻，应该深入研究其在实践中的发展，借鉴域外国家的成熟做法，逐步完善公益诉讼制度。

近几年行政公益诉讼从无到有，从理论到实践取得了较快的发展，学界再也不用纸上谈兵纯理论式地谈论该制度，当前有不少案件和大批数据等待学界去探究。正如何海波教授所言："然而通往法治的道路并不见得因此一马平川，因为法治镶嵌在一个社会的政治、经济和文化结构中，绝非几人之力就能成功。"[①]随着试点范围扩大试点时间推移，越来越多的矛盾正慢慢浮出水面，如果不能妥善处理实践中出现的种种问题，那么将试点制度变成常规制度并逐步实现由公益诉讼的单一渠道向社会渐渐开放，将难以实现。要突破困境，必须优化各项具体的诉讼制度，真正破解制度的瓶颈。

---

① 何海波：《行政法治，我们还有多远》，《政法论坛》2013 年第 6 期。

■ 第二节 全面深化改革背景下检察机关的宪法定位

新形势下，我国检察院宪法定位同时受到国家宪制结构变革、检察院职权措施变更和社会功能变迁等因素影响。“法律监督机关”之定位不仅契合我国一元宪制结构，也符合社会主义法治发展的需要。由此，检察院未来应继续保留现有宪法定位，履行保障法律正确实施、维护法制统一和尊严等职责。但是，职务犯罪侦查权转移后，检察院如欲真正实现“法律监督机关”之宪法定位和现实权威，还需要从宪法法律中寻找“有力依托”和“有效措施”。

一、人民检察院之宪法定位的历史及现状

我国宪法法律规定，人民检察院是国家的法律监督机关，依法独立行使检察权，承担保障法律正确实施、维护法制统一和尊严的重要职责。尽管检察院的职权性质还有司法权、行政权、多权合一和法律监督权等认知分歧，但至少在宪法定位上，宪法已经从“国家机构组织形式制度”层面直接将检察院明确为“法律监督机关”。这种具有中国特色的检察制度和检察院定位，既是中国近代以来学习外国法律制度的结果，亦有其较深刻的社会时代背景。近年来，随着司法体制改革和监察体制改革进一步展开，面对全面深化改革的新形势，如何找准定位、实现应有功能，成为不仅关乎检察院自身，而且影响改革全局的重要问题。

我国检察制度并非内生于中国传统文化。其一方面是西方法治文化冲击的产物，另一方面很大程度受苏联“一般监督”理念影响，最终形成我国“法律监督机关”之定位。这种宪法定位上的转变，几经波折而非一蹴而就。第一阶段是中华人民共和国成立初期，借鉴苏联制度，我国检察机关的职能由“原来的单纯的侦查起诉、检举犯罪”扩大至“对政府

机关、公务人员和全国国民之严格遵守法律”负“检察责任”。[①] 这一设置基本借鉴了列宁对检察制度的指导思想和苏联“一般监督”理念，但面临的实际问题有较大差异。[②] 第二阶段是从 1957 年到 1978 年，检察机关活动在特定社会历史环境下逐渐被政治需求所取代，直到遭到取消。第三阶段是“文化大革命”结束后，1978 年《宪法》恢复了检察机关，紧接着 1979 年修改《人民检察院组织法》，取消了“一般监督”规定，现行宪法随后对其重新定位为“法律监督机关”并延续至今，一般监督职能则转交国家权力机关。

从“一般监督”到“法律监督”之定位的转变，蕴含着检察院职权及检察对象的巨大变化。一方面，从世界范围来看，当前我国检察院“法律监督机关”之表述，具有不少中国特色意味，其他各国少有提及。一般来说，各国检察权的主要内容有公诉权、侦查权和诉讼监督权三种，由此存在“法律监督权”正当性的争议。联合国大会于 1990 年批准通过的《关于检察官作用的准则》第 11 条规定的检察官职权指“在刑事诉讼（包括提起诉讼）中和根据法律授权或当地惯例，在调查犯罪、监督调查和合法性、监督法院判决的执行和作为公众利益的代表行使其他职能中发挥积极作用”，这种程序监督就包含于法律监督之中。可见，即使西方国家也并未将检察职能和监督制度视作无法兼容之个体。另一方面，历时态地观察，中华人民共和国成立初期我国检察院的检察职权从严格意义上讲早已超越了一般意义上的诉讼监督权，一定程度上向违宪审查方向迈进。1979 年《人民检察院组织法》和现行宪法中“法律监督机关”之定位表述，则是对检察院职权和检察对象的限缩。

---

① 参见刘宗珍：《理解检察权：语境与意义》，《政法论坛》2015 年第 5 期。

② 苏联检察制度主要解决“各联盟间如何保证法制的统一性”的问题。在《列宁全集》第 33 卷中《论双重领导和法制》一文，列宁指出，检察长应“监视整个共和国对法制有真正一致的了解，不管任何地方的差别，不受任何地方的影响”（参见刘宗珍：《理解检察权：语境与意义》，《政法论坛》2015 年第 5 期）。新中国检察制度在现实领域中关注和解决的是“巩固人民政权”问题，初创时期的目标指向是以镇压反革命为主要工作内容（参见孙谦主编：《人民检察制度的历史变迁》，中国检察出版社 2009 年版）。

理解当前“法律监督机关”这一定位，至少需从三个层面着手：第一，“定位”与“定性”的概念分野，具体到检察制度上即“法律监督机关”和“法律监督权”的关系。从语义来看，“定位”倾向于从“国家机构”的序列中对“检察院”作出“法律监督机关”的定位，“定性”则倾向于从“国家权能”上对“检察院的权能”作出“法律监督权”的框定。[①] 第二，就“法律监督权”和“检察权”之间的关系存在一元论和二元论的不同认识：二者本质上是否具有一致性？二元论主张法律监督权与检察权并列，任何一方都无法涵盖另一方；一元论则认为一切检察活动都是法律监督活动的具体形式，全部检察权可统一于法律监督权。我们认为，“法律监督权”是从我国宪法文本对检察院之定位出发，进而与传统意义的“检察”一词作对比；“检察权”则是从传统的“检察”概念出发，进而解释我国宪法文本规定的“法律监督”。这种路径上的差异，应该说并未影响其本质和范畴。持一元论和二元论者的最大争议可能源于对“法律监督”之范畴的理解，不同语境下对此可作广义和狭义的区分：“法律监督机关”对应的“法律监督权”当然应从广义上理解；狭义的“法律监督”职能排斥于公诉和侦查职能之外；还有人进一步将其限缩为刑事诉讼领域的法律监督，这可谓最狭义的定义。至于在“立法权、行政权、司法权三权”范畴之下讨论“法律监督（检察）权”应归于何种性质，则属于第三层面的问题。

检察院作为一种专门的法律监督机关，乃由我国宪法创设，因此想要真正解释当前我国的检察制度，就要具体到中国特色的宪制结构中观察。

首先，我国宪法明确规定人民代表大会是国家权力机关，“一府两院”由其产生，对其负责，受其监督。因此，这种一元宪制结构背景和“议行合一”的政治体制，决定了在我国权力机关和检察机关之间是决定与执行、监督与被监督的关系，二者存在位阶和性质上的差异，权力机关的法律监督权是最高层次的监督权，检察机关由其产生，对其负责，并成为专门法律监督机关。其次，至于“法律监督机关”对应的职权属性，如果要在权力机关之下作出高低

---

① 参见陈云生：《我国宪法检察“机关定位”及其意义探析》，《法治研究》2012 年第 1 期。

衡量，或可将其职权拆分为二：狭义的法律监督职能和宪法规定的办理刑事案件“分工负责，互相配合，互相制约”所涉及的职权。前一职权单向地指涉“监督”公安机关、法院和监狱等，此时检察机关定位略高于审判机关；后一职权则约等于或略低于司法审判职权。①

二、人民检察院之宪法定位的影响因素

党的十八届三中全会提出，全面深化改革的基本点是“完善政治体制，破除体制内弊端”。近年来，以司法体制和监察体制改革为代表的政治体制改革逐步深入，新形势下检察院何去何从成为检察院自身和改革全局必须面对的重大问题。从目前来看，影响我国人民检察院宪法定位的主要有三大因素：宪制结构之变革对检察院宪法地位产生冲击；职权措施之变更在一定程度上侵蚀检察权威并使法律监督效果打折；社会功能之变迁对检察院工作提出更高的要求。

（一）我国宪制结构之变革

检察院的宪法定位，归根结底就是检察院在我国宪制结构中的地位问题。近来不少学者讨论监察体制全面改革是否须修宪的问题。从“立改废”流程和重大改革于法有据等原则来看，国家监察改革全面展开后，监察机关与行政机关、司法审判机关和法律监督机关同处一个层级，考虑到我国“议行合一”的政治体制，在全面范围内设立监察委员会涉及我国人民代表大会制度这一根本政治制度的重大变革，当然需要修宪保障。

这一变革对检察院的影响在于，我国宪制结构将从权力机关之下的“一府两院”变为“一府一委两院”，不同机关之间原先的宪法关系和现实

① 有两处值得说明。第一，该理论将我国检察院职权参照人民法院划分为三层级结构，即层级略高于司法审判的法律监督和诉讼监督权，层级约等于司法审判的批捕权、直接受理案件侦查权和审查起诉权，以及层级略低于司法审判的派员出庭行使公诉权。第二，此处所谓“法律监督职能”取狭义，即人民检察院单向“监督”其他机关的职能，主要包括立案监督、侦查监督、审判监督、执行监督等。参见封安波：《论我国检察权的“三层机”结构——基于〈宪法〉与〈刑事诉讼法〉衔接的考量》，《法学家》2015 年第 4 期。

关系将面临重大变化。具体表征如下：其一，最根本的问题是"法律监督机关"之宪法定位的存废问题；进一步讲，若保留，其宪法意涵是否变更？其二，《宪法》135条规定，公安机关、人民法院、人民检察院办理刑事案件"分工负责、互相配合、互相制约"，监察体制改革后主体很可能扩容为四个。此外，近年推行的以审判为中心的刑事诉讼制度改革，虽未直接触动宪制结构和影响检察院的宪法定位，但对检察院之现实地位仍有一定影响。检察院必须找准新形势下自身宪法定位，处理好与行政机关、监察机关和司法审判机关之间的法律关系和现实关系。

（二）检察职权措施之变更

我国检察院现有职权主要是法律监督（狭义）职权、批准逮捕职权、侦查职权、审查起诉职权和公诉职权。实际上，类似"取消侦查权""增设公益诉讼权"和"强化司法监督权"的建议很早就有人提出。[①] 多轮改革之下，检察院的职权面临双重变化：(1)"减损"：监察体制改革后，原来属于检察院的职务犯罪侦查权会从检察院转移至监察委员会。(2)"增益"：①十八届四中全会要求探索建立检察机关提起公益诉讼制度，改革试点自2015年7月启动，2017年6月27日，全国人大常委会通过《关于修改〈中华人民共和国民事诉讼法〉和〈中华人民共和国行政诉讼法〉的决定》，正式建立起检察机关提起公益诉讼制度，案件范围囊括环境、民事和行政等。②四中全会还提到"行政检察"制度，"检察机关在履行职责中发现行政机关违法行使职权或者不行使职权的行为，应该督促其纠正"，这种检察机关对行政权的监督，突破了集中于行政判决诉讼监督的传统行政检察范畴。[②] 此外，正在推行的省级以下地方检察院人财物统一管理制度，也在一定程度上加强了检察工作的独立性，亦可理解为职权的增益。

---

① 参见周菊：《我国检察权性质定位的再思考》，《岭南学刊》2010年第2期。

② 参见湛中乐：《三个层面构建科学的行政检察监督体系》，《人民监察》2015年第2期。

但是实践中不得不面临检察院的现实权威考量[①]问题，如有学者所言，真正影响检察权强弱的，其实是有无对职务犯罪的侦查权和有无对行政行为（包括具体行政行为和抽象行政行为）和地方立法的法律监督权。[②] 当前问题如下：其一，尽管我国检察院的法律监督（狭义）职权在其诸职权中层级最高，但与其对应的提出检察建议和发布纠正违法通知书之措施缺少实际强制力，由此检察院的现实权威很大程度上源于职务犯罪侦查权及有关措施。其二，就职务案件调查（侦查）而言，假如监察委员会有权自行决定或批准留置措施，则检察院所谓批准逮捕权其实并未对其产生制约效果。其三，即便检察院的行政检察职权扩张并且具有公益诉讼职权，但仅凭检察建议和纠正违法通知书亦很难使其发挥实效。可见，将职务犯罪侦查权剥离后，检察院将缺少落实法律监督职权的重要手段，权与能的协调匹配成为未来的关键问题。

（三）检察社会功能之变迁

2014年，中央全面深化改革领导小组第二次会议强调“深化司法体制改革，促进社会公平正义”。正义是国家社会亘古不变的话题。中国改革发展必须直面的一个问题是，在谋取最大多数人的最大幸福同时，如何有效保障社会正义。在我国，检察院作为“法律监督机关”，承担保障法律正确实施、维护法制统一和尊严的职责。根据《人民检察院组织法》的规定，除了维护社会法制、国家统一和国家政权外，我国检察院还承担维护秩序、保护财产、保障权利和公民教育等功能。无论是国家、公民和社会哪一个层面的职能，本质上与公平正义等价值都脱不了关系。

通过个案正义促进社会公正，是检察院发挥社会功能的传统模式。其具体表达是检察院通过行使侦查、审查起诉、公诉和诉讼监督等职能，“让人民群众在每一个司法案件中感受到公平正义”。这种传统功能定位，在社会效果上集中于社会管理和公民权利，具体指向上以保证个案

① 本书此处所谓“现实权威”，并非指向规范渊源上的正当性，而是指法律监督在运行和实施过程中的一种现实的信任、力量和威望。

② 参见张智辉、谢鹏程：《现代检察制度的法理基础——关于当前检察理论研究学术动态的对话》，《国家检察官学院学报》2002年第4期。

效果为主，但教育功能发挥的不充分，在以个案推动公民法治思维和社会法治理念进步上做得还不够。

发挥好教育功能以推动社会公正，是改革对检察院工作提出的更高要求。《人民检察院组织法》规定："人民检察院通过检察活动，教育公民忠于社会主义祖国，自觉地遵守宪法和法律，积极同违法行为作斗争。"党的十八届四中全会提出"谁执法谁普法"的普法责任制，目前司法改革正在探索检察官"以案释法"制度，要求"利用办案各个环节宣讲法律，及时解疑释惑"，收集典型案例以发挥引导、规范、预防与教育功能，以法律进机关、进乡村、进社区、进学校、进企业、进单位等为载体开展经常性以案释法活动。①

三、人民检察院之宪法定位的未来走向

目前，司法体制方面的不少改革举措已步入总结推广阶段，监察体制改革已确定将职务犯罪侦查权从检察院抽离。后续改革需注意检察院的宪法定位、现实地位和社会功能等问题，为此需从宪法法律中寻找新的依托，重构检察院职权体系和具体措施，建立起与宪法定位相匹配的现实地位。

（一）要坚持检察机关"法律监督机关"之宪法定位

在全面深化改革背景下，政治体制改革顶层设计应该以宪法为逻辑起点，法律监督机关的宪法定位不应动摇，更不得违背人民代表大会制度这一根本遵循。检察院从"一般监督"转化为"法律监督"，相应职权亦已产生一定限缩，当前定位符合我国一元宪制结构和法治发展的需要；监察体制改革后，国家监察委员会行使的是职务类刑事案件的侦查权，不涉及检察院现有的法律监督（狭义）职能。在宪法层面，检察院应继续保留"法律监督机关"之定位，履行保障法律正确实施、维护法制统一和尊严等职责，包括维护宪法、法律、法令、政令的统一性、秩序性和权威性，维护公平正义，制约公权、保障人权。

---

① 参见《关于实行国家机关"谁执法谁普法"普法责任制的意见》，http://www.gov.cn/zhengce/2017-05/17/content-5194741.htm，2017年8月15日访问。

（二）要实现检察机关"法律监督机关"之宪法定位

这必须要从宪法法律中寻找"有力依托"和"有效措施"，保障与宪法定位相匹配的现实地位。此前不少学者曾针对当前我国检察院实际履行的核心职能主要限于刑事司法领域的现状提出了相应意见，如"走向宪法规定的法律监督机关的大舞台"①，"全面复原、充分发挥、及时回归检察机关的法律监督权能，树立'大检察'格局"②，从立法、执法、司法和守法四个环节实现有效的法律监督。③ 监察体制改革后，检察院失去职务犯罪侦查权，作为法律监督机关的现实权威不免减损，若要寻找"有力依托"以匹配宪法定位，或许实现法律监督原有权能是一条直接有效的道路，如此行政检察职能扩张和公益诉讼改革当是其中重要一步。这其中需解决的问题是现有的检察建议和行政违法通知书等措施很难为其建立实际权威。

首先，从法律监督对象集中于司法和个别执法环节，到构建全面涵盖立法、执法、司法和守法四个环节的法律监督体系。现行法律关于检察权的规定主要集中在司法和个别执法环节，对于立法、守法和大部分的执法环节缺乏监督。④ 中华人民共和国成立初期，检察院曾在短期内发挥过监督抽象行政行为的职能，未来改革可借鉴其中一些经验。监督地方立法则涉及违宪审查的范畴，下一段重点讨论。

其次，赋予检察院协助国家最高权力机关行使宪法监督权的职能。这不仅可为检察院构建职能权威，也有助缓解我国法律违宪问题难以解

---

① 喻中：《如何理解"检察院是国家的法律监督机关"——宪法第129条对于中国宪政体系的意义》，《长白学刊》2009年第3期。

② 王文生、徐岱、刘平：《论检察机关法律监督权能之回归——"大检察"格局之构想》，《当代法学》2008年第5期。

③ 有学者指出，检察机关的现有实际权力与检察机关的宪法定位之间的差距悬殊，使检察机关的宪法定位显得"名不副实"。我国的检察权应对上述四个环节均进行有效监督，进而实现检察机关的宪法定位"名副其实"。参见任文松、王晓：《社会主义法制视角下的检察权设计》，《山东师范大学学报》（人文社会科学版）2010年第5期。

④ 参见任文松、王晓：《社会主义法制视角下的检察权设计》，《山东师范大学学报》（人文社会科学版）2010年第5期。

决、宪法制裁措施的制裁性较弱和违宪审查机关"无案可审"之间的矛盾。至于协助方式,有参与违宪审查和行使违宪审查提请权两种。考虑到我国宪制结构特殊性,违宪审查提请权比较符合实际情况。在具体操作上,检察院对地方立法违宪的行使检察权并层报最高人民检察院,由其向全国人大及其常委会提请违宪审查。

最后,为实现上述职权,还需强化原有检察措施或增添新的检察措施。一方面,检察措施须具备更强的约束力,如在不履行检察建议和行政违法通知书时须承担更严重的法律后果;另一方面,假如赋予检察院违宪审查提请权,则现有检察措施和手段都很难发现和查实有关问题,可考虑增添新的检察措施。对此还可进一步讨论最高人民检察院行使违宪初查权的可行性。

(三)要注意处理好几对关系

首先,要处理好检察院内部的关系,主要是平衡好检察工作一体化和检察办案独立化之间的关系。其次,要处理好检察院与其他国家机关的关系,尤其在行使行政检察职能时要处理好与行政机关专业自主性的关系,在办理职务类刑事案件时要处理好与监察机关和司法审判机关的关系。此外,还要处理好检察院与公民、社会的关系,主要是充分发挥检察院的教育功能和普法职能。

四、结语

新形势下,我国检察院宪法定位同时受到国家宪制结构变革、检察院职权措施变更和社会功能变迁等因素影响。监察改革并不涉及检察院现有的法律监督(狭义)职能,"法律监督机关"之定位不仅契合我国一元宪制结构,也符合社会主义法治发展的需要,由此检察院未来应继续保留现有宪法定位,履行保障法律正确实施、维护法制统一和尊严等职责。但是,职务犯罪侦查权转移后,检察院如欲真正实现"法律监督机关"之宪法定位和现实权威,还需要从宪法法律中寻找"有力依托"和"有效措施"。

总之,检察院作为专门的法律监督机关,是由我国宪法创设。这种特色检察制度和检察院定位,并非外国法律制度的简单移植,而是根植于我国历史条件和社会时代背景。因此，未来改革也必须从我国实际情况出发，以我国根本政治制度为基础，把握好社会主义法治发展方向，最终实现法律统一正确实施、维护社会公平正义。

第三节 “法律监督”的概念分野与行政监察监督的归位

法律监督是维护法律完整统一正确实施的国家宪制职能，监督对象应从“法律实施”层面出发而不限于诉讼监督。核心价值不明、规范内涵有误、范畴存在偏差，是阻碍行政检察权能回归的理论困境。以活动“属性”为一级分类标准，围绕“公共行政”展开的行政检察监督和围绕“司法裁判”展开的诉讼监督是构成狭义上法律监督的两个“周延且互斥”的一级下位概念。公权性、外部性、受控性和执行性是“公共行政”的四个关键要素。行政检察监督仍需基于一定限度，即遵循人大制度、程序性控制为主、限于公权领域外部行为、不直接涉及个人和公共法益减损。以“主体”为二级分类标准，行政检察监督是对“多方主体”实施公共行政的控制。行政执法、行政司法、一般行政规范性文件和反腐败执法应接受行政检察监督，监察委调查活动虽有属性之争，但难逃法律监督序列，并涤除行政机关刑侦活动、监所活动和行政诉讼，最终在规制国家公权、构建检察权威和保障公民权利之间寻求价值平衡。行政检察监督的可能走向是发挥审查要求提请权协助合宪性审查。

检察权突破公诉和侦查职能而扩张至监督领域乃我国特色检察制度重要表征。现行宪法和1979年《人民检察院组织法》规定，人民检察院是国家法律监督机关，依法独立行使检察权。从“一般监督”到“法律监督”，我国检察院的职权已有一定程度限缩，主要指公诉权、侦查权和狭义法律监督权(即不含公诉和侦查，下同)，该设定符合我国一元宪制结构。“法律监督”是一种源于宪法、位列人大监督之下的宪制职能，旨在监督宪法法律正确统一实施、促进政令通畅和维护中央权威。如果立足于立法、行政和司法三分原则和人大制度根本遵循,“狭义法律监督”应当是一种专门法律监督机关对国家立法权之外的国家职权及其活动是否正确统一实施法律的监督。但是目前它的内部逻辑还比较混乱,尤其是长期以来我国法学界和实务界对行政检察监督存在较大认知偏差。

当前,我国实践中围绕“诉讼监督”形成了一套特殊的狭义法律监督体系,该体系并不完全符合我国宪法对检察院的定位。① 行政检察监督范畴的“回归”②,是十八四中全会以来司法改革重要内容之一。十八届四中全会《决定》提出,“完善检察机关行使监督权的法律制度”,“探索建立检察机关提起公益诉讼制度”,“检察机关在履行职责中发现行政机关违法行使职权或者不行使职权的行为,应该督促其纠正”。我国行政检察在监督范围、监督对象和监督方式等方面都发生了较大变化。③ 但是,它们仍未完全契合行政检察监督之本意。概言之,我国“行政检察监督”的核心价值追求还不够明确、规范内涵还不够准确、主要范畴还有较大偏差。④ 这些关于“行政检察监督”的认知和建构,无法实现检察权对国家公权力的有效规制,有必要重新厘清它的概念和外延。

行政检察监督的根本面向是保障宪法和法律完整统一实施,其根本

---

① 我国检察院实际履行的核心职能主要框限于司法尤其是刑事司法领域,但这一现状并不完全符合我国宪法规定的法律监督职能。参见喻中:《如何理解“检察院是国家的法律监督机关”——宪法第 129 条对于中国宪制体系的意义》,《长白学刊》2009 年第 3 期。

② 参见王文生、徐岱、刘平:《论检察机关法律监督权能之回归——“大检察”格局之构想》,《当代法学》2008 年第 5 期。

③ 监督方式在监督范围上,从单一的行政诉讼监督,拓展为行政诉讼监督、行政违法和行为不作为行为监督并举,既包括诉讼内的监督,又包括诉讼外的监督;监督对象上,从监督人民法院的生效判决,到增加人民法院行政调解书、审判人员违法行为和行政执法活动,乃至行政机关违法行使职权乃至不行使职权的行为。参见张洋、刘文波:《行政检察正在发生四个变化》,《人民日报》2015 年 5 月 22 日。

④ 当前,我国检察院所谓行政检察,职能主要由民事行政检察机构行使,是一种行政诉讼中的监督,与民事、刑事诉讼监督性质相似,实际上面向司法审判,旨在促进司法公正,并非严格意义上的行政检察。参见肖金明:《建构、完善和发展我国行政检察制度》,《河南社会科学》2011 年第 6 期。

价值应在规制国家公权、构建检察权威和保障公民权利之间寻求平衡。所谓“公共行政”的四个关键要素是公权性、外部性、受控性和执行性。“行政检察监督”的外部逻辑在于它与“诉讼监督”是构成“狭义法律监督”的周延且互斥的一级下位概念，内部逻辑则指多方主体分别实施的公共行政活动共同周延地构成行政检察监督，由此实现两种“法律监督”的概念分野和我国行政检察监督的归位。

一、“法律监督”的逻辑和实践

（一）从“一般监督”到“法律监督”

现代检察制度和一般监督理论都无法回避的关键问题是：（1）检察权的机构定位和职权定性问题。（2）检察院的组织架构问题，包括检察权统一行使、上下级关系和检察官等问题。（3）检察权职能定量问题。包括：①公诉权范畴：是否涵盖审查起诉职能？刑事以外其他公共利益代表之身份如何界定？②侦查权范畴：可否侦查引导？有无职务犯罪或其他犯罪侦查权？有无剩余侦查权？③监督权范畴：监督诉讼活动程度如何？检察权对司法之外事务如何监督？（4）检察机关的外部关系问题，如检察机关侦查权与公安和其他专门侦查机关的关系。根据联合国大会1990年《关于检察官作用的准则》第11条检察官职权条款中“根据法律授权或当地惯例”和“其他职权”的表述①，检察院职权边界并无定论，而是依据本国宪法法律的规定。那么，何谓“一般监督”？

苏联的一般监督权是根据列宁对检察制度的指导思想建立起来的，旨在维护“社会主义国家的法律的统一”，包括检察长在内的检察官，他们所肩负的特殊使命就是通过实施法律监督维护国家法治的统一和权威。实际上，“为了能够毫不留情地对抗一切反革命的破坏，坚定地巩固无产阶级革命的胜利果实，维护社会主义法制的统一，苏联检察机关承

---

① 根据联合国大会于1990年批准通过的《关于检察官作用的准则》第11条规定的检察官职权指：“在刑事诉讼（包括提起诉讼）中，和根据法律授权或当地惯例，在调查犯罪、监督调查的合法性、监督法院判决的执行和作为公众利益的代表行使其他职能中，发挥积极作用。”

担了较之其他国家检察机关范围更广的法律监督职能”①，是刑事、民事和行政的全面的法律监督，突破了一般意义上从事侦查、诉讼活动或诉讼监督的机关，而成为国家法律监督机关，甚至一定程度上有违宪审查之意涵。

中华人民共和国成立初期，我国借鉴列宁“一般监督”理论，除了规定检察院的公诉、侦查和诉讼监督职能外，还突出规定了对行政决议、命令和措施的合法性和国家工作人员是否遵守法律的监督。② 1979 年《人民检察院组织法》和现行宪法规定，我国检察院是国家专门法律监督机关，依法独立行使检察权。这涉及我国“检察权”的机构定位、职权定性和职能定量问题。学界就此争议集中于：第一，职能定量上，检察权是公诉、侦查和诉讼监督部门，还是包含更广泛意义的监督？第二，机构定位上，检察院是倾向于政法业务部门，或者说刑事司法兼顾民事行政检察，还是作为法律监督之国家宪制机关而以法律监督职能为主、检察执法职能为辅？第三，职权定性上，检察权是行政权、司法权还是法律监督权？“法律监督权”和“检察权”本质上是否具有一致性，或者说法律监督权一词能否涵盖全部检察权？

（二）“法律监督”的可能性

我们看到，西方各国检察权主要有诉讼监督权（主要是对侦查机关和审判机关的监督）、侦查权（主要是自侦案件和补充侦查）和公诉权（如审查起诉和提起公诉）三种职能。③ 在检察权职能定量上，大陆法系的检察权更为丰富和集中，一定程度上具有诉讼监督的职能。尤其是法国检察权边界更为宽泛，不仅兼顾法律监督职能，还包含了一些民事公益诉

---

① 参见刘宗珍：《理解检察权：语境与意义》，《政法论坛》2015 年第 5 期。

② 所谓一般监督，即对有关国家机关违反法律的行政决定和措施以及对国家机关工作人员的违法行为实行的检察监督活动。参见王桂五：《王桂五论检察》，中国检察出版社 2008 年版，第 189 页。

③ 参见刘树选、王雄飞：《关于中西检察权本源和属性的探讨》，《国家检察官学院学报》2002 年第 4 期。

讼的范畴。[①] 英美法系的检察权体现了更多审慎和谦抑价值，尤其是英国检察权不仅排斥于侦查权之外，甚至无权就部分刑事案件提起公诉。[②] 但是英美法系内部亦有一定程度的分野，大幅度吸收大陆法系检察特征的美国检察体制在诸多方面与英美法系"格格不入"。[③] 与之对应，监督宪法和法律实施层面的法律监督并不是世界检察制度之主流。列宁考察西方国家检察制度也发现，西方三权体制下的检察制度并不适合以人民主权为理论逻辑的人民代表大会制度下的权力监督制约。[④]

究其根源，我们以为，更广泛意义上的检察权（即不限于公诉、侦查和诉讼监督）唯寻路于制约和监督行政权、立法权。这种上升至监督宪法和法律实施层面的法律监督机关，必须是独立的、超脱于三权体系之外的机构。由此以下两项前提必择其一：

1. 存在一种超然于三权之上的统一权能，如中世纪神权、封建君权（如现代检察发源地法国检察官监督国王律令在全国范围内统一适用，我国古代御史官员代替皇帝纠察百官[⑤]）。其中专制君权和神权绝难与现代立宪主义相融共生。就此有上述统一权能独占监督权和设置专门监督机关承担全部或部分监督职能等具体实施路径。我国宪法法律规定，全国人大及其常委会作为国家权力机关（统一权能）监督宪法和法律实施，检察院作为专门法律监督机关承担部分监督职能，由此形成法律

---

① 参见何勤华、王思杰：《西方检察权发展简论》，《人民检察》2012 年第 11 期。

② 参见黎敏：《西方检察制度史研究——历史缘起和类型化差异》，清华大学出版社 2010 年版，第 114 页。

③ 有关美国检察制度的主要特点参见何家弘：《论美国检察制度的特色》，《外国法译评》1995 年第 4 期。

④ 参见王建国：《列宁一般监督理论的制度实践与借鉴价值》，《法学评论》2013 年第 2 期。

⑤ 现代意义的检察权起源于欧洲中世纪中后期，肇始于法国、服务于中央集权国家司法制度之建设。起源时期，法国的检察体制主要建立在以国王为核心的强大司法官僚体制的基础上。彼时之检察权本质还是一种维护王室利益、保障中央集权和律令统一的工具，通过检察权对地方司法审判的监督促进国王法令更大范围的实施，以使"百县之治一形"（《商君书·垦令第二》），从维护集权和政令统一的角度出发，一定程度上与我国古代御史制度有相似之处。

监督的“二元结构”。

2. 虽无上述统一权能，但享有法律监督权的机构真正独立于三权体系之外。不同监督客体又延伸出迥异之轨道：(1)宪法委员会等专门违宪审查机关，这种概括性监督是宪法监督的传统路径。(2)监察委员会等专门监察机关，这兼具职务案件侦查（调查）和监督国家机关工作人员是否遵守法律之双重性质。(3)设置独立三权之外的检察院，以专门监督各级国家机关是否遵守法律。但是，究竟如何判断“独立三权之外”？权能过重则实为违宪审查，过轻则陷入检察不能或唯有依附于行政或司法。实际上，西方现代国家限于分权制衡传统很难容纳一种游离于三权体系之外又非违宪审查的所谓“法律监督”，不论这些国家检察权统一也好、分立也罢，即便独立选举[①]甚或“权势滔天”，除去依附行政或司法，检察权别无他路。这种命运，美国“独立检察官”制度也没有逃脱。

（三）我国“法律监督”的三个层次

检察院作为一种专门的法律监督机关，是由我国宪法创设，想要真正解释当前我国的检察制度，首先要具体落实到中国特色的宪制结构中观察。我国检察制度是根植于人民代表大会根本政治制度下的创设：我国宪法法律规定人民代表大会是国家权力机关，“一府两院”由其产生，对其负责，受其监督。换言之，作为第一层级的权力机关派生出行政、审判和检察等第二层级的权力分支，检察机关在层级上与行政机关、审判机关平行，依法独立行使检察权，履行法律监督职责。检察权和行政权等分别依据宪法和法律在各自权限范围内按照程序分别行使，在特定事项的处理中相互配合。[②] 必须明确，我国检察院依法独立行使检察权，不受行政机关、社会团体和个人的干涉。独立司法是司法公正的重要保障，是各国公认的基本法治原则，但人们往往更关注独立审判而忽略独立检察，或将其与独立审判混为一谈，未注意到独立检察的特殊性。从

---

① 美国检察官由选举选出、对选民负责，采取个人负责制，在辖区内有极为广泛的公诉权，甚至检察长也无权干涉。参见何家弘：《论美国检察制度的特色》，《外国法译评》1995 年第 4 期。

② 参见郑贤君：《论检察权与行政权的关系》，《河南社会科学》2011 年第 6 期。

检察权与行政权的关系出发，独立检察原则至少有三个方面：(1)检察院是行使检察权的唯一机关，行政权不得介入检察系统；(2)检察权行使不受外界尤其是行政权的干涉，如省级以下探索检察机关人财物统一管理改革；(3)检察权的内部独立，在检察官独立办案和检察系统一体化原则之间寻求价值平衡。在此宪制结构下，我国“法律监督”的体系逻辑可以归纳为三个层次：

第一，权力机关的法律监督权是最高层次的监督权。我国《宪法》第62条、第67条、第99条、第104条分别规定了全国人大、全国人大常委会、地方各级人大和地方各级人大常委会保证宪法、法律和行政法规被严格遵守和执行的职权和措施。[①] 这决定我国全国人大及其常委会作为最高国家权力机关及其常设机关负责监督宪法和法律在全国范围内的实施，地方各级人大及其常委会作为地方权力机关及其常设机关则负责监督宪法和法律在各自区域内的实施。这项监督权是最高层次的、唯一性的，没有任何其他机关的任何职权可以超出它的权限和范畴。

第二，检察机关由权力机关产生、对其负责并成为专门法律监督机关，检察院是作为法律监督之国家宪制机关，而非一般公诉或侦查机关。必须明确，“专门法律监督”并不意味着“一般监督”。我国权力机关和检察机关之间是决定与执行、监督与被监督的关系，二者存在位阶和性质上的差异，检察院法律监督权不得超越自身位阶，即法律监督对象不涉及国家权力机关实施的活动。

---

① 我国《宪法》第62条规定：全国人民代表大会“监督宪法的实施”，“改变或者撤销全国人民代表大会常务委员会不适当的决定”。第67条规定：全国人大常委会“监督宪法的实施”，“监督国务院、中央军事委员会、最高人民法院和最高人民检察院的工作”，“撤销国务院制定的同宪法、法律相抵触的行政法规、决定和命令”，“撤销省、自治区、直辖市国家权力机关制定的同宪法、法律和行政法规相抵触的地方性法规和决议”。第99条规定：地方各级人民代表大会在本行政区域内“保证宪法、法律、行政法规的遵守和执行”，县级以上的地方各级人民代表大会“有权改变或者撤销本级人民代表大会常务委员会不适当的决定”。第104条规定：县级以上地方各级人大常委会“监督本级人民政府、人民法院和人民检察院的工作”，“撤销本级人民政府的不适当的决定和命令”，“撤销下一级人民代表大会的不适当的决议”。

第三，在"法律监督权"和"检察权"的关系上，二元论主张两种职权并列，任何一方都无法涵盖另一方，一元论则认为一切检察活动都是法律监督活动的具体形式，全部检察权可统一于法律监督权。就此而言，"法律监督"应当是一种源于宪法、位列人大监督之下的宪制职能，不限于诉讼监督又不同于一般监督。为避免一元论和二元论的争议，本书提出"狭义法律监督"①作为我国法律监督的第三个层次。定义如下：

> 我国人民检察院行使的独立于公诉和侦查职能之外的，以保障宪法法律统一正确实施为价值追求、以国家立法之外的国家职权及其活动为监督内容的特定检察活动。

我们以为，作为国家宪制职能的"狭义法律监督"，应当是一种"更广泛意义的监督"，监督对象应从"法律实施"层面出发而不限于诉讼监督。我国宪法文本或宪法解释并未对法律监督作出明确限定，文义解释上将法律监督限缩为"诉讼监督"是不恰当的。上升到宪法法律实施层面、作为国家宪制职能存在的法律监督，旨在通过对公权行为的合法性进行审查与监督②，以保障法律的正确统一实施。就此而言，法律监督的根本价值就在于保障法律的实施。将专门法律监督限制在司法领域不符合社会主义监督原则，诉讼监督也难以真正实现检察权对国家公权的制约。

二、两种"法律监督"的分野

（一）我国"法律监督"的逻辑困境

"狭义法律监督"之规范表达可厘清它的外部逻辑，却难以解决内部逻辑困境，即无法周延分类。目前，学界就该词语的两种认知路径都存

---

① 有的学者基于我国现状，将这种"狭义法律监督"归纳为人民检察院"单向"监督其他机关的职能。参见封安波：《论我国检察权的"三层机"结构——基于〈宪法〉与〈刑事诉讼法〉衔接的考量》，《法学家》2015 年第 4 期。

② 宪法实施的核心应当是公权行为的合宪性进行审查与监督（参见苗连营：《宪法实施的观念共识与行动逻辑》，《法学》2013 年第 11 期）。与之对应，法律实施即旨就公权行为的合法性进行审查与监督。

在理论前提层面的根本困境。

第一种路径如上文所述，即我国实践中的狭义法律监督体系主要围绕诉讼监督展开。这一构建路径的根本问题在于直接跳过了一级分类（对“法律监督”的划分）而进入二级分类（对“诉讼监督”的划分），由此产生两种划分方式：一种以监督程序时间先后为划分标准，区分立案监督、侦查监督、审判监督和执行监督①；另一种是以监督对象性质差异为划分标准，区分刑事诉讼监督、民事诉讼监督和行政诉讼监督。无论哪一种划分，实际上都是对诉讼监督的逻辑分类，而不是对狭义法律监督的逻辑分类。这种错误认知或源于对研究对象的有意偷换或无意脱靶。它无法回答却难以避开的问题是：诉讼监督之外不存在狭义法律监督吗？诉讼监督之外如何分类？

第二种认知路径是以监督“对象”或者说权力“主体”为划分标准，比如区分对行政机关、对司法机关、对人民团体和其他组织以及对公民的监督。此分类方式的不周延性以及下级概念交叉是法律监督逻辑混乱的直接原因。随着现代社会发展、国家职权分工精细化和缠绕交错，很难继续以单一的宪法定位或职能定性来准确概括并完全覆盖某一国家机构的全部活动。君不见：行政机关逐步沾染立法权甚至“职权立法”在某些国家取得宪法层面之认可，学界对“行政裁决”和“行政复议”之性质产生争议②，实践中司法机关通过司法审查实现对行政的干预，等等。

这根本上是对机构“定位”、职能“定性”和活动“属性”等语词的混淆。(1)“定位”不同于“定性”，“法律监督机关”不等于“法律监督权”。从语义看，“定位”一般是在“国家机构”的序列中对“检察院”作出“法律

---

① 检察权的全部权能可以分解为公诉权、侦查权、侦查监督权、审判监督权和执行监督权。参见石少侠：《我国监察机关的法律监督一元论：对检察权权能的法律监督权解析》，《法制与社会发展》2006 年第 5 期。

② 早在 20 多年前就有学者提出“行政司法活动”的概念。由于国家行政管理工作的需要，行政机关作为裁判者来裁决一些纠纷案件（参见方世荣、周佑勇：《试析我国人民法院对行政活动司法监督的内容》，《法学评论》1993 年第 3 期）。该文未言明但隐含了行政司法活动定义的前提，即法律、法规赋予了一定范围的行政司法权。

监督机关"的定位,"定性"则倾向从"国家权能"上对"检察院的权能"作出"法律监督权"的框定。[①] 当然,宪法定位一般可当然推得与之对应的职能定性,因为"定性"基于事务之本质而非全貌。(2)问题集中于对"属性"一词有不同理解。如果作宏观意义上的解释,可解释为对某机构的根本性质,此时与"定性"等同;如果作较微观解释,还可以指同一机构不同活动具有的实际属性,它与机构的职能定性可能不完全吻合。

(二)我国"法律监督"的价值困境

1.混淆了"法律监督"的根本价值

"宪法实施""法律实施"和"法律监督"并非相同层面的概念,它们具有不同的内涵和表征。"违宪审查并非唯一的宪法实施方式,宪法的全面贯彻实施还需关注和重视其他实施方式。"[②]中共十七大报告提出"加强宪法法律的实施",十八届四中全会《公报》也指出"坚持依法治国首先要坚持依宪治国"。"宪法实施"和"法律实施"是价值表征相同的两个不同概念[③],所谓"法律实施"是指立法机关立法、行政机关执法、司法机关裁判以及社会组织和个人守法[④],所谓"宪法实施"除了上述法律实施,还

---

① 参见秦前红:《全面深化改革背景下检察机关的宪法定位》,《中国法律评论》2017 年第 5 期。

② 上官丕亮:《法律适用中的宪法实施:方式、特点及意义》,《法学评论》2016 年第 1 期。

③ 宪法实施与法律实施是不同意义上的法律实施活动,法律实施不意味着宪法实施,法律实施也不是宪法规范实施之全部(参见范进学:《宪法实施:到底实施什么?》,《学习与探索》2013 年第 1 期)。该文章认为,基本权利规范的实施是宪法实施的本质与目的所在。

④ "马克思主义理论研究和建设工程重点教材"《宪法学》认为,法律实施是指:"就国家机关而言,立法机关依据宪法制定法律,将宪法原则和规定予以具体化,行政机关依据法律作出行政行为,司法机关依据法律作出裁判,如果其行为违反了法律,可以通过法律机制予以纠正并追究法律责任,使之严格依法行使职权。就社会组织和个人而言,如果其行为违反了法律,要承担相应的法律责任。"(《宪法学》编写组:《宪法学》,高等教育出版社、人民出版社 2011 年版,第 296 页)

包括宪法本身条款（如国家机构和基本权利条款）的实施。[①] 因此，所谓“监督法律的正确统一实施”就是监督国家机构、社会组织、国家工作人员和全国国民是否严格遵守法律。

当前“诉讼监督论”局限于诉讼活动的过程公平与结果公道，没有看到“法律监督”的行动方向、目的和价值其实在于法律的统一正确实施，前者只是法律监督实现的表象，后者才是法律监督的实质内容。[②] 维护宪法和法律完整统一正确实施层面的法律监督，应当是一种国家宪制职能，监督对象应从“法律实施”层面出发，可能之对象包括国家机构、社会组织、国家工作人员和全国国民等多类主体。

2. 难以肩负保障公民权利之使命

“检察制度的创设不仅在于保障司法权行使的客观性，而且肩负保障人权的特殊使命”[③]，这是人民检察院的重要任务[④]。我国《人民检察院组织法》规定，检察院的任务包括“保护社会主义的全民所有的财产和劳动群众集体所有的财产，保护公民私人所有的合法财产，保护公民的人身权利、民主权利和其他权利”。检察机关作为专门法律监督机关对行政权监督的缺位问题是我国现行检察制度的一大“短板”，实践中检察院不仅经常对行政权“网开一面”，有时甚至成为行政执法之帮衬。[⑤] 司法不公可能将使得社会公正最后一道防线崩裂，行政权滥用却可能直接

---

① 我国宪法“总纲”关于国家政治、经济、社会、文化、卫生、医疗、公共道德等方面的政策性条款，总共 32 条。除了前 3 条，其他条款的主语皆为“国家”，这些给付性或赋权性规定皆要求国家主动采取某种立法措施，予以具体的法律实施和保障。宪法的“总纲”条款和政策性条款需要具体的法律加以规定和实施，但是宪法还存在国家机构和公民基本权利等其他条款。参见范进学：《宪法实施：到底实施什么？》，《学习与探索》2013 年第 1 期。

② 参见王建国：《列宁一般监督理论的制度实践与借鉴价值》，《法学评论》2013 年第 2 期。

③ 李乐平：《关注检察内在价值》，《检察日报》2016 年 12 月 2 日。

④ “人民检察院惩罚犯罪和保护人民是同一任务的两个方面，不可偏废任何一个方面。”见周其华：《我国检察机关的任务是什么？》，《检察日报》2010 年 3 月 5 日。

⑤ 参见唐光诚：《中国检察制度面临的矛盾与宪法价值回归》，《东方法学》2010 年第 1 期。

导致公民权利被限制和剥夺。

3.难以实现规制国家公权之目的

规制国家公权行为既是法律监督价值追求之所在，也是实现法律监督的根本路径。“与审判权、侦查权以及其他行政权力不同，检察权作为具有制约性质的权力，决定了其价值体系中必然包含着不同于其他权力价值体系的特殊价值”①，法律监督之本意即通过对公权行为的合法性进行审查与监督，以保障法律的正确统一实施。此乃规制国家公权之正当性。

但是，当前我国实践中围绕诉讼监督尤其是刑事诉讼监督形成的这套狭义法律监督体系，它的价值还主要停滞于《宪法》第135条规定的办理刑事案件“互相制约”层面，规制对象则主要局限于审判机关和行政侦查机关，远未充分发挥我国检察权独立于三权之外这一关键优势。诉讼监督和行政检察监督的概念分野和实践区分，得以从两种独立平行之路径更大程度实现对国家公权行为的合法规制。前者倾向于监督司法裁判，后者趋向于规制公共行政，分别追求诉讼活动和国家管理的过程公平与结果公道。

（三）两种“法律监督”分野的实践意义

1.根本解决行政检察监督之乱象

当前，我国存在的几种不同语境下的行政检察监督，都或多或少在理论或实践中存在困境。(1)我国检察内设机构正在实施的行政检察监督制度最大弊病在于以偏概全、以“行政诉讼监督”取代行政检察监督。(2)实践中所谓“广泛意义上的行政检察”无法回避的困局是将行政诉讼检察监督（诉讼监督）、办理刑事案件“分工负责，互相配合，互相制约”中的制约（公诉职能和诉讼监督）和对行政机关国家工作人员违法犯罪行为的侦查（侦查职能）等不同维度的检察职能笼统纳入行政检察。(3)新兴的行政检察监督学说区分了纯粹意义和广泛意义上的两种行政检察监督，前者将行政检察监督过度限缩为“行政执法检察监督”，后者错误

① 李乐平:《关注检察内在价值》,《检察日报》2016年12月2日。

地将“行政主体实施的活动”[①]和“多方主体参加的司法裁判活动”置于同一维度，恐有囫囵吞枣之嫌，亦无法借此对狭义法律监督作出周延且互斥之归纳。(4)近轮司法改革固然使行政检察向监督行政执法领域延伸，但依然没有厘清诉讼监督和行政检察监督之间的界限，且行政公益诉讼本质应归于公共利益之代表和公诉职权之扩张。

理论上厘清行政检察监督之内涵和外延，可以避免不同语境下对行政检察监督的理解差异，有利于理顺行政检察的内外逻辑、科学划分行政检察有关机构和人员。

2.周延概括狭义法律监督之外延

前面我们就“狭义法律监督”所作的规范内涵可厘清它的外部逻辑，但是它和现有两种认知路径都无法解决内部逻辑混乱问题。解决第一个问题，要避免以偏概全，防止以诉讼监督代替法律监督；解决第二个问题，要具体区分每一机构之每一活动的具体属性，防止混淆职能定性和活动属性。总之，为达“周延且互斥”之目标，我们亟须寻找更加有效的分类标准，对狭义法律监督进行科学的多级分类。

(四)两种“法律监督”分野的可能性

1.独立的宪制地位

相对于西方三权模式下的检察权，我国检察权的最大特色是具有独立的宪法来源，是一种宪法设立的独立的法律制度，这个独立性表现在它“不隶属于政府，像西方那样具有行政权的属性，更不从属于法院系统”[②]。如前文所述，我国法律监督权力体系实际形成了作为“统一权能”的全国人大及其常委会监督宪法和法律实施、专门法律监督机关的检察院承担部分监督职能的“二元结构”，独立检察原则是我国宪法规定的重

---

① 如将行政检察监督划分为行政行为检察监督和行政诉讼检察监督，其中前者包括行政执法检察监督和行政立法检察监督等(参见莫于川等:《行政执法的新思维》，中国政法大学出版社 2017 年版，第 254 页)。广义的行政检察监督，还包括监督行政主体参加行政诉讼和履行行政判决(参见肖金明:《建构、完善和发展我国行政检察制度》，《河南社会科学》2011 年第 6 期)。

② 刘宗珍:《理解检察权:语境与语义》，《政法论坛》2015 年第 5 期。

要原则。在权力机关具有“统一权能”和法律监督体系“二元结构”的双重背景下，我国检察权特色或者说超越西方检察权之根源，在于它能够真正独立于三权之外，由此检察监督原则成为社会主义监督原则的重要组成部分，检察权成为实现社会主义监督原则的重要一环、在国家权力制约体系中发挥中流砥柱的作用。

2. 充分的法律依据

现行《宪法》第 129 条对检察院的定位是“法律监督机关”，未明确规定检察院的行政检察监督权，但也没有规定法律监督不包括行政检察监督。从目的解释出发，“从一般法理意义上来说，应该把关于执法、司法的行为纳入其监督范畴，行政机关的具体行政行为作为最为重要的适法行为，涉及国家利益、社会利益和群众利益，如果其不在检察监督权监督范畴之中，似乎与检察权的本质有所背离”①。从体系解释出发，我国《宪法》《人民检察院组织法》《警察法》和《治安管理处罚法》等共同为检察院行政检察监督权提供了概括意义上的法律依据。②

3. 完善的理论逻辑

实际上，以“主体”为衡量的三权学说很难恰如其分地诠释我国宪制体制，尤其检察机关究竟属于哪一权（监察机关亦然）。况且，职权定性与每项活动的具体属性不完全吻合，某个机构的具体活动可能存在其他属性。但是，如果按照“属性”来分类，在“宪法实施”层面任何主体某一活动的具体属性，其实仍跳不出“立法”“行政”和“司法”的三分原则。虑及我国一元权力架构和权力机关、立法机关的重合，“立法”属性活动须涤除于法律监督之外。

---

① 韩永红：《我国法律体系中的行政检察监督权》，《广东行政学院学报》2014 年第 2 期。

② 《人民检察院组织法》第 5 条第 5 款、《警察法》第 46 条和《治安管理处罚法》第 114 条等条款中零星地规定了一些检察院的行政执法监督职权，从法律授权来讲它们还处于“个别授权”，但并不能就此否认我国法律体系中不存在对行政检察监督的“概括授权”。因为一般意义的行政检察监督权需要宪法或有关组织法予以确认，否则这些规范性文件将全部丧失法律依据。既然我国《宪法》没有明确规定法律监督不含行政检察监督，便有理由借此为行政检察监督和现有法律法规寻找合法性。

以狭义法律监督对象的不同属性为标准，可划分出周延且互斥的一级下位概念。逻辑推理过程如下：首先，我国立法权归于权力机关，基于人大制度根本遵循，检察院作为专门法律监督机关不得干涉权力机关之活动，由此狭义法律监督之客体应当是对“国家立法权之外的国家职权及其活动”是否正确统一实施法律。其次，所谓“国家立法权之外的国家职权及其活动”，可解释为“多方主体参加各种司法裁判和公共行政”。上述活动又可进一步拆分为“多方主体参加各种司法裁判活动”和“多方主体参加各种公共行政活动”。由此，围绕“司法裁判”①建立起的检察即“诉讼监督”，围绕“公共行政”建立起的检察即“行政检察监督”。

三、行政检察监督的规范内涵

（一）行政检察监督的根本面向

学界和实务工作者对于行政检察监督大多形成了这样的统一认知：唯有走出诉讼程序，才能真正实现行政检察监督的法律价值。关于行政检察监督之根本面向究竟是什么，有学者基于检察权的程序性特点和列宁对检察长职权的论述，认为行政检察监督必须通过法院裁判得以实现。② 以司法审判为载体、督促行政机关参加行政诉讼和执行判决的所谓广泛意义上的行政检察监督，亦已被许多人所接受。但是，列宁关于“检察长的唯一职权，就是把案件提交法院去判决”的论述必须放到在《论双重领导和法制》上下文中贯通理解，这实际上是对垂直领导下拥有高度独立性之检察职权的反向限制（下文有“行政检察监督的实施边界”专门分析），讨论的是检察官职权的边界，而非行政检察监督的方式问题，无法借此推得行政检察监督亦须围绕法院裁判开展。何况，如果行

① 本书以为，所谓司法的核心要义是以终局裁决力推动社会公正，就此唯有人民法院根据法律法规进行的裁判活动属于司法活动。但是，参与法院裁判活动的主体是多维的，在以人民法院为中心的司法审判活动中，法院仅仅是裁判者，此外还有诉讼当事人、利益相关人乃至公益诉讼参与人。

② 参见唐光诚：《中国检察制度面临的矛盾与宪法价值回归》，《东方法学》2010 年第 1 期。

政检察监督只得凭借司法审判之裁量,其实仍旧逡巡于诉讼程序,更遑论行政法律监督法律价值之实现。可见,当前这些理论探索仍未走出诉讼程序之窠臼。本书提出行政检察监督之面向并非“行政权”,也不是一般意义的“行政行为”,而是“公共行政”。下面试从正反两个方面解释之。

1.“公共行政”涵盖“公共属性”和“行政属性”两重意蕴

(1)本书谓之“公共属性”有传统国家公权层面和公共事务层面两重意蕴,不同于哈贝马斯概念化的公共领域概念。私域(private sphere)和公域(public sphere)乃法兰克福学派著名学者哈贝马斯讨论市民社会引入之语词。实际上,早期代表型公共领域下并不对公私领域作严格区分,市民社会形成后的公共领域其实脱胎于私人领域。从代表型走入市民型的公共领域语词体系呈现严格的公私分野,其中涉及国务活动相关对象的被称作政治的公共领域,以此与文学的公共领域区分。[①] 显然,所谓政治的公共领域主要特征就是与教会权力和政府权力的分离,由此实际形成“国家公权”“公共领域”和“私人领域”之三分。国家公权、公共领域和私人领域一定程度上可对应国家、社会和个人。“公共属性”两重意蕴即在国家公权范畴内管理公共事务。

(2)“公共行政”还具有“行政属性”。“扣除说”受行政法学影响,认为“行政”是指国家职权中减去立法和司法后剩余的职权。“行政”究竟是什么?《联邦党人文集》曾作出经典论述,“所有权力都必须通过法律赋予,否则行政机关不得享有和行使任何权利。与此同时,任何权力都必须通过法律来制约和控制”[②],三权划分体系下行政权的属性可以理解为一种从属性的执行(executive)权。台湾地区司法院释字第 613 号解释理由书指出,“行政旨在执行法律”,依此“行政”的核心内涵是“执行法律”,解释为“具体操作”。还有人提出“行政”除了“执行权”外,还包括政

① 参见[德]哈贝马斯:《公共领域的结构转型——论资产阶级社会的类型》,曹卫东译,学林出版社 1999 年版。

② [美]汉密尔顿、杰伊、麦迪逊:《联邦党人文集》,程逢如等译,商务印书馆 1980 年版,第 264 页。

策权和组织管理权[①]，这在我国表现为政府制定“红头文件”和进行内部管理活动，其中后者为“公共属性”所排除，前者推导出实践中一套复杂的规范性文件体系，后文详述其地位及效力，此处暂将“行政属性”概括为“受控性”和“执行性”。

2.“公共行政”不等于一般意义的“行政行为”，更不等于“行政权”

(1)“行政属性”具有非专属性。在我国，传统行政权理论认为，行政权是专属于行政机关，“随着行政的法治化，行政主体概念逐渐取代了行政机关这一具有强烈管理学性质的概念，行政权的专属性也呈现出一种松动”[②]。进一步讲，现代行政权的主体已呈多元态势，“公共行政”业已超越行政主体范畴。随着社会法治进一步复杂化，我们很难断言立法机关、司法机关甚或未来的监察机关所实施的一切活动皆永不牵涉公共行政。

(2)“形式意义的行政活动”[③]并非皆具“行政属性”。比如，公安和其他专门机关刑事侦查活动一定程度上可视作具有司法属性，检察机关对它们的监督本质应归于诉讼监督；行政主体参与行政诉讼的活动，以履行诉讼判决为例，看似需要通过行政活动来实现，但根本上它产生的是诉讼意义而不是行政意义上的法律效果，仍属司法范畴之活动，亦应归于诉讼监督。

(3)国家机构内部活动传统建构模式饱受争议，传统“行政行为”形式理论“在现代行政任务膨胀的背景下险象环生。特别是其对行政实体

---

① 参见吴庚、陈淳文：《宪法理论与政府体制》，(台北)三民书局2017年版，第513～517页。

② 张树义、梁凤云：《现代行政权的概念及属性分析》，《国家行政学院学报》2002年第2期。

③ 有学者将行政活动(行政机关实施的活动)区分为实质意义的行政活动和形式意义的行政活动。前者强调的是行政权力的实际运作，此即所实施的活动具有本书所谓“行政属性”；后者指行政机关采取的一切活动，包括在私法领域的活动和在公法领域的活动，强调的是实施活动的主体是行政机关而不是其他机关。参见朱维究、解志勇：《论行政活动的分类与控制》，《政法论坛》2003年第2期。

政策面向的关注严重不足”①，难以借此完成法律监督下位概念的继续分类。

（二）行政检察监督的体系逻辑

1. 行政检察监督的定义

本书定义“行政检察监督”如下：我国检察院监督各方主体实施公共行政活动是否严格遵守宪法法律的特定检察活动。行政检察监督的核心价值追求是保障宪法和法律完整统一实施而对“公共行政”的控制，旨在促进国家法律在“公共行政”层面的正确统一实施。其根本目标是构建检察权威与保障公民权利之间寻求价值平衡，检察对象是享有国家公权的多方主体在国家公权领域内实施的具有受控性和执行性的各种外部活动，检察内容是监督上述活动是否严格遵守法律。

2. 行政检察监督的两重逻辑

行政检察监督的外部逻辑，即“行政检察监督”与“诉讼监督”是作为一级下位概念的并列且独立的重大宪法职能，共同构成比较周延的所谓狭义法律监督。此即上文所谓狭义法律监督的语词内部逻辑，不再赘述。

行政检察监督的内部逻辑，是指行政检察监督的二次分类是“多方主体”实施的“公共行政”活动。可作如下归纳：(1)对象多样，包括权力机关之外的国家机关、被授权组织或其他特定机构；(2)属性单一，必须是具有公共行政属性或者说有公共行政意义；(3)内容广泛，是具有公共行政意义的一切法律实施活动，现实中有些活动虽冠立法或司法之名，却为“行政”之实。

此外，三个问题值得注意：第一，“行政司法”和“行政立法”具体属性有争议。第二，“监察职能”虽定性为监察权，但需区分不同活动具体属性。第三，被授权组织和一些特定机构也可能作出具有公共行政意义上的特定活动。

---

① 朱新力、唐明良：《现代行政活动方式的开发性研究》，《中国法学》2007 年第 2 期。

3."公共行政"的关键要素

通过行政检察监督根本面向之分析，本书认为，所谓"公共行政"，指的是各方主体在国家公权范畴内实施的具有受控性和执行性的外部活动。它具有四个关键要素："公权性""外部性""受控性"和"执行性"。所谓"公权性"，指主体乃利用国家公权力所实施的活动。所谓"外部性"，指该活动面向公共事务而不是国家机构内部事宜，旨在促进公共福祉、而不是某一具体机构的福利。所谓"受控性"，指经法律授权，在法律范围内，受法律控制。所谓"执行性"，指公共行政行为本身乃执行法律规定，不创设普遍约束力。

四、行政检察监督的实施边界

有学者根据我国社会法治现状和检察机关法律监督的特点，将我们现行的法律监督概括为"有限的一般监督"。[①] 本书认为，相较于"一般监督"，我国"法律监督"的"有限"或"边界"在行政检察监督领域主要有以下表征：

（一）行政检察监督不得违背人大制度根本遵循

我国1954年《宪法》和《人民检察院组织法》仿效前苏联作了"一般监督"的规定，但在1982年《宪法》和1979年《人民检察院组织法》中取消了一般监督的有关规定。权力机关的法律监督权成为最高层次的监督权，检察机关由其产生，对其负责，并成为专门法律监督机关，检察院是作为法律监督之国家宪制机关。由此，我国最高的监督机关是全国人民代表大会及其常委会而非最高人民检察院，检察机关乃权力机关设立之专门法律监督机关，二者是决定与执行、监督与被监督的关系，存在位阶和性质上的差异。这种宪制格局的根本要求是：检察院法律监督权不得超越自身位阶，即法律监督对象不涉及国家权力机关实施的活动。那么，我国检察院法律监督对象包括地方权力机关活动吗？

在原苏联议行合一的宪法制度下，检察机关对"一切政权机关"的监

---

① 参见崔建科：《论行政执法检察监督制度的构建》，《法学论坛》2014年第4期。

督，并不包括对苏维埃最高权力机关即苏维埃人民代表大会及其常设机关的监督；但是，检察机关可以监督地方权力机关。根据《论双重领导和法制》一文的精神，“列宁检察权思想理论的核心就是要对检察机关实行垂直领导和对地方机关包括地方苏维埃是否遵守苏俄中央法令实行监督，所以，对地方苏维埃权力机关的活动，检察机关是有权监督的”①。该种监督模式后来被苏联检察制度所继承。

但是，我国并未真正建立起检察机关的垂直领导体制，地方各级检察院亦由地方权力机关产生，故于我国检察院法律监督对象亦不涉及地方权力机关之活动。置换视角，这一根本要求未尝没有构建衔接机制的意味：一方面，人大方面要监督和支持检察院的法律监督工作；另一方面，检察院方面也要接受与配合人大对其的监督和支持。简而言之，就是以两种监督形式的差异性因素为依据实现二者的融会贯通。②

（二）行政检察监督以程序性控制为主

行政检察监督应限于程序性控制，一般不对实体问题、实体权力作出最终处分。列宁指出，“检察长有权利和有义务做的只有一件事：注意使整个共和国对法制有真正一致的理解，不管任何地方差别，不受任何地方影响”③，“但是检察长无权停止决定的执行，而只是必须采取措施，使整个共和国对法制的理解绝对一致”④。列宁在论证检察机关应实行垂直领导体制同时，强调检察监督职权限于程序性权限，而不涉及最终决定权。这是法律监督价值追求的表达，符合权力制衡的规律，也一定程度体现狭义法律监督之下行政检察监督和诉讼监督的对应性。诉讼监督的核心也在于保障司法“过程”的公正性。一个分歧在于，认为审判监督程序和抗诉等制度是对法院“裁判结果”的监督。其实，它们很大程

---

① 王建国：《列宁一般监督理论的制度实践与借鉴价值》，《法学评论》2013 年第 2 期。

② 参见秦前红、刘怡达：《人大司法监督与检察院法律监督衔接机制论纲》，《地方立法研究》2017 年第 1 期。

③ 《列宁全集》第 43 卷，人民出版社 1987 年版，第 196 页。

④ 《列宁全集》第 43 卷，人民出版社 1987 年版，第 195 页。

度只是检察公诉权的事后行使，很难被定性为狭义法律监督，更不是对“裁判结果”的监督。提起抗诉的检察院相较于生效判决刑罚对象具有优势待遇，容易被误解为对法院审判的“单向监督”。但是在以审判为中心的刑事司法活动中，再审和一审、二审一样，终端处分权依然掌握在法院手中，检察院的优势地位并不意味着当然影响司法判决结果。

（三）对象限于国家公权领域内所实施的外部活动

1. 行政检察不监督国家公权领域外活动。比如，行政单位因为单位停水与饮水供应商的纠纷，这种不具有强制性、未基于不平等的法律关系，也没有利用政府名义所进行的民事活动，不涉及国家公权力，检察院不应该，也没有必要介入。

2. 行政检察不监督有关主体的内部管理。(1)根据有关组织法进行的规范运行属于组织内部管理权，因此行政检察不得干涉有关主体的正常运作以及对内部工作人员的纪律惩戒，这也是对其宪法职权的基本尊重；(2)但是，组织内部管理权须基于比例原则和内部原则，因此，超越必要程度之纪律惩戒和监察机关对其他机构工作人员之监察，皆突破了上述内部管理范畴。

（四）一般不直接涉及对个人是否遵守法律之监督

法律监督的可能对象包括国家机构、社会组织、国家工作人员和一般国民，检察院法律监督的核心是对国家公权行为是否严格遵守法律所进行监督与审查，所产生的法律责任和制裁措施亦应由公权行为对应的有关主体来承担。

1. 行政检察监督不涉及认定行政执法人员的责任。监督“人”和监督“活动”乃截然不同之面向。以行政主体及其工作人员为例，“行政执法人员”（行政主体以及法律法规授权的组织中具体实施行政执法活动的人员）属于前偏后正的词组或者说偏正结构短语，是加有修饰词“行政”的人员，重在“人员”；与之对应，“行政执法主体”是指行政执法活动的承担者，是承担行政执法活动的机关或组织。行政检察监督确实可以达到严肃行政机关纪律、规范行政公务人员行为的作用，但规范公务员队伍并非检察院的基本任务[①]，而是行政主体的组织管理职能，宜以内部纪律惩戒机制和复核、申诉程序完成。

2. 对于国家公职人员和一般公民仍有必要作一定区分。第一，针对一般公民是否遵守法律或者说全民守法的监督，民事案件基于不告不理原则、刑事案件则由检察机关代表公共利益提起公诉，一般不属于行政检察监督。第二，一般公民行政法上的无因管理活动是实践中新生、一直被忽略却堪得深思的问题：一般公民无因义务下代替行政机关行使有因权力所导致的行政责任[②]是否具有宪法正当性、在何种情况下可能由公民承担、是否接受行政检察监督（对于未经授权的普通社会组织亦可能有此命题）？在满足"公共行政"四要件的特殊情况下，此种行政责任是否可能意味着行政检察监督对象之扩张？

3. 行政检察监督对象不直接涉及个人并不意味着与个人毫无关联，在针对国家公职人员职务犯罪所采取的一系列活动过程中，检察机关仍可能通过监督反腐败执法机关是否严格遵守法律，从而间接影响国家公职人员履职。但这显然无法论证预防、调查和侦查职务违法犯罪属于行政检察监督。

（五）以公共法益之一定损害为前提

首先，"诉讼外行政检察监督"的法理依据是有关行为存在违法性，包括实体违法和程序违法，前者表现为越权、滥用职权、玩忽职守和其他明显不当之行为，后者表现为实施公共活动的方式、步骤、顺序、时限等没有合乎法定要求[③]，行政不作为行为也有可能导致公共利益减损。其次，基于法律监督谦抑原则和对活动主体职权的尊重，行政检察监督一

---

① 参见杨承志、范思力、刘进军等：《行政执法检察监督权的边界》，《人民检察》2016 年第 24 期。

② 在与行政主体的法律关系中，公民等无因义务必然对应行政机关的有因权力，行政法无因管理行为正当的结果是追认、奖励或补偿，不正当的结果是赔偿或刑罚。参见张弘：《行政法无因管理研究——以公民为行政机关从事行政活动为分析视角》，《东方法学》2011 年第 5 期。

③ 参见王国宏：《诉讼外行政检察监督论析》，《湖南科技大学学报》（社会科学版）2016 年第 3 期。

般只在公益遭受较严重之损害结果时才介入;至于造成一般危害后果的行为,一般应由行政机关进行系统内监督或由专门负责机构实施监督。

那么,对于其他机关负责的监督事项,若其他监督主体不作为,检察机关是否应介入?对此有不得介入、可以介入和通过检察建议等方式督促履行监督职责等不同观点,笔者赞同姜明安教授的看法,认为当其他监督主体都不作为时,相应事项可以进入检察机关行政检察的范围。[①]不论检察机关可否介入其他机关之监督事项,都应当有专门、严格的法律进行规定;如果可以介入,还要规定介入的范围、程度、方式和程序等。总之,需要尽快制定检察机关监督行政违法或不作为行为的专门法律文件,避免监督职权配置争议导致的监督越权或缺失。

五、行政检察监督体系之"拨乱"

当前我国理论和实践都偏离了行政检察价值目标,亟须"拨乱"和"反正"。本书认为有三点值得注意,除了上文指出的行政检察监督不等于行政诉讼监督之外,还要注意它并不等同于监督行政主体实施的全部活动,更不主张笼统地涵盖检察院为规制公共行政所作之全部检察活动。

(一)行政检察监督不等于监督"行政主体实施的活动"

1. 检察院督促行政主体参与行政诉讼和执行生效判决以及提起抗诉等,均乃诉讼监督范畴

行政诉讼与刑事诉讼、民事诉讼共同构成三大诉讼活动,属于司法范畴。检察机关对行政诉讼的监督主要有两个面向:(1)面向法院司法审判工作的审判监督,如传统的行政诉讼抗诉等。这些监督活动一定程度上可视作检察权对司法审判的补强,旨在促进司法公正、推动社会正义,显然因其对象乃司法审判而归于诉讼监督,无论从任何层面讲,都不

① 姜明安教授指出,此时若检察机关再不介入,国家利益、社会公共利益或公民、法人其他组织的合法权益即将受到重大损害,从这个意义上看,检察监督可谓制止和纠正行政违法行为,维护上述权益的"最后一道防线"。参见姜明安:《完善立法,推进检察机关对行政违法行为的监督》,《检察日报》2016年3月7日。

应纳入行政检察范畴。(2)面向行政诉讼之被告的监督。对此有学者提出,行政诉讼以行政主体和授权组织为被告,广泛意义上的行政检察可以涵盖检察机关对行政诉讼中被告的监督,即以司法审判为载体,督促行政机关参加行政诉讼、执行判决,并提出督促民事、行政判决执行都是行政检察的范畴。①

将监督行政诉讼之被告纳入行政检察监督对象存在三个问题:(1)这种错误根本在于行政检察监督对象划分标准,这混淆了"定性"和"属性",无法区分"行政权"和"有行政属性的活动"。行政主体参加行政诉讼并非"公共行政",而是参加"司法裁判";监督行政诉讼之被告虽是对"行政权"的监督,但不是对"公共行政"的监督,将其纳入诉讼监督更具合理性。(2)不符合行政检察的核心价值追求。实际上,作为国家司法审判机关,法院出具的任何生效判决都被尊重和执行,而保证生效判决之执行,应当是司法审判权之延伸。检察机关法律监督职能的核心价值追求是"法律的正确统一实施",即确保公共行政活动和司法裁判活动本身具有公正性;至于行政乃至民事、刑事生效判决是否得以执行,并非检察工作的价值追求。不论人民法院自行解决也好,请求行政机关协助执行也好,检察机关都不应成为审判乃至其他机关工作的帮衬,更合适的路径是检察机关通过诉讼监督以督促人民法院及时跟进。(3)缺乏可操作性。一方面,实践中几乎任何地方法院都单设执行机构,可看出实务对此已有偏向;另一方面,司法执行涉及过于庞大,对于疲乏奔波于侦查、审查起诉和诉讼监督活动的检察机关而言,并无"闲余功夫"接手"浩如烟海"的司法执行工作。进一步讲,不再"执掌"职务犯罪侦查权后的人民检察院连自身权威都无法保证,何谈督促判决执行。应该说,未来很长一段时期里,检察院的关键任务应当是对其核心工作和自身处境作出准确定位,依托宪法法律寻找有力依据,在现实中真正实现宪法对检察机关的定位和应当承担的宪法职责。

---

① 参见肖金明:《建构、完善和发展我国行政检察制度》,《河南社会科学》2011年第6期。

我们认为，此种检察虽然指向行政诉讼中作为被告的行政主体，但是局限于行政诉讼中的监督，与民事检察并列，由民事行政检察机构负责，与民事、刑事诉讼监督性质相似，监督的对象和方式也无明显差异，应纳入诉讼监督序列，与刑事诉讼检察和民事诉讼检察并列。

2. 检察院对办理刑事案件中公安等专门机关的制约，也属于诉讼监督

中华人民共和国成立之初，检察机关曾对行政机关有一般监督权，检察机关恢复后很长时间内，这些监督和直接制约局限于劳动教养、办理刑事案件等特定行政活动。[①] 劳动教养废除后，直接监督主要是对公安和其他专门机关侦查活动是否合法进行监督，对监狱、拘留所、看守所、拘役所执行刑罚和监管活动是否合法进行监督等。

当前错误原因有两点：第一，根源依旧是行政检察划分标准，混淆了“定性”和“属性”，未能区分“行政权”和“公共行政”。第二，混淆了检察职能本身和检察职能产生的法律效果，它们看似能够监督和制约行政、产生行政检察相似的效果，实则“将行政检察与检察机关的广泛职能联系起来”[②]。总之，办理刑事案件中“互相制约”所表现的检察院之刑事公诉权、侦查监督权和执行监督权，本质是检察院公诉和诉讼监督职能，属于刑事诉讼监督，是对行政权的制约，但不是对公共行政的制约。必须指明的是，拘留所是执行行政处罚和治安处罚的机构，检察院对拘留所监管活动的监督属于行政检察监督。

（二）行政检察监督不包括侦查职务犯罪

监察体制改革完成以前，很长一段历史时期内我国职务犯罪侦查权由人民检察院独享。此并非我国检察机关特有。从域外经验来看，不论是德国、日本等大陆法系国家，还是英美法系的美国，抑或我国澳门地

① “关于检察机关直接监督行政活动的研究主要集中在两个方面：一是对劳动教养检察监督的研究，二是对行政执法机关移送涉嫌犯罪案件实行检察监督的研究。”参见张步洪：《行政检察基本体系初论》，《国家检察官学院学报》2011 年第 2 期。

② 肖金明：《建构、完善和发展我国行政检察制度》，《河南社会科学》2011 年第 6 期。

区，一般都赋予检察机关一定的职务犯罪侦查权力。“把两大法系国家的检察机关都拥有的职务犯罪侦查权等同于检察机关的行政检察监督职能的观点，既不符合我国行政执法权力缺乏监督的客观实际，也没有体现我国宪法对检察机关作为行政法制监督主体的要求。”[①]职务案件预防和侦查活动的监督内容是国家公职人员是否遵守法律，属于法律实施，而不是法律监督，更不是行政检察监督，反而是接受法律监督之对象。

监察体制改革后，监察委员会针对国家公职人员职务犯罪所开展的监督、调查和处置活动，其中涉及刑事诉讼的，主要围绕“司法裁判”展开，接受诉讼监督；其他活动主要是对国家反腐败有关法律规范之执行，符合“公共行政”要素，接受行政检察监督。此外，监察委员会完成调查程序并移交检察院审查起诉后，检察机关如果自行补充侦查，依然属于法律实施，不属于法律监督。

如果在职务犯罪案件调查（侦查）过程中，检察机关具有类似对公安机关案件侦查的引导权，则有必要进一步讨论。对于检察院侦查引导权的正当性、性质以及世界范围内的发展潮流，时至今日依然有极大争议。从许多国家的具体做法来看，法院对侦查权进行司法控制。有人认为司法控制条件有待论证，“检察引导侦查”是当今世界侦查发展的趋势，法律监督机关以侦查监督职能引导侦查恰如其分。[②] 有人持完全相反意见，认为上一命题的本身及其法理基础、法律依据、价值与成效都值得反思和质疑。[③] 近年来，检察引导侦查机制研究逐步具体化为公诉引导侦查模式的探讨，二者差异在于，从旨在强化法律监督发展到以提高公诉

---

① 唐光诚：《中国检察制度面临的矛盾与宪法价值回归》，《东方法学》2010 年第 1 期。

② 参见华为民：《检察引导侦查的基本内涵和理论基础》，《人民检察》2001 年第 8 期；但伟、姜涛：《侦查监督制度研究——兼论检察引导侦查的基本理论问题》，《中国法学》2003 年第 2 期。

③ 参见黄龙：《关于“检察引导侦查”的冷思考》，《广西公安管理干部学院学报》2003 年第 2 期。

质量和效率为目的，但是实践中公诉明显处于引导乏力的被动状态，侦查效果反而牵制公诉效率、侦查取证瑕疵转化为公诉压力等问题大量存在。① 可见，基于存在引导权这一前提，存在有两种区分：第一种认为引导权是公诉职能的一种延伸；第二种认为引导权是一种法律监督。由此根据职务犯罪案件调查（侦查）的具体性质，可将引导权区分为诉讼监督和行政检察监督两种（后文将具体解释）。

（三）行政检察监督不包括行政公益诉讼

检察机关在行使检察权过程中，发现有关组织涉及损害公共利益的事项，可以通过支持和督促有关主体提起行政诉讼，或者主动提起行政公益诉讼。有人将检察机关支持、督促公益诉讼和提起行政诉讼纳入行政检察监督的范畴，这实在值得商榷。

首先，现代检察权一定程度可视作公共利益之代表，有学者从检察对司法之价值角度指出其存在目的即“代表国家和公众维护公共利益，并通过对公共利益的维护来帮助司法机关作出公正裁判”②，该逻辑得以解释检察院公益诉讼之正当性。现代社会纷繁复杂，民主制度难以完全实现包括刑事公益在内的全部公共利益，联合国大会于 1990 年批准通过的《关于检察官作用的准则》第 11 条有关检察官职权的规定中指出“作为公众利益的代表行使其他职能中发挥积极作用”。时至今日，检察权早已超越刑事公诉范畴而被赋予一般公共利益代表之身份，由此延伸出检察机关的公益诉讼权。在以检察官选举为核心的美国，这种身份和权力源于选民的直接赋予；在人民代表大会制度的中国，采取一种更为迂回的正当性路径，即人民代表大会选举和罢免检察长，检察长提请人大常委会任免检察官。

但是，行政公益诉讼正当性理论之证成亦表明，它的本质其实是公诉职能的扩张。在以审判为中心的现代诉讼体制下，行政公益诉讼的终

---

① 参见赵敏：《公诉引导侦查的保障机制研究》，《山西警官高等专科学校学报》2015 年第 1 期；付凤、杨宗辉：《检察引导侦查与公诉引导侦查合理性辨析》，《中国人民公安大学学报》（社会科学版）2013 年第 3 期。

② 孙谦主编：《检察论丛》第 9 卷，法律出版社 2004 年版，第 335 页。

端处分权属于司法审判机关[①]：所谓行政公益诉讼的三角关系，尽管在举证责任等方面具有不同于民事公益诉讼的显著特征，但不变的是检察公诉方与被告方处于同等地位，这区别于行政检察对公共行政行为主体的“单向监督”。实际上，刑事公诉得窥探“实体意义上检察机关对于公共利益的代表性和程序意义上公共利益保护与私人利益的平衡”[②]，它与公益诉讼都旨在维护公共利益。就此而言，二者并非迥然相异，前者涉及国家对危害社会秩序之行为的制裁故而更具强行性，后者则赋予检察院类似美国辩诉交易权的自由裁量性。[③]

总之，行政公益诉讼本质与刑事公诉相似，本质是将行政机关违法或不作为行为诉诸法院，依托司法审判之裁量实现对行政活动的制约，应归于公诉职能之扩张，或以公诉实现行政检察之效能，并非本书意义上的行政检察。

不过，行政公益诉讼亦不失为实现行政检察监督的有效手段。[④] 有学者提出，为快速有效地维护公益、避免滥诉和讼累，督促行政主体及时纠正违法行政行为或不作为，还应建立检察机关“审查前置程序”。[⑤] 在2017年新修改的《行政诉讼法》第25条中，检察院提起行政公益诉讼的必经程序，是通过检察建议督促行政机关纠正违法行政行为或履行法定

---

① 实践中必须承认的是，检察机关的特殊身份一定程度上影响法院审判的主导地位，且目前检察机关承担败诉后果的规定还远远不够。参见秦前红：《检察机关参与行政公益诉讼理论与实践的若干问题探讨》，《政治与法律》2016年第11期。

② 王秀哲：《检察机关的公诉权和公益诉讼权》，《法学论坛》2008年第5期。

③ 此处并不是说，检察院有权就行政机关是否履行和履行多少法定职责以及需承担的后果，与行政机关进行类似民事调解程序的所谓“谈判”，而是指，如果行政机关同意履行或承担诉讼请求，则检察院可以不起诉或撤诉。值得注意的是，美国检察权拥有包括辩诉交易权在内的自由裁量权，这也得证美国检察权一定程度上对司法审判的影响；与之相反，刑事诉讼中我国检察院并无辩诉交易权。

④ 现有检察监督方式均不奏效时，则可适用检察公益诉讼的监督方式。参见王华伟、刘一玮：《试论行政执法检察监督方式之改进——以“检察督促令”为契点》，《湖北社会科学》2017年第6期。

⑤ 参见朱全宝：《论检察机关提起行政公益诉讼：特征、模式与程序》，《法学杂志》2015年第4期。

职责而行政机关不依法履行。检察建议必然伴随审查程序,一个是结果、一个是过程。审查前置程序与行政公益诉讼程序具有相继性,通过诉前程序理顺了检察监督与行政公益诉讼的关系,前者是行政检察监督,后者是提起公诉。①

六、行政检察监督体系之"反正"

(一)监督行政执法活动

1. 监督行政强制措施

中共十八届四中全会提出,"对涉及公民人身、财产权益的行政强制措施实行司法监督",但并未指明监督主体。"从其前后文的逻辑关系来看,以及修改后的行政诉讼法内容看,这里的'司法'监督宜理解为专指检察机关行使检察权的情形"②。

根据我国《行政强制法》第 9 条的规定,行政强制措施主要是限制公民人身自由,查封场所、设施或者财务,扣押财产,冻结存款、汇款共四种,此外作了"其他行政强制措施"的兜底规定。出于对公民人身和财产权益的保护,对于"行政强制措施"应当作较广义的解释,同时包括《行政强制法》所规定的和不适用《行政强制法》的行政强制措施,还包括与行政强制措施关系密切的其他强制行为。③ 就此而言,监察体制改革后若监察委员会调查活动定性为行政属性,由此不受《刑事诉讼法》监督,则

---

① 有学者提出,诉前程序和(以诉前程序为前置的)行政公益诉讼可理顺检察监督的层次和结构,其中诉前程序作为检察监督具有非终局性,行政公益诉讼之终局性则确保审判程序成为维系社会公正的最后防线。参见张彬、张一博:《行政公益诉讼诉前程序基本理论探析》,《人民检察》2017 年第 4 期。这种对前置审查程序和行政公益诉讼的衔接和定位具有较高的价值合理性,缺陷是将诉前程序定位为行政检察监督之分流,矛盾在于既然由人民法院掌握终局裁量权,行政公益诉讼就不可能是检察院的单向监督。此处意在强调行政公益诉讼并非行政检察监督。

② 参见杨建顺:《完善对行政机关行使职权的检察监督制度》,《检察日报》2014 年 12 月 22 日。

③ 参见王春业:《论行政强制措施的检察监督——以涉及公民人身、财产权益的行政强制措施为对象》,《东方法学》2016 年第 2 期。

调查措施中涉及限制公民人身自由财产权利的留置等措施是否需接受检察机关行政检察之制约，值得进一步讨论。

另外，监督范围和监督形式则作了一定程度限缩，即监督对象是完全列举，仅限于涉及公民人身、财产权益的行政强制措施；出于行政强制措施的紧迫性、暂时性和司法监督的公信力和权威性，监督形式主要适用于间接监督。[①] 此外，还要与行政强制执行区分。

我们认为，不涉及限制公民人身和财产权益的行政强制措施也应纳入行政执法检察监督范畴，但是基于对公共行政职能之尊重和确保国家公权高效运作，检察院对这些措施的监督应更注意贯彻检察监督的谦抑性原则，对公共行政本职范围内且已有专门监督主体之活动，需强调作为间接监督、补充监督的身份。

2.监督行政违法或不作为行为

《决定》提出“检察机关在履行职责中发现行政机关违法行使职权或者不行使职权的行为，应该督促其纠正”，新修改《行政诉讼法》亦规定了行政公益诉讼制度，但目前我国仍缺少整体规定有关检察机关对违法或不作为行政行为的监督问题的法律法规，关于监督权限、原则、范围、手段和程序等均无明确规定。

根据社会主义监督原则和我国宪法法律规定，监督公共行政的主体主要有执政党、权力机关、检察机关和行政内部行政监察、审计监察等，权力机关是最高级别的监督，检察机关是专门法律监督，监察体制改革后监察委员会之监督对象限于所有行使公权力的公职人员是否遵守法律，而不是监督行政活动的合法性。基于此，第一，从“法律监督”性质来看，检察机关有权监督行政机关所有行政违法或不作为行为；第二，从合理配置监督权出发，行政检察需划定边界，对于其他主体正在负责的监督事项，检察机关应限于协同和补充监督；第三，行政检察不得代行行政，更不应沦为行政执法的帮衬。

---

① 参见杨建顺：《完善对行政机关行使职权的检察监督制度》，《检察日报》2014 年 12 月 22 日。

(二)监督反腐败执法活动

国家监察体制改革后,尽管监察委员会作为监察机关其职权可能被定性为新的"监察权",但是不论监察权是何种职能定性,它的具体活动和措施终究要落实到某一具体属性。那么,我们可以重新定义一种所谓"有监察属性的活动"吗?"监察属性"究竟是什么?郑贤君教授则独辟蹊径,将监察机关定位为"政法机关",认为监察权兼具"政治性"和"法律性",一方面"体现党和人民意志的统一,负有督察谏责官员之职",另一方面"可运用司法刑事手段予以调查侦讯"。[①] 实际上,将监察委员会监察职能与检察院法律监督职能置于同一层面并不合理,我们必须正视不同活动具体属性的差异性。如上文所言,如果按照"属性"来分类,在"宪法实施"层面任何主体某一活动的具体属性,其实仍跳不出"立法作用""行政作用"和"司法作用"。这种羁束在议行合一国家反倒更突出。

就此而言,监察委员会监督和处置国家公职人员的活动,作为"反腐败执法活动"可归于行政属性,属于行政检察监督的当然对象。至于调查活动是一项十分复杂的职能,既关乎监督对象的违纪违法行为,又涉及调查职务犯罪,很难通过单一的行政属性或司法属性厘清,实践中需要进一步区分。

其实,不论监察委员会调查活动作何定性,接受法律监督实属在所难免。(1)根据官方言论,监察委员会调查活动不具有任何刑事司法属性,未来可能不受刑事诉讼法规制。这很值得商榷。如果定义调查活动为"反腐败执法活动",即应纳入行政检察监督范畴;如果界定为"行政侦查"(这里指代行政执法机关、反腐败执法机关实施的刑事侦查活动,类比公安等专门机关的侦查活动,至于公安机关一般治安案件的调查仍属行政执法活动),则需接受"诉讼监督"。因此,监察委员会调查活动或者以"反腐败执法"身份接受行政检察监督,或者以类似公安刑侦之"行政侦查"身份接受诉讼监督,二者必择其一。(2)不论"反腐败执法"抑或"行政侦查",调查活动之言辞证据均需经转化进入诉讼程序。

---

① 郑贤君:《试论监察委员会之调查权》,《中国法律评论》2017年第4期。

（三）行政司法活动本质是行政执法

行政司法活动是否接受法律监督，这是学界忽略的一个重要问题，有必要作进一步讨论。是与否之间的薄纱在于行政司法活动的实际属性。有人可能会说，英国行政裁判实际就是一个特别法院，主张所谓“行政司法”的“行政”只是修辞定语，其本质是一种司法行为。胡建淼教授将国外行政司法体制分为部内制和部外制，前者即一般行政组织兼做行政司法组织，以行政审查解决下级行政组织之间的行政争议，后者乃专设行政司法机构通过行政裁判或行政法院解决行政或民事争议。①

就我国而言，第一，对于多行政主体之间的行政争议，我国未专设行政法院，一般提由共同上级行政组织裁决，后者裁决之正当性更多的是基于行政效率原则衍生的行政一体化组织原则和组织内部管理职能。第二，特别行政关系理论虽颇有质疑，实践中必须承认行政主体内部人员与行政主体之间纠纷一般采用复核和申诉程序，行政主体基于比例原则对内部工作人员采取的纪律惩戒行为是符合内部管理权限的。第三，有关民事纠纷则多适用行政裁决和复议程序。可见，我国行政司法活动多指“一般行政组织”裁决行政纠纷以及与行政管理相关的民事纠纷的裁判活动，表现为行政复议行为、行政裁决行为、行政调解行为和行政仲裁行为等四种。

我们以为，恰恰相反，行政司法活动应该是一种执法行为，也要接受行政检察监督。

首先，必须明确，行政司法活动不同于行政主体参加行政诉讼，因为其与司法审判是前后对接、程序互斥的两个过程，故不可能纳入诉讼监督范畴。

其次，实际上，行政司法活动虽具有与“司法裁判”相似的权力外观（如裁判性和非规范性）而被称作“准司法行为”，但是法律地位和权能构造却何啻天壤，故虽冠“司法”之名而为“行政”之实。第一，行政司法活动具有“受控性”和“执行性”两大根本特征。所谓行政司法权唯源于立

① 参见胡建淼：《国外行政司法体制》，《法学研究》1989年第4期。

法授予，裁判之过程受法律制约，其本身是执行(execute)法律以实现社会管理(administration)之目的，而非据以司法(justice)身份对社会纠纷作出具有终局性(final ruling)的裁判(judgement)。第二，具体而言，行政调解行为并不具有强制约束力(比如公安机关为一般民事纠纷制定的民事调解书)；行政仲裁行为一般基于仲裁协议所蕴含的双方合意；行政复议行为和行政裁决行为生效后虽有法律约束力，但一般作为司法裁判的前置程序而不具有终局效力。第三，至于“行政终局裁决”和提起诉讼时限要求存在的合理性，乃部分行政领域的高度技术性和“力图在公平和效率之间求得平衡”①所致。但是将行政裁决等具体行政行为排除于司法审查之外，这并不利于行政相对人权利的保障，亦容易引发行政权滥用，违背自然正义原则和 WTO 争端解决机制，与“司法最终解决原则”之间的张力不容忽视。所谓“司法最终解决原则”(Principle of Judicial Final Settlement)也叫“救济原则”，“现代法治的一个基本命题是，司法是权利的最终救济方式和法律争议的最终解决方式”②，这已经成为我国行政诉讼制度基本原则之一。③

还有学者主张由人民法院对行政司法活动进行审查裁判与具有实质意义的否决，以作为实现人民法院对行政活动司法监督的重要环节。④我们以为，行政司法活动接受法院司法审判，是行政司法活动与行政诉讼法律衔接的必然过程，是通过司法审判权实现对行政权的控制。所谓法院审查裁判行政司法活动，只不过是国家分权理论下行政权和司法权的相互制约，如该学者所言本质其实是司法监督的环节，与法律监督之间绝不是非此即彼。

---

① 黄晓慧：《论仲裁的终局性与司法复审》，《学术研究》2000 年第 6 期。

② 吴俊：《论司法最终解决原则——民事诉讼的视角》，《法治论坛》第 9 辑，中国法制出版社 2008 年版。

③ 参见孔繁华：《行政诉讼基本原则新辨》，《政治与法律》2011 年第 4 期。

④ 参见方世荣、周佑勇：《试析我国人民法院对行政活动司法监督的内容》，《法学评论》1993 年第 3 期。

（四）一般行政规范性文件

在我国，“行政立法”一般权源于宪法法律赋予或人大专门授权，行政立法活动主要是职权立法和授权立法，其中授权立法又分为法条授权立法和专门授权立法，前者指由法律明文授权立法，后者指立法机关专门决定授权立法。职权立法的存在性本身尚存疑[①]，从宪法文本出发亦有学者赞同职权立法[②]。行政检察监督必须考虑区分对行政法规、规章和一般行政规范性文件[③]的监督权限问题。由此，我们必须指明一条界限，界限之外需接受行政检察监督，界限之内则不得沾染。

此界限应突破所谓“行政立法”之权限和正当性而迈入效力之维，即

---

① 质疑职权立法者有多种解释路径。第一，“三权分立”学说引申的结构主义立法范式认为，立法机关是授权立法的唯一授权主体，行政机关是唯一受权主体，行政机关不可沾染任何立法权，因此职权立法是不存在的，行政立法的范围即是行政机关根据议会授权制定的各种行政法规，一切行政立法行为都是授权立法。第二，我们认为行政立法包含于广义授权立法，如英国学者沃克赞成立法机关是唯一授权主体同时，将被授权主体扩大至政府、公共事业机构和委员会、地方当局、大学和其他无立法权的机构（而不限于行政机关）（参见王名扬：《英国行政法》，中国政法大学出版社 1987 年版，第 8 页）。上述两种观点均认为行政机关无立法职权，行政机关一切立法行为都基于授权。第三，近年来，也有一些学者提出所谓职权立法本身源于宪法授权，认为职权立法本质是法条授权立法。这一观点的出发点值得肯定，根本缺陷在于法条授权立法和专门授权立法都基于议会之授权，但宪法（至少成文宪法）的制定程序不同于普通立法或授权，宪法制定主体应当是全体国民或专门制宪机关而非议会。

② 我国宪法明文规定，国务院、省级地方国家权力机关和自治地方权力有制定行政法规、地方性法规和自治条例、单行条例的权力，也即我国宪法以根本法的形式确认了这些机关职权立法的合法地位。但是，这种立法在权利来源、规范事项的范围、行使权力所受到的监督控制程度，均不同于普通的授权立法，应作区别（参见金军瑞：《行政立法与授权立法关系问题刍议》，《中共郑州市委党校学报》2006 年 4 期）。我国学界传统观点因现行宪法授权较倾向这一观点。

③ 我国主流观点认为，行政行为以其对象是否特定为标准，分为具体行政行为和广义上的抽象行政行为，后者指行政主体针对不特定管理对象而制定具有普遍约束力的行政法律文件的行为，包括行政法规、规章和一般行政规范性文件。实际上，对于一般行政规范性文件的“普遍约束力”是存疑的，后文提及。值得注意的是，本书严格区分广义和狭义两种“抽象行政行为”，狭义上概念与“行政立法”（制定行政法规和规章）相斥，仅指制定行政法规和规章以外的一般行政规范性文件。此外，下文还在“行政立法”框架下提出”地方立法”，仅指制定地方政府规章。

逐一分析行政法规、规章和其他规范性文件等的“法律效力”问题。所谓“法律效力”，绝非片面指向对公民和行政内部的约束力，而是进一步包括对“立法司法大联盟”[①]的“普遍约束力”。申言之，如果只对公民和行政权具有绝对约束力，甚或仅约束特定地区之公民和行政权，难以谓之“普遍”；唯其全面规制公民、行政权和司法权等受控主体时，尤其司法裁判亦不得拒绝适用时，方可称作“普遍约束力”。奥托·迈耶就此提出法律的内在拘束力是合宪性法律的基本特征，“法规创造力原则”或可解释“立法”和“行政”的根本区分。[②]

为避免上述学说争议，本书还提出另一种路径解释行政检察与行政立法的关系。依据我国《宪法》《立法法》和人大专门授权所制定之行政立法，超出法律实施范畴，应归于宪法实施，不属于法律监督对象。根据我国《宪法》规定的全国人大及其常委会的宪制定位和具体职权，并参考《立法法》第 8 条至第 13 条的规定，行政立法权源主要可系于全国人大及其常委会修宪、释宪、立法、修法和重大事项决定权，可对应宪法授权、法条授权和专门授权。(1)行政机关依据宪法本身而为之立法活动(职权立法)，是宪法之赋予，乃宪法文本国家机构条款的实施，超出法律实施而属于宪法实施范畴，监督权归于违宪审查机关即全国人大及其常委会。(2)行政机关依据全国人大及其常委会制定的法律(法条授权立法)和立法机关专门授权(专门授权立法)进行的立法活动，本质是将宪法条款赋予全国人大及其常委会的立法权(保留事项)在一定期限内交由行政机关行使，亦属宪法实施范畴。(3)制定“一般行政规范性文件”(即规章以下规范性文件)的行为无关宪法实施，属于法律实施，接受法律监督。(4)至于行政机关在职权立法范围外，为了执行狭义法律所制定的实施、执行细则，由于法律本身已进行第一次立法，所谓细则一般表现为

---

① 洛克在《政府论》中提出所谓“三权”指向立法、行政和外交，可见彼时司法独立价值尚未被全面认可。参见[英]约翰·洛克:《政府论》下篇，叶启芳译，商务印书馆 1964 年版。

② 具体参见王贵松:《论法律的法规创造力》,《中国法学》2017 年第 1 期。由此王贵松教授还进一步提出建议限缩甚至逐步取消国务院职权立法。

实体内容的细化、拆分或程序性事项，只要不超出、不违背上位法，即具有正当性，但是它们与授权立法决然不同（因为并无法律条文就此明确授权），又超出职权立法范畴，故属于“一般行政规范性文件”。

就此我们可作如下区分：第一，对于“行政立法”，因具有法规创造力且超出法律实施范畴，故不纳入行政检察监督对象。其中，“行政法规”当然符合上述全部条件，法律监督机关无权干涉；规章从法院约束力角度看似不符合迈耶所说的法规，但因我国《立法法》将其纳入立法范畴而具有法源地位，故也属于法律规范。[1] 第二，“一般行政规范性文件”仅仅是行政机关的自我约束，对公民和法院没有普遍约束力，也未超出法律实施范畴，接受行政检察监督是合理正当的。

实践中，行政检察监督的限度如何？主要有三个问题：第一，人民法院对于“一般行政规范性文件”进行的是附带性、被动型审查，那么行政检察监督一般行政规范性文件是否与其协同和补充监督原则相冲突呢？第二，“地方政府规章”不同于国务院部委规章，它仅在本区域而非全国范围内具有必然约束力，那么行政检察监督是否面向地方政府规章呢？如果不得直接干预地方政府规章，可以考虑间接影响吗？第三，在“行政立法”（制定行政法规和规章）不属于行政检察监督对象背景下，检察院有必要规制行政立法吗？

我们看到，当前我国抽象行政行为之控制主要依靠权力机关监督和司法监督。但是，实践中违宪审查机关因会期制度等原因很难实现主动审查，《立法法》规定的宪法法律解释提请和违宪审查要求提请主体的不作为加剧了“无案可审”的尴尬境地，规范性文件备案审查制度常陷入单纯形式要件的审查而缺少实质层面的审查，诸多原因导致权力机关审查难以发挥实效；司法附带性审查的被动属性决定难以完全弥补权力机关审查的缺陷。实践必须面对的另一个问题是，真正影响检察权强弱的，其实是有无对职务犯罪的侦查权和有无对行政行为（包括具体行政行为

[1] 参见黄宇骁：《也论法律的法规创造力原则》，《中外法学》2017 年第 5 期。

和抽象行政行为）和地方立法的法律监督权。[①] 职务犯罪侦查权剥离后，检察院如断臂膀，缺少落实法律监督职权的重要手段。

因此，更大意义上发挥行政检察之效用，维护宪法、法律、法令、政令的统一性、秩序性和权威性，应当是“法律监督”的应有之义。未来可以探索检察机关监督一般行政规范性文件和地方政府规章的可能性。中华人民共和国成立初期，检察院曾短期内发挥过监督抽象行政行为的职能，未来改革可借鉴一些经验。

需注意几个问题：第一，行政检察监督范围限于一般行政规范性文件，无权监督制定行政法规和规章，但可探索检察院间接影响地方政府规章的可能和路径。第二，检察院“协助监督行政法规和规章”与“行政检察监督”是截然不同的两项工作，前者仅限于协助而非取代合宪性审查机关，具有的是合宪性审查的提请权而不是审查权，基于人民代表大会制度根本遵循，决定审查、审查操作和认定违宪等职权仍归国家权力机关。第三，提请程序上，一是地方各级检察机关发现同级政府制定的“一般行政规范性文件”可能“违反上位法”或“明显不当”的，可通过有关检察措施督促地方政府在一定期限内修改或作出必要解释，并赋予其更多职权应对地方政府拒不修改或解释明显不充分的情况。二是地方各级检察机关发现同级政府规章可能“违反上位法”的，层报最高人民检察院并由其决定是否提请合宪性审查要求；最高人民检察院发现行政法规或国务院部委规章可能违反上位法的，自行决定是否提请合宪性“审查要求”。

本书欲解决的四个关键问题，是法律监督体系逻辑之厘清、行政检察规范内涵之确定、行政检察监督边界之划清和行政检察监督体系之建构。我国检察内设机构的行政检察监督、实践中的更广泛意义的行政检察监督、新兴的行政检察监督理论和本轮司法改革的行政检察改革方向，都不完全符合行政检察的根本价值追求。这些关于“行政检察”的认

① 参见张智辉、谢鹏程:《现代检察制度的法理基础——关于当前检察理论研究学术动态的对话》,《国家检察官学院学报》2002 年第 4 期。

知和建构，无法实现检察权对公共行政的有效规制。狭义法律监督的对象应该从"法律实施"层面出发，避免以偏概全，将行政检察监督等同为诉讼监督。借此可对法律监督先后进行两次分类：以活动"属性"为一级分类标准，行政检察监督和诉讼监督是构成狭义上法律监督的两个"周延且互斥"的具有相同价值追求和不同监督对象的一级下位概念；以"主体"为二级分类标准，行政检察监督是对"多方主体"实施"公共行政"过程中是否严格遵守法律的控制。以此为逻辑，行政执法活动和反腐败执法活动是行政检察监督当然对象，行政司法活动本质乃行政执法，一般行政规范性文件接受行政检察监督是应有之义，此外还须涤除行政机关刑侦活动、监所活动和行政诉讼，检察院对拘留所监管活动的监督属于"行政检察"，监察委员会调查活动虽有属性之争，但难逃法律监督序列。

但是，纯粹理性建构下的制度设计往往趋于理想化而陷入执行不能之境，这既是理想与现实无法回避的差距，又必须在实践中直面并寻求出路。行政检察监督职能之归位，无法回避且必须直面的问题是：

第一，职务犯罪侦查权转隶后，如丧臂膀的检察机关如何在宪法法律中寻找新的"有力依托"和"有效措施"①，实现检察权威、发挥与其在我国宪法体制中地位相匹配的检察职能？上文提出行政检察监督一般行政规范性文件，检察院以何权威监督之？还提到探索以合宪性审查提请权协助合宪性审查机关监督国务院部委和地方政府规章。实际上，我国《立法法》第 99 条规定法合宪性审查提请主体（审查要求提请权）包括国务院、中央军事委员会、最高人民法院、最高人民检察院和各省、自治区、直辖区的人大常委会共 5 类主体，但实际上它们至今从未行使过该职权；至于审查建议提请主体则几乎不附条件地下放至所有社会主体，如此过度宽泛之建议主体导致的是尚无一例公开受理的范例。检察院合宪性审查权究竟如何行使才能够充分发挥价值、构建检察权威？此外还有其他手段吗？

---

① 参见秦前红：《全面深化改革背景下检察机关的宪法定位》，《中国法律评论》2017 年第 5 期。

第二，行政检察监督制度如何在现实中与党的领导真正相融共通？“政党主治”[①]时代，部分一般规范性文件一定程度上蕴含党的主张、意志和国家政策[②]。如何在坚持党的领导基础上，既维护执政党权威，又实现对一般行政规范性文件之监督和制约？比较适宜的办法或许是由执政党牵头，来为行政检察监督一般行政规范性文件的界限和程序等问题，制定一套普遍适用的模式。

第三，国家监察体制改革后，不排除监察委员会经宪法、法律或专门授权享有制定有普遍约束力之反腐败规范（实践将呈现为法规、规章等还是司法解释尚不得而知）之权力的可能性，这部分法律规范不属于法律监督对象。那么，对于监察委员会制定的一般监察规范性文件，行政检察监督的逻辑、路径和限度如何？行政检察监督一般行政规范性文件的未来模式能否被其吸收？

再回溯一步，将一项宪法规范和制度落实于现实之前，我们需要溯及立宪原意和宪法精神，从功能主义和目的论出发，为该制度寻找立足于现实社会和政治改革的根本基点，成为其融通于现有制度的根本准则。从行政检察监督制度出发，这就要明确法律监督的宪法目的和行政检察监督的价值追求。作为一项国家宪制职能存在的行政检察监督，其对“公共行政”的控制旨在维护宪法和法律完整统一正确实施，此种法律监督之价值追求则在于规制国家公权、保障公民权利和构建检察权威。如何对待规制公权和检察权威之间的耦合性和张力，如何在权力和权利之间寻求微妙的价值平衡，既是对执政党执政能力的重大考验，也是新时代下司法改革的重要走向。

---

① 秦前红：《政党主治的宪政之维——基于制度主义立场的研究》，《岭南学刊》2007 年第 1 期。

② 参见李少文：《抽象行政行为司法审查的困境分析》，《中共青岛市委党校（青岛行政学院）学报》2012 年第 3 期。

第七章
最高人民法院院长与公正司法

作为我国最高司法机关的领导者，最高人民法院院长不仅享有审判权，也享有一定程度上的行政权。然而我国相关立法并未对最高人民法院院长的职权作出明确界定，同时现行体制内的最高人民法院院长权力有所增长，因此，有必要规制最高人民法院院长的权力行使，使其回归至法律框架下。

■ 第一节 最高人民法院院长的角色及职权[①]

《宪法》《法官法》《法院组织法》等法律性文件均无有关最高人民法院院长权限的直接规定，这导致要理解和分析最高人民法院院长的职权，既涉及一套有关文意解释、目的解释和体系解释的复杂的法解释技术，又需要结合中国特有的政治架构、既往最高人民法院院长的角色行为进行法社会学的精细分析。通常的理论认为法院是一个合议制的审判机关，采行多数决的方式行使职权。最高人民法院院长职位具有非人

① 本节系与赵伟合作，其主要内容曾发表于《法学》2014 年第 3 期。收录时有修订。

格化的性征，并且实行代议机构选举制下的任期制，因此最高人民法院院长充其量仅具有若干程序化的权力，并无严格意义上的实体权力。但若以此结论当作最高人民法院院长权力的全部，那无疑失之草率和肤浅。

一、法律文本中的最高人民法院院长：以审判权为己任的理想范式

《宪法》第 128 条确立了我国法院的性质，即中华人民共和国人民法院是国家的审判机关；《人民法院组织法》第 2 条、第 3 条确立了最高人民法院行使审判权及审理案件为最高法院的任务。2017 年 9 月修订的《法官法》第 2 条明确界定了法官的角色及职权，即“法官是依法行使国家审判权的审判人员，包括最高人民法院、地方各级人民法院和军事法院等专门人民法院的院长、副院长、审判委员会委员、庭长、副庭长、审判员和助理审判员”。该法第 5 条明确了法官的职责，即：依法参加合议庭审判或者独任审判案件；法律规定的其他职责。同时在第 6 条中规定：“院长、副院长、审判委员会委员、庭长、副庭长除履行审判职责外，还应当履行与其职务相适应的职责。”此外，《法官法》还确立了法官等级制度。根据《法官法》第 18 条的规定：“法官的级别分为十二级。最高人民法院院长为首席大法官，二至十二级法官分为大法官、高级法官和法官。”

可见，最高人民法院院长既为首席大法官又为最高人民法院的领导，无论在何种意义上，按照上述法律规定，都应以行使审判权为己任。依法审理案件，独立行使审判权是最高人民法院院长身为首席大法官和最高人民法院领导的职责所在，这一职权不仅代表了国家最高审判权也是法治原则在司法权运行与实践中的具体化与符号化。正如中华人民共和国第一任最高人民法院院长沈钧儒所言，“堂上一笔朱，阶下千滴泪”①。

此外，按照现行法律规定，最高人民法院院长的职权还包括监察权、法官等级评定权与批准权。按照《人民法院监察工作条例》第 2 条的规

① 周天度、孙彩霞：《沈钧儒传》，人民出版社 2006 年版，第 110 页。

定："人民法院监察部门，是人民法院行使监察职能的专门机构，依照法律和本条例对人民法院及其法官和其他工作人员实施监察。"该《条例》第 7 条、第 8 条规定："最高人民法院，高、中级人民法院设立监察室；最高人民法院监察室在最高人民法院院长的领导下主管全国法院的监察工作。"由此可知，在法院内部，最高人民法院院长享有监察权。根据《法官法》第 48 条、第 49 条的规定："人民法院设法官考评委员会。法官考评委员会的职责是指导对法官的培训、考核、评议工作。具体办法另行规定。""法官考评委员会主任由本院院长担任。"可见，最高人民法院院长享有对最高人民法院法官的考评权。

最高人民法院院长也享有对本院法官以及下级法院（不包括基层人民法院）法官等级评定权与批准权。按照《法官等级暂行规定》第 10 条第 1 款、第 11 条的规定，在评定法官等级按照干部管理权限审核后，由最高人民法院院长批准一级大法官、二级大法官、一级高级法官、二级高级法官和最高人民法院其他法官的等级；最高人民法院院长参加法官等级的评定。

《法官法》第 9 条明确规定了法官的任职条件。此外，2000 年 7 月 28 日最高人民法院颁布了《人民法院审判长选任办法（试行）》，明确规定了担任审判长的条件。虽然现行立法未明确规定最高人民法院院长的任职条件，但是由上述有关法官及审判长的任职规定来看，均要求受过系统法学教育且有丰富的法律实践经验。另外，根据《法官法》第 18 条的规定："最高人民法院院长为首席大法官。"按照该法第 19 条的规定："法官的等级的确定，以法官所任职务、德才表现、业务水平、审判工作实绩和工作年限为依据。"该法第 23 条确立了法官考核标准："对法官的考核内容包括：审判工作实绩，思想品德，审判业务和法学理论水平，工作态度和审判作风。"同时，指出重点考核法官的审判工作实绩。第 29 条则规定了法官的奖励制度，"法官在审判工作中有显著成绩和贡献的，或者有其他突出事迹的，应当给予奖励"。而最高人民法院院长亦为首席大法官，理应受《法官法》所确立的法官等级制度与考核制度、奖惩制度的规制。

二、政治体制中的最高人民法院院长:"三位一体"

在我国现行政治体制下,最高人民法院院长的权力远远逾越了宪法与法律赋予的职权,其借助多种途径将司法权、行政权、立法权掌控在自己手中,达到了另类的"三位一体"。在司法权方面,最高人民法院院长通过颁布司法政策、制定办法文件、召开各类会议等方式使下级法官在行使审判权时与上级的指导思想高度一致;在行政权方面,最高人民法院院长通过指派院长制度以及干部协管制度实现对法院内部及下级法院的行政管控;在立法权方面,最高人民法院大肆扩充司法解释权力的空间,颁行具有"造法性"的司法解释,使得司法解释实际上享有优位于法律本身的效力。

在中国特有的干部体制下,最高人民法院院长同时还是执政党在最高人民法院的党组书记。遵行党管干部的组织原则,最高人民法院院长因而获得了对院内法官提请人大批准任命审判职务之外的干部身份控制权。中国法官并无严格意义的职务保障和身份待遇保障,在中国公务员管理体系中法官并非特殊的类别而是整个公务员队伍的一个分支而已。法官待遇往往实质性地与法官的干部身份密切联系。因党内干部管理制度民主性相对缺乏、透明度极低,这些都会极大地强化最高人民法院院长的权力。

最高人民法院院长是执政党中央领导集体的成员之一,历史上最高人民法院院长同时还是执政党领导政法专门机构——中央政法委员会的领导成员。最高人民法院院长上述特殊政治身份使其在法院内部很难受到任何制约。在法院外部由于人大监督的虚化,检察机关只讲与法院配合不讲彼此间的权力制约,以及违宪审查制度实质上的暂付阙如等因素的影响,事实上造成最高人民法院院长几乎只剩下执政党内部的党纪约束。宪法上所规定的人大对最高人民法院院长的罢免权若无执政党内部党纪追究的先行启动,事实上必将沦为一种摆设。

如此一来,最高人民法院院长便可借助现有干部体制之力,实现对法律所界定的最高人民法院院长的职权扩张或者虚置。这也是鲜有首席大法官亲自开庭审理案件，且无法实现院长审案这一改革举措的原因。在现行权力体制运行之中，最高人民法院院长通过诸多行政手段实现对本级法院内部及各级法院的由上至下的集权化管理。例如，在2009年9月份，最高人民法院开展中华人民共和国成立以来规模最大的中级、基层法院院长轮训活动。与此同时，最高人民法院也进行了错案密集平反的集中清理活动。

按照宪法和有关法律的规定，最高人民法院与其他法院之间主要是审级上的业务监督关系，并无行政意义上的上下级领导关系。《宪法》第132条规定："最高人民法院是最高审判机关。最高人民法院监督地方各级人民法院和专门人民法院的审判工作，上级人民法院监督下级人民法院的审判工作。"这样一个规定虽然解决了最高人民法院与地方各级人民法院之间关系的性质定位问题，但却忽略了法院系统以及法院内部自身司法行政事务的权属管辖以及运行规则问题，因而给最高人民法院职权的行政扩张留下制度化的模糊空间。类似司法行政事务诸如法院编制、经费给养、奖惩黜涉等事务，按照司法运行规律，必须有专门法律规定并由专门机关掌理，但在我国则一直存在制度上的空白。近多年来，随着司法运行有违社会期待，审判独立更是偏离社会观感，有诸多学者呼吁法院系统应该实行司法行政事务的垂直化管理，使法院摆脱地方权力的约束，避免司法权力日趋地方化的导向。但如此改革，若无周密的设计和严格的法律规制，则定会蹈入矫枉过正的泥淖。中国虽不实行法官个人独立式的司法独立制度，但也强调各级法院独立行使审判权。

但近多年来，最高人民法院通过案例指导、司法批复、错案追究、违纪查处、个案批示、业绩考核、阶段性的审判中心工作部署等潜制度形式不断强化上下级法院间的行政等级关系，更为严重的是不断盛行的上级法院向下级法院指派院长制度（或下级法院院长、副院长之任命商请上级法院同意制度），使得下级法院越来也服膺于上级法院的权力。例如依照最高人民法院制定的《人民法院审判纪律处分办法（试行）》《地方各级人民法院和专门人民法院院长、副院长引咎辞职规定（试行）》，实行领导检讨责任制，要求凡省、自治区、直辖市年内发生两起法官贪赃枉法造成重大影响案件的，高级人民法院院长在向当地党委和人大检讨责任的同时，要到最高人民法院检讨责任。①

此外，最高人民法院不断加强对下级法院领导干部的协管力度。最高人民法院党组有义务配合地方党委对下级法院领导干部进行协管和考察，有权建议调整不合格的领导班子和领导干部。如2002年7月召开的全国法院队伍建设工作会议上，最高人民法院要求抓紧做好地方各级人民法院院长的换届准备工作。一要摸清情况，做到心中有数；二要积极履行协管职能，主动配合地方党委工作；三要贯彻执行法官法，严格按照法律规定条件选任院长、副院长。② 地方各级法院的领导由地方人大选举和任命，在组织关系上受地方党委的领导，但最高人民法院对高级法院的领导班子有权利配合地方党委进行考察，有权建议对班子进行调整。下级法院的院长人选在党内决定前要报上级法院党组同意，如果上级法院党组与地方党委的意见不一致，双方可以协商或上报组织决定。③

由于我国没有独立的法官行政管理制度，有关法官的考绩、黜涉都在法院内部封闭操作，这些都会助长法院体系的行政化倾向。在一级法院内部，合议庭、审判委员会集体讨论案件制度，庭长、院长签批案件制度，对法院干警的考核评比制度等，加上维稳压力下的院长个人负责制度，这些都会滋生法院院长用行政化手段管制法院的冲动。

按照中国的权力配置制度，最高人民法院并无一般性解释法律的权力，仅有根据法律适用的需要解释法律的权力。1985年《全国人大常委会关于法律解释问题的决议》，2000年颁行的《立法法》均作了如此规定。但在具体的法律实践中，由于立法机构立法供给的迟缓和已有立法本身的粗疏，造成立法根本不敷实际之需要。这就给了最高人民法院扩充解释权力的空间。司法解释在中国事实上已由适用性解释发展为“造法性解释”。国家机关功能分化给予法院司法机关的角色定位，使得司法解

---

① 参见左卫民等：《最高法院研究》，法律出版社2004年版，第379页。

② 参见左卫民等：《最高法院研究》，法律出版社2004年版，第379页。

③ 参见左卫民等：《最高法院研究》，法律出版社2004年版，第384页。

释实际上享有优位于法律本身的效力。需要注意的是，此般状况致使司法机关有僭越立法机关职权的嫌疑，现随着备案审查工作的加强已有所缓解。

在中国特殊的政党体制和人民代表大会制度的宪制架构之下，最高人民法院首席大法官在文本上的权力空间是颇为模糊和弱势的，但最高人民法院首席大法官却可以通过制度赋权、暗度陈仓、凌虚踏步、借力使力等诸多手段将个人影响发挥到极致，以至于让整个司法制度深深打上自己的烙印。但令人匪夷所思的是，在中国的法学界竟然罕有直接、系统讨论最高人民法院院长权力及角色的著述。理论上的贫瘠加上制度上的缺失，造成了社会对司法期待的迷惘。对最高人民法院院长权力行使的研究，旨在达成两种理想的诉求，那就是为了法治建设的长远大计，对最高人民法院院长行使的非制度化权力让其进入制度的囚笼。对最高人民法院院长行使的制度化权力实践中已暴露出严重的不合时宜的，则予以科学的改进，以避免重现“因人立法，因时立法”。作为一国最高司法机关的掌权者，最高人民法院院长所享有的仅应是审判权，但由于我国特殊的政治体制，其还享有一定的行政权。但无论哪一种职权都应在法下，受到法律的规范与制约。

■ 第二节 最高人民法院院长与全国人大及其常委会的关系

在引发我国司法体制和法院系统运行极大变动的司法改革之中，最高人民法院院长所起到的作用和影响力是不可小觑的。而在历次司法改革之中，全国人大及其常委会鲜少对我国最高法院领导下的司法改革进行立法与监督。这使得最高法院院长在司法改革中的权力急遽扩张。故而，规制最高人民法院院长的权力行使，捋顺其与全国人大及其常委会的关系就显得尤为迫切和重要。

一、最高人民法院院长与全国人大及其常委会的法定关系

自最高人民法院于1999年颁行第一个《人民法院五年改革纲要》以来,司法改革已在我国开展15年之久。根据《宪法》和《立法法》的相关规定,司法制度的变动应由全国人大及其常委会制定法律予以规定。而历次颁行的《人民法院改革纲要》是由最高人民法院制定,并在其领导下实行的,在这其中全国人大及其常委会并未起到任何法定的监督作用。可见,全国人大之构造在宪法文本与社会现实之间出现了背离,其最高地位在现实中越来越难以体现。①

现行宪法和法律规定,最高人民法院院长由全国人大选举产生,并对其负责,受其监督。因此,全国人大及其常委会与最高人民法院院长形成了选举与被选举、监督与被监督的法定关系。根据《宪法》规定,全国人大有权选举和罢免最高人民法院院长。最高人民法院院长须对全国人大负责。全国人大与最高人民法院院长选举与被选举的关系主要体现在以下两个方面:第一,全国人大依照我国宪法规定和法定程序选举和罢免最高人民法院院长;第二,最高人民法院院长要对全国人大负责。这是指最高人民法院院长应按照宪法和法律的相关规定认真履行其法定职责,在宪法和法律的规定范围内行使其合法权利。这是最高人民法院院长对全国人大负责的充分体现。

根据《宪法》规定,最高人民法院受全国人大及其常委会的监督。最高人民法院院长的职业行为也理应受到全国人大及其常委会的监督。此外,按照《监督法》的规定,全国人大常委会对最高人民法院的监督包括听取和审议最高人民法院的专项工作报告、检查法律法规实施情况、备案审查规范性文件、询问和质询、调查特定问题、审议和决定撤职案等。目前,全国人大常委会对最高人民法院的监督主要采取听取和审议最高人民法院院长所作的工作报告,其他的监督形式很少使用。

同时,根据《最高人民法院关于人民法院接受人民代表大会及其常

---

① 参见韩大元:《论全国人民代表大会之宪法地位》,《法学评论》2013年第6期。

务委员会监督的若干意见》(以下简称《意见》)的规定,“各级人民法院应当深刻认识接受人大及其常委会监督的重要意义,采取多种形式,开辟多种渠道,自觉、主动地接受人大及其常委会的法律监督和工作监督,严格依法办事,维护司法公正,完成宪法和法律赋予人民法院的审判任务”。此外,根据《法院组织法》的规定,“最高人民法院对全国人民代表大会和全国人民代表大会常务委员会负责并报告工作”。最高人民法院发布的《意见》也规定:“人民法院每年由院长向人大报告上一年工作,这是接受人大监督的重要体现。各级人民法院都要以高度负责的精神,做好工作报告,并认真接受人大代表的审议。在代表分组审议时,派出负责人听取意见,回答代表提出的询问。在人大闭会期间,应当根据人大常委会的安排,向人大常委会及人大专门委员会就法院工作作专项口头或书面汇报。对人大代表审议中提出的批评、建议和意见,要认真研究解决、改进法院工作。”

由此可见,全国人大及其常委会有权对最高人民法院院长的职业行为予以监督,最高人民法院院长也应当主动接受监督。全国人大及其常委会对最高人民法院院长的监督形式主要体现在全国人大及其常委会开会期间,最高人民法院院长代表最高人民法院向全国人大及其常委会作报告并请大会审议。

二、司法改革实践中最高人民法院院长与全国人大及其常委会的关系

自1999年最高人民法院颁发《人民法院五年改革纲要》以来,《人民法院改革纲要》已经成为法院历次司法改革的引路灯和路线图。可以说,它的颁布标志着法院系统司法改革的开始,它的内容决定了司法改革的方向,它的实施直接影响着法院系统的运行。综观已颁布的《人民法院改革纲要》全文,其内容涉及了人民法院司法改革的背景和指导思想、基本任务和目标、基本原则、主要内容以及实施方略。同时,其规定的改革内容也广泛涵盖了从审判制度、法院组织、人事财政甚至到诉讼程序与执行体制等各个方面。

《宪法》第129条第3款明确规定:"人民法院的组织由法律规定。"可见,关于人民法院组织方面的立法,我国宪法确立了法律保留原则。此处的"由法律规定是一种非常明确的宪法委托。宪法委托的对象只是'法律',而且只是由全国人大及其常委会制定的法律,即形式意义上的法律。全国人大及其常委会只能积极行使立法权,制定相应的法律,不能不立法,更不能将此权力再委托其他国家机关行使"[①]。而且,《立法法》第8条也明确指出,人民法院的产生、组织、职权以及诉讼和仲裁制度只能由法律予以规定。我国法院系统的司法改革所涉及的体制、机制改革问题必然会关涉人民法院的产生、组织、职权以及诉讼和仲裁制度等问题。因此,含有人民法院的组织以及诉讼制度等改革内容的《人民法院改革纲要》应由全国人大及其常委会以法律的形式予以规定。

此外,《宪法》第131条已明确规定:"人民法院依照法律规定独立行使审判权,不受行政机关、社会团体和个人的干涉。"该条款中的"依照法律规定"是"对国家权力行使的一种限制,法院必须'依照法律规定的权限''依照法律规定的程序'去行使相应的权力"[②],即不论是最高人民法院还是最高人民法院院长在行使权力时,都应该受到宪法和法律的限制和制约。因此,无论是《人民法院改革纲要》的制定抑或是其实施都应该回归至宪法法律所确定的框架之内,《人民法院改革纲要》应由全国人大及其常委会予以制定,其实施也应受到全国人大及其常委会的监督。

最高人民法院院长是司法改革的决策者、领导者。虽然早在20世纪80年代,为响应改革开放方针的提出和经济发展的需要,人民法院内部就已经将司法改革提上日程。但直到1999年最高人民法院才第一次以颁布纲要的形式推行司法改革。尽管在最高人民法院制定颁行《人民法院五年改革纲要》以前,党的十五大就明确提出"依法治国,建设社会主义法治国家……推进司法改革,从制度上保证司法机关独立公正地行使审判权和检察权",可是,决定和推行"一五改革纲要"的主体仍是以最高

---

① 韩大元、王贵松:《中国宪法文本中"法律"的涵义》,《法学》2005年第2期。

② 韩大元、王贵松:《中国宪法文本中"法律"的涵义》,《法学》2005年第2期。

人民法院院长为代表的最高法院。由此可知，自我国人民法院系统进行司法改革之始，最高人民法院就既是裁判员又是运动员。

之后，为从全国范围内加强对司法改革的统一领导与协调，在党中央的直接领导下，我国于2003年成立了由中央政法委、全国人大内务司法委员会、中央政法各部门、国务院法制部门以及中央编制办的负责人组成的中央司法体制改革领导小组，全面领导司法体制改革工作，并由中央政法委书记兼任组长。该领导小组的职责是：按照党中央部署，研究落实党中央确定的司法体制改革任务；向党中央提出司法体制改革方案的建议；组织经中央批准的司法改革意见的实施。[①] 即便如此，在我国特有的干部体制之下，最高人民法院院长作为执政党中央领导集体的成员以及中央政法委的领导成员，其特殊的政治身份使得其在司法改革中更容易“一言堂”和“独大”。而历次司法改革往往是以党中央颁布的文件为主要依据，以各级法院党组为单位推行的。按照下级服从上级和党管干部的组织原则，兼具最高人民法院党组书记的双重身份，也促使最高人民法院院长在全国法院系统推行司法改革时具有特殊作用。

因此，我国法院系统的司法改革主要是由最高人民法院主导，由下级法院实施的，而改革方式则完全是以党组为单位自上由下展开的行政命令式的推进。如在《人民法院五年改革纲要》中，最高人民法院要求“各级人民法院必须加强领导，坚定不移地落实本纲要提出的各项改革任务”。最高人民法院院长的个人意志在司法改革中得以贯彻执行。在人大监督阙如的现状下，最高人民法院院长可以借助现有干部体制之力使司法改革打上鲜明的个人烙印。

例如，在以“能动司法”为要旨的“三五改革纲要”颁布后，最高人民法院出台一系列司法文件，要求各级法院设立专门的诉讼服务部门，负责信访接待、诉讼引导、风险告知、判后答疑、引导当事人选择纠纷解决方式等方面的工作。尤其是2009年颁行的《关于进一步加强民意沟通工作的意见》还规定了加强民意沟通工作的基本要求。此外，在2007

---

① 姜小川：《中国司法改革主体审视》，《时代法学》2006年第5期。

年召开的全国法院办公室工作会议上，时任最高人民法院院长肖扬强调，“要按照人民法院‘二五’改革纲要提出的改革完善司法政务管理工作的要求，积极稳妥地推进人民法院司法政务管理工作机制的改革与创新”①。而早在“一五”司法改革之时，最高人民法院、各高级人民法院就计划分别对中级以上人民法院和基层人民法院的正副院长、正副庭长轮训一遍。历届最高人民法院院长会在上任之初颁布一个司法改革纲要，而在五年任期结束之时，其在任时推行的司法改革常常被人们作为评价其政绩和影响力的重要参考。

在司法改革决策中，全国人大的常设工作机构内务司法委员会参与中央司法改革决策工作。但是在由执政党领导、最高人民法院作具体决定并推行的现行司法改革体制下，其作用是极其微小的。而全国人大对最高人民法院的司法改革工作的决定权和监督权的行使也仅能依赖于每年召开的全国人民代表大会。因为根据我国现行法律规定，在全国人大开会期间，最高人民法院院长需要向全国人大作报告，并请大会审议。但是，全国人大常身陷行政主导、会议形式僵化、功能萎缩、代表力孱弱泥沼的现状，又极大地消解了其对最高法院院长的监督权。这就使得全国人大在司法改革中的决策权和监督权日益式微，而真正的实质性监督是由全国人大常委会来实施的。

尽管按照《监督法》的规定，全国人大常委会对最高人民法院的监督包括听取和审议最高法院的专项工作报告、检查法律法规实施情况、备案审查规范性文件、询问和质询、调查特定问题、审议和决定撤职案等。但是，最高人民法院院长极少就司法改革的决策和实施情况向全国人大常委会作专项报告。历数我国法院系统的司法改革，往往是由执政党决议，最高人民法院经过调研后制定司法改革纲要的。在这之中，最高人民法院院长往往担任司法改革小组的领导，以批示、要求等形式领导着司法改革纲要的制定和实施。而在如此重大的关涉我国司法制度的改革中，却丝毫看不到全国人大及其常委会的影子，其对最高人民法院院

① 肖扬：《积极稳妥地推进司法政务作机制改革》，《人民法院报》2007 年 2 月 1 日。

长的监督权就这样被束之高阁了。

目前，全国人大及其常委会对最高人民法院院长的监督往往会以最高人民法院院长的自觉主动“被监督”表现出来。例如，从“一五”司法改革纲要到“四五”司法改革纲要，其中均会列明“坚持人民代表大会制度，自觉接受人民代表大会及其常务委员会的监督”。在历年全国人民代表大会召开时，最高人民法院院长往往会明确表态并要求全国法院系统认真听取并落实代表意见，积极改进工作。然而，这样另类的仅以口头或书面承诺为主的监督形式，更说明了全国人大及其常委会对最高人民法院院长的监督权被架空和虚置。

在人民法院组织方面，过去的法院改革纲要的内容也有僭越宪法和法律的规定。如1999年颁行的《人民法院五年改革纲要》规定：“对设立海事高级法院进行研究。对铁路、农垦、林业、油田、港口等法院的产生、法律地位和管理体制、管辖范围进行研究。逐步改变铁路、农垦、林业、油田、港口等法院由行政主管部门或者企业领导、管理的现状。”2004年颁行的《人民法院第二个五年改革纲要》规定：“完善审理未成年人刑事案件和涉及未成年人权益保护的民事、行政案件的组织机构，在具备条件的大城市开展设立少年法院的试点工作，以适应未成年人司法工作的特殊需要，推动建立和完善中国特色少年司法制度。”而《人民法院组织法》(1986年)第29条规定：“专门人民法院的组织和职权由全国人民代表大会常务委员会另行规定。”

此外，根据当时已颁行的《立法法》第8条的规定，人民法院和人民检察院的产生、组织和职权由法律规定。可见，最高人民法院在法院改革纲要中的一些提法是违反《人民法院组织法》和《立法法》的。

2014年发布的人民法院“四五改革纲要”核心内容中有“配合省以下法院人事统管改革，推动在省一级设立法官遴选委员会，从专业角度提出法官人选，由组织人事、纪检监察部门在政治素养、廉洁自律等方面考察把关，人大依照法律程序任免”的规定。省以下地方法院人财物统一管理的改革措施不仅僭越了现行宪法法律的相关规定，也与我国现行人大制度和地方政治制度相冲突。它僭越了《宪法》《地方组织法》《人民法院组织法》《民族区域自治法》《监督法》《法官法》的相关规定。根据上述宪法法律的相关规定，人民法院由本级人民代表大会选举产生，并对其负责，受其监督；各级人民代表大会常务委员会有计划地安排听取和审议本级人民法院的专项工作报告；县级以上的地方各级人民代表大会行使对本级人民法院院长的选举权和罢免权，副院长、庭长、副庭长和审判员由地方各级人民代表大会常务委员会任免。而省以下地方法院人财物统一管理的改革措施，违背了宪法法律所规定的由地方人大及其常委会对法院行使的人事任免权、监督权等规定。

与此同时，省以下地方法院人财物统一管理的改革措施也在某种程度上改变了我国法院系统的“中央与地方关系”。虽然此次司法改革剑指司法的“去地方化”，但是改革后的结果是各省高院代行了地方人大及其常委会在法院系统的权力，是在法院领域的“中央集权”，是司法权在中央和地方的重新划分。司法权是国家主权的一个重要部分。按照《立法法》第 8 条的相关规定，有关国家主权的相关规定属于法律保留的事项。不得不说，这样牵一发而动全身的司法改革措施是违法且冒进的。

在审判组织和形式方面，法院改革纲要的内容僭越宪法和法律的规定。2004 年颁行的《人民法院第二个五年改革纲要》规定：“建立和完善案例指导制度，重视指导性案例在统一法律适用标准、指导下级法院审判工作、丰富和发展法学理论等方面的作用。最高人民法院制定关于案例指导制度的规范性文件，规定指导性案例的编选标准、编选程序、发布方式、指导规则等。”这一规定使得指导性案例具有事实上的拘束力。所谓事实上的拘束力，是指本级和下级法院“必须”充分注意并顾及，如明显背离并造成裁判不公，将面临司法管理和案件质量评查方面负面评价的危险，案件也将依照法定程序被撤销、改判或者被再审改判等。① 而根据我国《宪法》第 132 条第 2 款规定：“最高人民法院监督地方各级人民法

① 参见胡云腾、于同志：《案例指导制度若干重大疑难争议问题研究》，《法学研究》2008 年第 6 期。

院和专门人民法院的审判工作，上级人民法院监督下级人民法院的审判工作。”可见，“二五改革纲要”中的案例指导制度已经使得审判中上下级法院法定监督关系完全变为行政指导关系。

此外，2009年颁行的《人民法院第三个五年改革纲要》第26条规定：“建立健全多元纠纷解决机制。按照‘党委领导、政府支持、多方参与、司法推动’的多元纠纷解决机制的要求，配合有关部门大力发展替代性纠纷解决机制，扩大调解主体范围，完善调解机制，为人民群众提供更多可供选择的纠纷解决方式。加强诉前调解与诉讼调解之间的有效衔接，完善多元纠纷解决方式之间的协调机制，健全诉讼与非诉讼相衔接的矛盾纠纷调处机制。”第28条规定：“完善涉诉信访工作机制。建立涉诉信访综合治理工作机制。推进涉诉信访法治化、规范化。建立‘诉’与‘访’分离制度。完善涉诉信访工作责任制，实行责任倒查制度。研究建立涉诉信访终结机制，规范涉诉信访秩序。完善涉诉信访工作信息反馈机制。规范人民法院的院长、庭长接访和走访、下访制度。”第29条规定：“建立健全司法为民长效机制。健全诉讼服务机构，加强诉讼引导、诉前调解、风险告知、诉讼救助、案件查询、诉讼材料收转、信访接待、文书查阅等工作，切实方便人民群众诉讼。探索推行远程立案、网上立案查询、巡回审判、速裁法庭、远程审理等便民利民措施。建立健全基层司法服务网络，推行基层人民法院及人民法庭聘请乡村、社区一些德高望重、热心服务、能力较强的人民群众担任司法调解员，或邀请人民调解员、司法行政部门、行业组织等协助化解社会矛盾纠纷。”上述三条是时任最高人民法院院长倡导的“能动司法”理念的核心体现。这使得此次司法改革被置于“服务大局、司法为民”的框架下，强调法院的主动性，背离了司法谦抑、被动、中立的本质。上述对审判方式改革的规定，也从本质上违背了《宪法》有关人民法院依照法律规定独立行使审判权，不受行政机关、社会团体和个人的干涉的规定。

三、推进司法改革，理顺最高人民法院院长和全国人大常委会的关系

20世纪以来，司法制度改革已成为一个全球化的议题。联合国也相继颁布一系列文件推动独立司法原则在各国的实施。权力分立与制衡是保障独立司法、实现法治的必由之路，也是独立司法的精义与要旨。综观英、日、韩等国司法改革实践，其大多会由立法机关颁行关涉司法改革的法律甚至是修改宪法之后，再交由司法机关付诸实行。此外，多数国家还会按照法律规定，成立一个专门的司法改革机构在全国范围内推行司法改革。如此一来，不仅使司法改革的推行有法可依，也促进了司法改革实施的全面性和广泛性。

第一，明确立法机关在司法改革中的主导地位，通过修改宪法或制定法律推行司法改革。例如，英国在本世纪初推行的司法改革之前颁行了一系列法律法规。根据1998年颁行的《人权法》、1999年颁行的《上议院法》以及2005年颁行的《宪政改革法》等法律，英国完成了剥离上议院司法权、废除大法官职位、设立最高人民法院等司法改革举措。此外，与英国有着相似司法改革路线的肯尼亚在2010年8月27日举行了新宪法公投。新宪法给肯尼亚的司法制度带来根本性的改变，也是肯尼亚推行司法改革的重要依据和信号。该宪法第十章规定的司法制度涉及了最高法院的设立、司法服务委员会的权限以及司法财政等问题。可见，由立法机关通过修改宪法或制定法律的方法推行司法改革，不仅能化解我国司法改革合法性危机，也更有利于在全局上总揽司法改革的进程。

第二，设立专门的司法改革机构，依法推行司法改革。展开司法改革的国家和地区，普遍在立法机关之外成立了专门的司法改革机构。如韩国成立了一个由法官、律师、检察官、法律学者以及社会活动家和社会组织组成的司法改革促进委员会。日本依法设立了由律师、学者、企业家等社会阶层组成的司法改革审议会。这些机构主要负责征询社会各方面对司法改革的意见、协调各方面利益，并为司法改革提供立法建议。所有的改革必然关涉权益博弈与取舍，司法改革机构的设立恰恰为各方利益代表理性和平地进行权益博弈提供平台，而后以法律的形式对博弈

结果予以确认也是对各方权益的最佳保障。可见,扩大司法改革决策的参与性,有利于促进我国司法改革中的利益平衡,调动社会各阶层对司法改革的热情,避免最高法院陷入自说自话的尴尬境地。

在我国,虽然司法改革是低风险的,触动它对整个政治格局不会引起震动,万一出现曲折也不至于造成无可挽回的影响。但是,千里之堤也会毁于蚁穴。因此,在司法改革中捋顺最高人民法院院长与全国人大及其常委会的关系就显得尤为迫切和重要。规制最高人民法院院长在司法改革中的权力,摆正其在司法改革中的角色和位置,更有益于化解司法改革越改越乱的困局。作为最高审判机关的领导和负责人,法治的实现离不开最高人民法院院长的担当。

第八章
监察改革与公正司法

监察体制改革是一项重大政治改革，要正确理解监察机关与党的关系，更好建构监察机关与人大及其常委会、司法机关的关系。其中，监察体制改革对司法改革和司法机关有着相当大的影响。有人担忧监察体制改革会“熔断”司法改革。其他监察体制改革给司法改革带来的问题还有：司法改革本身既有改革的碎片化问题。国家监察体制改革后，现有司法改革可能更加难以为继，目前已经出现制度客观效果与制度初衷相背离的情况。举例来说，检察院的公益诉讼是十八大以后司法改革中重要的战略举措，公益诉讼交给检察院是一个重大的战略考量，检察院的自侦权是一个支撑公益诉讼的重要武器，检察院可以通过反贪、反渎、职务犯罪侦查将公益诉讼强力推进。现在检察院被剥离了上述权力后，其公益诉讼如何继续顺利进行，是未来司法改革的一个重大难题。

第一节
监察体制改革的逻辑与方法

国家监督权的分散配置是当前监察体制诸多弊病之根源，监察体制改革所欲达致的目标即为实现机构与职能的整合，以期优化监督权的配置模式。基于监察体制改革的属性、背景与内涵，改革须遵循先“变法”后“变革”的逻辑，且应以人民代表大会制度为根本遵循，还须遵照机构与职能整合的思路，以及监察权独立行使的理念。以此为指引的改革，需适时启动相关法律的“立改废”工作，处理好监察委员会与其他国家机关的关系，合理安排监察委员会的组织结构与职权，并建立监察权行使的监督与制约机制。

权力的行使须仰仗必要的控制，现代国家与社会通常都会通过各种方式对权力的行使施以一定的监督与制约，在国家的权力运行架构中，通过诸多形式构建国家监督制度。自 1949 年中华人民共和国成立以来，社会主义中国的国家监督制度日渐建立并不断完善。这一监督制度无疑在权力监督与制约方面发挥着相当的作用，但其在实践中的弊病也日渐显现。为此，执政党和国家以期通过修改行政监察法①、健全国家监察组织架构②等诸多方式完善我国的监督制度和监察体制。

中共中央办公厅在 2016 年 11 月印发的《关于在北京市、山西省、浙江省开展国家监察体制改革试点方案》（以下简称《试点方案》），可谓拉开了我国新一轮监察体制改革的序幕。全国人大常委会亦于 2016 年 12 月 25 日审议通过了《关于在北京市、山西省、浙江省开展国家监察体制改

---

①　参见《全国人大常委会 2016 年立法工作计划》，《中华人民共和国全国人民代表大会常务委员会公报》2016 年第 3 期。

②　参见《坚持全面从严治党依规治党　创新体制机制强化党内监督》，《人民日报》2016 年 1 月 13 日。

革试点工作的决定》(以下简称《改革决定》)。[①] 虽然此次改革尚处“谋篇布局”之初,但改革的思路随着试点工作的推进已“端倪初现”。即便如此,改革所欲为之的乃毕竟是变革既已运行数十年的固有体制,加之试点改革之“试错性”特征,致使改革依旧存在诸多不确定性与变数。鉴于监察体制改革关乎的乃是国家宪制结构的重大政治改革,为确保改革本身的合法性和可期性,有必要框定监察体制改革所应当遵循的基本原则,并以此原则为指引来探求改革的路径与方法。

一、监察体制的现状及改革缘起

监察体制为什么要改革?这个问题涉及监察体制改革的必要性。于逻辑上而言,监察体制改革的必要性主要缘于现行的监察体制未能有效地发挥其预期功效,监察体制自身及其运行皆存在某些问题。因此,揭示监察体制存在的问题便成了监察体制改革的基本前提,探求问题的解决出路则构成了监察体制改革的主要内容。

(一)国家监督权的分散配置

现行监察体制存在的问题,从根本上而言涉及我国监督权的配置模式。历史地看,中华人民共和国成立以来,我国便开始建立起了国家权力监督制度,设立各类监督机关,并在其间配置国家监督权。随着新政权的建立,在《共同纲领》和《中央人民政府组织法》的总体建构之下,国家监督制度便已初具雏形。[②] 随着第一届全国人大的召开和中华人民共和国第一部《宪法》的制定,人民代表大会制度之下的国家监督制度亦随之大体形成。但随之而来的非正常化政治活动,使得包括国家监督制度在内的整个国家政治和法律制度遭到严重的人为破坏。直至1978年拨乱反正之后,国家监督制度才得以恢复重建并不断完善。纵观60余年的机构与职权变迁史,可总结出我国国家监督制度发展的一般规律:

---

① 参见《全国人大常委会关于在北京市、山西省、浙江省开展国家监察体制改革试点工作的决定》(2016年12月25日第十二届全国人民代表大会常务委员会第二十五次会议通过),《人民日报》2016年12月26日。

② 参见汤唯、孙季萍:《法律监督论纲》,北京大学出版社2001年版,第230～235页。

其一，国家监督机构的多元性。1949 年至今的中国，承担国家监督职责的机构大体有三：一为权力机关性质的机构，即 1954 年前的全国政协全体会议和中央人民政府委员会，以及 1954 年之后的各级人大及其常委会。二为行政机关内部的监督，即行政监察监督和行政审计监督。三为检察机关的法律监督。由此可见，我国的国家监督机构具有多元性的特征，亦即国家监督权分由不同机构来行使。人大作为国家权力机关，其基于民主集中制的原则，产生并监督行政、审判、检察、军事等其他国家机关。在此种一元分立权力架构之下，若欲对权力进行有效的制约和监督，势必通过设立各类专门的监督机关。① 因为人大作为权力机关的监督通常只能限于宏观领域，加之人大监督权行使过程中的诸多滞碍，致使在实践中需要设立诸如检察机关、行政监察机构、行政审计机构等专门的监督机关。

其二，国家监督职权的变动性。中华人民共和国成立伊始便已初具雏形的国家监督制度，历经 60 余年的变迁，其依旧保持着相当的稳定性，即总体上始终表现为人大监督、行政监督、检察监督“三位一体”的监督权配置格局。但是，在相对稳定的同时，具体的监督职权在各主体之间亦存在着相当的变动性。以行政监察监督为例，中华人民共和国成立之初的各级监察委员会，其性质虽为行政机关，但监察对象却可及于包括审判机关、检察机关在内的一切国家机关及其工作人员。② 在 1955 年之后，根据《监察部组织简则》的规定，行政监察的范围则限于国务院各部门、地方各级国家行政机关、国营企业、公私合营企业、合作社，以及这些机关的工作人员。监察机关不再对审判机关和检察机关及其工作人员进行监察。③ 同时，在 1986 年恢复设立国家监察部之时，在规定行政监

---

① 参见朱孝清：《中国检察制度的几个问题》，《中国法学》2007 年第 2 期。

② 中央人民政府政务院监察委员会所作的《一九五〇年人民监察工作总结及一九五一年工作任务的报告》，在谈及监察机关的职权时便明确指出：“监察机关的职权，是依据政府的政策、法令、决议、计划，其有权监督一切国家机关和公务人员。”参见《一九五〇年人民监察工作总结及一九五一年工作任务的报告》，《人民日报》1951 年 8 月 15 日。

③ 参见韩晓武：《建国以来我国行政监察制度的发展变化》，《河北法学》1984 年第 5 期。

察的对象时，减少了公私合营、合作社及其工作人员，把对国营企业及其工作人员的监察也限于国家行政机关任命的领导干部。[①] 除监督对象之外，行政监察权的权限类型和行使方式亦处于变动状态中。

其三，国家监督范围的叠合性。"三位一体"的监督权配置格局，致使国家监督权由不同机构分别行使，但此三类不同的国家监督并非平行并列的，由于人大所具有的国家权力机关的地位，人大监督的位阶高于行政监督和检察监督。这种存在位阶的监督权配置格局，使得国家监督权在监督范围上存在叠合，因为在不考虑其他因素的前提下，人大作为权力机关，其监督范围无疑涵盖了行政监督和检察监督的监督范围。同时，即便是地位相对平行的行政监督和检察监督之间，其亦存在或多或少的重合部分。

（二）监督权配置模式的调整

在我国的人民代表大会制度和"一府两院"的宪制结构之下，国家监督监察权在某种意义上而言是"师出多门"的，此种"叠床架屋"式的监督权配置模式表现为国家监督权由三大不同的国家机关享有和行使。此外，在上述国家监督权之外，还有执政党内部的纪律检查权。这一监督制度的弊病有三：一是监督力量分散，各类监督监察主体在各自的领域内开展监督工作，难以形成实质意义上的合力；二是监督存在盲区，这主要表现为现有的监察监督其实仅限于行政机关内部，未能有效及于其他国家机关和公职人员；三是监督衔接不足，即国家监督与党内监督的衔接贯通机制仍有诸多欠缺。而此般弊病的根源在于国家监督权的分散配置，故此有赖通过改革优化国家监督权的配置模式。

当前正在进行的国家监察体制改革及其试点工作，也正是基于此种考虑，《试点方案》明确提出了"实施组织和制度创新，整合反腐败资源力量"的改革思路。[②] 至于如何优化国家监督权的配置模式，由《试点方案》

---

① 参见乔石：《关于设立中华人民共和国监察部议案的说明》，《中华人民共和国全国人民代表大会常务委员会公报》1986 年第 7 期。

② 参见姜洁：《中办印发〈关于在北京市、山西省、浙江省开展国家监察体制改革试点方案〉》，《人民日报》2016 年 11 月 8 日。

和《改革决定》可知，此次试点工作的具体方案是由人大产生监察委员会，作为行使国家监察职能的专责机关，并将现有的行政监察、预防腐败和检察机关查处贪污贿赂、失职渎职以及预防职务犯罪等工作力量，一并整合至新设立的监察委员会。[①] 由此可见，改革者的想法是将监察委员会作为与政府、法院、检察院平行的国家机关，其行使的国家监察权亦将与既有的行政权、审判权、检察权居于并列地位。通俗而言，此前我们熟悉的人大之下的"一府两院"之国家政权组织形式将可能变革为"一府两院一委"的新结构。由此可知，监察体制改革的意涵有二：一是新设专职监察的机构，即监察委员会；二是与新机构设立相伴随的现有机构及其职能的整合。易言之，此次国家监察体制改革的实质在于国家监督权的重新配置。

二、监察体制改革应遵循的原则

若欲使监察体制改革具有充分的正当性和科学性，改革势必以一定的原则作为指引。具体来说，监察体制改革所应当遵循的基本原则来源有三：一是改革的属性，即改革的变动性属性要求处理好改革与立法的关系；二是改革的背景，即监察体制改革乃是置于人民代表大会制度这一根本政治制度之下进行的；三是改革的内涵，亦即监察体制改革的思路与理念。由此，监察体制改革应遵循的原则主要有：

（一）先"变法"后"变革"的逻辑

当代中国的立法可以说是在改革背景下和改革进程中的立法。自1978年党的十一届三中全会确立"改革"的基本方针之后，中国便进入了一个全面改革的时期，在此过程中，立法是与改革同时起步、同步或者交错前行的，立法所规范的社会关系，实际都是改革背景下的社会关系[②]，

---

① 参见姜洁：《实现对公职人员监察全覆盖　完善党和国家的自我监督——王岐山在北京、山西、浙江调研监察体制改革试点工作时强调》，《人民日报》2016年11月26日。

② 参见刘松山：《当代中国处理立法与改革关系的策略》，《法学》2014年第1期。

可以说改革的重点也是立法的重点。[①] 然而,改革的基本属性在于变动,而法律注重稳定,二者属性上的矛盾势必导致改革与现行法律制度之间的冲突与紧张关系。为此,在改革进程中妥善处理改革与立法的关系便是关乎改革正当性与国家法律权威的重大问题。这种紧张关系尤其体现在探索型改革当中,因为在探索型改革之下,改革通常先于立法,法律的确认只是一种事后的确认,或言之为“追认”。

当前进行的监察体制改革同样是一种探索型改革,现阶段的改革仅仅是在北京、山西、浙江先行先试,这既是为了减少改革的风险和成本,亦是希冀以上三省市能在试点工作中取得可供复制的经验,进而在更广范围内铺陈开来。诚如《试点方案》所指出的那般:“从体制机制、制度建设上先行先试、探索实践,为在全国推开积累经验。”[②]然而,探索型改革蕴含着先“变革”后“变法”的逻辑,这使得法律总是滞后于社会变革,即在改革成果为法律确认之前,改革极有可能是处于法律的范围之外的。如此一来,改革的正当性将极大地被削弱,法律的权威亦将随之不断式微。有鉴于此,监察体制改革需要遵循先“变法”后“变革”的逻辑,改革所涉及的法律法规“立改废”及试点工作所需法律授权问题,都需要改革者与立法者主动衔接,相向而行,同步推进[③],故而需要适时启动相关法律的“立改废”工作,实现立法与改革的衔接。当前,全国人大常委会通过的《改革决定》在一定程度上可使得监察体制改革于法有据且有据可循,然而由全国人大常委会作出此般“授权决定”尚存质疑。[④] 同时,由于《改革决定》调整或暂停了部分法律的实施,但《改革决定》本身只是笼统的规定,由此致使监察委员会在机构设置与职权行使上存在法律依据的

---

① 参见李鹏:《进一步搞好立法和监督工作》,《十五大以来重要文献选编》上册,中央文献出版社 2011 年版,第 279 页。

② 参见姜洁:《中办印发〈关于在北京市、山西省、浙江省开展国家监察体制改革试点方案〉》,《人民日报》2016 年 11 月 8 日。

③ 参见《严把改革方案质量关督察关 确保改革改有所进改有所成》,《人民日报》2014 年 9 月 30 日。

④ 参见童之伟:《将监察体制改革全程纳入法治轨道之方略》,《法学》2016 年第 12 期。

"空白"。此时可能会以更为细化的方案来解决这一问题，但这同样会面临突破现有宪法和法律的质疑。

（二）人民代表大会制度的根本遵循

作为我国的根本政治制度，人民代表大会制度为此次监察体制改革确立了根本遵循，亦即改革的内容不得与人大制度的核心内涵有所抵触与违背。具体而言，我国人民代表大会制度的主要内容是人大的产生、组织、职权的制度，以及人大与其他国家机关互相关系的制度。[①] 其中与监察体制改革关系较甚的内容有二：一是人大与监察委员会的关系。按照当前的《试点方案》，监察委员会由同级人大产生，因此监察委员会向人大负责，受人大监督便是自然而言之事。如此一来，便需要在研究改革措施和现实推行改革时，具体厘清监察委员会如何由人大产生，监察委员会如何向人大负责，人大监督监察委员会的方式等内容。二是监察委员会与其他国家机关的关系。在当前的改革思路之下，监察委员会将与现有的"一府两院"形成并列平行的关系，作为行使国家监察职能的专责机关，其无疑可对"一府两院"施以监察和监督。但是，我国《宪法》第126条和131条明确规定了法院与检察院依法独立行使审判权与检察权。因此，监察委员会对法院和检察院实施监督时，尚须恪守"审判权与检察权独立行使"这一宪法原则。

（三）机构与职能整合的改革思路

国家监察体制的改革与监察委员会的设立，意味着现有的国家机构体系与国家监督权的配置模式将会被革新。这也是《试点方案》提出的"实施组织和制度创新，整合反腐败资源力量"的深层意涵之所在。同时，这一意涵在《改革决定》以及当前开展的试点工作中皆得到了体现：整合行政监察、预防腐败和检察机关查处贪污贿赂、失职渎职以及预防职务犯罪等工作力量，成立监察委员会。[②] 由此观之，监察体制改革的思

① 参见蔡定剑：《中国人民代表大会制度》，法律出版社2003年版，第25～26页。

② 参见姜洁：《实现对公职人员监察全覆盖　完善党和国家的自我监督——王岐山在北京、山西、浙江调研监察体制改革试点工作时强调》，《人民日报》2016年11月26日。

路在于实现既有机构与职能的整合。具体来说，在机构整合层面，其意在于新机构的设立与旧机构的撤销。其中所谓的新机构即为专门行使监察权的监察委员会，旧机构则为此前行使监察监督性质职权的机构。根据当前的改革方案，这些机构主要有行政机关内部的监察等部门，检察机关内部的反贪等部门。与机构整合相伴随的自然是职能的整合，即将被撤销的旧机构之职权统一整合至新设立的监察委员会，由其行使这些职权。此外，为了监察委员会能够更好地行使监察权，可能还需要赋予其现有职权类属以外的新权力类型。① 此外，由于反贪污贿赂与反渎职侵权职能从检察院"剥离"，加之检察院法律监督职能本身所面临的诸多质疑②，如此一来，随着监察委员会的设立，及其国家监察机关地位的确立，检察院之"国家的法律监督机关"之宪法地位是否应作出变更亦是殊值探讨的话题。

(四)监察权独立行使的改革理念

通常来说，民主政治的监察官应当是独立的③，然而我国现行监察体制存在的主要问题之一即为监察机关的独立性保障不足。因为现行的现状监察其实只是行政机关内部的一种自律性监督，或言之为"同体监督"，监督者在某种意义上又是被监督者。④ 同时，按照《行政监察法》的规定，我国监察机关实行双重领导体制，其需对本级政府和上级监察机关负责并报告工作。但在实践中，监察机关的干部人事、财物经费皆由地方政府控制，监察机关在工作中缺乏应有的独立性，这也严重影响了

① 参见张智新:《重大政治改革的监察委员会，如何监怎么察?》，凤凰网，http://finance.ifeng.com/a/20161111/15001165_0.shtml，2016 年 12 月 1 日访问。

② 参见陈卫东:《我国检察权的反思与重构——以公诉权为核心的分析》，《法学研究》2002 年第 2 期；缪树权:《检察机关法律监督若干争议问题观点释评》，《国家检察官学报学报》2003 年第 5 期；蒋德海:《"以法律监督为本质"还是"以控权为本质"? ——兼论中国检察机关的职权配置》，《河南社会科学》2011 年第 2 期等。

③ 参见[法]孟德斯鸠:《论法的精神》(上)，张雁深译，商务印书馆 1961 年版，第 53 页。

④ 参见魏志荣、李先涛:《我国行政监察制度存在的主要问题与改革建议》，《黑龙江政法管理干部学院学报》2006 年第 4 期。

监察的权威性。[①] 对此问题，改革者无疑亦是有所关注的，并提出了改革党的纪律检查体制，完善反腐败体制机制，增强权力制约和监督效果，保证各级纪委监督权的相对独立性和权威性。要强化制约，科学配置权力，形成科学的权力结构和运行机制。[②] 为了构建相对独立的监察监督制度，监察体制改革所为之的便是将监察权从行政权与检察权当中“剥离”出来，从而形塑出与行政权、审判权、检察权平行并列的监察权，尤其是让监察权独立于行政权之外。

三、监察体制改革的路径与方法

监察体制改革的原因与改革所应遵循的原则已在上文进行讨论，那么，监察体制究竟要如何改革便是此部分需要谈论的内容。如前所述，监察体制改革所关涉的乃是国家的重大宪制结构，与之相关的问题可谓是纷繁复杂，这也是“国家监察体制改革是事关全局的重大政治改革”的应有之义。然而，由于篇幅和智识有限，本书难以对所有相关问题逐一论述，在此仅选取其中几个相对重要的问题进行讨论。

（一）监察体制改革与法律的“立改废”

此次改革若能于试点工作之后得以在全国范围内全面铺陈开来，将意味着我国现行宪法和法律所确立的监督监察权配置模式将被调整。同时，改革在经由探索试错之后，若欲将有益经验推及全国，亦需要通过法律的制定与修改实现经验的固化与确认。

首先，国家监察体制改革的实质在于国家监督权的重新配置，如此一来，作为根本法的宪法便需要“出场”以发挥其功能，进而实现对改革进程与结果的指引和规范。因为宪法在政治方面的意义便是强调国家权力的组织与运作，国家应设置何种机关来行使统治权力并界定机关的

---

① 参见马怀德：《全面从严治党亟待改革国家监察体制》，《光明日报》2016 年 11 月 12 日。

② 参见《强化反腐败体制机制创新和制度保障　深入推进党风廉政建设和反腐败斗争》，《人民日报》2014 年 1 月 15 日。

权力，此即为国家大法的宪法所应规范的内容。[①] 通俗而言，为宪法所规定的通常是国家最根本、最重要的事项，当此类事项发生变动之时，宪法也应当作出相应的修改。国家机构的组织及其职权即为这类最根本、最重要的事项之一。[②] 由此观之，在改革的进程中，作为根本法的宪法亦须进行相应的修改，以此为机构的整合与权力的再配置创造相应的宪法空间与制度可能。同时，为这一改革提供充分的正当性基础必须求诸宪法的修改，绝非全国人大的立法与修法所能有效为之的。因为在规则创设的过程中存着“制宪权—修宪权—立法权”这样的位阶构造。[③] 概而言之，鉴于监察体制改革所变革之内容，即国家监督权的配置模式以及国家的政权组织形式属于宪法保留之事项，故而宪法修改具有法律制定与修改不可替代的功能。

其次，与法律相比较，宪法在内容上具有根本性、宏观性和全面性，而法律具有派生性、微观性和具体性。[④] 因此，即便宪法在为监察体制改革作出修改之后，仍然有诸多微观细节的问题有待其他法律继续相应的“立改废”，以适应改革的需要。具体来说，法律法规“立改废”的内容主要有：一是修改《人民检察院组织法》《国务院组织法》《地方各级人民代表大会和地方各级人民政府组织法》《刑事诉讼法》《行政监察法》等。因为改革需要将原属政府与检察院的监察监督职权予以“剥离”整合，但这些职权已经规定在上述既有的法律当中，故而需要对其进行修改或废止。同时，《试点方案》提出的“监察委员会与司法机关的协调衔接”，也要求《刑事诉讼法》等作出相应的修改，以便经监察委员会处理的案件得以有效进入刑事诉讼等司法程序，在实践中较为普遍的便是监察委员会在处理案件过程中获得的材料应通过何种途径和方式转化为刑事诉讼中的证据并予以运用。二是制定《国家监察法》《监察委员会组织法》。因为通过在《宪法》中新增一节，可以对监察委员会作出相对宏观的规

---

① 参见陈新民：《宪法学释论》，(台北)三民书局2014年版，第1～2页。

② 参见秦前红：《监察体制改革需修宪保障》，《财经》2016年第34期。

③ 参见[日]芦部信喜：《制宪权》，王贵松译，中国政法大学出版社2012年版，第90页。

④ 参见胡锦光、韩大元：《中国宪法》，法律出版社2007年版，第27页。

定，但对于其他较为具体的内容，仍然需要另行立法予以规定，具体有监察委员会的组织结构、机构设置、职权范围、工作机制，以及监察委员会行使监察权的程序、法律责任等内容。

（二）监察委员会与其他国家机关的关系

将监察委员会置于人民代表大会制度之下，其与其他国家机关的关系主要表现有二：一是基于民主集中制而形成的监察委员会与同级人大的关系；二是在“一府两院一委”的国家机关构架中监察委员会与“一府两院”的关系。

其一，根据我国《宪法》第 3 条第 1 款的规定，我国的国家机构实行民主集中制的原则。在我国，民主集中制是一个普遍适用于执政党和国家政治生活的重要原则。作为国家机关组织原则的民主集中制，其内容之一即体现为国家权力机关和其他国家机关的关系上，遵循其他国家机关由民选的国家权力机关产生，对其负责、受其监督的原则。① 依此逻辑，在监察委员会与人大的关系上，则表现为监察委员会由人大产生，对人大负责，受人大监督。具体来说，“由人大产生”主要表现为人大对监察委员会有关人员的任免。根据我国的宪法实践，国家机关负责人任免有着诸如选举、决定人选、任命、批准任命等不同的行使方式，其中，选举的职务通常更为重要。② 同时，根据《改革决定》的安排，监察委员会主任由本级人大选举产生，监察委员会副主任、委员，则由监察委员会主任提请本级人大常委会任免。此外，监察委员会还应当接受人大及其常委会的监督，向人大及其常委会作工作报告，并接受其询问、质询等。

与此同时，在处理人大与监察委员会关系之时，还将面临“监察全覆盖”与“监察委员会受人大监督”的问题。由《试点方案》《改革决定》以及既已开展的试点工作可知，监察体制改革所欲实现的目标乃是“实现对行使公权力的公职人员监察全面覆盖”③。对此我们可理解为将各级人

① 参见蔡定剑：《宪法精解》，法律出版社 2006 年版，第 171～172 页。

② 参见蔡定剑：《中国人民代表大会制度》，法律出版社 2003 年版，第 344～346 页。

③ 参见姜洁：《中办印发〈关于在北京市、山西省、浙江省开展国家监察体制改革试点方案〉》，《人民日报》2016 年 11 月 8 日。

大及其常委会的公职人员纳入监察的对象。然而，鉴于民主集中制及人大与监察委员会的关系，监察委员会当接受人大及其常委会的监督。如何解决此一逻辑上的“悖论”无疑是改革面临的难题之一。在人民代表大会制度之下，各级人大非但具有代议机构之属性，其更有作为权力机关之优越地位。有鉴于此，监察委员会不得对各级人大及其常委会之立法、监督、决定、任免等职权行使行为施以监察，但对于贪污贿赂、渎职侵权等与职务无关的违法行为，则可纳入监察委员会之监察范围。

其二，在监察委员会与政府、法院、检察院等的关系上，则表现为监察委员会在法律规定的范围内有权对“一府两院”实施监督，但法院与检察院依法独立行使审判权与检察权，不应受到监察委员会的干涉。此外，《试点方案》所提出的“建立监察委员会与司法机关的协调衔接机制”亦要求妥善安排监察委员会、检察院、法院在刑事诉讼中的关系。例如监察委员会在监督、调查过程中获得的材料，如何作为刑事诉讼证据得以运用，尤其是在纪委监察合署办公的情境之下。①

（三）监察委员会的组织结构与职权

与以上讨论的监察委员会与其他国家机关间的关系不同，监察委员会的组织结构指的是监察机关相互间的关系，尤其是上下级监察机关之间的关系。诚如上述，监察体制改革应以人大制度为根本遵循，且须彰显监察权的独立性原则。此一根本遵循与原则在相当程度上划定了我国监察委员会的组织结构。具体体现有二：其一，在人大制度之下，按照民主集中制的组织原则，监察委员会由人大产生，对其负责，受其监督。其二，为确保监察委员会得以独立行使监察权，又需要使监察机关尽可能少地受到地方因素和行政权力的干扰，这便要求监察机关的领导应当是垂直式的。

在此二原则的共同意旨之下，便需要在监察委员会的组织结构中实行所谓的“双重领导”体制，即监察委员会既要对同级人大负责，还要对上级监察委员会负责。对此，《改革决定》乃是有所规定的，即监察委员

① 参见龙宗智：《取证主体合法性若干问题》，《法学研究》2007年第3期。

会对本级人人大及其常委会和上一级监察委员会负责,并接受监督。这种“双重领导”体制具体如何实现,可参照人民检察院的组织机构,作如下制度设计:一是省级监察委员会主任的任免由同级人大决定,但需经全国人大常委会批准。二是省级以下各级监察委员会主任的任免由同级人大决定,但需报上级监察委员会主任提请该级人大常委会批准。三是中央监察委员会领导地方各级监察委员会的工作,上级监察委员会领导下级监察委员会的工作。四是中央监察委员会对全国人大及其常委会负责,地方各级监察委员会对产生它的国家权力机关和上级监察委员会负责。

在厘清监察委员会的组织结构之后,需要讨论的便是监察委员会的职权。如上所述,按照当前的改革思路,政府内部的监察、预防腐败,以及检察院内部的反贪污贿赂、反渎职侵权等职权,将一并整合至监察委员会。但监察委员会具体应行使哪些职权,仍然存在较多的争论。[①] 在当前改革试点工作中,改革者的想法是监察委员会履行监督、调查、处置职责,包括谈话、讯问、询问、查询、冻结、调取、查封、扣押、搜查、勘验检查、鉴定、留置等具体措施[②],同时实行党的纪委与监察委员会合署办公,履行纪检、监察两项职能。[③] 由此可见,监察委员会监察权之具体权能并非单一的刑事侦查权或行政监察权所能涵盖。此外,不宜将拘留、逮捕等侦查性质的权能归入监察权当中。因为由检察院转隶至监察委员会的职权乃是“查处贪污贿赂、失职渎职以及预防职务犯罪”,而不包括审查逮捕、侦查监督等职能。但监察委员会可向检察院提请批准逮捕,检察院侦查监督机构审查决定是否批捕[④],且批捕后应由公安机关执行。

---

① 参见程姝雯:《马怀德:国家监察委不会成为“超级机构”》,《南方都市报》2016 年 11 月 30 日;吴建雄:《国家监察体制改革的法理思考》,《学习时报》2016 年 12 月 15 日。

② 参见《全国人大常委会关于在北京市、山西省、浙江省开展国家监察体制改革试点工作的决定》(2016 年 12 月 25 日,第十二届全国人民代表大会常务委员会第二十五次会议通过),《人民日报》2016 年 12 月 26 日。

③ 参见本报评论员:《构建权威高效的国家监察体系》,《人民日报》2016 年 12 月 5 日。

④ 参见孙谦主编:《中国特色社会主义检察制度》,中国检察出版社 2008 年版,第 143~144 页。

如此一来，可在检察院与监察委员会之间形成一定的制约机制，且符合宪法关于公民人身自由权的规定。

（四）合署办公与党纪国法衔接问题

从当代中国合署办公的实际运作来看，主要是基于中国特色的党政关系，解决两个具有不同编制、职责，但工作对象、工作内容相近的党政机构工作关系问题，实际上是一种党政型合署办公。① 这种合署办公一则有助于在监察工作中贯彻党的领导；二则能够有效解决职责交叉重复的问题②，且利于实现党内监督与国家监督的衔接。《试点方案》提出的“党的纪律检查委员会、监察委员会合署办公”同样是基于此种考量，以期通过监察体制改革，解决监督范围过窄、工作力量分散、定位不清等问题，建立集中统一、权威高效的国家监察体系。③ 与此同时，依法治国和依法执政的理念皆要求理顺党政关系。有鉴于此，在监察体制改革当中，虽然监察委员会与纪委合署办公，但在各自的职权行使上应是“泾渭分明”的，党要管党内纪律的问题，法律范围内的问题应该由国家和政府管。④ 这既符合《中国共产党党章》对纪委任务的规定，也符合监察体制改革对监察委员会宪法地位的安排。

再者，合署办公后的纪委与监察委员会机构与职能的整合，其实质乃是党内法规与国家法律间的协调衔接问题。监察委员会作为国家机关，纪委作为执政党内部的纪律检查机关，二者所执行的分别是国家法律和党内法规。同时，国家法律与党内法规基于发生机理和属性的不同而有诸多差异，但若欲使纪委与监察委员会在合署办公的模式下实现两种监督形式的有效衔接，那么，在组织建设、作风和反腐倡廉制度建设等

---

① 参见徐理响：《现代国家治理中的合署办公体制探析》，《求索》2015 年第 8 期。

② 参见《关于中央纪委监察部合署办公问题的解答》，《党建》1993 年第 4 期。

③ 参见本报评论员：《构建权威高效的国家监察体系》，《人民日报》2016 年 12 月 5 日。

④ 参见邓小平：《在全体人民中树立法制观念》，《邓小平文选》第 3 卷，人民出版社 1993 年版，第 163 页。

方面的党内法规便需要与国家相应领域的法律法规相协调。[①]

(五)监察权行使的监督与制约问题

一切有权力的人都容易滥用权力,这是万古不易的一条经验。[②] 随着监察体制改革的推进,监察委员会将享有较之此前行政监察机关更大的监督权,故而监察委员会亦将面临权力膨胀与滥用的质疑。历史地看,在古代中国,监察体制建立之初,常常实现监察权与行政权的分离,监察地方的官吏与地方行政、司法和军事长官各为系统,互不统属。这样既能使地方官不敢妄为,又能使其发挥正常作用。[③] 但由于监察权的不断扩大,仍然难以避免监察权的地方化与行政化。[④] 例如汉朝设置的司职地方监察的刺史,在东汉后期愈加干预军事和行政,地方监察区演变为地方行政区,监察长官也异化为行政长官。[⑤] 有鉴于此,对监察委员会施以相当的监督与制约确属必要,《试点方案》亦明确提出:"强化对监察委员会自身的监督制约。"

具体而言,可通过如下方式实现对监察权的监督与制约:其一,强化人大对监察委员会的监督。监察委员会由人大产生,自然须接受人大的监督。但人大监督工作还是一个薄弱环节[⑥],为此,无疑需要改善当前人大监督不力的现状。其二,其他国家机关对监察委员会的职权行使行为施以必要的制衡。这主要体现在检察机关通过侦查监督权、逮捕批准权等对监察委员会进行监督,当然还包括法院通过"非法证据排除规则"等

---

① 参见秦前红、苏绍龙:《论党内法规与国家法律的协调衔接》,《人民论坛·学术前沿》2015 年第 20 期。

② 参见[法]孟德斯鸠:《论法的精神》(上),张雁深译,商务印书馆 1963 年版,第 154 页。

③ 参见李孔怀、陈永明:《汉唐明三代行政监察制度比较》,《复旦学报》(社会科学版)1994 年第 4 期。

④ 参见白平则:《论我国古代地方监察体制与监察权运行的关系》,《理论界》2012 年第 6 期。

⑤ 参见李孔怀、陈永明:《汉唐明三代行政监察制度比较》,《复旦学报》(社会科学版)1994 年第 4 期。

⑥ 参见林伯海:《人大监督权威缺失的传统政治文化探析》,《政治与法律》2002 年第 5 期。

庭审制度设计实施的间接监督。其三,借由规则以规范监察委员会的职权行使行为,因为程序的设定无疑可以框约监察权的行使。当前正在制定的《中国共产党纪律检查机关监督执纪工作规则(试行)》无疑是在这方面的努力。[1] 其四,建立监察权行使不当,侵犯公民权利的救济机制,既有监察机构内部的救济,即上级监察委员会对下级监察委员会的纠错,亦有监察机构外部的救济,如监察权的行使应当接受司法审查等。其五,引入必要的外部监督机制。人民监督员制度创设初衷即在于消解社会对检察院办理职务犯罪案件的疑虑,补强检察机关职权行使的民主性,防范检察权的滥用。[2] 随着检察机关相应职能的整合,同样可将该制度作适当改进之后引入监察委员会,进而实现对其的外部监督。

四、结语

在国家的权力运行架构中,通过诸多形式构建国家监督体制,业已成为古今中外的通行做法。在国外,为人所推崇的有以美国为代表的"三权分立"式的权力监督制衡模式。在古代中国,三省六部间的分权制度以及专司监察的御史制度,也承载了相当的国家权力监督功能。在近代中国,孙中山先生独辟蹊径提出的五权宪法,更是将监察权独立,以彰显监察权的监督功能。中华人民共和国成立伊始,社会主义中国的国家监督制度便得以建立,并随着历史的进程而不断完善。但终究未能突破"三位一体"的监督权配置模式,这也是当前监察监督制度弊病之根源所在。当前进行的监察体制改革正是期盼经由机构与职能的整合,优化监察监督权的配置模式。但改革所关涉的因素众多,切不可草率为之,须将改革置于既有的宪制机构和特定的历史环境中予以慎重考量,并在此基础上设计改革的总体思路和具体方案。

与此同时,无论是监察御史制度、三权分立制衡,抑或是专门法律监

---

① 参见闫鸣:《把自己摆进去,管住监督执纪权力》,《中国纪检监察报》2016年12月7日。

② 参见秦前红:《人民监督员制度改革路径》,财新网,http://opinion.caixin.com/2015-03-11/100790203.html,2016年12月8日。

督的检察院，国家监察职能专责机关的监察委员会，其作为“权力制约权力”的具体样态，与公民监督、舆论监督、社会监督等“权利监督权力”的具体样态，共同构成了国家权力监督制约机制。在权利监督权力之效能未能有效发挥的情境下，通常会借由权力对权力的制约以避免权力的滥用。依此逻辑，当前监察体制改革所强调的“权威高效的监察体系”，在某种意义上表征着权利其实未能对权力施以有效和充分的监督，以及人大作为权力机关的监督尚未具备应然的权威与效用。有鉴于此，我们在期盼通过改革监察体制和设立监察委员会，来对国家权力施以必要的监督和制约之时，亦不可漠视权利对权力的监督。

再者，改革的成功离不开社会的参与。因为制度是共识的固化，制度改革是重新凝聚共识的过程，由此便要求改革者广开言路、保持开放的姿态，从而维持和创造共识。同时，改革措施的科学性、合理性有赖于社会的讨论与批评，因为真理乃是愈辩愈明的。然而，与之相对应的是，监察体制改革《试点方案》全文以及改革进展情况在相当程度上乃是处于“秘而不宣”的状态。诚然，开放讨论固然有可能影响改革的决策，窒碍改革的有序运行，但一个没有充分民意基础的改革不仅不合乎中国共产党群众路线的传统，而且可能因科学性与正当性的缺失，实施起来更加举步维艰。

第二节
监察机关与法院等国家机关的关系

国家监察体制改革实质上是监督权的重新配置，监察机关和监察权得以在此过程中产生。此次修宪为之作了颇多的宪法设计，尤其是对监察机关作为国家机构在人民代表大会制度中的地位，以及与其他国家机关的关系进行了规定。据此规定，监察机关与权力机关是“产生、负责和监督”的关系，与司法机关是“互相配合，互相制约”的关系，与行政机关则为“不受干涉，且互相配合，互相制约”的关系，上下级监察机关间则是

“领导与被领导”的关系。监察机关与其他国家机关间关系的运行需以宪法为遵循，同时，对宪法上监察机关和监察权定位和性质的考察，也需通过上述国家机关间关系的讨论来展开，并需注重机构设置与权力运行的实际轨迹。

为了贯彻和体现国家监察体制改革的精神，为监察委员会的成立提供根本法依据。十三届全国人大一次会议通过的《宪法修正案》，就国家监察委员会和地方各级监察委员会的产生、性质、地位、人员组成、任期任届、领导体制等内容进行了规定。① 若以修正案的篇幅为视角来观察，可以发现此次通过的《宪法修正案》共有 21 条，其中 11 条与监察机关和监察权相关，特别是在《宪法》第三章“国家机构”中增设了“监察委员会”一节。这一方面彰显了国家监察体制改革事关重大，唯有通过宪法修改才能为改革提供充分的正当性基础，并使改革得以实质性推进和深化；另一方面表明国家监察体制改革以及因此为之的宪法修改，对此前宪法体制的影响同样颇为重大。此般影响集中表现为将监察权形塑为一种此前宪法规定之外的权力类型，继而使得监察委员会成为一个新的权力单元和系统。② 本书以为，国家监察体制改革作为事关全局的重大政治体制改革，机构与职能的整合乃是改革的主要方法论。此过程中新机构的设立及旧机构的撤销，实质上皆是国家监督权重新配置的外在表现形式，而监察机关和监察权即为权力重新配置的结果。因此，如何认识此一新设立的国家机关和新出现的国家权力，便成为一个无法回避的理论和实践问题。

国家监察体制改革开展至今已一年有余，理论上其实有不少关于监察机关定位和监察权性质的讨论：首先，于监察机关的定位而言，有论者

---

① 参见王晨：《关于〈中华人民共和国宪法修正案(草案)〉的说明(摘要)》，《人民日报》2018 年 3 月 7 日。

② 参见林彦：《从“一府两院”制的四元结构论国家监察体制改革的合宪性路径》，《法学评论》2017 年第 3 期。

将其法律性质定位为行政机关、司法机关或是政治机关[①];亦有论者认为监察机关乃是被宪法授予国家监察权的新的国家机构。[②] 而改革者则认为监察机关实质上就是“反腐败工作机构,是政治机关,不是行政机关、司法机关”[③]。其次,就监察权的性质而论,有论者认为新的监察权既非行政权,也非司法权,而是一项独立的国家权力,这是新监察体制的标志性特色。[④] 监察权是立法权、行政权、司法权之外的第四权力,该权力就是监察权。[⑤] 亦有论者基于改革实践中监察机关履行的监督、调查和处置职责,认为监察权具有行政权和专门调查权的二元属性。[⑥] 还有论者着眼于机构与职能整合的改革思路,认为国家监察体制改革本质上是既有政治资源的再整合、再分配,由此使监察权呈现为一种复合性权力的样态。[⑦] 可以发现,与此前的行政监察机关和行政监察权有别的是,国家监察机关因改革而具有的宪法机关的地位,国家监察权亦由此成为一项宪定权力。如此一来,有关监察机关定位和监察权性质的讨论,在相当程度上便成了一个宪法学问题。

构造国家权力和保障公民权利乃是现代宪法的核心功能,甚至可以说宪法的首要功能和内容即在于构造并限制国家权力[⑧],现代立宪国家通常基于一定的原则来构造国家权力和组织国家机构。在我们国家,该原则表现为人民代表大会制度的政体及民主集中制的国家机构组织原

---

① 参见迟方旭:《对界定监察委员会法律性质的思考》,《中国社会科学报》2018 年 1 月 16 日。

② 参见刘茂林:《国家监察体制改革与中国宪法体制发展》,《苏州大学学报》(法学版)2017 年第 4 期。

③ 本报记者:《国家监察体制改革试点取得实效——国家监察体制改革试点工作综述》,《人民日报》2017 年 11 月 6 日。

④ 参见陈光中、邵俊:《我国监察体制改革若干问题思考》,《中国法学》2017 年第 4 期。

⑤ 参见张建伟:《监察至上还是三察鼎力——新监察权在国家权力体系中的配置分析》,《中国政法大学学报》2018 年第 1 期。

⑥ 参见郑曦:《监察委员会的权力二元属性及其协调》,《暨南学报》(哲学社会科学版)2017 年第 11 期。

⑦ 参见徐汉明:《国家监察权的属性探究》,《法学评论》2018 年第 1 期。

⑧ 秦前红主编:《新宪法学》,武汉大学出版社 2015 年版,第 8 页。

则。国家监察体制改革以及由此而来的宪法修改,无疑丰富和发展了人民代表大会制度和民主集中制原则,这集中表现为人民代表大会下“一府两院”的国家机关构架演进为“一府一委两院”的构架。监察机关在宪法所预设的“轨道”上行使着监察权,并在权力行使过程中与其他国家机关产生关联。于此层面而言,若欲在宪法层面认识监察机关的定位及监察权的性质,很大程度上需借由监察机关与其他国家机关间关系的讨论,主要有监察机关与权力机关、监察机关与司法机关、监察机关与行政机关,以及上级监察机关与下级监察机关等四对关系。

一、监察机关与权力机关的关系

(一)民主集中制:产生、负责及监督

民主集中制乃是普遍适用于执政党和国家政治生活的一项重要原则,且有着颇为丰富的指向和内涵。中国共产党在全国执政以后,把这种原则和制度运用于政权建设,在国家机构中实行民主集中制的原则。[①]我国现行《宪法》第 3 条规定了民主集中制原则,并将其作为一项国家机构的组织原则,该原则成为国家机关产生及相互间关系运行的遵循和基础。此项原则的核心内容有三:一是在人民与权力机关的关系上,遵循由人民选举产生并监督权力机关的原则;二是在权力机关与其他国家机关的关系上,遵循由权力机关产生并监督其他国家机关的原则;三是在中央和地方国家机构职权划分上,遵循在中央统一领导下发挥地方主动性和积极性的原则。当然,民主集中制原则的具体内容并非一成不变的,自“五四宪法”规定国家机关“一律实行民主集中制”以来,该原则在宪法上的含义其实是自始变化和发展的,特别是“八二宪法”对该原则的内容予以具体化。[②] 同样,在国家监察体制改革的背景之下,监察机关被纳入宪法规定的国家机构体系当中。为此,宪法上的民主集中制原则亦

---

① 参见《中共中央关于加强党的建设几个重大问题的决定》,中共中央文献研究室编:《十四大以来重要文献选编》(中),人民出版社 1997 年版,第 959 页。

② 参见肖蔚云:《新宪法对民主集中制原则的发展》,肖蔚云:《论宪法》,北京大学出版社 2004 年版,第 264～266 页。

需随之修改完善，以便为监察机关的产生，以及其与其他国家机关间关系的运行确定根本法意义上的遵循和依据。正是基于此种考量，《宪法修正案》第 37 条增加了监察机关"由人民代表大会产生，对它负责，受它监督"的规定。

由此可知，监察机关与权力机关在宪法上的关系至少有以下三层含义：其一，权力机关的宪法地位高于监察机关。我们国家"按照宪法确立的民主集中制原则、国家政权体制和活动准则，实现人民代表大会统一行使国家权力"①，并"在这个前提下，明确划分国家的行政权、审判权、检察权和武装力量的领导权"②。依此逻辑，国家监察体制改革过程中所进行的机构与职能整合，以及由此而生的监察机关与监察权，同样是在"人民代表大会统一行使国家权力"的前提下进行和展开的。甚至可以说最高国家权力机关基于现实需要创设出了监察权，并根据分工负责、功能适当等原则将该权力配置给了监察机关。其二，监察机关由权力机关产生，即监察委员会主任由本级人大选举，副主任和委员则由本级人大常委会任免，对此《宪法》和《监察法》皆有着较为详细的规定。但需注意的是开发区监察机关（监察委员会或是派驻监察机构等）的产生和设置问题，因为诸如开发区、新区等地区通常只设有履行行政管理职能的管理委员会等机关，而未设置相应的权力机关。因此，如何在此类地区产生和设置监察机关便成问题。对此，实践中有在开发区设立监察委员会，并由省级人大根据省级监察委员会主任提名，任免开发区监察委员会主任的做法。③ 此般开发区监察委员会及其组成人员的产生方式，在很大

---

① 习近平：《在首都各界纪念现行宪法公布施行 30 周年大会上的讲话》，人民出版社 2012 年版，第 7 页。

② 乔石：《在首都各界纪念人民代表大会成立四十周年大会上的讲话》，乔石：《乔石谈民主与法制》（下），人民出版社、中国长安出版社 2012 年版，第 430 页。

③ 例如，根据《海南省人民代表大会常务委员会任免海南省监察委员会副主任、委员暂行办法》第 7 条的规定，海南省人大常委会根据省监察委员会主任的提名，决定任免海南省洋浦经济开发区监察委员会主任，海南省洋浦经济开发区监察委员会副主任、委员的任免则参照该办法执行。参见《海南省人民代表大会常务委员会任免海南省监察委员会副主任、委员暂行办法》，《海南日报》2018 年 1 月 22 日。

程度上致使该地区(开发区)监察机关的法律地位变得模糊不清。因为现行《宪法》和《监察法》皆未规定开发区可设立监察委员会,且按此方式产生的开发区监察委员会亦非《监察法》当中的派驻或派出的监察机构。其三,监察机关对权力机关负责,权力机关监督监察机关。这其实是一个"一体两面"的问题,因为监察机关对权力机关负责,即体现为权力机关对监察机关的监督;而监察机关接受权力机关的监督,亦表现出监察机关对权力机关负责。例如,监察机关向权力机关报告工作,既是监察机关向权力机关负责的表现,亦属权力机关监督监察机关的表现。具体而言,我国现行《宪法》明确规定了罢免与免职这一监督方式;《监察法》在此基础上规定了人大常委会听取本级监察委员会专项工作报告,组织执法检查,人大代表及人大常委会委员提出询问或质询的监督方式。此外,相较于政府和"两院"而言,监察机关对权力机关负责,以及权力机关监督监察机关的方式并不包括向人大作年度工作报告,《宪法》和《监察法》皆未对此进行规定①,但理论上对此问题乃是不乏争论的②。

(二)权力机关如何根据《监督法》监督监察机关

如上所述,现行《宪法》和《监察法》就权力机关监督监察机关的问题进行了规定,但只明确规定了四种具体监督方式,即罢免与免职,听取专项工作报告,执法检查,询问与质询,且未规定此四种监督方式如何在实践中展开。显然,新成立的监察机关"位高权重",对其的监督须足以防止"过犹不及"。③ 无论是国家监察体制改革的具体实践,抑或是《监察法》皆注重对监察机关的监督制约,其中即包括权力机关的监督。不过,与权力机关对"一府两院"的监督类似,由于各级人大一年通常只开一次

---

① 对于我国现行《宪法》和《监察法》未就监察委员会向人大报告工作,实践中的理由是监察委员会承担的反腐败工作具有特殊性,调查过程涉及大量党和国家秘密,涉及国家安全和国家利益,事关重大,保密要求高,不宜在人大会议上公开报告。参见王丹:《聚焦监察法草案:党性和人民性的高度统一》,《中国纪检监察报》2018 年 3 月 10 日。

② 参见曲相霏:《国家机构"报告工作"的宪法分析——兼论监察委员会"报告工作"问题》,《北京联合大学学报》(人文社会科学版)2017 年第 2 期。

③ 参见童之伟《对监察委员会自身的监督制约何以强化》,《法学评论》2017 年第 1 期。

会，不可能对“一府两院”的工作施以经常性的监督。按照《宪法》的规定，对“一府两院”工作实施经常性监督的职权通常是由人大常委会来行使的。[①] 同样地，权力机关对监察机关的监督，在很大程度上亦需由各级人大常委会来实施。而各级人大常委会实施监督的法律依据主要是《各级人民代表大会常务委员会监督法》(以下简称《监督法》)，如此一来，各级人大常委会如何根据《监督法》监督监察机关便成殊值探讨的问题，即《监察法》规定的监督方式是否适用于各级人大常委会对监察机关的监督？该问题的探讨又可引申出两个更为具体的问题：一是《监察法》规定的各级人大常委会对监察机关的监督方式，是否可适应《监督法》规定的监督程序？二是《监察法》未规定但在《监督法》当中有规定的监督方式，各级人大常委会是否可将其运用于对监察机关的监督？对于以上问题，理论上其实已有所谈论：如有论者认为《监察法》规定的各级人大常委会听取和审议专项工作报告的监督方式，便可适应《监督法》的相应规定。[②] 还有论者认为，现行《监督法》规定的对“一府两院”的监督方式大多可以适用于监察机关。[③]

笔者以为，无论是基于各级人大常委会作为权力机关的宪法地位，还是为了防止监察权的滥用，都有必要明确《监督法》规定的监督程序和监督方式得适用于监察机关，亦即各级人大常委会运用《监察法》规定的监督方式之时，得适用《监督法》规定的具体程序，以及各级人大常委会可运用《监督法》规定的监督方式对监察机关实施监督。理由主要有二：一是由于当前的《监察法》同时“扮演”监察机关组织法、监察活动程序法等“角色”，以至于该部法律难以就所有问题进行详细的规定，其中即包括各级人大常委会如何监督监察机关的问题。《监察法》当中虽有规定听取专项工作报告、执法检查、询问与质询等监督方式，但却未规定这些

---

① 参见乔晓阳主编：《〈中华人民共和国各级人民代表大会常务委员会监督法〉学习问答》，中国民主法制出版社 2006 年版，第 14 页。

② 参见陈光中、姜丹：《关于〈监察法(草案)〉的八点修改意见》，《比较法研究》2017 年第 6 期。

③ 参见姜明安：《国家监察法立法的若干问题探讨》，《法学杂志》2017 年第 3 期。

监督方式如何在实践中运作。而《监督法》作为一部就各级人大常委会监督工作进行的专门立法，其中就监督的方式、程序和内容皆有着相当具体的规定。二是《监察法》虽未明确规定规范性文件备案审查、特定问题调查等监督方式得适用于监察机关，但这无疑是各级人大常委会作为权力机关的应有之义，同样也能通过监督进而防止监察机关滥用权力。例如，监察机关在工作中制发的决议、决定等规范性文件，亦应报相应的人大常委会备案，相应的人大常委会得对其进行是否符合《宪法》和法律的审查。这其实也是开展合宪性审查工作的需要。当然，欲使《监督法》规定的监督程序和监督方式得有效运用于权力机关对监察机关的监督，尚需对《监督法》进行相应的修改。

（三）监察机关如何监督具有人大代表身份的公职人员

在国家监察体制改革过程中，曾有关于监察机关可否监督人大代表问题的讨论：有论者以国家机关自律权等为根据，认为对“人大代表、人大常委会委员的职务违法违纪行为，应当由其所在国家机关追究相应的责任，而不宜由监察委员会追究责任”[①]。亦有论者指出，各级人大机关工作人员属于公职人员之范畴，并表明需对此处的“人大机关工作人员”作广义理解，认为其不仅包括人大工作人员，还包括人大代表[②]，由此认为人大代表亦属监察之对象。还有论者认为虽然监察机关可对人大代表进行监察，但应建立一定的防范和隔离措施，防止监察机关通过对人大代表的监督，形成对人大及其常委会的实质监督。[③] 本书以为，监察机关可否监督人大代表的问题，乃是一个颇为复杂的论题，绝不可一概而论。特别是该问题还与监察机关与权力机关之间的关系相涉，因为权力机关即是由人大代表所组成的。具体来说，鉴于我国人大代表构成等因素，该问题的可能解答如下：

其一，考虑到我国兼职代表制的现实，不加区分地认为具有人大代

① 胡锦光：《论监察委员会“全覆盖”的限度》，《中州学刊》2017年第9期。

② 参见蔡乐渭：《国家监察机关的监察对象》，《环球法律评论》2017年第2期。

③ 参见马怀德：《再论国家监察立法的几个主要问题》，《行政法学研究》2018年第1期。

表身份的公职人员皆可免于监察，无疑是不切实际的，也将有碍于反腐败工作的正常开展。曾有论者指出，当前我国各级人大有95%以上的人大代表为兼职代表。[①] 因此，对于此类人数甚众的兼职代表而言，人大代表之身份于其而言其实只是一种“兼职”，在此之外尚有其“主业”和“本职”工作，其中便有被纳入监察机关监察对象的职业，如国有企业管理人员等。故而，对于此类具有人大代表身份的公职人员[②]，其亦得成为监察机关监督之对象。

其二，监察机关在监督具有人大代表身份的公职人员时，亦须注重《宪法》和法律对人大代表的特殊保障。在现代民主国家，为保障议员个人的安全与自由，均给予其在言论、身体等层面的特殊保障。[③] 我国现行《宪法》第74条亦规定了全国人大代表在人身层面的特殊保障，即非经全国人大会议主席团或全国人大常委会许可，不受逮捕或刑事审判。而《全国人民代表大会和地方各级人民代表大会代表法》(以下简称《代表法》)更是在第四章专门就代表执行职务的保障问题进行了规定。因此，监察机关在监督具有人大代表身份的公职人员时，也应当遵守《宪法》和法律中有关人大代表特殊保障的规定。例如，《监察法》中的留置措施自然属于《代表法》第32条所规定的“法律规定的其他限制人身自由的措施”，是故监察机关在对具有人大代表身份的公职人员采取留置措施时，无疑应当履行相应的许可或报告手续。

其三，不具有公职人员身份的人大代表，是否能成为监察机关的监督对象？该问题在理论及实践上皆是不乏争论的。例如，在“拉票贿选”事件中，不具有公职人员身份的人大代表收受他人贿赂的行为，是否构成刑法上的受贿罪？不具有公职人员身份的人大代表，欲当选上级人大代表时向他人行贿的行为，是否构成刑法上的行贿罪？对此类问题，理

---

① 参见郝铁川：《循序渐进完善人大代表制度》，《法制日报》2015年10月13日。

② 例如，十三届全国人大代表共2980名，其中党政领导干部代表有1011名，占代表总数的33.93%。参见李小健、王博勋：《2980名十三届全国人大代表的代表资格全部有效》，《中国人大》2018年第5期。

③ 参见王世杰、钱端升：《比较宪法》，商务印书馆2010年版，第271～273页。

论上存在截然相反的观点，其论争的焦点在于人大代表的职务是否属于“公职”，以及其职务行为是否属于“从事公务”？[①] 而在既有的实践中，此般行为有被认定为破坏选举罪的做法。[②] 很显然，若认为可构成刑法上的受贿罪，便由此可成为监察机关的监督对象。本书以为，对于不具有公职人员身份的人大代表而言，即便其利用人大代表的身份从事违法活动，亦不宜认为可由监察机关负责监督，而应将此委以人大及其常委会通过内部纪律惩戒的形式追究责任，或是根据《代表法》的规定对相关的人大代表予以罢免或暂时停止执行代表职务等。当然，若构成职务犯罪之外的刑事犯罪的，如破坏选举罪等，亦不可免于刑事追诉和刑事责任的承担。

二、监察机关与司法机关的关系

（一）“互相配合，互相制约”的宪法原则

如何理解监察机关与司法机关之间的关系，同样关涉对监察机关定位和监察权性质的认识。现行《宪法》第 127 条第 2 款为此关系的处理确定了“互相配合，互相制约”的原则，即监察机关办理职务违法和职务犯罪案件时，应当与审判机关、检察机关互相配合、互相制约。《监察法》第 4 条第 2 款重申了该原则，并将其视为监察工作的基本原则之一。[③] 因此，有关监察机关与司法机关之间关系的探讨，亦应当围绕此项原则来展开。具体来说，此一原则其实有以下三层含义：一是监察机关与司法机关互相配合，如根据《监察法》第 47 条第 1 款的规定，对于监察机关移送的案件，检察机关应当依照《刑事诉讼法》的规定，对被调查人采取强制措施。二是监察机关与司法机关互相制约，如根据《监察法》第 47 条第

---

① 参见王芳：《破坏选举罪中“贿选”若干法律问题探讨》，《中国刑事法杂志》2014 年第 6 期，第 49 页。

② 例如在“衡阳贿选案”当中，部分参与行贿的人大代表便以破坏选举罪追究刑事责任。参见湖南省岳阳市中级人民法院〔2014〕岳中刑二终字第 74 号刑事判决书。

③ 参见李建国：《关于〈中华人民共和国监察法（草案）〉的说明》，《人民日报》2018 年 3 月 14 日。

4 款的规定，检察机关若认为监察机关移送的案件，有《刑事诉讼法》规定的不起诉的情形，经上级检察机关批准，则依法作出不起诉的决定。三是正确处理配合与制约的关系。其实在国家监察体制改革之前，审判机关、检察机关和公安机关之间同样是根据《宪法》和《刑事诉讼法》等的有关规定，形成“分工负责，互相配合，互相制约”的关系。对于其中“配合”与“制约”的关系，理论上有两种不同的认识，如有论者认为有必要“废止互相配合的表述，凸显制约的本体性地位”①；还有论者认为应根据不同情形来处理二者的关系，即当涉及干预公民基本权利时，则应突出互相制约的关系，而在与基本权利无涉的场合，则应强调各主体间的配合。②笔者以为，鉴于现有权力配置与运行的实践，监察权的实际位阶已然高于审判权和检察权，故而为避免监察权的滥用进而保障公民基本权利，无疑更应强调监察机关与司法机关之间的制约。不过，实践中所呈现的却是对“互相配合”的过分偏重，以致于“互相制约”被不合理漠视。③ 这极易致使检察机关的审查起诉和审判机关的独立裁判沦为形式，并出现所谓的“监察中心主义”现象，进而致使大量“冤假错案”出现，有碍于公民基本权利的保障和国家刑事法治的建设。

（二）检察机关审查起诉的实质化

在不同的阶段，监察机关与司法机关互相制约的关系各有特点。比如在起诉阶段，检察机关应居于主导地位，行使审查起诉的职能；而在审判阶段，审判机关则应居于主导地位，对检察机关提起的公诉，从事实和法律等各个方面进行全面审查④，从而形成“以审判为中心”的刑事诉讼

---

① 左卫民：《健全分工负责、互相配合、互相制约原则的思考》，《法制与社会发展》2016 年第 2 期。

② 参见孙远：《“分工负责、互相配合、互相制约”原则之教义学原理：以审判中心主义为视角》，《中外法学》2017 年第 1 期。

③ 例如，山西省便制定了《省委政法委统筹指导政法机关支持配合监察体制改革试点工作意见》。参见师长青：《根本在加强党对反腐败的统一领导》，《中国纪检监察》2017 年第 13 期。

④ 参见陈光中、徐静村主编：《刑事诉讼法学》，中国政法大学出版社 2015 年版，第 80 页。

格局。据此，监察机关与检察机关互相制约关系的实现，在很大程度上需借由检察机关审查起诉的实质化。但是，考察《监察法》的立法经过可以发现，在立法之初或许并未注重审查起诉的实质化，这尤其体现为《监察法草案（征求意见稿）》第45条的规定，即该条规定检察机关在依法作出不起诉决定之前，尚需征求监察机关的意见。如此规定无疑有碍于检察机关在履行审查起诉职责时进行独立判断。不过，在《监察法草案（二审稿）》以及全国人大最终审议通过的《监察法》当中，皆删除了这一妨碍审查起诉作用发挥的规定。①

在国家监察体制改革过程中，检察机关查处贪污贿赂、失职渎职的职能整合至监察机关。原本由检察机关对职务犯罪进行“自侦、自捕、自诉”的“同体监督”格局发生改变，这其实也是进行国家监察体制改革和制定《监察法》的主要原因之一。② 如此一来，若将职务犯罪案件的审查起诉职能整合至监察机关，或是检察机关审查起诉职能趋于形式化，便会致使监察机关内部出现同样的“同体监督”问题。需要说明的是，检察机关审查起诉的实质化并非一个新问题，在公安机关与检察机关互相制约的关系中，同样需要实现审查起诉的实质化。因为权力不合理的配置和分工，极易致使对效率的重视“淹灭”了对权力滥用的担心。③ 例如，在国家监察体制改革实践中，人们往往过分重视监察机关与司法机关的协

---

① 在《监察法草案（征求意见稿）》征求意见的过程中，有的全国人大常委会委员、部门和地方提出，“征求监察机关意见”属于内部工作沟通，建议《监察法》不作规定，于是删除了该条款。参见孟亚旭：《留置24小时内应通知单位家属》，《北京青年报》2017年12月23日。

② 十二届全国人大常委会副委员长李建国在十三届全国人大一次会议上，就《监察法（草案）》作说明时便指出，检察机关对职务犯罪案件既行使侦查权，又行使批捕、起诉等权力，缺乏有效监督机制。参见李建国：《关于〈中华人民共和国监察法（草案）〉的说明》，《人民日报》2018年3月14日。

③ 参见陈晓枫：《中国宪法文化研究》，武汉大学出版社2014年版，第466页。

调衔接[①]，而漠视了审判权和检察权对监察权的制约，乃至于监察权存在被滥用的风险。

（三）审判中心主义的重申与监察中心主义的防范

在相当长一段时期内，侦查中心主义是我国刑事司法公正的主要掣肘之一。因为以侦查为中心的刑事诉讼构造，乃是造成诸多“冤假错案”的关键因素。正是缘于此，中共十八届四中全会审议通过的《中共中央关于全面推进依法治国若干重大问题的决定》才明确提出：“推进以审判为中心的诉讼制度改革。”很显然，侦查中心主义出现的缘由众多，其中颇为关键的原因便是公安机关在现实权力格局中的地位要远高于审判机关和检察机关，以致于后者难以对前者形成实质性的制约和监督。如有论者指明的那般，“公安机关负责人在党政体系中往往占据要津，有时甚至超越法院院长、检察院检察长之上”[②]。关乎国家监察体制改革的既有实践，虽然反腐败合力得以形成，但监察权亦随之增大。加之监察机关与执政党的纪律检查机关合署办公，地方各级监察机关负责人由执政党同级纪律检查机关负责人担任，由此使得监察机关在现实中的地位要远高于审判机关和检察机关。如此一来，审判机关和检察机关是否能对监察机关形成实质制约，进而是否能够避免监察中心主义的出现便成不无疑问之事。

虽然在国家监察体制改革过程中，原本行使职务犯罪侦查权的主体业已由检察机关转隶至监察机关，职务犯罪侦查权亦在相当程度上为调查权所替代，但这并不妨碍审判中心主义原理和制度的继续适用。概而言之，在处理审判机关、检察机关与监察机关之间关系的时候，仍然需要

---

① 例如，曾有报道指出，2017 年 1～8 月，北京、山西、浙江三省（市）检察机关共受理监察机关移送案件 219 件 281 人，其中仅有 2 件 3 人退回监察机关补充调查，且在达到审查起诉标准后再次移送；已提起公诉 76 件 85 人，法院审结 20 件 23 人。检察机关办理监察机关移送案件审查批捕、审查起诉平均用时仅 2.7 天、22.4 天，远少于法律规定的 14 天、45 天。参见李蕳：《如何形成高效顺畅的体制机制——在做好“纪法”“法法”衔接上下功夫》，《中国纪检监察》2017 年第 23 期。

② 参见张建伟：《审判中心主义的实质内涵与实现途径》，《中外法学》2015 年第 4 期。

重申审判中心主义，并防范可能出现的监察中心主义。对此甚至有论者认为，需要建构出宪法法律地位和实际地位皆高于监察机关的审判机关。[①] 当然，与上述审查起诉的实质化问题一样，审判中心主义在监察案件中的重申亦并非新问题。故而在司法体制改革过程中，有关以审判为中心的诉讼制度改革的理念和具体措施，同样可以适用于监察机关。此外，对上述问题《监察法》同样是有所注重的，如该法第 33 条规定，监察机关收集的证据应与刑事审判中证据的要求和标准一致，并重申了非法证据排除规则在监察案件中的运用。[②] 但是，由于与执政党纪律检查机关合署办公的监察机关同时履行执纪、执法和职务犯罪调查的职责，而在不同职责履行过程中，证据客观性、合法性和关联性的标准其实是有所不同的，这其实为非法证据排除规则的运用造成了困难。

三、监察机关与行政机关的关系

（一）不受行政机关的干涉

民主政治的监察官应当是独立的。[③] 此前行政监察机关在行使监察职权时虽有一定的独立性，如《行政监察法》第 3 条规定，行政监察机关依法行使职权，不受其他行政部门、社会团体和个人的干涉。但置于行政机关内部的行政监察机关，独立监察职能的发挥无疑是“大打折扣”的。也正是鉴于此，国家监察体制改革才基于监察权独立行使的改革理念，将监察权从行政权当中“剥离”出来。[④] 加之行政机关公职人员乃是监察机关之监督对象，而监督者应独立于被监督者，于是更需使监察机关和监察权独立于行政机关和行政权。为此，我国现行《宪法》第 127 条第

---

① 参见童之伟：《国家监察立法预案仍须着力完善》，《政治与法律》2017 年第 10 期。

② 不过实践中所呈现的可能是另一番景象，比如在山西省运城市中级人民法院召开的全市刑事法官学习培训上，便强调要强化配合意识，认真审理好监察机关侦办的每一起案件，非法证据的排除要谨慎、要报告。参见谭畅、郑可书、阚纯裕：《监察之道：要规范行使，受有效制约》，《南方周末》2017 年 11 月 2 日。

③ 参见[法]孟德斯鸠：《论法的精神》(上)，张雁深译，商务印书馆 1961 年版，第 53 页。

④ 参见秦前红：《监察体制改革的逻辑与方法》，《环球法律评论》2017 年第 2 期。

1款及《监察法》第4条第1款规定："监察委员会依照法律规定独立行使监察权，不受行政机关、社会团体和个人的干涉。"因此可以说，监察机关职权行使不受行政机关干涉，乃是宪法上监察机关与行政机关互相关系的主要面向之一。再者，所谓"独立行使监察权"及"不受行政机关干涉"其实需要借由具体的制度设计来实现的，机构设置的独立其实只是其中的一个方面，当然党政合署办公的体制于监察机关的独立性也是有所裨益的。除此之外，诸如经费独立、人事独立、办案独立等也是监察权独立行使的重要内容。

正是基于以上思路，有论者认为当前的预算管理体制乃是不利于监察机关独立行使职权的。因为根据我国《预算法》第23条和第24条的规定，中央预算、决算草案乃是由国务院负责编制的，县级以上地方各级预算、决算草案则是由本级地方人民政府来负责编制。这将造成监察机关在财政体制上依附于行政机关，进而不利于监察机关独立开展反腐败的监督、调查和处置工作，尤其是在针对行政机关工作人员履行监察职责的时候。[①] 为此，有论者建议在国家监察体制改革中借鉴香港廉政公署的经验，即廉政公署财政经费是由行政长官在政府预算中另立单项支拨的。[②] 因此可以通过预算制度的相应调整，实现监察机关预算的单独编制。不过，监察机关的预算"受制"于行政机关，看似是有碍于监察机关独立行使职权，但不可否认的是，这其实也是行政机关制约监察机关的重要方式之一。例如在美国，总统对官僚机构控制权的来源之一，即为总统向国会递交预算建议。[③] 当然，行政机关虽可通过编制预算草案等方式，对监察机关施以必要的制衡，但此类方式的运用不得妨碍监察权的依法独立行使。

---

① 参见王旭：《国家监察机构设置的宪法学思考》，《中国政法大学学报》2017年第5期。

② 参见赵心：《香港反腐制度设计对内地国家监察体制改革的借鉴研究》，《理论月刊》2017年第8期。

③ 参见[美]戴伊、齐格勒、舒伯特：《民主的反讽：美国精英政治是如何运作的》，林朝晖译，新华出版社2015年版，第336页。

(二)与执法部门互相配合、互相制约

监察机关与行政机关在宪法上的关系,除表现为监察权行使不受行政机关干涉之外,还包括"互相配合,互相制约",即根据现行《宪法》第127条第2款和《监察法》第4条第2款的规定,监察机关在办理职务违法和职务犯罪案件时,应当与执法部门互相配合、互相制约。不过尚需说明的是,此处的"执法部门"指向为何,可能还涉及对上述《宪法》和法律条文的解释和理解。因为在全国人大及其常委会制定的法律当中,此前仅有极少数的法律使用了"执法部门"的表述。[①] 在此次宪法修正和《监察法》制定之后,较为权威的解释认为,此处所言之执法部门是指公安机关、国家安全机关、审计机关以及质检部门、安全监管部门等行政执法部门。[②] 由此可见,现行《宪法》和《监察法》当中的执法部门指的主要是行政机关中的执法部门。同时,由于相关规定并未使用"行政机关"或"行政执法部门"的表述,是故并不限于行政机关中的执法部门,亦即此处"执法部门"的范围要广于行政执法部门。因此,由《宪法》和《监察法》的上述规定可知,监察机关与行政机关中的执法部门也有着"互相配合,互相制约"的关系。其中"互相配合"如《监察法》第24条第3款规定的"监察机关进行搜查时,可以根据工作需要提请公安机关配合";而"互相制约"主要是指配合需要依法进行。[③] 当然,互相制约应当是监察机关与行政执法部门之间关系的核心要旨。

---

① 例如,《旅游法》第83条第2款规定:"县级以上人民政府应当组织旅游主管部门、有关主管部门和工商行政管理、产品质量监督、交通等执法部门对相关旅游经营行为实施监督检查。"再如,《海关法》第5条第2款规定:"各有关行政执法部门查获的走私案件,应当给予行政处罚的,移送海关依法处理。"

② 中共中央纪律检查委员会、中华人民共和国监察委员会法规室编写:《〈中华人民共和国监察法〉释义》,中国方正出版社2018年版,第65页。

③ 比如浙江省监察委员会主任刘建超在接受采访时便指出,公安机关对我们也有监督的。一个案件下来,技术侦查、通缉、限制出境等就要得到公安机关的配合,监察机关自身不具备这些执法的权力。有配合同时就有制约,比如采取这些措施合不合法,公安机关有公安机关的考虑。参见谭畅、郑可书:《"我无权单独对一个案子拍板"——专访浙江省监察委员会主任刘建超》,《南方周末》2018年3月15日。

（三）行政监察职能的不完全整合

在国家监察体制改革过程中，行政监察职能整合至新设立的监察机关。为此，《宪法修正案》第 46 条和第 51 条删去了国务院领导和管理行政监察工作，以及县级以上地方各级人民政府管理本行政区域内行政监察工作的规定。此外，《监察法》第 69 条亦规定，原本的《行政监察法》亦在《监察法》公布施行的同时被废止。在此需要注意的是，根据此前《行政监察法》的规定，行政监察职能具有全面性和综合性的特点，即行政监察包括执法监察、效能监察和廉政监察等具体内涵。[①] 如此一来，便出现以下需要回答的问题：上述执法监察、效能监察和廉政监察是否皆由行政监察机关整合至新设立的监察机关？若皆已整合，是否与监察机关之“反腐败工作机构”的定位不相符合？若并未全部整合，那剩余的监察职能究竟有几何，以及是否仍然有必要存在？若仍然存在或仍有必要存在，则应由何主体来行使？

笔者以为，由行政监察机关整合至监察机关的职能主要是廉政监察职能，因为无论是国家监察体制改革的实践或是《监察法》的规定，皆是将监察机关形塑为专司反腐败职能的机关，或谓之为专门的反腐败工作机构。比如根据《监察法》第 1 条和第 3 条的规定，国家监察立法的目的之一即为“深入开展反腐败工作”，同时“开展廉政建设和反腐败工作”亦为监察机关的重要职责。当然，执法监察和效能监察在功能意义上仍有存在之必要，但至于此二职能由何主体行使，有论者认为可“强化执法监察和效能监察职能”，并“在机构上整合行政监察和审计机关，组建监审合一的行政监督机构”[②]，即组建和成立新的机构来履行执法监察和效能监察职责。不过，执法监察与政府法制部门及督查监查部门的相关职责

---

① 参见马馼：《服务党和国家工作大局——纪念监察机关恢复组建 25 周年》，《中国监察》2012 年第 13 期。

② 刘峰铭：《国家监察体制改革背景下行政监察制度的转型》，《湖北社会科学》2017 年第 7 期。

存在交叉，效能监察则又与政府绩效考核、行风评议部门的职责有重合。[①] 这其实限缩了行政监察机关履行执法监察和效能监察职能的空间。鉴于实践中的此般现状，可在功能主义层面保留执法监察和效能监察职能的同时，将此二职能交由政府办公机构、政府法制部门等相应的行政机关来行使。

四、上级监察机关与下级监察机关的关系

（一）宪法上国家机关的领导体制

以上主要是以国家机关横向间的关系为视角，讨论我国宪法上监察机关的定位及监察权的性质。同时，监察机关内部的纵向关系，即国家监察委员会与地方各级监察委员会，上级监察委员会与下级监察委员会之间的关系，亦是我国《宪法》的重要内容。在我国现行《宪法》规定的国家机构当中，纵向间的关系主要有两种表现形式：一是领导与被领导的关系，如在国务院与地方各级行政机关之间，上级行政机关与下级行政机关之间[②]，以及在最高人民检察院与地方各级人民检察院之间，上级人民检察院与下级人民检察院之间。[③] 二是监督与被监督的关系，即在最高人民法院与地方各级人民法院，上级人民法院与下级人民法院之间。[④]根据我国现行《宪法》第 125 条第 2 款的规定，监察机关内部也是领导与被领导的关系，即作为最高监察机关的国家监察委员会领导地方各级监察委员会的工作，上级监察委员会领导下级监察委员会的工作。

国家机关内部究竟以何种原则来调整其纵向关系，其实乃是由诸多

① 参见罗亚苍：《国家监察体制改革的实践考察和理论省思》，《理论与改革》2017 年第 5 期。

② 我国现行《宪法》第 108 条规定："县级以上的地方各级人民政府领导所属各工作部门和下级人民政府的工作。"第 110 条第 2 款规定："全国地方各级人民政府都是国务院统一领导下的国家行政机关，都服从国务院。"

③ 我国现行《宪法》第 137 条第 2 款规定："最高人民检察院领导地方各级人民检察院和专门人民检察院的工作，上级人民检察院领导下级人民检察院的工作。"

④ 我国现行《宪法》第 132 条第 2 款规定："最高人民法院监督地方各级人民法院和专门人民法院的审判工作，上级人民法院监督下级人民法院的审判工作。"

因素共同决定的。比如国家结构形式，单一制下国家机关纵向关系多趋于领导或监督的体制，而在联邦制下则多为彼此独立的关系。再如国家机关所行使权力的特性，行政权的管理关系存在官僚层级的服从性，司法权则是非服从性的权力。① 因而行政机关纵向之间通常为领导关系，而审判机关则多为监督关系。再如国家机关预期的功能，如我国的检察机关作为法律监督机关，维护国家法制统一是其核心功能和任务。检察机关必须通过行使检察权，维护国家法制的统一。而要完成这一任务，在上级检察机关与下级检察机关之间，特别是最高人民检察院与地方各级人民检察院之间，如果没有保证统一和高效运作的领导与被领导关系，是不可思议的。② 此外，此种纵向关系的调整原则亦是处于不断变化和发展过程中的。比如，我国“七五宪法”确立的检察机关领导体制是监督与被监督的关系，但在1979年《人民检察院组织法》制定过程中，为了保证检察机关对全国实行统一的法律监督，便把检察机关上下级关系由原来的监督关系改为了领导关系。③

（二）上下级监察机关间领导与被领导的关系

根据我国现行《宪法》和《监察法》的规定，上下级监察机关间的领导体制是领导与被领导的关系。在国家监察体制改革之初，全国人大常委会审议通过的《关于在北京市、山西省、浙江省开展国家监察体制改革试点工作的决定》亦规定：“监察委员会对本级人民代表大会及其常务委员会和上一级监察委员会负责，并接受监督。”有论者据此认为，监察机关内部是一种“更接近政府内部的纵向关系，而与人民检察院内部的纵向关系有一定差别”④。监察机关缘何采用领导与被领导的领导体制，在很大程度上是由国家监察体制改革的目标所决定的，即改革的根本目的就

---

① 参见孙笑侠：《司法的特性》，法律出版社2016年版，第11页。

② 参见《彭真传》编写组编：《彭真传》第4卷，中央文献出版社2012年版，第1319页。

③ 参见彭真：《关于七个法律草案的说明》，《中华人民共和国第五届全国人民代表大会第二次会议文件》，人民出版社1979年版，第101～102页。

④ 姜明安：《国家监察法立法应处理的主要法律关系》，《环球法律评论》2017年第2期。

是加强党对反腐败工作的统一领导。[①] 而惩治腐败工作又必须始终坚持在党中央的统一领导下推进。[②] 如此一来，自然要求加强国家监察委员会对地方各级监察委员会的领导，上级监察委员会对下级监察委员会的领导。同时，监察委员会并非司法机关，监察权的运行状态基本上是行政性的而非司法性的，故而在组织体系上更强调上下级监察机关之间的服从性[③]，也就是领导与被领导的关系。此外，由于监察机关与执政党纪律检查机关合署办公，故而纪律检查机关的领导体制也在很大程度上决定了监察机关的领导体制，纪律检查机关领导体制的改变同样会作用于监察机关的领导体制。

相较于行政机关和检察机关内部的纵向关系而言，监察机关虽同样为领导与被领导的关系，但在监察机关内部，此种领导的程度其实要远强于行政机关和检察机关内部。一是因为在人民代表大会制度之下，上述三机关皆是一种双重从属负责的体制，既横向层面需向同级权力机关负责，纵向层面还要向上级机关负责，但监察机关纵向层面的从属性其实要强于横向层面的从属性。二是由于执政党纪律检查体制改革要求强化上级纪委对下级纪委的领导，比如腐败案件的查办要以上级纪委的领导为主。[④] 因而与纪律检查机关合署办公的监察机关，其领导体制中上下级间的领导关系亦将随之强化。

为了以法律的形式固化国家监察体制改革的成果，并为各级监察机关的成立提供宪法依据。此次宪法修改为国家监察体制作了颇多的宪法设计，对监察机关作为国家机构在人民代表大会制度中的地位，以及监察机关与其他国家机关间的关系进行了规定，特别是在《宪法》第三章

---

① 参见钟纪言:《赋予监察委员会宪法地位 健全党和国家监督体系》,《中国人大》2018 年第 5 期。

② 参见李建国:《关于〈中华人民共和国监察法(草案)〉的说明》,《人民日报》2018 年 3 月 14 日。

③ 参见马岭:《论监察委员会的宪法条款设计》,《中国法律评论》2017 年第 6 期。

④ 参见《中共中央关于全面深化改革若干重大问题的决定》,《中国共产党第十八届中央委员会第三次全体会议文件汇编》,人民出版社 2013 年版,第 61 页。

“国家机构”中增设“监察委员会”一节。一般说来，国家机构是国家为实现其职能而建立起来的国家机关的总称。[①] 在人民代表大会制度的根本政治制度和民主集中制的国家机构组织原则之下，人民代表大会统一行使国家权力，各国家机关之间分工负责，实现决策权、执行权、监督权既有合理分工又有相互协调。[②] 在现行《宪法》对国家监察体制所进行的宪法设计当中，监察机关同样与其他国家机关之间有着“分工负责，互相配合，互相制约”的关系。此般国家机关间宪法关系的设计，一是基于专业化分工的考量，从而配置给不同国家机关以相应的职权；二是欲借由互相之间的制衡，以期达致防止权力滥用之目的。因此一个部门的权力不应由另一部门行使，一个部门不应对另一部门施加强制性的影响。[③] 依此逻辑，我国现行《宪法》和《监察法》在规范层面为监察机关与其他国家机关予以权力分工和划定权力行使界限的同时，亦需防范在实践层面监察机关的职权行使对其他国家机关形成实质上的强制性影响。唯有如此，才能使宪法上对监察机关定位和监察权性质的设计不至于沦为“具文”。

再者，这里虽然是基于《宪法》和《监察法》的相关规定，以国家机关相互之间的关系为中心，讨论了我国宪法上的监察机关和监察权。但不可否认的是，此般讨论其实并未能客观全面地揭示监察机关和监察权的“全貌”。诚如美国著名政治学家和法学家的古德诺所言：“政府体制的特点不仅由法律制度决定，同样也由法外制度决定。与仅能提供法律框架的法律相比，法外制度对政治体制产生的影响更大。”[④]因为国家机构体系中的监察机关与执政党纪律检查机关合署办公，虽然可以促使执纪

---

① 参见何华辉：《比较宪法学》，武汉大学出版社 2013 年版，第 237 页。

② 参见习近平：《在首都各界纪念现行宪法公布施行 30 周年大会上的讲话》，人民出版社 2012 年版，第 7 页。

③ 参见[美]汉密尔顿、杰伊、麦迪逊：《联邦党人文集》，程逢如等译，商务印书馆 1980 年版，第 290 页。

④ [美]弗兰克·古德诺：《政治与行政——政府之研究》，丰俊功译，北京大学出版社 2012 年版，第 3 页。

与执法得以有效衔接，但其实对监察机关的定位和监察权的性质也产生了很大程度的影响。例如，上下级监察机关之间领导与被领导的领导体制，即可视为是以执政党纪律检查机关领导体制为原型的。同时，中央纪委副书记、国家监察委员会副主任肖培在就宪法增写监察委员会有关内容答记者问时亦表明："监察委员会作为行使国家监察职能的专责机关，与党的纪律检查机关合署办公，既是党的机构，又是国家机构。"[①]于此层面而言，对监察机关定位和监察权性质的考察，亦需注重权力运行的实际轨迹，特别是纪检监察合署办公的体制。

第三节 监察体制改革背景下的法院监察制度[②]

人民法院监察制度是行政监察制度变迁的产物，内部执纪者是其部门属性，维持审判自律是其制度功能。受国家监察体制改革的影响，人民法院监察部门虽未转隶至监察委员会，但法官的多源监督格局却由此发生改变，继而致使人民法院监察制度的功能空间变得模糊，尤其体现为内部违纪责任追究的外部化，以及内部纪律规则制定的外部化。鉴于人民法院监察制度的功能乃是国家监察体制无法替代的，因此在继续保留人民法院监察部门的同时，尚需理顺人民法院监察制度与国家监察体制的关系，并实现二者在运作过程中的协调衔接，以此完善人民法院监察制度。

一、未转隶的法院监察部门

机构与职能的整合是当前国家监察体制改革的主要思路，即将行政

---

① 姜洁：《以宪法为遵循健全党和国家监督体系——中央纪委副书记肖培就宪法增写监察委员会有关内容答记者问》，《人民日报》2018年3月11日。

② 本节系与刘怡达合作，其主要内容曾发表于《现代法学》2018年第4期。收录时有修订。

监察、预防腐败和检察机关查处贪污贿赂、失职渎职及预防职务犯罪等工作力量整合至新设立的监察委员会。可以说在改革试点工作中，相关机构、职能和人员的转隶当为改革最为主要的方法论，亦是最引人关注的改革内容之一。尤其是检察机关部分职能的整合，甚至还引发了检察权和监察权法律性质重新定位的讨论。其实在此次改革试点之初，便有不少关于机构与职能转隶的探讨与设想，比如政府审计部门及审计职能是否需要转隶至监察委员会①，以及在行政监察机构和职能整合至监察委员会之后，政府内部是否尚需保留以效能监察和执法监察为主要内容的行政监察职能等。② 即便是待到改革试点工作不断推进以至于在全国各地推开，相关的讨论亦未因此而终结。不过，无论是改革者所确定的改革方案，抑或是既有的学术讨论，皆在相当程度上忽略了法院监察部门及法院监察职能的存在，这集中表现为同具监察属性及反腐职能的法院监察部门却未转隶至监察委员会。

当然，上述“忽略”的背后不乏诸多有意或无意的原委，但由此而生的问题无疑值得人们思考。例如，面临监察范围全面覆盖的监察委员会，法院监察部门是否得有自身独有的作用发挥空间？若已无作用发挥空间，那么为何仍需在法院内部保留此部门？若尚有作用发挥空间，那么此一空间究竟有几何，以及法院监察部门如何在该空间内发挥预期的功能？此外，其实早在国家监察体制改革之前，法院监察部门便已经历过一次被撤销的“风险”，即在党的纪律检查体制改革过程中，中共中央办公厅于 2014 年 12 月印发了《关于加强中央纪委派驻机构建设的意见》，要求各级党的纪委采取单独派驻和归口派驻的方式设置派驻纪律检查机构，并撤销驻在机关的内设纪检监察机构。由此法院监察部门便在撤销之列，但考虑到司法机关情况特殊，中央纪委原则同意人民法院、

---

① 参见秦前红:《国家监察委员会制度试点改革中的两个问题》,《四川师范大学学报》(社会科学版)2017 年第 3 期。

② 参见刘峰铭:《国家监察体制改革背景下行政监察制度的转型》,《湖北社会科学》2017 年第 7 期。

人民检察院保留各自的监察部门。①

二、法院监察的产生背景、部门属性和制度功能

相较于既已转隶或即将转隶至监察委员会的行政监察部门而言,人们对法院监察部门或许有些陌生,但法院监察与行政监察其实是既有关联亦不乏差别的:关联表现为二者皆系各自内部的政纪监督部门,因此在制度运作和功能层面具有很大程度的共通性。同时,法院监察制度的产生亦可视为行政监察制度变迁的结果。差别则表现为,由于二者分别置于审判机关及行政机关之内,监督对象分别为审判权及行政权的行使,故而为其所设的监察制度在制度功能和运作规律上亦难免有所不同。

(一)行政监察的制度变迁与法院监察的产生

我国法院监察制度的历史要远晚于行政监察制度及国家监察制度,但法院监察制度的建立却与行政监察的制度变迁有着颇为密切的关联。在人民共和国成立伊始,我们国家即已建立由监察机关司职政纪监督的制度。根据《中国人民政治协商会议共同纲领》第19条的规定,县市以上各级人民政府内设立人民监察机关,以监督各级国家机关和各种公务人员是否履行其职责,并纠举其中之违法失职的机关和人员。据此规定,政务院及地方各级人民政府相继设立了人民监察委员会。显然此时的监察制度名义上来看应为行政监察制度,“人民监察委员会是监察行政人员是否履行其职责的,与检察署不同”②。这也是当时把监察委员会列在政务院之下,而非直接隶属于中央人民政府委员会的原因。但在现实中,当时的监察委员会实际上的监督对象却可及于包括审判机关、检察机关在内的一切国家机关及其工作人员。例如,根据1950年10月颁布

① 参见王炜:《双重体制改革背景下的人民法院纪检监察体制机制研究——以内设监察部门建设为侧重点》,贺荣主编:《深化司法改革与行政审判实践研究——全国法院第28届学术讨论会获奖论文集》(上),人民法院出版社2017年版,第145页。

② 董必武:《中华人民共和国中央人民政府组织法的草拟经过及其基本内容》,董必武:《董必武法学文集》,法律出版社2001年版,第22页。

的《政务院人民监察委员会试行组织条例》第2条的规定，政务院监察委员会的监察对象为全国各级国家机关和各种公务人员。在此种意义上而言，当时名义上的行政监察俨然成为了实际上的国家监察。

至第一届全国人大第一次会议于1954年9月通过《宪法》和《国务院组织法》后，政务院据此改为国务院，人民监察委员会亦相应地改为监察部。自此之后直至监察部于1959年4月被撤销，监察部不再如人民监察委员会那般具有国家监察的属性，其监督对象更多为行政机关及其工作人员。尤其是根据1955年颁布的《监察部组织简则》第2条的规定，审判机关、检察机关等非行政机关已不再是行政监察的监督对象，监察部的监督对象已限于国务院各部门、地方各级行政机关、国营企业、公私合营企业、合作社。此后，自监察部于1986年11月恢复设立，至当前国家监察体制改革的展开，监察部自始保持着行政监察的属性，包括监察部在内的各级行政监察部门负责对行政机关及其工作人员施以政纪监督。①

经由以上梳理可见，我国行政监察经历了由“国家监察”到“行政监察”的制度变迁。此种制度变迁虽然使得制度得以“名副其实”，并符合行政监察的制度逻辑，但却致使非行政机关性质的审判机关和检察机关遗漏在政纪监督之外，换言之，对法院和法官的政纪监督在某种意义上出现了所谓的“监督真空”。然而，为了使法院和法官依法行使审判权，必要的政纪监督其实是不可或缺的，因为若在法院系统缺失专司违纪案件查处的部门，无疑会严重影响法院的廉政建设。基于此种考量，“为了保证人民法院工作人员严格履行自己的职责，保障国家法律、政策的正确贯彻实施，最高人民法院党组研究决定，在全国人民法院系统，设立人民法院内部的监察机构”②。

最高人民法院、国家机构编制委员会于1989年7月联合发布《关于设立各级人民法院监察机构的通知》：“决定在最高人民法院设立监察

① 参见乔石：《设立国家行政监察机关是健全法制的需要》，乔石：《乔石谈民主与法制》(上)，人民出版社、中国长安出版社2012年版，第101～102页。

② 最高人民法院监察室编写：《人民法院监察工作讲义》，人民法院出版社1993年版，第10页。

室，地方各级人民法院亦相应设立监察机构。监察室作为法院的内设机构与纪检组一套班子，两块牌子。”随后，最高人民法院于 1989 年 8 月颁布《关于建立法院系统监察机构若干问题的暂行规定》，就法院监察部门的性质、监察对象、主要任务和职权、领导体制、设置和编制等问题作了较为具体的规定。同时，为使法院监察部门的政纪监督工作有章可循，最高人民法院又于 1990 年 3 月印发了《人民法院监察工作暂行规定》和《人民法院监察部门查处违纪案件的暂行办法》等规范性文件。为进一步完善人民法院内部监督机制，推进人民法院监察工作的深入发展，最高人民法院于 2008 年 6 月印发《人民法院监察工作条例》，就法院监察部门和监察人员、监察部门的职责和权限、监察程序等事项进行了较为详细的规定，上述《人民法院监察工作暂行规定》则随之被废止。2013 年 1 月，最高人民法院对《人民法院监察工作条例》进行了修订。根据修订后的《人民法院监察工作条例》的相关规定，法院监察部门是法院内部行使监察职能的专门机构，最高人民法院和高级人民法院设立监察局，中级人民法院设立监察处，基层人民法院则设立监察科或监察员。

根据《人民法院监察工作条例》的相关规定，法院监察部门的职权较为广泛，比如有权检查法院及其法官遵守和执行法律法规的情况，受理对法院及其法官违纪违法行为的检举控告，调查处理法院及其法官违纪的行为等。此外，与行政监察部门的“两指”措施类似，法院监察部门经上一级法院监察部门批准，亦可责令涉嫌违纪的人员在指定的时间、地点就调查事项涉及的问题作出解释和说明。不过，法院监察部门并不能对违纪人员直接给予纪律处分，因为根据《人民法院监察工作条例》第 33 条的规定，在给予警告、记过、记大过、降级、撤职、开除等处分之时，法院监察部门仅是提出处分意见的主体，尚待本院院长或者院长办公会议批准之后，方可以法院的名义下达相应的纪律处分决定。再者，对于撤职、开除的处分，还需提请同级人大或其常委会罢免、免职或撤销职务后，再能够执行处分决定。

(二)内部执纪者：法院监察的部门属性

如上所述，法院监察与行政监察皆以政纪监督为主要职责，故二者在较多层面具有相当的相似性和共通性。不过，二者的分别亦是显而易见的：法院监察部门置于法院内部，监督法院及其法官行使审判权，除执行国家法律之外，主要执行的乃是法院内部的纪律规则；而行政监察部门则置于政府内部，监督政府及行政官员行使行政权，除执行国家法律之外，还要执行政府内部的纪律规则。立基于此，法院监察的部门属性主要有二：

其一，法院监察部门作为法院内部司职政纪监督的机构，其执行的大多是法院内部的纪律规则。诸如《人民法院工作人员处分条例》《法官行为规范》和《人民法院落实〈司法机关内部人员过问案件的记录和责任追究规定〉的实施办法》等法院内部的纪律规则，可通俗地将其称之为所谓的"家法"，而法院监察部门便是执行此类"家法"的主要机构。例如，《法官行为规范》第 90 条规定，各级人民法院要严格要求并督促本院法官遵守本规范，具体由各级法院的政治部门和纪检监察部门负责。再如，根据最高人民法院《关于完善人民法院司法责任制的若干意见》的规定，若需要追究法官的违法审判责任，则需由法院监察部门对法官是否存在违法审判行为进行调查；对于应当给予纪律处分的，则需由纪检监察部门具体办理。不过，此类内部纪律规则并非严格意义上的法律，亦不能涵盖在法院司法解释的范围之内。对此，有论者将其称之为"司法法规"，并认为其是为了保证司法机关对司法行政事务进行有效管理。[①] 因为我国《法官法》当中与法官惩戒制度有关的规定相对较少，而通过一定的纪律规则来约束法官的行为却是相当必要的，以致与之相关的规定多散见于法律以外的规范性文件当中。[②] 当然，所有关于法官纪律的事项皆由国家法律来规定无疑是既无必要亦无可能的。此外，法院监察部门虽置于法院内部，但其却是法院其他职能（业务）部门的监督者，因为根据《人民法院监察工作条例》关于监察部门职责的规定，各级法院监察部

① 参见李颂银、刘婷婷：《我国司法机关"法规制定权"探讨》，《法学评论》2004 年第 1 期。

② 参见江国华、吴悠：《完善我国法官惩戒制度的几点意见——兼议〈中华人民共和国法官法〉第十一章的修改》，《江汉大学学报》（社会科学版）2016 年第 2 期。

门皆可对本院各部门及其法官和其他工作人员实施监察。

其二，法院监察与行政监察既有关联亦不乏诸多区别。如上所述，二者的关联主要是缘于其皆为政纪监督机构，因而在部门职权、组织结构、机构设置等方面自然具有相似性和共通性。例如，《人民法院监察工作条例》其实即为参照《行政监察法》的内容和体例来制定的。[①] 同时在法院监察工作的具体实践中，法院监察部门也比较普遍地参照行政监察部门制定的规范性文件来开展工作。[②] 即便如此，二者的区别同样显而易见。比如在制定《行政监察法》的过程中，《行政监察法（草案修改稿）》第 47 条其实有规定，国家机关根据工作需要在内部设立的监察机构参照《行政监察法》来执行。但在全国人大常委会审议过程中，有的委员提出国家机关包括审判机关、检察机关，它们在内部设立的纪律监督机构和本法的监察机构和监察工作是不同的，不宜在《行政监察法》中规定，因此最终删去了该条的规定。[③] 与此同时，时任最高人民法院院长的肖扬在谈及法院监察工作与国家监察工作的关系时亦曾表明："人民法院的纪检监察工作是党和国家纪检监察工作的重要组成部分，与其他部门的纪检监察工作既有共性，又有自身的特点。"[④]此外，法院监察部门与行政

---

① 《人民法院监察工作条例》第 1 条规定："为了加强人民法院监察工作，严肃人民法院纪律，促进廉政建设，维护司法公正，根据《中华人民共和国公务员法》、《中华人民共和国法官法》等法律，参照《中华人民共和国行政监察法》制订本条例。"

② 例如，最高人民法院在答复湖南省高级人民法院"如何适用《人民法院工作人员处分条例》几个问题"时便指出，人民法院工作人员退休以后因违纪违法应当降低或者取消所享受的待遇的，应由其原所在法院监察部门参照《监察部关于对犯错误的已退休国家公务员追究行政纪律责任若干问题的通知》和《监察部关于对犯错误的已退休国家公务员追究行政纪律责任中如何扣减退休金问题的答复》的精神。参见《最高人民法院关于适用〈人民法院工作人员处分条例〉有关问题的答复》，《中华人民共和国最高人民法院公报》2010 年第 6 期。

③ 参见薛驹：《关于行政监察法（草案修改稿）修改意见的汇报》，《中华人民共和国全国人民代表大会常务委员会公报》1997 年第 3 期。

④ 肖扬：《在全国法院纪检监察工作会议上的讲话（2004 年 4 月 7 日）》，《人民法院报》2004 年 4 月 9 日。

监察部门之间“既不存在组织上的领导关系，也不存在业务上的指导关系”[①]。不过，自1993年2月中共中央、国务院批转中央纪委、监察部《关于中央纪委、监察部机关合署办公和机构设置有关问题的请示》之后，各级党的纪律检查机关和各级行政监察部门实行合署办公。而在法院内部，纪委的派驻机构与法院监察部门同样是合署办公，由于纪委派驻在法院的机构需要接受纪委的领导，于是在此种党政体制之下，法院监察部门的工作实际上亦会受到同级行政监察部门的影响。

（三）审判自律：法院监察的制度功能

法院监察的部门属性在很大程度上决定了其制度功能：首先，法院监察具有一般意义上的监察属性，是故其功能体现为检查法院及法官是否遵纪守法，并处理违纪违法的法院及法官。其次，法院监察以行使审判权的法院及法官为监督对象，故其应当尊重审判权运行的基本规律，由此使得法院监察具有不同于一般意义之监察的制度功能和价值追求。于此层面而言，法院监察的制度功能集中表现为，其能够在维护审判权独立行使与防止审判权滥用之间达致某种程度的平衡。因为必要的监督与制约能够有效防止权力的滥用，审判权亦是如此。但因为审判权的行使具有独立性的天然需求，是故施于审判权之上的监督亦有主体和程度的限度。其中，所谓主体上的限度是指并非所有国家机关及个人皆得监督审判权的行使，比如根据我国《宪法》第126条的规定，行政机关、社会团体和个人乃是不得干涉法院审判工作的。而所谓程度上的限度指的是监督者不得“侵及”法院职权的核心领域，以避免妨碍审判权的独立行使，此一限度其实是限制了监督者监督方式的运用。例如，人大及其常委会虽有权监督法院，但相较于对行政机关的监督而言，前者在监督方式的选择、程度的把握上是有着不同规定的。[②] 由此可见，审判权的行使一方面具有独立性的倾向，另一方面又须对其施以必要的监督。如此

---

① 最高人民法院监察室编写：《人民法院监察工作讲义》，人民法院出版社1993年版，第10页。

② 参见左卫民、冯军：《以监督权为视角：最高法院与全国人大关系的若干思考》，《社会科学研究》2005年第4期。

一来，如何在维护审判权独立行使与防止审判权滥用之间达致平衡，便成为监督法院及法官的关键问题。通常而言，欲达致上述平衡至少应考虑以下三层因素：

其一，法院内部的司法事务和行政事务一般应由法院及法官自行处理。其中司法事务主要是审理和裁判各类案件，此事务自然不应由法院及法官之外的机构和人员“代劳”。而行政事务主要为法院内部行政组织、人员考核、人事奖惩和经费使用等，此类事务“既然已牵连到法官行使审判权与个人切身利益，因此，如果能让法官参与决定，当有助于维护法官独立审判的工作环境”[①]。关乎我们国家的实践，司法事务应该说一直是由法院内部负责的，但行政事务却在相当长一段时期内是由法院之外的司法行政机关来负责的，比如1951年9月制定的《人民法院暂行组织条例》第10条第1款即规定：下级人民法院的审判工作受上级人民法院的领导和监督；其司法行政由上级司法部领导。彭真亦形象地将司法部称之为政法战线的宣传部、组织部、教育部、后勤部。[②] 1979年7月制定的《人民法院组织法》亦充分体现了这一理念。[③] 至1982年国务院机构改革之时，司法行政机关的职能发生第一次较大的调整，调整的主要内容之一就是将司法部原来管理法院行政事务的职能划归给最高人民法院。[④] 此后，在1983年9月修改《人民法院组织法》时，因考虑到各级人民法院要求将法院内部的司法行政工作改由法院管理，同时法院内部的司法行政工作如果都由司法行政机关管理也有问题，于是删去了相关

---

① 陈新民：《宪法学释论》，(台北)三民书局2014年版，第752～753页。

② 参见邹瑜、陈卓主编：《新中国司法行政大典》第5卷，中国方正出版社2001年版，第2035页。

③ 例如，该法第17条第3款规定：“各级人民法院的司法行政工作由司法行政机关管理。”第37条第1款规定：“各级人民法院按照需要可以设助理审判员，由司法行政机关任免。”第42条规定：“各级人民法院的设置、人员编制和办公机构由司法行政机关另行规定。”

④ 参见任永安、卢显洋：《中国特色司法行政制度新论》，中国政法大学出版社2014年版，第33页。

的法律条款。[①]

其二,规范法院内部诸项事务的规则主要应由法院自行制定。法院各项事务正当有序地处理需要借助于规则的规范,其中只与法院内部事务相涉的规则原则上应由法院自行制定。原因有三:一是司法活动遵循的是职业专门逻辑而非大众生活逻辑,"对法律自治的追求也就出现了职业主义的倾向,因而也就造就了专业化的法官,进而也就出现了法律职业的专门逻辑"[②]。而规范法院及法官的规则同样需要充分彰显这些专门逻辑,故而由法院自行制定将更具合理性。二是规范行为的规则调整并影响着主体的行为,若法院及法官的行为规则是由其他主体制定的,势必有碍于法院及法官行为的自主与独立。三是因为其他有权制定规则的主体未必有相应的能力。比如在我们国家,人大及其常委会虽高居于其他国家机关之上,但人大及其常委会却未必有足够的能力和精力,就法院内部的所有事务进行事无巨细的立法。不过,对于其中极为重要的事项则应当由且只能由全国人大及其常委会制定法律,如法院的产生、组织和职权,以及诉讼制度等事项。

其三,法官的惩戒和处分程序不同于一般的行政官员。相较于普通行政官员而言,法官的职业特征有着明显的分别:"无论是在工作性质,还是权力来源以及身份独立程度要求上均存在很大的差异,为体现这些差别并增强公正性和说服力,应当依照正当程序原则为法官设立单独的惩戒程序。"[③]而在相当长一段时期内,我国法官的惩戒和处分程序其实与一般行政官员并无多少实质性的差别。随着司法体制改革的不断推进和深化,人们日渐意识到审判权与行政权的差别,并开始据此设计法官专门的惩戒和处分制度。最高人民法院、最高人民检察院于2016年10月印发的《关于建立法官、检察官惩戒制度的意见(试行)》即明确指

---

① 参见王汉斌:《关于修改"人民法院组织法""人民检察院组织法"的决定和"关于严惩严重危害社会治安的犯罪分子的决定"等几个法律案的说明》,《中华人民共和国全国人民代表大会常务委员会公报》1983年第4期。

② 孙笑侠:《程序的法理》,商务印书馆2005年版,第71页。

③ 詹建红:《我国法官惩戒制度的困境与出路》,《法学评论》2016年第2期。

出，法官、检察官惩戒工作应当尊重司法规律，体现司法职业特点。此外，法官的政纪处分种类亦应有别于一般的行政官员，因为在法官实行单独职务序列后，法官职务与行政职级脱钩，不再具有级别。

此外，在德国、日本等地方的实践中，亦可发现其为了维持审判自律，而在上述三层面进行了相应的制度设计。例如，德国便对法官的职务履行和纪律惩戒设立了专门的职务法庭，一是为了促使法官遵守纪律，二是为了在法官自治的前提下保障法官的独立性，且在该职务法庭的运作始终，皆是由法官群体自行负责法官职务和纪律案件的办理。① 在日本，根据《日本国宪法》第 77 条的规定，最高法院享有法院的规则制定权。据此规定，日本最高法院有权就有关诉讼手续、律师、法院内部纪律以及司法事务处理等事项制定规则。该规定的目的在于"确保法院的自主性，在司法部门内部强化最高法院的统制权与监督权，以及尊重通晓司法实务之法院的专业化判断"②。

经由以上讨论可以发现，审判权乃是具有较强自律属性的，假若此种自律性能够维持在合理范围内，既可使得审判权之行使保有充分的自主空间，亦能对审判权之行使施以必要的约束；而假若此种自律性超出合理范围，那么法院或是由此沦为其他机构及个人的工具，或是成为可任意侵害他人生命及财产的"利维坦"。而法院监察其实便是基于审判权的自律性所进行的制度设计，于此层面而言，法院监察的主要功能也就体现为在维护审判权独立行使与防止审判权滥用之间达致某种程度的平衡。具体来说，上述关于审判权自律性的讨论可概括为以下三重意涵：内部事务自行处理，内部规则自行制定以及专门的惩戒处分程序。而法院监察在很大程度上能够与此三重意涵相契合：其一，法院监察部门设置于法院内部，调查处理法院及法官违纪的行为；其二，法院监察部门作为执纪主体，其执行的大多为最高人民法院制定的纪律规范；其三，

① 参见王琦：《德国法官管理的特色制度及其对中国司法改革的启示》，《南海法学》2017 年第 1 期。

② ［日］芦部信喜：《宪法》，林来梵、林维慈、龙绚丽译，北京大学出版社 2006 年版，第 307～308 页。

我国法官惩戒程序的改革与完善也在逐步展开，法院监察部门和法官惩戒委员会的共同参与，使其呈现为一种从行政化模式走向司法化模式的过程。[①]

当然，法院监察所彰显的更多是审判权的自律属性，“他律”之于审判权的行使而言同样必不可少，故而不应过度夸大法院监察的制度功能。此外，从既往的法院监察之运行实践来看，审判权的自律性在某种意义上是有失偏颇的。由于法院监察部门与其他业务部门同处“一个屋檐下”，因此对于违纪的法官同事，法院监察部门往往是不忍处罚的。加之纪律处罚决定一旦作出，可能会对本院及院领导造成不利影响，因此当发现法官违纪行为的时候，法院及法院监察部门往往尽可能地“捂着”不予处理。[②] 这也是当前法院监察制度遭受诟病的主要原因。

三、国家监察体制改革对法院监察的影响

在国家监察体制改革的过程中，行政监察机构及职能均转隶至监察委员会，法院监察则基于其独特的功能和价值，得以在此“浪潮”中继续保留。与此同时，在国家监察体制改革正开展得如火如荼之际，最高人民法院院长周强在全国法院 2017 年党风廉政建设和反腐败工作会议上指出：“要进一步增强人民法院纪检监察力量，充分发挥监察部门在执纪审查、作风督察、司法巡查、廉政监督等方面的职能作用，确保法院监察部门机构不撤、思想不乱、队伍不散、工作不断。”[③]此般论断在相当程度上表明法院监察部门非但不会转隶，甚至有可能得以强化。即便如此，法院监察在此过程中受到的影响亦不在小。这集中表现为在行政监察“升级”为国家监察之后，法官由此成为监察委员会之监督对象。如此一来，国家监察与法院监察的监督对象便出现一定的重合，继而致使法院

① 参见侯学宾：《法官惩戒制度的中国特色》，《法律适用》2017 年第 7 期。

② 参见周长军：《司法责任制改革中的法官问责——兼评〈关于完善人民法院司法责任制的若干意见〉》，《法学家》2016 年第 3 期。

③ 转引自罗书臻：《全面落实从严治党责任 深入推进人民法院党风廉政建设和反腐败斗争》，《人民法院报》2017 年 2 月 22 日。

监察的功能空间变得模糊不清乃至不复存在。

(一)法官的多重身份、多层责任和多源监督

在社会学家看来,“由于我们会同时拥有众多地位(即地位群),每天的生活就是多种角色的集合”①。同一主体在同一时间拥有的多重身份,可称之为所谓的“角色丛”或“身份丛”。法官同样是多重角色和身份的集合体:其一,法官代表国家具体行使审判权,因而法官是作为司法官员的法官,或谓之为作为“法官”的法官;其二,法官行使的审判权是国家公权力,因而法官也是作为国家公职人员的法官;其三,在我们国家,不少法官是执政党党员,因而这些法官还是作为中共党员的法官。此外,在其他某些特殊领域,法官还可能具有更多的身份,比如军事法官即被置于军官与法官的双重角色之中。② 不过通常来说,在众多的社会角色当中,会有一个起着主要支配地位的角色,也就是所谓的主要角色。③ 对于作为个体的法官而言,“作为职业法律人的法官,这是法官的本原角色,也是法官在司法场域中扮演的最主要的角色”④。

法官的多重身份使得法官的行为受到不同规则的规范,而一旦违背这些不同的规则,法官亦将因此承担不同的责任。具体来说:首先,于作为“法官”的法官而言,其行为方式表现为审理和裁判案件,此类行为受到审判规则的拘束,如《法官行为规范》等,由此会产生法官的审判责任;其次,于作为国家公职人员的法官而言,拘束其行为的规则通常与一般公职人员是相同的;再次,于作为执政党党员的法官而言,执政党亦会制定诸多规则来约束本党党员的行为,如《中国共产党廉洁自律准则》等党内法规,由此会产生法官的党纪责任。依此逻辑,由于法官乃是兼具多重身份的,故而法官的多层责任亦难免有些重叠,而非绝对的“层次分

---

① [美]约翰·J.麦休尼斯:《社会学》,风笑天等译,中国人民大学出版社 2009 年版,第 171 页。

② 参见傅达林:《“军官”与“法官”的角色冲突——军事法官着装断想》,张士宝主编:《法学家茶座》第 8 辑,山东人民出版社 2005 年版,第 33 页。

③ 参见朱力、肖萍、翟进:《社会学原理》,社会科学文献出版社 2003 年版,第 89 页。

④ 陈奎、梁平:《司法运行的一般机理》,中国政法大学出版社 2014 年版,第 57 页。

明”。例如，作为国家公职人员的法官，其与一般公务员的责任便多有重叠。同时“这些重叠部分的责任，不能把法官责任与其他公职责任区别开来，故可以称为一般责任；另有一部分责任是为法官所独有的责任，可以称之为法官的特殊责任”①。当前司法体制改革中所强调的“司法责任”即为法官的特殊责任。

在为法官确定多层行为规则及与之相关的责任之后，便需借由一定的监督措施来促使法官遵守这些规则，并由一定的监督主体来对违背规则的法官进行责任追究。由于身份的多重和责任的多层，因此法官的监督其实也是多源的，即法官的行为受到源自不同监督主体的监督，违反规则的行为亦将面临内容不同的追责。在当前的制度安排下，法官的监督来源主要有四：一是源自法院内部的监督，尤其是法院内设监察部门的监督，比如法官的审判责任主要便是由法院监察部门来落实和追究的。② 二是源自人大及其常委会的监督，因为法官乃是由人大及其常委会产生的，故若需免除法官之职务，则须按法定程序由人大罢免或是提请人大常委会作出决定。三是源自执政党纪律检查机关的监督，即按照党内法规等的规定，对具有执政党党员身份的法官进行监督，比如纪委派驻纪检组和法院机关纪委的监督。四是源自检察机关的监督，即法官违反审判职责的行为若构成了枉法裁判罪等职务犯罪，则需由检察机关依照刑事诉讼程序追究刑事责任。上述多源的监督既有区分亦不乏关联。其中区分指的是不同形式的监督通常聚焦于法官所兼具的不同身份，追究的是法官所承担的不同责任；关联则是指监督虽来源各异，但相互之间却有着特定的衔接程序。例如，中央纪委常委会颁行的《纪检监察机关查处的“七类案件”办理程序及其文书式样》，即着眼于纪律检查机关查处具有法官职务的违纪党员，就不同监督程序之间的有序衔接作

---

① 黄伟文：《从道德责任到职业伦理——法官责任的道德性》，《广东社会科学》2017 年第 5 期。

② 参见于海瑞：《法院纪检监察部门在落实司法责任制中的职能发挥》，《人民法院报》2015 年 3 月 4 日。

了相应的指引。①

（二）法院监察在多源监督格局中的角色

在上述法官的多源监督格局当中，法院监察扮演着颇为关键的角色。因为法院监察本身即为该多源监督格局之重要组成部分，此亦是法院监察部门作为内部政纪监督者的应有之义。更为关键的是，法院监察是该多源监督格局中唯一的自律监督形式，因此其能够较好地兼顾审判权的独立行使与对审判权行使的监督制约，此一功能显然是其他监督形式难以具备的。由此可见，在法院监察缺失的情况之下，以法官为对象的监督便只剩执政党、权力机关、检察机关等的监督，假若如此，审判权或是因缺少必要监督而面临滥用的风险，或是因“过分”的监督而无法独立自主地进行裁判。

与此同时，其他监督形式的运行亦在相当程度上有赖于法院监察的参与，因为唯有如此才能形成融通的监督程序。具体来说有二：一是执政党纪律检查机关在查处担任法官的违纪党员时，通常在给予党纪处分之后，若尚需给予相应的政纪处分，则需由党的纪律检查机关向法院监察部门提出处理意见。例如，“市纪委给予市人民法院副院长开除党籍处分，同时建议省人民法院监察室给予其开除处分，并由省人民法院履行相关处理程序”②。二是根据最高人民法院《关于完善人民法院司法责任制的若干意见》的规定，法院监察部门在追究法官违法审判责任之时，对于涉嫌犯罪的相关责任人，则需由法院纪检监察部门将违法线索移送有关司法机关依法处理。此外，在不少法官职务犯罪案件当中，法院监察部门在前期执纪监督时形成的“纪检监察案件初核卷宗”“调查笔录”“到案经过”等材料亦被作为刑事诉讼证据予以运用。③

---

① 参见中央纪委监察部案件审理室编：《纪检监察机关查处的“七类案件”办理程序及其文书式样》，中国方正出版社 2005 年版，第 91～122 页。

② 赵煜：《处分司法机关有关人员的程序》，《中国纪检监察报》2012 年 6 月 29 日。

③ 参见北京市第二中级人民法院（2016）京 02 刑终 283 号刑事裁定书，河南省新密市人民法院（2014）新密刑初字第 609 号刑事判决书，四川省成都市中级人民法院（2015）成刑终字第 715 号刑事判决书等。

（三）国家监察体制改革与监督格局的改变

国家监察体制改革在相当程度上改变了法官的多源监督格局：一方面，随着监察委员会的设立，法院受到的监察监督，由原本单一的法院监察演变为国家监察与法院监察并行的"双重监察"，法官不再"逃逸"于既往的行政监察之外，而是被纳入国家监察之监督范围。另一方面，随着检察机关查处贪污贿赂、失职渎职及预防职务犯罪等职能整合至监察委员会，若再需对法官之职务犯罪行为进行调查，监察委员会便在很大程度上取代了原本的检察机关。如前所述，当前国家监察体制改革的主要思路是机构与职能的整合，在此思路的作用之下，权力监督模式表现出明显的外部化和一般化的转型趋势。其中，监督外部化最典型的例证便是"从过去行政监察的'附属性同体监督'模式转变为'独立性异体监督'模式"①，即由行政机关外部的监察委员会监督行政机关公职人员；而监督一般化则表现为分属不同国家机关并行使不同公权力的公职人员，皆需不加区分地接受监察委员会施以的统一监督。权力监督模式的此般转型趋势，也较为明显地体现在法官多源监督格局的改变过程中。然与此相异的是，法院监察的部门属性和制度功能其实为其"贴上"的是内部监督和专业监督的"标签"。如此一来，国家监察体制改革所带来的法官监督格局的改变，更是会对法院监察产生诸多影响。具体有二：

首先，内部违纪责任追究的外部化。追究法官违反内部规则的责任，应为法院内部的行政事务，因而属于审判自律的范畴。在法院内部，司法行政工作由司法行政机关改为法院自行管理之后，作为内部执纪者的法院监察部门在追究法官违纪责任中始终扮演着重要角色。例如，根据已被废止的《人民法院监察工作暂行规定》第 4 条之规定，法院监察部门具有检查权、调查权、建议权和一定的行政处分权。《人民法院监察部门查处违纪案件的暂行办法》第 36 条更是明确规定，如需给被监察人记大过以下处分的，可由法院监察部门直接给予处分。即便现行《人民法

---

① 李红勃：《迈向监察委员会：权力监督中国模式的法治化转型》，《法学评论》2017 年第 3 期。

院监察工作条例》未再赋予法院监察部门“一定的行政处分权”，但其仍然是“提出纪律处分意见”的主体，并在院长或院长办公会议批准后下达处分决定。然而，随着国家监察体制改革的开展和监察委员会的设立，法院内部违纪责任的追究呈现出明显的外部化倾向，亦即原本由法院监察部门承担的纪律处分职权，在相当程度上改由监察委员会承担。因为根据全国人大常委会《关于在全国各地推开国家监察体制改革试点工作的决定》，监察委员会监督检查和调查范围及于公职人员“依法履职、秉公用权、廉洁从政以及道德操守情况”，以及“滥用职权、玩忽职守、权力寻租、利益输送、徇私舞弊以及浪费国家资财等”，并有权作出相应的处置决定。同时，《监察法》在规定监察委员会的处置职责时更是表述为“对违法的公职人员依法作出政务处分决定”。

其次，内部纪律规则制定的外部化。由法院自行制定内部纪律规则同样是审判自律的当然含义，也是法院监察之制度功能发挥的重要形式。比如在日本，有关法院内部纪律的规则制定权归属于最高法院，具体由最高法院事务总局负责拟定，并需在法官会议上通过。[①] 在我们国家，法院监察部门在内部纪律规则制定中同样扮演着重要角色。比如根据《人民法院监察工作条例》第14条第2项的规定，法院监察部门的职责之一便是“制定和完善人民法院廉政制度”。试举一例，《人民法院工作人员处分条例》被称之为“法院纪律规范的集大成者”，最高人民法院纪检监察部门在其制定过程中即发挥了重要作用。[②] 然而，随着监察委员会之政纪处分对象及于法官，监察委员会执纪依据亦将随之扩展到《法官法》以及一系列内部纪律规则。但考虑到由监察委员会执行内部纪律规定在逻辑上其实是难以自洽的，为此有论者提出：“可以考虑起草适用于各类公职人员的统一的《政务处分工作条例》。同时，全国人大及其常委会以外的其他国家机关和部门制定对国家公职人员的政务处分规定

---

① 参见李昌道、董茂云：《比较司法制度》，上海人民出版社2004年版，第39页。

② 参见《法院纪律规范的集大成者——最高人民法院纪检监察部门负责人答记者问》，《人民法院报》2010年1月27日。

的，应当征得国家监察委员会的同意。”①如此一来，法院内部纪律规则的制定同样表现出明显的外部化倾向。

四、完善法院监察制度的路径探讨

诚如上述，国家监察体制改革致使法官的多源监督格局发生变化，并由此影响到法院监察的作用空间和制度功能。法院监察虽未如行政监察那般转隶至监察委员会，但其如何在国家监察体制改革的背景之下得以完善，无疑是殊值探讨的话题。在此尚需说明的是，即便未受国家监察体制改革的影响，既往的法院监察制度亦不乏诸多有待完善之处，也有不少论者提出了相应的改良路径。② 但基于本书既定论域的考虑，以下探讨主要围绕法院监察制度如何应对国家监察体制改革的影响而展开。

（一）保留作为内部执纪者的法院监察部门

在国家监察体制改革的背景下，法院监察何去何从？对此问题，最高人民法院院长周强在全国法院 2017 年党风廉政建设和反腐败工作会议上所定的“基调”为“确保法院监察部门机构不撤、思想不乱、队伍不散、工作不断”③。同时，即便是在作为国家监察体制改革试点的北京市，“充实法院监察部门和机关纪委力量，更加主动有效地开展法院监察工作”亦是被写入了北京市高级人民法院的工作报告。④ 不过，与此相对的理论探讨和实践做法亦不在少。如有论者认为，“为做好与国家监察体制改革相衔接，应设置纪检监察中心，由党的纪委或是监察委员会派驻

---

① 沈思：《国家监察体制改革中法治保障初步思考》，《中国纪检监察报》2017 年 2 月15 日。

② 参见李德恩：《法院监察目标之设定及其实现机理》，《北方法学》2017 年第3 期。

③ 刘子阳：《全面落实从严治党责任确保公正廉洁司法——周强在全国法院党风廉政建设和反腐败工作会议上强调》，《法制日报》2017 年 2 月 23 日。

④ 参见杨万明：《北京市高级人民法院工作报告——2017 年 1 月 18 日在北京市第十四届人民代表大会第五次会议上》，《北京日报》2017 年 2 月 7 日。

人员组成”,且该“纪检监察中心不属于法院内设机构”。[①] 同时在实践中,某些法院监察部门工作人员亦因国家监察体制改革而转隶至党的纪律检查机关。[②]

本书以为,应当继续保留作为内部执纪者的法院监察部门,因为即便监察委员会相较于行政监察机关而言,其监督对象业已及于法官等群体,但法院监察的独特功能乃是国家监察无法替代的。具体理由有四:其一,法院内部诸多纪律规则尚需法院监察部门来执行,因为监察委员会在执行此类规则时未必具有相应的专业判断能力,且因此而“染指”审判自律之范围亦是极易有碍审判权独立行使的。其二,诸多现行司法制度的有序运行尚需法院监察部门的参与。比如当前法官惩戒制度的运行遵循着“法院监察部门调查—院长决定—法官惩戒委员会审议”的模式[③],尤其是高级人民法院监察部门还需派员向法官惩戒委员会通报法官的违法审判事实及拟处理建议、依据,并就法官违法审判行为和主观过错进行举证。此时,法院监察部门的缺位将致使包括法官惩戒制度在内的不少司法制度难以按照预期的“轨道”运行。其三,由监察委员会对违纪法官作出政纪处分决定,不符合“司法权去地方化”的理念。当前司法体制改革所欲为之的是通过法院人财物的省级统管,实现司法权的去地方化。而国家监察体制改革却是具有地方化因素的,如根据《监察法》第16条第1款的规定,各级监察机关负责管辖本辖区内公职人员所涉监察事项的,因此若本辖区内的法官过度地“受制于”本辖区内的监察委员会,司法权无疑将再次出现“地方化”的困局。其四,由监察委员会负责追究法官所有的违纪违法责任,不符合监察委员会的机构定位。因为监

① 参见叶爱英、张奇:《偏离与回归:审判中心视角下法院内设机构改革路径研究——以诉讼时间轴与内部权力的四元划分为基础》,《中国应用法学》2017年第6期。

② 例如,在某省高级人民法院监察局的20余人中,因为国家监察体制改革的影响,其中有16人直接改隶属该省纪委。参见周永胜:《司法改革背景下的法院纪检监察工作初探》,《河南法制报》2017年12月12日。

③ 江必新:《关于法官审判责任追究若干问题的探讨》,《法制日报》2015年10月28日。

察委员会其实在改革中是被定位为“国家反腐败机构”的,《监察法》相应被视为反腐败国家立法,而法官违纪违法行为并非皆为腐败行为,故由作为反腐败机构的监察委员会来追责自然不太合理。

(二)理顺法院监察与国家监察的监督关系

其实,理顺二者的关系并非国家监察体制改革带来的“新问题”,因为法官在此之前即已受到了纪委派驻在法院的纪检组和法院监察部门的双重监督,虽然其是合署办公的,但当时如何理顺派驻纪检组与法院监察部门的关系,同样是法院纪检监察工作中的重要问题。例如,在最高人民法院于 2014 年 9 月印发的《关于人民法院纪检监察部门履行监督责任的实施意见》当中,便曾明确提出“进一步完善派驻纪检组与人民法院内设监察部门合署办公的工作体制,理顺派驻纪检组与内设监察部门、机关纪委的工作关系”①。而随着国家监察体制改革的展开,“监察全面覆盖”之改革目标使得监察委员会的监察权可施于法官等群体,为此在各级监察委员会全部组建的基础上,派驻纪检组亦随之更名为派驻纪检监察组。② 而在法院内部,原本由纪委派驻的纪检组变更为纪委和监察委员会共同派驻的纪检监察组。

此过程中看似只是在机构名称上增加了“监察”二字,但由此而来的问题却更为复杂。因为派驻纪检组作为执政党的机构,负责的还只是对法院党员干部遵守党章党纪方面的监督,法院监察部门则主要负责法院审判业务上的监督。虽然“合署办公”的体制有时会模糊二者的界限③,但至少在名义上是“泾渭分明”的。然而,派驻纪检监察组在行使党内监督职能之外,还能够行使部分国家监察职能④,监督对象由具有党员身份

---

① 罗书臻:《最高法院出台纪检监察部门履行监督责任意见》,《人民法院报》2014 年 9 月 30 日。

② 参见《国家监察体制改革试点取得实效——国家监察体制改革试点工作综述》,《人民日报》2017 年 11 月 6 日。

③ 参见王迎龙:《司法责任语境下法官责任制的完善》,《政法论坛》2016 年第5 期。

④ 参见王少伟:《构建具有中国特色的国家监察体系——监察法草案透析》,《中国纪检监察报》2017 年 11 月 8 日。

的法官扩展至所有法官，监督内容也由是否遵守党纪扩展至是否遵守党纪、政纪和国法。

此时，若认为派驻纪检监察组行使的监察职能，可完全取代原本由法院监察部门行使的监察职能，那么法院监察部门便再无存在的必要。不过法院监察的存续价值已如上所述，且继续保留该部门同样在实践中得到了印证。既然法院监察部门应当继续保留在法院内部，其与监察委员会皆可对法官施以监察，那么如何理顺法院监察与国家监察的监督关系，以及合理界分二者的监督权限就显得颇为必要。因为假若国家监察可不当“侵入”法院监察之监督范围，那样既难以对法院的审判责任进行专业判断，亦可能危及审判权的独立行使；同时，法院监察其实仅是一种自律性质的监督形式，故而也不得介入应属于国家监察的“他律”领域。由此可见，理顺二者的监督关系其实在某种意义上而言便是划定自律与他律的界限和范围。此一问题亦是国家监察体制改革实践中的难题。例如，在广州市的改革试点工作中，“监察委员会管辖权是大家遇到的难题之一，广州市纪委按照市纪委监察委、派驻纪检监察组、被监督单位内设纪检监察机构、未派驻纪检监察组的市管单位等不同主体，细化提出了管辖范围和方式”①。

由国家监察体制改革的方案及试点实践可知，“监察全面覆盖”所指向的更多是监督对象而非监督内容，亦即监察委员会之监督对象虽可及于全部行使公权力的公职人员，但绝非意味着公职人员的全部违纪违法责任皆由监察委员会来负责追究。对于监察委员会的监督内容，有论者将公职人员的责任划分为犯罪责任、违法违纪责任和违反内部规则责任三个层次，并认为监察委员会仅负责追究法官的犯罪责任，而法官的违纪违法责任和违反内部规则的责任则依然由法院监察等部门来追究。②然而，当前改革试点过程中所呈现的却是另一番景象，根据中央纪委研究室就国家监察体制改革试点工作所作的“权威答疑”可知，派驻纪检监

---

① 陈岫：《出现什么问题解决什么问题》，《中国纪检监察报》2018年1月7日。

② 参见胡锦光：《论监察委员会“全覆盖”的限度》，《中州学刊》2017年第9期。

察机构甚至有权对审判机关公务员作出警告、记过、记大过、降级、撤职和开除公职等几乎所有政纪处分。[①] 此般做法有意或无意地漠视了审判机关公务员其实是有法官、司法辅助人员、司法行政人员等不同类型的，以及将违法责任和违反内部规则的责任、审判责任和审判外责任不加区分地“杂糅”在一起。

将法官作为公务员应是无疑义的，这也是将其视为公职人员从而纳入监察委员会之监督对象的原因。然而，法官虽可归类于公务员之范畴，但其与司法辅助人员及司法行政人员的差别却是显而易见的，这也是实行法官员额制、法官单独职务序列、法官等级与行政职级脱钩等的原因。同时，此类差别也为“监察全面覆盖”确定了限度，即监察委员会虽有权监督法院公职人员，但在监督对象及监督内容层面应是有所区分的。与此类似，在“监察全面覆盖”的改革逻辑之下，国有企业管理人员、公办高校管理人员等亦为监察监督之对象，但此类机构中的公职人员其实同样有别于一般行政机关中的公职人员，其自主运行亦需借助于相当的内部自律机制，而非绝然的外部监督。例如，在日本的高校治理实践中，在国立大学法人化改革时即实行了大学法人监察制度，由此从制度层面加强国立大学自律，而非此前将国立大学全然置于文部科学省的控制之下。[②] 因此本书以为，理顺法院监察与国家监察的关系其实就是合理界分二者的监督对象与监督内容。大体来说有四个方面：

第一，根据《人民法院监察工作条例》第 2 条的规定，法院监察的监督对象为法院及其法官和其他工作人员。但我国法院内部呈现着审判权与行政管理权并行的二元权力结构，其中作为审判权主体的法官具有独立性的角色特征。[③] 而行政管理权虽与审判权有诸多关联，但其独立性

---

① 参见中央纪委研究室：《监察体制改革试点工作权威答疑：派驻纪检监察机构如何作出政务处分决定?》，中央纪委监察部网站，http://www.ccdi.gov.cn/yaowen/201801/t20180117_162016.html，2018 年 1 月 18 日访问。

② 参见袁自煌：《日本高校法人的自律》，《教育》2013 年第 29 期。

③ 参见陈陟云、孙文波：《法官员额问题研究》，中国民主法制出版社 2016 年版，第 185 页。

要求远不如审判权。因此可按照法院人员分类管理的逻辑，对于法官违反审判责任的追究，仍应由法院监察部门和法官惩戒委员会共同负责，同时将司法行政人员和司法辅助人员从法院监察的监督对象中剥离，改由监察委员会负责监督。①

第二，法院监察部门属于法院内部的政纪监督机构，故而法院内部的纪律规则应当由法院监察部门监督执行。同时法院监察的制度功能在于维持审判自律，亦即在维护审判权独立行使与防止审判权滥用之间达致平衡。因此，法官审判活动之外的行为才属于监察委员会的监督内容，但有鉴于职务行为与非职务行为的界限有时并不明晰，加之二者相互间是有影响的，故而对职务外活动的监督亦不得有碍法官独立行使审判权。此外，法官的职务行为若违反刑法构成职务犯罪，亦应由监察委员会负责监督。

第三，若法官的职务犯罪与非职务犯罪共存于同一案件当中，此前《关于实施刑事诉讼法若干问题的规定》确定了“分别立案侦查、主罪为主”的管辖原则。② 但《监察法》第 34 条第 2 款确定的却是“监察为主”的管辖原则，即既涉嫌职务犯罪又涉嫌其他犯罪的，一般由监察委员会为主调查，其他机关予以协助。此种违背一般管辖规律的安排极易造成实践中的困难③，故有必要予以纠正。第四，监察委员会的监督对象是人员而非机关④，而法院监察部门的监督对象却是包括机关的。比如根据《人

---

① 参见秦前红、刘怡达：《监察全面覆盖的可能与限度——兼论监察体制改革的宪法边界》，《甘肃政法学院学报》2017 年第 2 期。

② 《最高人民法院、最高人民检察院、公安部、国家安全部、司法部、全国人大常委会法制工作委员会关于实施刑事诉讼法若干问题的规定》规定：“公安机关侦查刑事案件涉及人民检察院管辖的贪污贿赂案件时，应当将贪污贿赂案件移送人民检察院；人民检察院侦查贪污贿赂案件涉及公安机关管辖的刑事案件，应当将属于公安机关管辖的刑事案件移送公安机关。在上述情况中，如果涉嫌主罪属于公安机关管辖，由公安机关为主侦查，人民检察院予以配合；如果涉嫌主罪属于人民检察院管辖，由人民检察院为主侦查，公安机关予以配合。”

③ 参见龙宗智：《监察与司法协调衔接的法规范分析》，《政治与法律》2018 年第 1 期。

④ 参见《监察的是“人”而不是“机关”》，《中国纪检监察报》2017 年 11 月 13 日。

民法院监察工作条例》第 15 条的规定，最高人民法院监察局可对本院各部门、各高级人民法院等实施监察，因此对单位和部门的监督亦应继续由法院监察部门负责。

（三）实现法院监察与国家监察的协调衔接

法院监察因具有与国家监察不同的制度功能，故其应当与国家监察并存。而随着法院监察与国家监察关系的理顺，尤其是对二者监督范围的合理界分，两种监察得以并存的前提亦随之具备，在此基础之上探讨两种监察如何并存，便成为完善法院监察制度不可回避的问题。本书以为，实现两种监察的并存至少有以下两层考虑：一是如何使法院监察与国家监察分别在各自的领域内发挥监督作用，二是如何实现法院监察与国家监察的协调衔接。在国家监察体制改革之前，法院监察部门需就法官职务犯罪事项与检察机关进行衔接，即将涉嫌职务犯罪的法官及相关证据线索移送至检察机关追究刑事责任；同时还需与党的纪律检查机关进行衔接，以便给予违反党纪的法官以相应的党纪处分。不过上述衔接机制在以往的实践中未必顺畅。例如，党的纪律检查机关在给予法官以党纪处分之后，大多需要建议该法官所在法院作出相应的政纪处分。但由于“法院既未参与案件调查，又不了解案件情况，纪委建议其作出政纪处分决定，往往要做大量的协调工作，有的法院还重新对纪委调查情况进行核实，致使案件处理耗时较长，一定程度上也影响案件处理的效果”①。而在国家监察体制改革之后，由于检察机关查处贪污贿赂、失职渎职等职能业已整合至监察委员会，加之监察委员会与党的纪律检查机关合署办公，如此一来，法院监察与国家监察的衔接机制将更为复杂。

首先，在实现法院监察与国家监察的协调衔接时，应当充分发挥派驻纪检监察组的作用。因为派驻纪检监察组乃是由党的纪律检查机关和监察委员会共同派出的，同时亦与法院监察部门合署办公，由此使得派驻纪检监察组具有连接法院监察与国家监察的“地缘优势”。概而言

---

① 董芳：《如何界定公务员纪律惩戒中的处分决定机关》，《中国监察》2013 年第 20 期。

之，派驻纪检监察组在协调衔接机制中的作用主要有三：一是在案件移送过程中，发挥派驻纪检监察组的纽带传送作用；二是在监察委员会调查法官职务犯罪时，发挥派驻纪检监察组驻在法院、熟悉审判工作的优势，以此补强监察委员会专业判断的不足；三是可在相当程度上解决法院监察“同体监督”的弊病。

其次，实现案件管辖上的协调衔接。以上关于法院监察与国家监察之监督权限界分的探讨，在一定程度上明晰了二者在办理法官违纪违法案件的分工。但改革实践中所呈现的可能是相异的景象，因为国家监察权被设计为一种复合性权力[①]，由此致使监察委员会的职权配置及《监察法》立法都具有明显的“纪法共治”特征，即行政违法违纪和刑事违法构成犯罪的行为一并追究，《监察法》对监察委员会职能管辖的规定亦未区分纪法问题。[②] 尤其当中使用的“滥用职权”“徇私舞弊”等概念模糊的规定，极易致使国家监察不当“侵入”理应属于法院监察的监督领域。为此，有必要在法律草案完善时区分纪法问题，以及为法院监察之自律功能的发挥预留相应的制度空间。

再次，实现案件移送上的协调衔接。不少违纪违法与职务犯罪行为其实是“相伴而行”的，法官的某一行为可能同时“落入”法院监察与国家监察的监督范围，因而有必要实现案件移送的协调衔接。同样在国家监察体制改革之前，党的纪律检查机关、审判机关、检察机关、行政监察机关等相互间案件的移送其实已较为普遍，并形成了不少制度性安排，如中共中央办公厅于 2015 年 3 月印发的《关于在查办党员和国家工作人员涉嫌违纪违法犯罪案件中加强协作配合的意见》。因此，在实现法院监察与国家监察在案件移送上的协调衔接时，可充分借鉴此类丰富的经验。同时，还需要注重发挥派驻纪检监察组的上述“地缘优势”，即可由其作为案件移送主体，以监督范围为依据实现案件互相之间的有序移

---

① 参见徐汉明：《国家监察权的属性探究》，《法学评论》2018 年第 1 期。

② 参见龙宗智：《监察与司法协调衔接的法规范分析》，《政治与法律》2018 年第 1 期。

送。此外，根据法院监察部门与检察机关之间案件移送的既往经验，对于法院工作人员涉嫌职务犯罪的案件，本应由法院监察部门移送至检察机关处理的，但司法实践中该情形十分少见，多是法院监察部门通过纪律处分的方式“内部消化”了。[①] 此般境况其实是“同体监督”的“先天不足”，因而需要“植入”适当的“异体监督”因素。此时，由纪委派出的派驻纪检监察组同样可扮演该“异体监督者”的角色，但尚需优化派驻纪检监察组与法院监察部门“合署办公”的模式，以避免受制于其所驻在的法院，当然亦不可行使属于法院监察部门的职权。

五、结语

国家监察体制改革是事关全局的重大政治体制改革，这尤其体现为国家权力的重新配置与整合。同时，司法体制亦属政治体制之范畴，司法体制改革更是被视为我国政治体制改革的重要组成部分。[②] 然而“任何一项制度，决不是孤立存在的。各项制度间，必然是互相配合，形成一整套”[③]。因此，于同属政治体制改革的国家监察体制改革与司法体制改革而言，如何实现相互之间的协调便显得尤为重要。因为“司法体制改革在前，国家监察体制改革在后的秩序安排，容易导致前后冲突、改革无功的困扰”[④]。故此，在推进国家监察体制改革的同时，有必要考察现行司法体制因此而受的影响，并在此基础上探讨如何优化既有制度及改革方案。在此种意义上来说，本书探讨在国家监察体制改革背景下如何完善法院监察制度，一定程度上便是在此方面进行努力的结果。

与法院监察制度的产生类似，检察机关内部的监察部门亦于近乎相

---

① 参见任宗祺：《控告部门受理民事、行政枉法裁判罪举报的规范》，《中国检察官》2017 年第 6 期。

② 参见本书编写组编著：《〈中共中央关于全面深化改革若干重大问题的决定〉辅导读本》，人民出版社 2013 年版，第 60 页。

③ 钱穆：《中国历代政治得失》，九州出版社 2012 年版，第 2 页。

④ 秦前红：《中国政治体制改革“试点”模式需解决好四大问题》，《中国法律评论》2017 年第 4 期。

同的时期建立。最高人民检察院于1988年11月印发了《最高人民检察院机关机构改革"三定"方案》,该方案指出在最高人民检察院设立"负责高检院机关和全国检察系统的政纪监察、监督工作"的监察局,同年12月,最高人民检察院监察局成立。[①] 随后,最高人民检察院、国家机构编制委员会于1990年8月联合发布《关于设立地方各级人民检察院监察机构的通知》,决定在地方各级人民检察院内部设置监察机构或监察员,至此,全国范围内的检察院监察部门及监察职能基本形成。最高人民检察院同样制定了《人民检察院监察工作暂行条例》《人民检察院监察部门调查处理案件办法(试行)》和《人民检察院监察工作条例》等规范性文件,用以构建更为细致的检察院监察职能,以及规范检察院监察部门行使职权。由于审判机关与检察机关皆属司法机关之范畴,法院监察与检察院监察在部门属性及制度功能上亦颇为相似,加之检察院监察部门同样未因国家监察体制改革而转隶至监察委员会,故而以上关于法院监察的探讨和结论,在很大程度上亦可应用于国家监察体制改革背景下的检察院监察。

■ 第四节 《监察法》派驻条款的合理解释[②]

在监察体制改革背景下,我国国家监督体系形成"人大监督—专责监督—内部自治"的三维共治格局。实施或参照公务员法管理的单位和全民所有制企业纳入"派驻全覆盖",其他单位和企业应以不派驻为原则、派驻为例外,并理顺其内部监督与国家监察之关系。"所管辖的行政区域"仅指"基层行政区"和"非行政区的区域",在"地区""盟""旗"设立

① 孙谦主编:《人民检察制度的历史变迁》,中国检察出版社2014年版,第32页。

② 本节系与石泽华合作,其主要内容曾发表于《法学》2018年第12期。收录时有修订。

的监察委员会是独立一级监察机关。监察派驻机构因资格取得而非名义代表的实质，由此形成其“产生于内、独立于外、接受监管”的相对地位，以及在权、名、责三要素上游走于形式分离与实质牵连之间的主体特征。监察派驻应以“工作需要”为实质要件，不得以派驻机构“取代”独立一级监察机关；其审批程序应区分单位和区域两种不同情形，以上级机关批准为底限，对区域派驻须经本级人大常委会批准。

在监察体制改革背景下，我国国家监督体系形成“人大机关监督—专责机关监督—内部自治监督”的三维共治格局。《监察法》第1条关于立法目的明确提出“实现国家监察全面覆盖，深入开展反腐败工作”。为此，需要“在我们党和国家形成巡视、派驻、监察三个全覆盖的统一的权力监督格局”[①]。其中，统一监察是基础，巡视机制是利剑，派驻监督是探头，三者合一，构成我国特色监察体制“三位一体”的立体化监督格局。[②]在化制度优势为治理效能的同时，如何运用法治思维和法治方式，研究监察委员会派驻制度和监察委员会派驻机构[③]的基本问题和基本规律，使其沿着法治轨道有序推进，使之契合我国宪法精神和监察法治一般规律，成为深化监察体制改革必须直面的重要命题。

一、监察委员会派驻对象之限定

根据《监察法》第12条第1款，监察委员会派驻机构的派驻对象是“本级中国共产党机关、国家机关、法律法规授权或者委托管理公共事务的组织和单位以及所管辖的行政区域、国有企业等”。这包括两类对象，

---

① 李建国：《关于〈中华人民共和国监察法(草案)〉的说明——2018年3月13日在第十三届全国人民代表大会第一次会议上》，《新华每日电讯》2018年3月14日。

② 有关“巡视利剑”和“派驻探头”等之表述，参见杨晓渡：《发挥巡视利剑作用和派驻监督“探头”作用》，新华网，http://www.xinhuanet.com/politics/19cpcnc/2017-10/19/c_129723004.htm，最后访问时间：2018年6月9日。

③ 为行文方便，与监察委员会派驻监察机构、派出监察专员有关的诸项制度，本文合称“监察委员会派驻制度”；同时，考虑到监察委员会派驻监察机构、派出监察专员二者之相似性，避免冗杂，本文合称“监察委员会派驻机构”或“派驻机构”。当然，行文中有必要具体区分时，仍采用具体表述。

第一类是"单位"，即中国共产党机关、国家机关、法律法规授权或者委托管理公共事务的组织和单位以及国有企业；第二类是"区域"，即"所管辖的行政区域"。

（一）派驻"单位"的具体范围

第一和第二种是党和国家机关。中国共产党机关，指的是党的中央组织和地方组织的工作部门、办事机构和派出机构；国家机关，指的是中央和地方各级权力机关、行政机关、检察机关和审判机关（监察机关如何自我监督同样值得考虑）。鉴于各级监察委员会与本级党的纪律检查委员会合署办公，其派驻机构、派出专员与派驻纪检组同样合署办公，因此对党的机关之派驻和国家机关之派驻，可以合并理解。[①] （1）对本级党组织的工作部门、办事机构和派出机构的派驻，例如省纪委监委驻省委宣传部纪检监察组、驻某党工委纪检监察组；（2）对本级权力机关、检察机关、审判机关和本级政府组成部门、直属机构、派出机构的派驻，例如中央纪委国家监委驻全国人大机关纪检监察组、驻最高人民法院纪检监察组、驻财政部纪检监察组、驻国务院港澳事务办公室纪检监察组[②]等；（3）对人民政协机关的派驻，例如省纪委监委驻省政协机关纪检监察组。从严格意义上讲，人民政协不是国家机关，但其主要担负着政治协商和民主监督的职能，同国家权力机关活动联系密切，很大程度影响权力机关的决策与活动。

分歧在于：对于各民主党派机关和工商联机关以及参加人民政协的工会、共青团、妇联等人民团体和群众团体机关，是否也应派驻？从当前现状来看，根据中共中央办公厅印发的《关于全面落实中央纪委向中央

---

① 新修改的《中国共产党章程》第 45 条规定："党的中央和地方纪律检查委员会向同级党和国家机关全面派驻党的纪律检查组。"结合纪检监察合署办公原则来看，各级监察机关也将向本级中国共产党机关及国家机关"全面派驻"。不过，在党和国家机关之外，二者并不一定完全重合，因为我国党组织遍及中央、地方乃至几乎所有基层单位，因此纪检派驻不受单位性质等因素影响，理论上甚至可对任何单位进行派驻。

② 目前，中央纪委国家监委驻国务院港澳事务办公室纪检监察组兼管港澳两个中联办的纪检监察工作。

一级党和国家机关派驻纪检机构的方案》有关决定，针对139家中央一级党和国家机关，中央纪委共设置了27家综合派驻和20家单独派驻，由此实现中央一级派驻全覆盖。根据派驻机构职责分工，中央纪委国家监委驻全国总工会纪检监察组综合监督全国总工会、团中央和全国妇联；同时，对工商联机关及其他人民团体和群众团体机关的纪检监察工作，主要由驻中央宣传部纪检监察组、驻中央统战部纪检监察组和驻中央外事领导小组办公室纪检监察组来承担；至于各民主党派机关则未专门提及。

国家监察委员会对上述单位进行派驻，是否具备充分依据？这里有必要引入"（参照）实施公务员法管理"的概念。2006年1月1日，我国《公务员法》正式生效，其"附则"规定"法律、法规授权的具有公共事务管理职能的事业单位中除工勤人员以外的工作人员，经批准参照本法进行管理"。同年4年，中共中央、国务院印发了《〈中华人民共和国公务员法〉实施方案》，明确了各民主党派机关和工商联机关实施公务员法管理。同年8月，中共中央组织部印发了《工会、共青团、妇联等人民团体和群众团体机关参照〈中华人民共和国公务员法〉管理的意见》的通知，列举了21个"使用行政编制或由中央机构编制部门直接管理机构编制的"人民团体和群众团体机关，并明确其参照公务员法管理。按照这一划分标准，我们可对"派驻全覆盖"这一改革举措进行区分：(1)"实施公务员法管理"的党和国家机关、政协机关、各民主党派机关和工商联机关，属于"派驻全覆盖"对象；(2)"参照公务员法管理"（以下简称"参公管理"）的21个人民团体和群众团体机关，也属于"派驻全覆盖"对象；(3)政协中"非参公管理"的部分，不属于"派驻全覆盖"对象，原则上不宜对其进行派驻。

第三种是法律法规授权或者委托管理公共事务的组织和单位。"法律法规授权或者委托管理公共事务的组织和单位"作为我国特有的立法表述，尚还属于不确定法律概念，其具体的含义和范围并不清晰。这也导致在本条规定的四类对象中，关于"法律法规授权或者委托管理公共事务的组织和单位”的理解分歧最大。①

一个很直接而且极受关注的疑问是：对于科研院所、高等学校、文化组织、卫生医疗组织等，是否（不作区分）皆需派驻？首先，从当前现状来看，国家监委已向中国科学院、中国社科院等进行派驻；在地方层面，如河北省等省级监委也已向省科学院、社科院等进行派驻。② 目前尚无向高等院校派驻之先例，亦无对足球管理协会、红十字会、公办医院等文化卫生医疗组织进行派驻的情况。其次，从有关单位的性质来看，我国不少组织和单位的法律地位还处在学理探讨之中，还存在现实争议，很难短时间内对其逐一定性。因此，如果不作区分地对全部上述机构派驻监察机构，显然缺乏充分理据。再次，从法律依据来看，综观《监察法》第15条第2项和第5项，对“法律、法规授权或者受国家机关依法委托管理公共事务的组织”和“公办的教育、科研、文化、医疗卫生、体育等单位”采取的是并列规定，这似乎说明二者性质有别，按照这一区分，甚至可以得出公办科教文卫体等单位不属于第12条第1款规定的派驻对象这一结论。

笔者认为，本条表述为“法律法规授权或者委托管理公共事务的组织和单位”之本意，主要是将“参公管理”的事业单位纳入派驻对象。我国事业单位分为“参公管理”事业单位和普通事业单位，前者并不实行事业单位的专业技术职务、工资、奖金等人事管理制度，而是实施与行政机关相同的人事管理制度，即公务员制度；同时，这类单位在特定范围内行使公共行政权力，发挥着与政府部门相似的管理职能，故而属于“派驻全覆盖”的对象。普通事业单位，因其以提供公共事业产品为主要宗旨，一般不参与公共事务管理，或者虽然参与但限于极为专业的特殊领域，并未对其施行“参公管理”，故是否对其派驻还需作进一步考虑。

具体至科研院所、高等学校、文化组织、卫生医疗组织等单位，拆析

---

① 相较于法律法规授权或者委托管理公共事务的组织和单位，其他三类对象至少已经具备一定共识。有学者总结：“向党政机关和国有企业派驻纪检监察部门和人员是中国特色反腐倡廉体系的重要组成部分，也是一种特殊的制度安排。”（过勇：《中国纪检监察派驻制度研究》，《国家行政学院学报》2014年第2期）

② 值得注意的是，多数省份已经对科学院、社科院等类似单位实施“参公管理”。

如下:(1)如果对其不作区分地全部派驻监察机构,不仅缺少充分法理和法律依据,而且不利于监察资源集约化利用,反腐整体效能偏低,与监察体制改革初衷相悖。(2)鉴于"法律法规授权或者委托管理公共事务的组织和单位"还是一个不确定的概念,以此为衡量是否派驻之依据难免过于主观,有失公允。一方面,从本款"可以"的表述来看,即便有关单位符合该性质,也并非必须派驻。另一方面,即便有关单位不符合前述性质,也有可能对其派驻。本款有关派驻对象之列举使用了"等"的修辞性表述,说明本条是非封闭式列举。(3)比较合适的方案是,以是否"参照公务员法管理"为界限进行二分:"参公管理"的单位,纳入"派驻全覆盖";"非参公管理"的单位,"以不派驻为原则,以派驻为例外",并在既往"以内部监察和纪检约束为主渠道"的模式之上进行完善创新。(4)具体而言,对于"非参公管理"的单位,一方面,监察机关原则上不对其派驻,同时纪检机关以派驻纪检组的名义对其内部纪检监察部门进行业务指导并合署办公;另一方面,以不派驻为原则并不等于绝对不派驻,当工作存在需要时,经法定批准程序及授权程序,监察机关也可以对上述单位派驻监察机构,但是必须严守以"工作需要"为判断标准。所谓"工作需要",指的是有利于监察资源集约化利用和提高反腐效能。例如,有的单位监察对象或者涉案人员基数较为庞大,或者发生塌方式腐败而需借以派驻恢复廉政生态,或者地处偏远等因素导致监督困难等,即符合"工作需要"之条件。(5)经营管理国有资产的国有企业以派驻为原则,而利用国有资产设立的科研院所、高等学校、文化组织和卫生医疗组织等单位以不派驻为原则。原因在于:其一,这些单位主要是为了提供公共事业产品,而不是管理公共事务;其二,这些单位中普通工作人员数量极为庞大(部分高等学校教职工多达万人),而纳入监察对象的管理人员却相对较少,尤其是中层职级以下的监察对象较少[①],因此相较于由监察机关对

---

① 按照管理权限,如果对这些单位派驻监察机构,后者仅对驻在单位中层职级以下的监察对象进行调查、处置,而对于驻在单位的领导班子成员,则需要由本级监察机关直接进行调查、处置。

有关监察对象进行直接监察，大范围派驻的集约化效益并不明显；其三，也是更为重要的一点在于，这些单位一般属于知识密集型组织，提供专业化公共服务，故需遵循其所在领域的独特运作规律并尊重其中蕴含的独特价值。总之，面对监察法的解释分歧、有关机构的性质争议、不同领域的运行规律，在没有充分把握之前，监察改革应当放缓，保持权力行使的谦抑。[①]

第四种是国有企业。监察机关对国有企业派驻监察机构的原因如下：(1)国有资产之性质特殊。国有企业依法对国家授予其经营管理的财产享有占有、使用和依法处分的权利，而其所经营管理的财产之性质是全民所有。(2)国有企业管理人员行使公权力。根据政企分开、所有权与经营权分离的原则，国有资产监督管理机构虽然“根据授权，依法履行出资人职责，依法对企业国有资产进行监督管理”，但“不行使政府的社会公共管理职能”[②]，厂长、经理等管理人员[③]对本企业经营管理的财产享有相当程度的决策执行权。(3)国有企业管理人员属于公职人员。《公务员法》第 63 条规定，公务员交流范围除了公务员队伍本身，还包括国有企业、事业单位、人民团体和群众团体，第 66 条亦将国有企业纳入公务员挂职锻炼范围。

分歧在于，如何划定“国有企业”界限。监察派驻范围是国有(独资)企业，还是包括国有控股企业和国有资产占主导的企业，乃至符合一定条件的国有参股企业和中外合资企业？对此，除了考虑是否属于“参公管理”外，还需将国有企业的概念严格限缩至“全民所有制企业”，避免因概念不明确导致的不必要争议。理由如下：(1)个别特殊中央企业(主要指中国铁路总公司和中国投资有限责任公司)，其在国家社会经济发展过程中所承担的责任较为特殊，属于国务院直属部级单位，属于“监察全覆盖”对象。(2)严格意义上的国有企业仅指遵循《全民所有制工业企业

---

① 参见秦前红：《监察法理解和适用的若干难点问题》，《人民法治》2018 年第 Z1 期。

② 参见《企业国有资产监督管理暂行条例》第 6 条和第 7 条。

③ 根据《全民所有制工业企业法》第 7 条规定，全民所有制工业企业实行厂长(经理)负责制，厂长依法行使职权，受法律保护。

法》经营管理并实施“厂长(经理)负责制”的全民所有制企业。这些单位也属于“派驻全覆盖”对象。(3)对于国有独资、控股或者国有资产占主导的公司,尽管有的观点认为应当根据具体情况认定其是否属于国有企业[①],但其经营管理并不施行厂长(经理)负责制,而是遵循《公司法》,实行市场化运作并以股东会或股东大会作为最高权力机构,故而即便其中可能存在一定监察对象,原则上仍不宜对其进行派驻。(4)对于国有参股企业和中外合资企业,政府只是普通参股者,不应认定其为国有企业,监察机关当然不应对其进行派驻。

综上所述,《监察法》第12条第1款所列举的单位,可以归纳划分为四类:(1)“实施公务员法管理”的单位,包括党和国家机关、政协机关、各民主党派机关和工商联机关;(2)“参照公务员法管理”的单位,包括符合该条件的人民团体和群众团体、法律法规授权或委托管理公共事务的(参公管理的)组织和单位等;(3)按照《全民所有制工业企业法》经营管理的全民所有制企业以及个别特殊中央企业;(4)既不实施公务员法管理,也不参照公务员法管理的其他组织,以及不按照《全民所有制工业企业法》经营管理的企业。其中,前三类属于“派驻全覆盖”对象,应当对其全部派驻监察机构;最后一类不属于“派驻全覆盖”对象,对其应遵循“以不派驻为原则,派驻为例外”,并理顺其内部监督与国家监察之间的关系。

(二)派驻“区域”不应包括“地区”“盟”“旗”等行政区

有一种解读认为,“地区”“盟”“旗”等行政区不设本级人大,故应由省级监察委派驻监察机构。[②] 但是,从试点实践而言,各地主要采取省人大常委会产生“地区”“盟”等监察委员会的方案。分歧由此产生:省人大

---

① 例如,《财政部关于国有企业认定问题有关意见的函》(财企函〔2003〕9号)的意见是从企业资本构成和企业控制力两个方面认定是否属于国有企业。从企业控制力角度看,不仅国有股权超过50%的绝对控股企业属于该范畴,对于国有股权处于相对控股的企业,因股权结构、控制力的组合情况相对复杂,如需纳入“国有公司、企业”范畴,也“须认真研究提出具体的判断标准”。

② “这里的行政区域主要是指街道、乡镇以及不设置人民代表大会的地区、盟等区域。”(中共中央纪律检查委员会、中华人民共和国国家监察委员会法规室编写:《〈中华人民共和国监察室〉释义》,中国方正出版社2018年版,第97页)

常委会产生的“地区（盟）监察委员会”，应该定性为独立的一级监察机关，还是省监察委的派出机关？

“地区”“盟”“旗”等行政区设立的监察委员会，应该定性为独立一级的监察机关，而不是上级监察机关的派出机关。这是因为，只要具备设置独立一级宪制机关之条件，便不必也不应设立派出组织来“取代”宪制机关。(1)从必要性来看，监察派驻制度以实现国家统一监察全面覆盖作为直接目标，因此，如果具备设立监察委员会的客观条件，那么就不必要设立派出机构。(2)从可能性来看，如果监察派驻抵牾人民代表大会这一根本政治制度，那么就难以设立。在我国，中央及各级地方皆有其权力机关，行政机关、监察机关、检察机关和审判机关皆由其产生，对其负责受其监督。我国这种一元权力结构和权力的二层级架构决定了，监察机关乃是人大之下行使监察职能的专责机关，国家各级监察委员会都由对应的权力机关产生，对其负责，受其监督；各级监察委员会之间，虽有上下级领导关系，但不得脱离权力机关而成为特殊机关。(3)从例外来看，其一，不存在设立派出机构以“取代”独立一级监察机关的制度空间，即便是经过本级权力机关某种程序性批准。其二，如欲设立派出机构以与独立一级宪制机关“并行”，甚或跨越行政区域设立派出机构，那也必须提请共同的上级权力机关批准。(4)从制度实践来看，各“地区”“盟”“旗”等监察机关之产生、有关人员之任命，也都是按照与一级监察委员会相对应的权限和程序完成的。

因此，参照《人民法院组织法》《人民检察院组织法》《法官法》和《检察官法》关于中级人民法院和省级人民检察院分院设置的规定①，以及关于在省、自治区按地区设立的和在直辖市内设立的法院或检察院的正副院长（检察长）、审判（检察）委员会委员和法官（检察官）的任免程序②规

① 根据《人民法院组织法》第 22 条，“在省、自治区内按地区设立的中级人民法院”和“在直辖市内设立的中级人民法院”都属于中级人民法院；根据《人民检察院组织法》第 2 条，“省、自治区、直辖市人民检察院分院”属于独立一级的地方人民检察院。

② 参见《人民法院组织法》第 34 条第 2 项、《法官法》第 11 条第 4 项、《人民检察院组织法》第 2 条第 3 款和第 24 条以及《检察官法》第 12 条第 5 项。

定，凡有关在省、自治区内按行政地区设立的监察机关，其组织和产生的适宜方案应是：(1)在产生方式上，由省、自治区人大常委会产生；(2)在组织关系上，属于独立一级的监察机关；(3)在人事任免上，正副主任、委员及有关人员由省人大常委会任免。

综上所述，“地区”“盟”“旗”等行政区并不属于《监察法》第12条第1款所称“所管辖的行政区域”。进一步讲，《监察法》第12条所指的“所管辖的行政区域”，应作谦抑性解释为“无对应权力机关产生本级监察机关的行政区域”。其外延主要是两种：(1)依托各级“行政区”所设立的管理委员会所辖之各级“非行政区的区域”。[①] 这某种程度也可称作“跨行政区划的区域”，例如经济开发区、高新技术开发区、航空港、风景区等。所谓“行政区”，也包括“地区”“盟”“旗”等，对此应设独立一级监察机关，并无必要派驻。(2)县区级以下的“基层行政区”，例如乡、民族乡、镇、街道等。

二、监察委员会派驻机构的授权

派驻或者派出的监察机构、监察专员如欲履行监察职能，必须以“根据授权”为前提。如何解释本条所称“授权”？这直接关乎监察委员会派驻机构的权力依据以及存在的正当性，进而决定它在我国宪制环境中处于何种地位，乃至依法治国背景下应如何设置、领导和运作。

(一)对派驻机构的授权属于监察机关的对内授权

根据授权(资格)取得者的身份差异，有监察系统内部取得或外部取得两种。在公法领域，职权、授权和委托之间，有着明确的界限。从权力

---

① “非行政区的区域”并非最规范之表达，却是最周延之表达。对于地方区域类型之划分，有学者提出“行政区”和“开发区”的二分法。但是，从各国特别地方制度发展经验来看，行政区和开发区之间并不是非此即彼的关系；同时，此二者也无法周延涵盖全部地方区域。从我国地方制度实践来看，行政区和开发区之间也并非完全互斥，反而大体趋势是融合和改编。对此，现行《检察院组织法》第2条第3款采取的表述是“区域”，包括“工矿区、农垦区、林区等”。《人民检察院组织法(修订草案)》(二次审议稿)第24条采取的表述是“辖区内特定区域”。为避免争议，本文采取“非行政区的区域”之表述，意在从逻辑上与“行政区”形成周延互斥，旨在排除任何“有对应权力机关产生本级监察机关”的区域。

来源来看，狭义上的“职权”，仅指宪法赋予某国家机构之宪制权力，严格讲不同于“授权”。从授权形式来看公法授权，可分为机关授权和法条授权。机关授权以行政授权为代表；法条授权分为法律授权、法规授权和宪法授权，规章能否授权还有争议（因其本身即依法律法规授权而制定）。法律授权和法规授权就其主体其实也是机关授权；宪法授权的主体是制宪主体，严格讲不是“授权”，而是“职权”。主张宪法职权亦为授权者，认为宪法职权源于宪法授权，宪法作为根本大法，也是法。该观点出发点值得肯定，缺陷在于，法律或法规授权、行政授权、专门授权等的授权主体都是某个宪制机关，但宪法（至少成文宪法）制定主体应当是全体国民或专门制宪机关而非议会，将之混同是危险的。因此，公法领域权力来源之更恰当的划分，应当是“委托”“授权”与“职权”的三分。

从法与国家的一般原理以及宪法和法律的关系看，“（创造）宪制职权”应当是宪法特别保留之事项，法律（包括基本法律）不得越权规定。①《监察法》只能重复、细化或援引宪法关于“宪制职权”的规定，在既有框架内确立组织边界和权限边界，而不得创造新的职权。如果派驻机构是“法律法规授权的组织”，便是立法机关为非宪制机关创造宪制职权，不仅超越了立法权限，违背了宪法保留，还抵触了监察权独立行使之宪法原则。所谓“法律法规授权的组织”，要求有二：(1)授权的对象是非国家机关，否则，任何法律法规规定权限的机关，也都可称为“法律法规授权的组织”，这显然是扩大性解释。(2)授权的内容不得超出公共事务管理的范围，因为现行宪法明确规定了监察权、检察权、审判权必须依法“独

---

① 从这个意义上讲，现行《宪法》第 124 条第 4 款颇受质疑。该款规定：“监察委员会的职权和组织由法律规定。”一个很直接的问题就是：我国权力机关能否依此授权，在组织法中补充甚至创设监察委员会的新的宪制职权？笔者以为，首先，从《立法法》第 8 条第 2 项有关宪制机关之“职权”的事项“只能制定法律”的规定，无法推出法律有权创造宪制职权。其次，宪制职权并非《立法法》第 9 条规定的法律特别保留事项，而是宪法相对法律之特别保留事项。最后，即便有关法律贵为基本法律、有关事项贵为保留事项，仍仅能重复、细化或援引宪法关于“宪制职权”的规定，而不得创造新的宪制职权。因此，《宪法》第 124 条第 4 款关于“监察委员会的职权由法律规定”之表述，如解释为补充或创制，则不符合宪法保留原理；如解释为执行或细化，则与第 123 条逻辑重复。

立"行使。此外,法律授权不是设置国家机关的依据,也不是非国家机关成为国家机关的依据。因此,《监察法》授权(资格)之取得者,只能是监察系统内部。此时,"根据授权"既是关于监察机关组织设置的规范,也是对于监察机关宪制职权的细化。

(二)授权属于具体临时授权

监察委员会派驻机构以何种形式取得授权?通过授权取得职权的方式,主要有两种:一是普遍规则授权,二是具体临时授权。(1)如果是普遍的规则授权,这意味着派驻机构的监察职权源于《监察法》的"授与和确认",授权主体是立法机关。具体而言,派驻机构在其派出主体之外"单独"具备部分监察职权,在"所确认的"监察权限范围内以自己名义实施监察行为,并独立承担法律责任。(2)如果是具体的临时授权,这意味着派出主体在《监察法》许可之下将其部分监察职权"授与和转移"至其派驻机构,授权主体是监察机关。具体而言,派出主体基于本法许可而授予其派驻机构不超过其本身监察权限之部分职能,后者在"所转移的"权限范围内以自己名义实施监察行为,并独立承担法律责任。究竟是"确认"形式的直接取得,抑或"转移"形式的间接取得?"根据授权"的表述,其实很难有确切结论。授权形式不同,将导致派驻机构的权力来源、授权期限和职权内容,以及派出主体的具体角色和自主判断权等,会有极大的不同。

按照"派驻监察机构的具体职责权限,则需要根据派出它的监察机关的授权来确定"①的解释,其倾向于主张具体临时授权和"同派异权"。这种观点是比较合理的,其优势在于赋予各级监察委员会更多的自主判断权,进而因时制宜、因地制宜,由此对不同层级、不同地域、不同领域的派驻对象,在授与职权的侧重点和限度上有所区分;反之,如果采取普遍规则授权和"同派同权",便很难在不同层级、地域和领域之间寻求最大公约数。鉴于此,差异化授权的依据、标准和限度等,即成为影响派驻机

---

① 中共中央纪律检查委员会、中华人民共和国国家监察委员会法规室编写:《〈中华人民共和国监察法〉释义》,中国方正出版社 2018 年版,第 102 页。

构具体职权的决定因素，故有必要出台法律文件加以明确。

综上，监察机关在对派驻机构进行授权时，一要以《监察法》之许可为前提，二要以未来制定的统一规定为授权上限，三要考虑实际工作需要进行自主判断。

（三）派驻机构相对于监察委员会的地位

既然是授权，不是委托，那么性质必然是资格取得，而不是名义代表。这种性质，描绘出监察委员会派驻机构相对其派出主体，是一种“产生于内、独立于外、接受监管”的特殊存在。（1）派驻机构产生于派出主体。其意蕴有四：一是组织上由派出主体设置；二是编制上隶属于派出主体；三是职权上直接或间接来源于派出主体；四是财物上由派出主体资助。（2）派驻机构形式上独立于派出主体。其意蕴有三：一是组织上区别于内设机构，独立设置于一级政权体制之外；二是职权上区别于内设机构，脱离于派出主体之外；三是管理权限上相对独立于派出主体而自主办案。（3）派驻机构实质上对派出主体负责。其意蕴有三：一是对人的监管，即工作人员之日常活动接受派出主体之监督管理；二是对业务的监管，即派驻机构之监察活动接受派出主体之监督管理，包括初查初核、立案调查等具体行为及可能之抽象行为；三是对单位的监管，即派驻机构的原则方向、发展方略和工作方法等接受派出主体之监督管理。

监察委员会派驻机构与其派出主体之相对地位，得以透视出派驻机构在权、名、责三要素上相对于派出主体处于一种游走于形式分离与实质牵连之间的矛盾处境。一方面，前者相对后者在权、名、责的外在形式上具有分离性，这表现在职权分离和名、责独立两个方面。所谓“职权分离”，即派驻机构之职权与派出主体是分离的，对于派驻机构在授权范围内的具体行为，派出主体不得“直接”干涉。所谓“名责独立”，即派驻机构在授权范围内以自己的名义行使该职权，也自行承担行使该职权所产生的法律责任。另一方面，前者相对后者在权、名、责的内在实质上还具有牵连性，这表现在统一管理、行为监督和责任兜底三个方面。所谓“统一管理”，就是我们所说的“派驻统管”，有别于“双重管理”，是领导体制层面的问题。依据是《监察法》第 12 条第 2 款，其表现在编制管理、人员任命、财物管理、报告制度和交流制度等诸多方面。所谓“行为监督”，即派出主体依照法律规定对派驻机构履行监管职责。所谓“责任兜底”，既指派出主体监管不当则承担相应责任，又指派驻机构无力担责时由派出主体代为承担。

三、监察委员会派驻机构的派出条件

无论《监察法》第12条“授权”是何种形式、实质和内容，都不影响派驻监察机构的设立和撤销，必须按照规定的权限和程序审批。[①] 进一步讲，监察派驻是否仍须满足一定实体条件？实质要件与程序要件之确定，不仅要从行政和司法组织规范中总结和借鉴有益经验，还要上升到我国宪制环境层面进行更深层次的分析。

（一）参考经验

1.从地方政府组织规范来看，有两种参考对象。(1)派出机关。根据《地方各级人民代表大会和地方各级人民政府组织法》第68条规定，行政机关经上级批准可设立“派出机关”。其中，除街道办以外，都以“必要性”为前提。[②] (2)派出机构。根据有关部委组织管理条例，行政机关职能部门按照规定程序可设立“派出机构”。其中，面对不特定公民、执行外部性事务的派出机构，以法律法规授权为依据，一般也以“必要性”为实质条件。以公安机关为例，根据《公安机关组织管理条例》第6条，设区的市公安局设置公安分局，以“根据工作需要”为实质条件，以“按照规定的权限和程序审批”为程序要件。

2.从检察院组织规范来看，有三种参考对象。(1)作为派出机构的人民检察院。根据1979年《人民检察院组织法》第2条第3款，派驻对象是“工矿区、农垦区、林区等区域”，性质是“作为派出机构”的人民检察

---

① 《监察法》第12条第1款规定的是“可以向……派驻或派出……”，看似只涉及“设立”而无关“撤销”。但是，作为一个行使国家公权之组织，既不应平白而“生”，也不应平白而“亡”；既然需要“设立”，当然也可能“撤销”。二者都应事先规定好权限和程序。

② 根据《地方组织法》第68条，行政公署、区公所之设立，以“在必要的时候”为实质要件；反观街道办，则无此规定。

院，程序要件是“提请本级人大常委会批准”，实质要件是“根据工作需要”；《人民检察院组织法（修订草案）》（二审稿）第24条在此基础上，还要求“经最高人民检察院和省级有关部门同意”。（2）跨行政区划的人民检察院。《人民检察院组织法（修订草案）》（一审稿）第21条规定的是，以“全国人民代表大会常务委员会决定”为程序要件。目前，这项改革已提上日程，应该说，它对于去行政化和地方化，推动司法公正，提升司法效率有一定的帮助，却也面临改革目标不明确，正当性与合法性不足，以及制度逻辑错位等重大问题，与我国人大制度治理模式之间的缝隙不容忽视。近期公布的修订草案（二审稿）则删去了跨行政区划人民检察院有关内容。（3）乡镇监狱派驻检察室。实践中，不少检察院还在乡镇、监狱等行政区域或单位中设立派驻检察室，由于缺少组织法层面的依据[①]，各地做法不一。根据2018年5月31日最高人民检察院的决定，自次月始至2019年5月，在8省市区开展监狱巡回检察试点工作。此次“派驻”改“巡回”试点，一定程度上被视作监狱派驻检察室之终结，但颇为吊诡的是，此前《人民检察院组织法（修订草案）》（一审稿）针对监狱派驻检察室有关事项却在第23条作了专门规定，修订草案（二审稿）第25条延续了该规定。改革前后举措之间，怎样系统地论证它们的外部逻辑和外在关联，才能保证学理和逻辑关系上的周延自洽、避免多轮改革彼此脱节甚或互相冲突？[②] 对此，外界仿若雾里看花。监狱派驻检察室之存留，还未可知。可知的是，《人民检察院乡（镇）检察室工作条例》第4条作为内部

---

① 根据《立法法》有关规定，人民检察院派驻检察室属于“人民检察院的产生、组织和职权”，只能由法律规定；同时，该法律作为关涉国家机构的法律，属于基本法律。目前，关于派驻检察室主要的两部规范性文件是最高人民检察院分别于1993年和2010年发布的《人民检察院乡（镇）检察室工作条例》和《关于进一步加强和规范检察机关延伸法律监督视角促进检力下沉工作的指导意见》。可见，检察院派驻检察室至今尚无组织法层面的依据。

② 参见秦前红：《中国政治体制改革“试点”模式需解决好四大问题》，《中国法律评论》2017年第4期。

规范[①]，要求乡镇派驻检察室以“乡（镇）地域、人口、经济状况和工作需要”为实质要件，以“省一级人民检察院审批”为程序要件；《人民检察院组织法（修订草案）》（二审稿）第25条规定，对监狱等场所设立的检察室，以“根据检察工作需要”为实质要件，以“最高人民检察院（省级人民检察院）和省级有关部门同意”[②]为程序要件。

3. 从法院组织规范来看，也有三种参考对象。（1）人民法庭。根据《人民法院组织法》第19条，基层人民法院可自行决定设立人民法庭。乡镇法庭、交通法庭等多种形式，都是基层人民法院的组成部分，二者判决和裁定等同视之，其设立以“地区、人口和案件情况”为实质要件，这其实也是一种“根据工作需要”。（2）跨行政区划法院。最高人民法院批复成立开发区法院之合宪性存疑，其实质就是越过人大自行设置跨行政区划法院。即便基于上一级甚至全国人大常委会的批准，其仍面临类似跨行政区划检察院的诸多困境。（3）巡回法庭。从制度实践来看，最高人民法院“根据有关规定和审判工作需要”，可自行决定设立巡回法庭。但是，巡回法庭的设立及其组织、职权和产生办法等，依据只是最高人民法院审判委员会于2015年1月5日第1640次会议颁布的《最高人民法院关于巡回法庭审理案件若干问题的规定》，因此巡回法庭之设立依据是否充分，同样存疑。

上述八种参考对象中，一级政府派出机关、跨行政区划的人民检察院（人民法院）、人民法庭和巡回法庭等五种都不符合监察委员会派驻机构之主体类型，可借鉴的只有（作为派出机构的）公安分局（公安派出所）、特定区域的（作为一级检察机关派出机构的）人民检察院和监狱、乡镇等的（作为一级检察机关派出机构的）派驻检察室共三种，这涉及检察

---

① 《人民检察院乡（镇）检察室工作条例》于1993年4月由最高人民检察院发布。尽管该条例自称“根据《中华人民共和国检察院组织法》制定”，仍只能归为检察机关内部规范。

② 《人民检察院组织法（修订草案）》（二审稿）第25条第2款原文表述是：“省级人民检察院设立检察室，应当经最高人民检察院和省级有关部门同意。市级人民检察院、基层人民检察院设立检察室，应当经省级人民检察院和省级有关部门同意。”

机关和行政机关两类组织规范。

(二)监察派驻的程序要件和实质要件

监察委员会派驻机构之设置,不应借鉴公安分局(公安派出所)。(1)从职权属性看,监察权一方面"在权源上的生发性使其具有天然的行政属性,但又脱胎于行政权具有相对独立性"①,另一方面职务犯罪侦查权转隶自检察院,故与检察权也有相似处。(2)从央地关系看,行政权更注重中央事权和地方事权之间的权限分配与衔接协调,司法权则在更多情况下被视作一种中央事权,而从监察一体化的组织目标和"全国一盘棋"的改革目标来看,监察权配置应该说更加强调中央事权。(3)从比较对象看,公安分局(派出所)是一级政府职能部门的派出组织,监察委员会派驻机构是一级独立监察机关的派出组织,二者不在同一维度。

但是,检察系统派出组织还分为"作为派出机构的人民检察院"和"作为派出机构的派驻检察室"两种。怎么借鉴呢?前者之设立以"根据工作需要"为实质要件,以"经本级人大常委会批准"为程序要件(甚至同时要求上级机关同意),后者之设立则一般以"根据工作需要"为前提,经由上级机关批准。从监察委员会派驻机构的派驻对象来看,既有"区域",也有"单位",其中前者还区分"非行政区的区域"和"基层行政区",比检察派驻更为复杂。因此,哪种方案更优化,需仔细衡量。这包括程序要件和实质要件两个方面。

1. 程序要件层面,派出监察机构的审批程序之模式选择,到底是择一移植,抑或博采众长?可能方案有二:(1)一分为二,对于"单位",经上级监察机关批准可设立派驻机构;在辖区内"特定区域"设立派驻机构,则必须"提请本级人大常委会批准"。(2)大而化之,无论任何派驻机构,皆采取同一审批程序。

无论采取哪种方案,以下两点值得采纳:第一,无论向任何组织、单

---

① 徐汉明:《国家监察权属性研究》,《法学评论》2018年第1期。

位或行政区域派驻监察机构，至少应该以“经上级监察机关同意”[①]作为审批程序的最低限度。第二，如果派驻对象是“所管辖的行政区域”，必须“提请本级人大常委会批准”。

2.实质要件层面，监察派驻是否以“根据工作需要”为前提？回溯监察立法过程，《监察法(草案)》曾经借鉴并采取了《行政监察法》关于“根据工作需要”的表述，但最终这一表述被删除。此种做法究竟基于何种考量，尚需进一步探寻。这是否意味着监察派驻乃无条件之派驻？若此，如何避免监察资源低效甚至浪费？笔者以为，“为了派驻而派驻”不是改革初衷。“派驻全覆盖”也不应理解为不顾实际地机械运用，而是要以我国人大制度为根本，围绕宪法、监察法规定的组织规范，联系各个地方的实际需要，展开制度实践。

例如，对于“地区”“盟”“旗”等具备设置独立一级宪制机关之条件的行政区，便不必设立派出组织。又如，对于不实施也不参照公务员法管理的单位以及非全民所有制的企业，如果要突破“以不派驻为原则、派驻为例外”，应当对所谓“工作需要”统一制定条件。譬如，要求不属于具有特殊价值考量的领域，派驻监察之集约化效益显著，监察对象内部比重达到一定比例等，否则便不对其派驻，或者采取更为缓和的派驻方式。唯如此，或可在派驻监察与内部监督之间谋求更恰当之价值平衡。

四、细化完善“派驻”条款的建议

从立法技术上讲，太过具体细化的立法安排若不合时宜，便会透支法律权威，束缚实践。但是，过于原则、粗犷的立法可能因过多的空缺或留白而不能强力指引实践，甚至造成实践的困扰。基于上述对监察委员会派驻机构的研究和主张，笔者针对《监察法》“派驻”条款的完善和细化，提出以下建议：

---

① 至于“上级”，指全部由“上一级”批准，还是省级以下派驻皆由“省一级”批准、省一级派驻由“国家级”批准，抑或采取其他方案，有待进一步讨论。

(一)完善监察机关的组织规范

"地区""盟"等监察委员会不是一级监察机关的派出机关或派出机构,而是视作一级独立监察机关,应当纳入监察机关分级体系。《监察法》第7条第2款关于地方各级监察机关的分级设置,无法为这些监察委员会作为一级独立监察机关的法律地位提供充分的组织法依据。与此同时,《监察法》第9条关于地方各级监察机关产生办法的规定,并不符合它们产生、组成和任免的实际操作,必须尽快通过法律解释或全国人大常委会决定,或在时机成熟时修改法律等方式来加以完善:(1)第7条第2款应当增设"在省、自治区内按地区设立的监察委员会"作为第二级地方监察委员会。(2)第9条第1款应当增设"在省、自治区内按地区设立的监察委员会,由省、自治区人民代表大会常务委员会产生,负责本行政区域内的监察工作"。(3)第9条第2款应当增设"在省、自治区内按地区设立的监察委员会的主任、副主任、委员,由省、自治区的人民代表大会常务委员会任免",并考虑是否必须增设"在直辖市内设立的监察委员会"与同级司法机关实现程序衔接。如增设,参考上述组织和产生办法,第7条和第9条的有关规定一应修改。

(二)完善派驻机构的组织规范

监察机构并不是无条件、无程序的派出,要以我国人大制度为根本,服从宪法、监察法规定的监察组织体系,同时联系地方实际需要:(1)第12条第1款在"可以"之前,增设"根据工作需要,经某一级监察委员会批准"。所谓"某一级",可能是上一级监察机关,也可能是省级监察机关,具体要求及其表述有待进一步考量。(2)第12条第1款末尾,增设"其中,向行政区域派驻或者派出的,需要提请本级人民代表大会常务委员会批准"。

(三)通过法律解释明确派驻机构的授权形式

为了赋予各级监察委员会更多自主判断权,进而因时制宜、因地制宜,具体临时授权更加符合实际需要。建议通过出台法律解释,对差异化授权的依据、标准和限度等进行统一规定,同时明确监察派驻形式究竟是常态性派驻还是临时性派驻,是"一事一授权"还是"一次授与,终身享有"等问题。

总体来看,本节讨论的问题主要是监察委员会的组织法问题。相较于完善《监察法》来解决问题,或许制定《监察委员会组织法》是更加优化的方案。监察委员会派驻机构法律地位研究之后续问题是:监察委员会派驻机构作为一个监察主体,究竟有哪些“权”、哪些“名”、哪些“责”?这是监察委员会派驻制度的关键问题,急需依法细化。关于派驻机构与其派出主体之间的管辖程序衔接及其与司法执法机关之间的办案程序衔接,派驻机构(独立)调查活动的措施种类、限权程度和正当程序,能否限制公民人身权利、财产权利,能否采取留置措施,能否做出处置决定,能否制定普通监察规范性文件及其内容和效力,派驻机构在监察救济体系和监察赔偿机制中的层级地位等等,也都需要尽快通过法律解释或立法修改的方式,加以完善和细化。

第九章
人民监督员制度与公正司法

人民监督员制度创设之初衷在于消解社会对检察机关办理职务犯罪案件的疑虑，加强检察机关职权行使的民主性，防范检察权的滥用。而在我们国家，检察权属于司法权之范畴。于此层面而言，人民监督员制度对于司法公正的实现有着颇为重要的功能，亦即借由人民监督员的外部监督，促使检察权在公平正义的轨道上有序行使。此外，人民监督员制度的另一功能在于为人民群众参与司法权行使创设渠道，这一点与人民陪审员制度颇为相似。在国家监察体制改革之后，由于检察机关的职权发生较大变动，这对人民监督员制度也产生了较大影响。鉴于人民监督员制度作为具有中国特色的外部监督形式和人民民主方式，因此应当在大背景之下探求如何完善人民监督员制度。

■ 第一节 人民监督员制度的宪法定位[①]

人民监督员制度的性质定位是其合法性论证的深层需求，也是排除

---

① 本节系与周伟合作，其主要内容曾发表于《法学评论》2009 年第 3 期。本书收录时有修订。

制度设计困扰的必然要求。在宪法框架下，基于公民权利与国家权力的结构功能差异，可以将人民监督员制度定位为权利监督，即作为公民基本权利即批评与建议权的具体实现方式具有宪法依据。在此定位下，通过可操作的程序设置和国家义务的履行，人民监督员制度的刚性约束力不会减损，它将更注重公民的自愿参与性、民主性、程序性、外部性和有效性，其终极价值目标在于更广泛意义上保障人权。

一、为什么需要定位

人民监督员制度是检察机关自主创新的一项制度改革，是一项处于不断发展和变化中的新事务，人民监督员制度的性质定位对于深入人民监督员制度的理论研究尤其是合法性论证和推动其实践层面的进展具有重要的意义。一般而言，定位有两个意义：一是指用仪器对物体所在的位置进行测量，二是指经测量后确定的位置。① 由其一般意义可知，定位既用作动词表动态的过程，也用作名词表结果，同时也需要采用一定的方法和工具保证结果的精确性。引申入社会科学领域的定位通常是指在确定场域应用分析工具和精确的论证过程，把事物放在适当的地位并作出某种评价。性质定位则是找到反映事务本质属性的内在规定性，从而确定其在一定的场域中所具有的适当位置。因此定位往往就成为讨论问题的逻辑起点，不同的定位可能导致完全不同的结果。

（一）理论层面：合法性论证的深层需求

自 2003 年 9 月始至今，在实践过程中，人们对人民监督员制度的质疑与赞同之声总是相伴随。虽然可以通过各种统计数据和个案来论证人民监督员制度实施以来所取得的实效，从而证明人民监督员制度的合理性。然而制度的生命力首先在于其合法性的获得和保有，合理性仅能作为其合法性的辅助支撑。尤其是在法治社会，制度不是靠国家强制力为后盾就可以推行的，而是需要获得实践部门工作者、学者和民众都能

① 参见中国社会科学院语言研究所词典编辑室编：《现代汉语词典》，商务印书馆 2016 年版，第 255 页。

认同的合法性。现有的合法性论证由于没有全部基于人民监督员制度的性质定位，导致论证着力点分散，一定程度上仍然缺乏说服力，或者过于宏大叙事，或者过于局限于实际需要尤其是检察权行使的需要，加之没有正式的法律制度为其提供实证化的支撑，导致人民监督员制度的合法性论证依然不够充分，在实践中则导致对制度继续推行下去的信心不足而不认真对待或者是随意更改、变通其实施方式等情形。

人民监督员制度的性质定位是合法性论证过程中形成交流与沟通的平台的需要。在定位不清的情况下，“持有不同观念的论者之间的争论就好像是永不交手的隔岸叫喊，把讨论引向一种热闹而无实际内容的虚假繁荣”①。哈贝马斯对狭义的合法性曾有一种简明的解释，在他看来，合法性即意味着某种政治秩序被认可的价值以及事实上的被承认。为了获得认可和承认必须要有一个能够形成交流与沟通的平台，也只有通过真正意义上的交流和沟通才能够形成真正的共识。对人民监督员制度的性质定位则为这一讨论平台的搭建奠定了坚实的基础。研究者可以很清楚地明白其他研究者对人民监督员制度合法性论证的出发点，从而能够互相理解和进一步探讨，而不是武断地批评或者形式上是借助话语变换的新论证而实际上却是重复论证。同时，清晰的定位也可以使一般民众易于接受和理解，从而使人民监督员制度伴随其良性运行和发展获得认同。

人民监督员制度的性质定位是合法性论证的必备要素和逻辑起点。对人民监督员制度的性质定位承载着人民监督员制度设计的价值期待，决定着人民监督员制度的发展走向。只有首先明白人民监督员制度的内在规定性，才能开始其合法性论证。其内在规定性是合法性论证首先要检验的部分，只有其性质定位符合合法性的要求，其具体的制度设计也才具有获得和保有合法性的可能。同时，人民监督员制度性质定位本身也是其获得合法性的一个策略，不同的性质定位需要不同的证明路

---

① 邓正来、[英]亚历山大编:《国家与市民社会:一种社会理论的研究路径》，中央编译出版社 2002 年版，第 3 页。

径，在制度设计之时就可以选择易于获得认同和承认的性质定位，从而减少制度推行过程中说服的成本和阻力，因而，人民监督员制度的性质定位也是其合法性论证的逻辑起点。

（二）实践层面：排除制度设计困扰的必然要求

人民监督员制度自试点以来，取得了有目共睹的可喜成效，亦逐步走向成熟并期待能够形成正式的法律制度。然而实践中，它仍然存在诸多制度设计的困扰。第一，人民检察院在人民监督员制度中的角色。人民检察院作为制度的发起者、被监督者，监督程序的启动、引导与协助者，经费的保障者，某些地方还成为监督者的选任者，或多或少有着身份的混乱和不能理直气壮的尴尬。第二，人民监督员的选任机制。是采用下管一级模式还是同级监督模式来选任？各级人大能否介入人民监督员的选任，其是否会超越宪法和法律所赋予的权力范围？是注重民主性、参与性、代表性还是为了其监督结果的正确性而更注重其专业性、知识水平和能力？诸多问题，尚待理清。第三，人民监督员在监督的过程中能够享有多大的权利或者权力。为保障其在信息对称的情况下作出监督决定，人民监督员可不可以享有专属于检察机关的侦查调查权限直接面对犯罪嫌疑人，会不会由此造成了非职业的“检察官”的形成？为了保障其监督效力，是否应当赋予人民监督员对实体问题的决定权力？第四，人民监督员制度的法制化路径选择，如果不采用法律形式，是否会违反法律保留原则？等等。

这些困扰由多方面主客观原因造成，其中人民监督员制度性质定位不清，没有形成共识是造成制度设计困扰的重要因素之一。事实上，这些问题的解决都离不开对人民监督员制度清晰的性质定位，人民监督员制度的性质定位决定了其制度设计的价值和功能期待，同时也决定了制度设计的“度”及制度的运行规律。如：制度的法治要求，即是否需要法律的明确授权或者是法律的不禁止即可；制度的效力后盾，需要国家赋予什么程度的强制力保障或者是仅依赖其自身合法性赋予其的效力；制度的运行模式，是采用命令与服从的模式，还是采用沟通协商参与的模式；等等。

二、如何定位

人民监督员制度的性质定位的场域为我国的宪制框架，定位的核心为公民权利与国家权力，定位的依据在于公民权利与国家权利间的结构和功能差异。

（一）定位的核心：以对现有定位理论的评价为背景

人民监督员制度的性质定位一直是研究者们持续关注和反思的问题。人民监督员制度试点运行之初，即有研究者指出，现行的人民监督员制度是检察机关的内部监督，但是该制度又具有很强的外部监督的属性；人民监督员制度能起到明显的监督效果，关键在于该制度能以内部监督的形式融入检察机关的工作程序中；不应当将人民监督员制度改造成为检察机关的外部监督，而应当通过完善相关的制度，来保障人民监督员的外部属性。[①] 另有研究者从监督分类的角度将人民监督员制度定位为权力监督，外部监督和对人民检察院自侦案件进行的事后监督。[②] 还有研究者在论述了人民监督员制度的实施基础和特点，并将人民监督员制度与人大监督、人民陪审员制度、廉政监督员制度加以对比之后，把人民监督员制度定位为具有独立的法律地位的外部监督，是权利对权力的社会监督[③]，具有集社会监督、民主监督和外部监督“三位一体”的性

---

① 参见周海林：《论人民监督员制度的性质及其完善》，《福建公安高等专科学校学报》2004 年第 6 期。

② 参见黄河：《人民监督员制度的定位——从法律监督分类的角度》，《行政与法》2006 年第 4 期。

③ 参见周永年：《关于人民监督员制度法律定位的思考》，《法学》2006 年第 6 期。

质[1]。这一观点较有代表性,也较为全面。[2] 此外,也有研究者试图中和权利与权力两种观点之间的矛盾,希望能够兼顾人民监督员制度的民主性和实效性,将人民监督员制度定位为"从依法定程序形成的数据库中随机抽取的人民监督员,对检察院有关实体问题作出最终决定的法定类型的个案进行监督,凭借常识和经验独立作出最终决定,从而发挥民众参与和监督检察工作的一种司法民主制度"[3]。

任何试图对人民监督员制度进行定位的思考都是有价值并有极具启发意义的,因为我们需要一幅地图来指导自己在法律的领地上穿行。即使一幅地图从总体上看是不准确的,它也能提供一定的指导,因为在没有地图的情况下,人们无法规划或组织自己的旅程。[4] 从上述对人民监督员制度定位的观点来看,可以发现,各种观点提出的过程也是随着人民监督员制度实践展开而不断思考与反思的过程,具有时段性特点。这些观点主要分为三类:其一为权力说,其二为权利说,其三为折衷说。同时会伴有外部监督与内部监督、社会监督、民主监督、刚性或柔性监督、事前或事后监督等的判断。这些观点的定位思考常常不是以一种标准展开而具有综合性,比如权利和权力监督,外部与内部监督,事前与事后监督,采用各自的标准。不同的定位之间总会出现某种重合部分,比如,不管是权力说、权利说或者是折衷说,都可能会赞同外部监督。从逻

---

① 参见周永年主编:《人民监督员制度概论》,中国检察出版社 2008 年版,第 41 页。

② 如有研究者认为,人民监督员制度是在现行法治架构内有效实现公民监督权利的体制创新,人民监督员制度规定的是一种人民群众的监督(参见文盛唐:《公民权利监督检察权力的体制创新——再论人民监督员制度》;人民监督员制度理论研究课题组:《人民监督员制度的理论基础与立法问题研究(一)》,《方圆法治·人民监督员专刊》2006 年第 8 期)。有人认为,人民监督员的监督是公民的监督,属于社会监督的性质(参见丁海燕:《浅谈人民监督员制度及其完善》,《方圆法治·人民监督员专刊》2008 年第 2 期)。再如有研究者具体指出,人民监督员制度实质上是一种社会监督的请求权(参见徐汉明:《人民监督员制度概念与特征的经济学分析》,《方圆法治·人民监督员专刊》2005 年第 12 期)。

③ 龚珊:《人民监督员的定位》,《方圆法治·人民监督员专刊》2008 年第2 期。

④ [英]马丁·洛克林:《公法与政治理论》,郑戈译,商务印书馆 2002 年版,第 55 页。

辑上来讲，能够形成重合部分的定位描述一般不具有根本性和内在规定性，不能决定人民监督员制度的性质，只是一种对应不同的语境的外部描述性的定位，不能够成为定位的核心。此外，能够被其他定位所决定的定位描述或者也不能成为性质定位的核心，比如权利监督基于人民主权原则本源上必然具有民主监督的性质，不能对其他定位产生影响的定位描述也不能成为性质定位的核心，比如事前或事后监督。依照上述的三重排除标准，权力还是权利监督即成为人民监督员制度性质定位的核心。

在法学领域中，我们必须在宪制框架下对人民监督员制度加以性质定位。其原因在于，一般意义上权利与权力的划分对人民监督员性质定位的意义并不是很大。权力与权利是所有以人类社会为研究对象的社会学科最为重要和核心的范畴之一，有时两者并不能够截然分开，如《布莱克法律词典》中的"rights"便包含了"一个人的权力"这样的阐释。也有学者认为，权利在一定意义上也是一种权力，权力表征的是一种有效的约束力，而权利则融合了正当性和有效性的双重属性，被认为是正当的权力。① 在历史上很长一段时间，权利和义务一直是对应范畴，权力一直是被法学所忽视的。到17～18世纪资产阶级革命之后，尤其是近代宪治国家的出现，才为公法的发展奠定了基础，从而使得公民权利和国家权力成为法学核心范畴②，具有了对立的可供区别意义。这是因为奴隶制、封建国家不可能产生宪法，也不可能产生真正的法治，宪法的产生是近代法治确立的标志和条件，坚持宪法至上是依法治国，建设社会主义法治国家的关键。③ 我国建设社会主义法治国家的关键也在于依宪治国。因此，我们将人民监督员制度的性质定位的场域定位为我国的宪制

---

① 参见王莉君：《权力与权利的思辨》，中国法制出版社2005年版，第45～48页。

② 较早将权力放在比较重要的位置，且突破权利与义务架构，建构起权利与权力架构的是法权理论，法权理论所特别重视的权利和权力，其实际内容就是今天宪法学所特别看重的公民权利与国家权力。其代表性观点见童之伟：《法权与宪政》，山东人民出版社2001年版。

③ 参见秦前红：《依法治国和宪法至上论》，《现代法学》1996年第4期。

框架之下。

国家权力与公民权利是宪制框架下的核心范畴，人民监督员制度性质定位的核心在于确定人民监督员制度是国家权力还是公民权利甚至是基本权利性质的监督。其原因在于，权力制约是宪法亘古不变的核心本质，“宪法限制”即使不是宪法最重要的部分，也无疑是其最古老的原则。[①] 宪法中的公民权利则成为国家权力的界限，权利的保障就是执行宪法对国家权力的限制。因此，国家权力的限制与有效行使及公民权利的保障成为宪法制度安排的核心。从实证主义的立场来看，宪法作为一国法律秩序的基础规范[②]，具有最高的法律效力，决定着一国的法律秩序，成为所有希望获得合法性的制度设计不可规避的最高标准，因此，公民权利与国家权力也必然成为人民监督员制度性质定位的核心。

（二）定位的依据：基于公民权利与国家权力的结构功能差异

本书基于宪制框架下公民权利与国家权力结构与功能的区分，参照人民监督员制度在实践运行中达成共识的特点，将人民监督员制度定位为公民基本权利的具体行使方式。国家权力与公民权利的宪法理论建构是基于古典自由主义国家与个人二元对立结构的理论预设，现代社会伴随第三部门的兴起，第三部门理论克服了源自西方的国家与个人两极化对立模型，作为具有沟通与合作趋向的中间领域理论在我国更具亲和力，传统二元结构理论预设已经受到挑战。[③] 不过，即使是讲求国家权力

---

① ［美］C. H. 麦基文：《宪政古今》，翟小波译，贵州人民出版社 2004 年版，第 16 页。

② 参见［奥］凯尔森：《法与国家的一般理论》，沈宗灵译，中国大百科全书出版社 1996 年版，第 130～149、142～162 页。

③ 如第三部门所作行为性质如何，即第三部门对内的治理和对外的参与治理的行为是宪法中权力的性质还是权利的性质，以此定性为基础的第三部门的社会权力或者权利将会对传统的国家权力和公民权利的明确划分产生怎样的影响，这种影响是否具有足够的宪政价值从而改变或者突破现有的宪法学研究范式？第三部门规章在法律规范体系之内或之外，即是否可以凭借自治拥有自行“立法权”而游离于宪法所设定一国的法律体系之外，同时又具有法律的强制力？

主体与公民权利主体间以公共领域为媒介的合作沟通与协商的关系，也必然是以一定的对立与张力存在为前提，因此依然不足以动摇国家权力与公民权利制度范式在宪法中的地位。

公民权利与国家权力具有结构上的差异和共同之处。公民权利包含利益、主张、资格、权能、自由共五大要素①，是主体为了满足一定的利益需求，自主要求他人作为或不作为和主体自由作为或不作为的资格和能力。国家权力则是指政治上的强制力和职责范围内的支配力量。其一，就产生而言，公民权利在不同历史阶段曾被认为是上天赋予的，保障人性尊严或者是人的全面发展所必需的；而国家权力则被认为是自然状态的人们让渡自己的天赋权利通过社会契约所建立的，或者是统治阶级为了维护自身的统治所建立的。权利具有本源性和正当性，而国家权力则被视为必要的恶而存在，需要加以防范和制约。其二，就主体而言，公民权利的享有者除了国籍的条件或者实际享有权利的能力条件外，没有特别的限制，而由于国家权力的组织性，其享有者必须是依法设立的国家机关或者经法律法规授权的组织或个人，一般会有各种实体和形式上的限制性条件。其三，就内容而言，公民权利包括人身和自由权利、政治权利、社会权利等，一般可以将国家权力划分为立法权、行政权、司法权、军事权、元首权、检察权等。两者有着明显的区别。其四，就相对性而言，公民权利和国家权力都不是绝对的，都必须受到限制，而对公民权利限制的正当性只能来自于权利，如公共利益；对国家权力的限制则可以来自于国家权力内部的分工或者分立，更为根本性的限制则来自于外在于国家权力的公民基本权利。其五，就效果而言，公民权利和国家权利都可以产生一种支配力量，不同的是公民权利的支配力依赖于人民对权利的普遍承认，否则只能通过国家履行义务加以保障和救济，而国家权力自身便拥有使其对象服从的资源、力量和手段。其六，就规范形式而言，国家权力的享有必须由宪法、法律和具有法律效力的规范性文件的明确授予，或者是由有权机关基于明确的授权规范而授予，并遵循法律

① 参见夏勇：《人权概念起源》，中国政法大学出版社 2001 年版，第 46～48 页。

保留原则和法律优先原则。而法律没有明文禁止的即是权利。

公民权利和国家权力在功能上也存在区别。公民权利的功能体系包括:基于其消极身份所享有的对抗国家权力的防御性基本权利,它赋予公民一定的免受国家干预的自由空间与行为领域。基于其积极身份透过请求权,要求国家权力给予协助、照顾或促成所欲追求的利益;基于其国家"成员"地位主动身份的参与权或者影响权,借以主动参与公共事物,对现有的法律状态有所影响或改变;需要集体为之始能发挥作用的基本权,通常需要一定的组织或程序获得保护,由此亦拓展出基本权利的程序权功能面向。国家权力具有两项功能:第一项为保障公民权利;第二项为维护国家自身的存在。与公民权利一样,国家权力也具有利益的需求,但国家维护自身的存在并不是最终目的,其最终目的还在于保障统治阶级的利益及一定程度上被统治阶级的利益,即公民权利。国家权力维护国家存在的功能需要受到严格的限制,国家利益的获得仅限于足以保障国家能够履行保障公民权利的义务。由此可见,公民权利与国家权力功能的发挥都离不开两者间的关系,并以公民权利的实现为两者共同的终极价值追求。

我们将人民监督员制度定位为权利监督,原因在于:一方面,人民监督员制度具有公民权利的结构性要求。从性质上讲,人民监督员制度体现了国家权力体系之外的公民对作为国家权力的检察权的民主性监督,具有天然的民主正当性。从主体上讲,除了保障监督和判断能力的需要外,对权利的享有主体没有特别的限制性条件。从内容上讲,人民监督员行使的是一种知情、批评、建议的权利,属于政治权利的范畴。从效果上讲,权利行为也具有拘束力,尤其是宪法中公民基本权利对国家公权力存在拘束力已被公认。将人民监督员制度定位为权利会有损人民监督员的监督实效之观点是对权利效果的误解。从规范形式上讲,虽然一般认为"法无明文禁止即权利",但没有被宪法和法律明确保障的权利具有脆弱性。在某些情况下实际上是法律划定了权利的范围,法律可以限定权利,没有明确宪法和法律包括依据的权利往往最易于被国家权力侵害,并难以获得司法救济。因此,虽然权利的享有并不以法律甚至是宪法的规定为要件，但权利本身具有被宪法和法律加以保障的天然渴求。即便将人民监督员制度定位为权利监督，也需要尽量争取通过正式的法律制度将其固定下来。另一方面，人民监督员制度具有参与权或影响权及程序权的功能，通过批评、建议权的行使能够参与到检察权行使过程中，同时能够矫正检察权行使过程中出现的错误，并且只有通过组织和程序设计才能实现其功能。我们不能将人民监督员制度仅视为检察权摆脱质疑的自主性改革工具，以是否符合检察权的运行规律，是否对检察权的行使有好处来判断其存在的必要性，至少不能够作为唯一的判断标准。人民监督员制度作为权利监督具有自身独立的价值功能，作为国家权力的检察权最终还是为了保障公民权利。

三、作为公民基本权利具体行使方式的人民监督员制度

人民监督员制度具有权利监督的性质，并且是公民基本权利的具体行使方式。公民基本权利是个人所应该享有的较为重要的、具有根本意义的权利，最初是法治国家承认和认可的，并先于国家存在的“人权”的一部分。随着现代宪法的产生，后国家的权利如基于国家的产生才有的公民政治权利及社会权也被纳入基本权利的范畴。宪法文本中基本权利的规定，宣示了国家对实现这部分权利的实际承诺。我国现行《宪法》设专章，即“公民的基本权利和义务”，规定了我国公民所享有的基本权利，但对于公民基本权利的规定实际上并不局限于第二章之中，对一项公民基本权利的理解也不能仅限于一个条文，而是要结合总纲的相关规定以及关于国家机关义务的相关规定来加以理解。

具体而言，人民监督员对检察机关在自侦案件中自由裁量权的监督，属于公民行使批评和建议权的性质。公民的批评建议权通过以下宪法规范加以确认。首先，《宪法》第 2 条规定，中华人民共和国的一切权力属于人民。……人民依照法律规定，通过各种途径和形式，管理国家事务，管理经济和文化事业，管理社会事务。其次，《宪法》第 33 条规定，国家尊重和保障人权。再次，《宪法》第 41 条规定，中华人民共和国公民对于任何国家机关和国家工作人员，有提出批评和建议的权利；对于任何

国家机关和国家工作人员的违法失职行为，有向有关国家机关提出申诉、控告或者检举的权利……对于公民的申诉、控告或者检举，有关国家机关必须查清事实，负责处理。任何人不得压制和打击报复。最后，《宪法》第 27 条规定，一切国家机关和工作人员必须依靠人民的支持，经常保持同人民的密切联系，倾听人民的意见和建议，接受人民的监督，努力为人民服务。

宪法文本关于公民批评与建议权的上述条款之间存在张力。长期以来，我们抱有这样一种误解，即把成文宪法典当作一个逻辑上自足自洽的规范系统。事实上，由于宪法的本质“是一国统治阶级在建立民主制国家过程中各种政治力量对比关系的集中表现”①，自足自洽只是“虚构而已”②。笔者简要将所有上述规范划分为三个层次：第一层次，《宪法》文本第 2 条的规定是其他规定的逻辑基础，但其条文自身就存在张力。该条规定“一切权力属于人民”，但又规定人民“依照法律”管理国家事务。此处的“法律”，依据《宪法》文本第 5 条中“一切法律、行政法规和地方性法规都不得同宪法相抵触”的规定，再辅以宪法文本中多处的“宪法与法律”并列的规定，采用系统解释的方法可以确定其为狭义的法律，即全国人民代表大会及其常委会制定的法律，这就造成事实上是将人民管理国家事务的权利范围交给国家立法机关确定的后果。第二层次，《宪法》文本第 33 条可以作为宪法权利的概括性条款，但其中的“人权”话语显然可能造成与“公民基本权利”之间的张力，因为“人权”的话语表达有其不容回避的古典自由主义思想背景，其可能与渗透宪法文本的国家主义倾向并不协调，因而该项规定除了宣示性的意义外所能实际发挥的效力是有限的。第三层次，《宪法》文本第 41 条通常被称为是监督权条款，具体包括批评、建议、申诉、控告和检举几项权利。第 41 条也是一种参与国家管理的方式，但并没有依照法律行使的限制。第 27 条规定了国家机关倾听人民的意见和建议，接受人民监督的义务，与第 41 条的规定

---

① 周叶中主编：《宪法》，高等教育出版社、北京大学出版社 2001 年版，第 44 页。

② [德]卡尔·施米特：《宪法学说》，刘锋译，上海人民出版社 2005 年版，第 13 页。

可以形成一组对应的权利义务关系。

因此，可以将《宪法》文本第 41 条和第 27 条作为人民监督员制度的直接宪法依据，将人民监督员制度性质定位为公民行使批评建议权利的监督。第 41 条确定了公民的基本权利，第 27 条确定了国家的义务，使得第 41 条的公民基本权利具有刚性的拘束力。同时可以运用宪法解释的方法将宪法文本第 2 条和第 33 条作为其间接依据，第 2 条"依照法律"不应解释为对公民管理国家事务权利的限制，而是作为对于国家立法权的要求，即其有义务制定各项法律来保障公民管理国家事务权利的行使。对于第 33 条的"人权"表达，亦可作实证化的理解，作为整合不同基本权利和产生宪法中未列举权利的概括性条款使用。

我国宪法文本中批评建议权的规定，虽然有信访制度等具体实施途径，但一向处于批评较多而建议失语的状态，事实上并没有得到较好的实施。虽然宪法基本权利具有原则性的特点，一般需要通过法律制度的具体化才能够得到实施，但基本权利的实施途径并不仅限于通过部门法的具体化而加以实施，其一旦规定在宪法上便具有直接的规范效力。[①]但因为其实现需要彰显法律技术理性和司法理性，需要行动、方案和更精微的包括立法和司法技术[②]，所以实践中这一途径常常因为难以利用而被我们所忽视，加之我国宪法历来"强调政治机关的立法保障，一定程度上忽视司法对基本权利的救济"[③]，导致我国宪法基本权利基本上必须通过法律权利形式才能得到救济和保障。因此，检察机关主动推行的人民监督员制度作为公民基本权利具体实现方式具有宪法依据，同时也为宪法基本权利的直接实施打开了通道。可以乐观地预期，人民监督员制度的实践价值将不仅局限于对检察机关自侦案件中自由裁量权正确行使的监督和制约，它还将作为一种对国家公权力有着直接拘束力的制度安排形式，为其他宪法基本权利从法定权利转化为实有权利提供可借鉴

---

① 参见韩大元主编：《中国检察制度宪法基础研究》，中国检察出版社 2007 年版，第397 页。

② 参见郑贤君：《基本权利研究》，中国民主法制出版社 2007 年版，第 510 页。

③ 郑贤君：《基本权利研究》，中国民主法制出版社 2007 年版，第 524 页。

的制度选择。

四、余论

这里对人民监督员制度的性质定位更多是基于一种符合法治与宪法规律的应然考虑,而不是基于现有的人民监督员制度的实践的实然描述。社会现状与应然价值追求之间总是会存在一定的张力。而法律规范则必须在这两者之间寻求一定的平衡,将不违背应然价值追求同时又反映一定社会现状的制度设计和行为规则固化下来,依靠国家的强制力加以推行。正是基于应然层面、规范层面与实然层面的分离、磨合与张力,本书希望借助法治和宪法运行的规律,为人民监督员制度找到一个应然层面的性质定位,并依照这一应然层面的性质定位来检视实践层面人民监督员制度的运行,从而为人民监督员制度的完善和发展提供具有可行的建议,并最终形成规范层面的制度设计。

定位为权利监督的人民监督员制度,其发展趋势是将更注重公民的自愿参与性、民主性、程序性、外部性。需要特别说明的是,人民监督员制度被定位为权力监督的最重要考虑在于能够赋予人民监督员监督结果以刚性约束力,从而保障人民监督员监督的实效。事实上,一方面,人民监督制度作为公民基本权利的具体行使方式,并不会减损其监督实效。公民权利对应国家义务,其通过国家义务对国家产生拘束力。宪法规范赋予了公民监督权,同时也规定了国家接受监督的义务,人民监督员对检察权的权利监督必然要求检察机关履行接受监督的义务,但是人民监督员的监督结果只能具有程序性的拘束力,不能具有实体性的拘束力,其监督结果只能经由检察机关的接受而具有刚性拘束力。但这也并不意味着检察机关可随意决定是否接受其监督结果,通过检察机关内部的程序设计、民主机制、检察长的职业判断能力及上级检察机关的权力监督,相信可以最大限度地获得正确判断。另一方面,如果人民监督员的监督结果对检察机关具有刚性的约束力,这将导致人民监督员会干预检察权的独立行使。而且其自身也因分享了检察权而具有权力的性质,成为需要被监督的对象,如此势必会再次形成谁来监督监督者的困境和监督的循环。而且依据国家权力的结构特点，人民监督员如果行使国家权力必须符合国家权力主体的要求。他们事实上会成为不穿制服的"检察官"，这违背了制度设计的初衷。有研究者提出，可借鉴人民陪审员制度，赋予人民监督员监督结果的刚性约束力。但人民监督员制度不能够变成"人民陪检员制度"，人民陪审员制度对人民监督员制度的借鉴意义也有其有限性。原因在于，司法审判权与检察权之间存在区别，有着不同的运行规律。人民陪审员制度在我国建立之初便具有直接的宪法依据，有着深厚的基础和配套制度设计。而且自 2005 年 1 月 1 日起有了直接的法律依据，而人民监督员制度则完全是一项制度创新，过于激进的做法对现行的法律体系会形成较大的冲击。人民陪审员是与法官一起行使审判职权，通过合议的方式能够形成专业法律判断与常识判断的平衡点，且其实行范围也有明确的法律限定。而人民监督员则是独立于检察机关行使权利，人民监督员的监督结果并不具有必然的正确性，其价值在于作为一种批评和建议通过刚性的程序约束力，可以使检察机关对其加以思考而帮助检察机关得出正确的判断或者是纠正自身的错误。

■ 第二节 人民监督员制度与人民陪审员制度的关系[①]

人民陪审员制度与人民监督员制度具有相似之处，也具有差异。人民监督员制度发展完善在合法性论证、刚性约束力赋予、具体制度设计和立法路径选择方面多大程度上能够借鉴人民陪审员制度，根本上取决于两种制度性质定位及由此决定的两种制度的共性与差异，需要具体问题具体分析。

有研究者以人民陪审员制度为蓝本，对人民监督员制度的发展进行

---

① 本节系与宦吉娥合作，其主要内容曾发表于《国家检察官学院学报》2009 年第 2 期。收录时有修订。

了预设，重要观点如下：其一，以人民陪审员的制度设计评价人民监督员制度设计，并作为人民监督员制度合法性的论证方式。其二，借鉴人民陪审员制度中人民陪审员意见的刚性约束力，赋予人民监督员监督意见的刚性约束力。其三，借鉴人民陪审员的选任机制、权利享有内容、参与审判机制、人民法院对人民陪审员的管理模式和培训模式等具体制度设计，完善人民监督员制度。其四，借鉴人民陪审员制度经由全国人民代表大会常务委员会决定，最高人民法院制定具体实施办法并在诉讼法中加以规定的法制化路径将人民监督员制度法制化。[①] 事实上，人民陪审员制度对人民监督员制度之可借鉴性，根本上取决于两种制度性质定位的区别及由此决定的两种制度的共性与差异。

一、人民监督员制度从人民陪审员制度寻求合法性依据观点之评析

两种制度产生过程的差异性决定，既不能以与人民陪审员制度的相似性作为论证人民监督员制度的合法性的依据，也不能比照人民陪审员制度合法性论证方法来加以论证。陪审制度在西方已有上千年的历史，有陪审制与参审制两种模式，我国最早付诸实践是在 1930 年。[②] 中华人民共和国成立后，人民陪审员制度继续沿用，虽历经曲折，但 2004 年 8 月全国人大常委会通过了《关于完善人民陪审员制度的决定》使得存废之争尘埃落定。实施人民陪审制度的传统和法制成为人民陪审员制度的合法性的重要依据。而人民监督员制度则是检察机关的自主制度创新，从历史传统之中并不能找到如人民陪审员制度一样的坚实依据，且由于其依据检察机关内部规范性文件设立，没有如《完善人民陪审员制度的决定》、三大诉讼法中的相关条文等具有法律效力的规范性文件的直接依据，所以必须寻找新的合法性论证方式。而且人民陪审员制度自身也存在与人民监督员制度相似的尚未解决的问题，人民监督员制度还存在

① 参见周永年：《人民监督员制度概论》，中国检察出版社 2008 年版，第 362～365 页。

② 参见刘德兴：《人民陪审制度：历史、现状及其完善》，《四川师范大学学报》(社会科学版)2008 年第 2 期。

人民陪审员制度所没有的新问题，因此不能以人民陪审员制度设计来评价人民监督员制度。人民监督员制度的合法性更多从法理层面和现实需要的层面获得，可以从其法理基础、人民监督员制度的功能、人民监督员制度在宪制框架下的生存空间等方面进行论证。

二、刚性约束力借鉴观点之评析

依据最高人民检察院的规范性文件，人民监督员制度中人民监督员的评议结果和建议对检察机关而言并没有实体上的刚性约束力，其效力取决于检察长和检察委员会是否采纳。监督结果实体刚性约束力的缺失使其监督效力大打折扣①，已成为对该制度质疑的一个重要内容。有研究者指出，有必要借鉴人民陪审员制度，赋予人民监督员监督结果的刚性约束力②，具体的方案如将检察机关不接受人民监督员监督决定时，“可以”启动上级检察院的复核程序改为“应该”启动复核程序，甚至有学者要求将人民监督员制度从权利监督转变为权力监督。此类观点的合理性程度需要通过两种制度的比较方法加以评析。

从性质定位上讲，两种制度都具有权利性质，且在某种意义上也是一种社会权力，其能够直接分享一部分国家权力，需要如权利一样拒绝国家公权力的侵犯，同时也需要对其加以规制，并且严格限定其所分享的国家权力的范围。所不同的是两者属不同权利层面，对国家公权力的分享程度并不相同。人民监督员制度是对具有民主正当性权力的第二次防御，人民陪审员制度则是直接民主的体现形式。人民陪审员所行使的是直接依据人民主权原则所产生的民众参与国家管理的权利，是宪法中参加管理国家事务权利的具体实现方式，注重民主方式的直接参与管理。人民监督员制度则是监督权中批评建议权的行使方式，侧重采用民主方式的权力监督。尽管人民监督员制度也具有参与的功能和意义，人民陪审员制度也具有权力监督的作用，但两者的侧重点不同。这是由司

---

① 参见徐国平：《人民监督员制度的三个完善》，《检察实践》2004 年第 4 期。

② 参见龚珊：《人民监督员的定位》，《方圆法治·人民监督员专刊》2008 年第 2 期。

法审判权与检察权自身的差异决定的。

从制度作用对象上讲，司法审判权与检察权有各自的运行规律。法院所行使的核心权力是居中裁判权，人民陪审员所能够参与的是采用合议方式的审判程序，合议庭为人民陪审员提供了自主发表意见、沟通协商的制度环境，人民陪审员的参与不会影响审判程序的正常进行，且能够在讨论沟通又独立判断的基础上形成法律工作者的法律思维与普通民众的常识判断、专业知识和公众情感之间的平衡点。而人民监督员目前只针对检察机关的自侦案件行使监督权，检察机关侦查权行政化的运行规律和检察长负责制下，自侦程序已成为各尽其职、各负其责、环环相扣的封闭系统，不太可能为人民监督员提供直接参与的环境，否则必然打乱侦查程序的正常运行。尤其是当人民监督员意见与检察机关不一致时，必然会出现是服从本级或上级检察长或检察委员会的意见，还是听从人民监督员的意见的冲突，这将极大影响检察权的独立高效行使。

将检察机关不接受人民监督员监督决定时，“可以”启动上级检察院的复核程序改为“应该”启动复核程序的观点，实际上是剥夺了人民监督员的选择权利，且与下文规定具有重复性。《最高人民检察院关于实行人民监督员制度的规定(试行)》中第 26 条就文本意义而言明确具有三层含义：一是只能是参加监督的多数人民监督员有异议才可提起，这一规定用民主机制保证决定的最大限度正确。二是人民监督员“可以”提起异议，赋予了人民监督员的选择权利。如果改为“应该”，则成为一项义务，剥夺了其选择的权利。三是上一级检察院“应当”及时复核并反馈结果。参照《刑事诉讼法》第 70 条关于公安机关对人民检察院不批准逮捕决定的复议和提请复核权的规定①，可认为规定第 26 条已完整赋予人民监督员监督结论对检察机关程序上的约束力。需要完善的地方在于明确限定其复核的期限和反馈结果的形式和程序。

---

① 第 70 条，对公安机关提起复议、复核都采用“可以”，对检察机关复核采用“应当”，恰与第 26 条的表达方式一样。鉴于检察机关与公安机关作为国家权力行使机关，两者具有分工合作和相互制约的关系，所以认为第 26 条也具有赋予监督决定刚性约束力的意义。

将人民监督员制度变为权力监督或者是赋予监督结果实体上的拘束力的观点则不具可行性。检察权运行特点决定人民监督员只能是外在于检察机关对其权力的行使进行监督，通过程序设计使其成为一种检察机关必须加以慎重考虑的批评和建议，设置不接受和配合监督的制裁性措施即可。推进这一制度必须尊重宪法确立的检察权独立原则，避免强调把人民监督员制度改造为具有权力监督性质的刚性监督的种种提法，将批评建议权异化为凌驾于检察权之上的决定性权力。①

需要考虑的问题是，参加监督的多数人民监督员对于上一级检察机关的复核结果依然不同意时如何处理。这一问题根本上是民主原则与宪治原则之间的张力的表现，具体在刑事诉讼法领域便表现为《中华人民共和国刑事诉讼法》第6条群众路线与以法律为准绳及第7条准确有效执行法律义务之间的张力。现代社会，民主参与和尊重少数人的意见已成为民主的应有之意，而实质法治则对形式法治有了超越。社会主义依宪治国与西方宪政的区别在于从一开始便注重实质宪治的实现。② 由于现代国家必须以代议制的方式践行人民主权原则，使得主权的享有者与行使者之间出现了分离，法律所代表的民意可能会与现实生活中个别人的意见分歧，且由于法律的固有缺陷使得在某些情况之下，对法律的理解会产生分歧，对法律规定本身也会产生异议。人民监督员对检察机关有异议的监督意见可能是出于对法律的不同理解，也可能是合“情”而不合法律。需要有一个甄别机制，对法律的不同理解可以通过寻求权威的解释来解决。而对“情”与法之争，则不能为了所谓的社会效果牺牲宪法和法律的权威，应当严格依照法律办理，再寻求政治途径通过修改法律和宪法吸纳民意来解决问题。

三、具体制度借鉴观点之评析

人民陪审员的选任机制、权利和义务、管理机制、参与审判机制和保

---

① 参见韩大元:《中国检察制度宪法基础研究》,中国检察出版社2007年版,第424页。

② 参见秦前红、叶海波:《社会主义宪政研究》,山东人民出版社2008年版,第42～77页。

障机制都有了较为明确的规范依据，并在实践中积累了丰富经验，为人民监督员制度的具体制度设计提供了颇有价值的参考。

（一）关于选任机制

人民监督员的选任机制是实践中争议较大的问题，现主要有两种代表性的模式：一为同级人大常委会任命模式，比较规范的如武汉市汉阳区人大常委会会议通过的《武汉市汉阳区人民监督员工作实施办法（试行）》《武汉市汉阳区人民监督员任免工作细则（试行）》规定了公告、推荐、登记、审查、确定候选人、公示、任命程序，其特色在于成立人民监督员选任工作小组负责程序的展开，最终由区人民代表大会常务委员会召开会议，正式任命人民监督员，并颁发任命书。二为检察机关同意模式，比较典型如《上海市检察机关人民监督员选任办法（试行）》中规定，由市人民检察院和分院确定拟选人民监督员名额，由机关、团体、企事业单位和基层组织推荐并经本人同意，产生建议人选，本院检察长同意后，确定正式人选，由市人民检察院颁发人民监督员证书和人民监督员证。

两种模式中人民监督员建议人选的产生都采用了推荐的方式，但同级人大任命模式则能够更好地保障人民监督员独立于检察机关。其吸收了人民陪审员制度由人民法院与司法行政部门协商确定人选，由人大常委会决定的做法，同时在协商过程中还加入了人大常委会的内部机构，强化了人大在人民监督员选任事项上的权力，并且明确了具可操作性的程序，较检察机关同意模式更具中立性和包容性。然而，这一选任方式也受到质疑：其一，是否会超越人大常委会的权限？其二，是否会使人民监督员成为人大个案监督的工具？我们认为这两点质疑都不成立。依据《中华人民共和国地方各级人民代表大会和地方各级人民政府组织法》第44第1款规定，县级以上的地方各级人民代表大会常务委员会有在本行政区域内，保证宪法、法律、行政法规和上级人民代表大会及其常务委员会决议的遵守和执行的职权。人民监督员制度是宪法中批评建议权的具体实现方式，人大常委会选任人民监督员则是履行保证宪法和法律遵守和执行的职权。人民监督员虽然是由同级人大常委会任命，但其产生之后便独立于人大常委会依据其自身的独立判断行使监督权，同人大常委会之间并没有领导和附属的关系。

可借鉴人民陪审员制度由基层院选举人民监督员，并形成省级区域内的统一的人民监督员名单，基层院以外的人民检察院不再另行选任人民监督员，如需要人民监督员监督可以依据保障独立监督原则、异地监督原则、实际需要原则从适合的人民监督员名单中随机抽取人民监督员。

（二）关于管理机制

人民陪审员由基层人民法院和同级司法行政部门共同集中统一管理。一些地方借鉴人民法院管理人民陪审员的做法，采取人民监督员由检察机关集中统一管理方式，这一借鉴有待商榷。一方面，两者工作机理不同。人民陪审员通过分享审判权来制约法官的权力滥用，不能脱离审判权单独存在。人民监督员则外在于检察机关，通过对检察机关办案情况的了解，依据自己的判断提出监督意见。另一方面，人民监督员与人民陪审员行使权利的身份不同。人民陪审员成为合议庭的成员时成为实质意义上的法官；人民监督员行使监督权利时是社会普通公民的身份。因此，人民陪审员应遵循法官职业道德，并承担法官应承担的责任。人民法院必须实行集中统一管理，建立培训、考核、奖惩、错案追究等配套制度来减少或避免其履职风险的发生。而人民监督员则需要保持其民众本色，独立于检察机关，由检察机关管理人民监督员只能是人民监督员制度试行过程中的权宜之计，最终需要取消检察机关能够影响到人民监督员权利行使的实质性管理职能，如任免、奖惩、考核等。

与之相应的是人民监督员办公室设立问题，有研究者提出将人民监督员办公室设在各地人大常委会，成为人大常委会的一个工作部门，人民监督员的推荐、选任都由人大常委会来完成。① 将原设于人民检察院的人民监督员办公室更名为“人民监督员联络办公室”。实践中也有地方试行由人大常委会相关工作委员会来进行管理，这一做法有待商榷。一方面，实践中很多检察院都设立了人民监督员办公室，作为人民监督

---

① 参见刘杰：《我国警察权的宪法控制》，《北京人民警察学院学报》2005 年第 4 期。

员行使权利的协调、服务机构，具有专业知识，熟悉办案流程，且由于其内在于检察机关更能掌握检察机关办案的信息，对于人民监督员监督权利的行使具有重要的作用，具有不可比拟的优势。而且其在实际操作中形成了一整套相对成熟的操作规程①，极大提高了监督效率。如果贸然将其撤销，再重新设立或者再另行组建一套机构，必然形成制度资源的浪费，影响人民监督员制度的运行。另一方面，将人民监督员办公室设在各地人大常委会，成为人大常委会的一个工作部门，在人民监督员由人大常委会任命的情形下，极易模糊人民监督员权利监督和社会监督的定位，成为人大权力监督的一部分，从而使人民监督员制度失去了作为一项新制度存在的必要性。

在现有制度资源基础上，应当进一步强化内设于检察机关的人民监督员办公室的沟通、服务职能和形式“管理”的职能，即保存人民监督员名单、对监督案件案卷存档、人民监督员参与监督等活动加以记录、统计等不影响人民监督员行使权利的服务性管理职能。强化人民监督员个体的独立性，采用“松散式”的管理方式，即制定有关人民监督员履职办法，以人民监督员会议方式，进行自我管理。人民监督员培训则可以借鉴人民陪审员制度的做法，由检察机关或与司法行政机关单独或共同培训为宜。

（三）关于调查取证权利

人民监督员获取信息的渠道来自检察机关办案人员的介绍和对人民监督员提问的回答、群众的反应、旁听机制和听取相关人员的陈述，这些途径获取的信息与检察机关在自侦案件中通过侦查权行使获取的信息具有不对称性。而且由于侦查期限的限制、需要检察长批准、相关制度如监所纪律的限制等方面的原因，人民监督员旁听讯问，听取有关人员的陈述、本案律师的意见，在实际操作中存在诸多困难，从而导致信息

---

① 比如，湖北省人民检察院制定了《湖北省检察机关人民监督员办公室工作规范（试行）》，对人民监督员办公室工作质量标准、工作规程等都作出了具有可操作性的详细规定。

不对称与作出正确和有价值的监督意见的权利之间的矛盾。为此,各地检察机关在分析现有制度中人民监督员知情权保障存在问题的同时,也在努力探索如何保障人民监督员的知情权。实践中除了构建定期通报机制、监督权利告知机制、人民监督员与检察官联系机制、强化和规范监督过程中案件承办人介绍和回答问题的程序和扩宽信息渠道等方面的努力外,可否借鉴人民陪审员制度中人民陪审员享有调查权也成为实践和理论中存在较多争议的问题。

笔者认为,人民监督员不应享有调查权。人民监督员享有调查权,事实上分享了实质意义上的检察权,不仅会突破刑事诉讼法及其规则关于立案、侦查、逮捕、起诉环节的检察权与诉讼参与人的权利规定,在现行的法律框架下,其合法性、正当性、证据效力必然受到质疑。而且人民监督员享有调查权的效果自然无法与专业的检察机关行使检察权的效果相比拟,无法保证其就能够得出更为正确的结论,反而还增添了新的问题,即由于其对实质检察权的分享使人民监督员丧失其原本超脱的地位,且由于权力的恶性,会产生谁来监督"人民监督员"的监督循环困境。

对此,我们可以从人民陪审员制度设计中所面临的问题得到启示。人民陪审员制度也一度被赋予过多价值期待,把司法领域目前存在的,导致司法不公、司法腐败的一些主要问题的解决,都寄希望于这次人民陪审制度的完善[①],反而消解了它本来应有的价值。人民监督员制度本身是通过民众参与,对检察权加以监督,以普通民众的生活常识、情感认知和专业知识来帮助检察机关发现错误、纠正错误和更好地行使检察权,如果将本应由检察机关承担的追究犯罪、保障人权的职责也加诸人民监督员身上,要求其作出专业、正确、公正的法律判断,作为代价必然要赋予其检察机关所享有的各项权力,事实上又变相地再塑造不穿制服的"检察官"。事实上,我们可以通过其他制度如律师制度对检察机关加以制约,不必对人民监督员制度过于苛求和赋予过多的价值期待。相比赋予其新的权力,将现有制度加以完善并规定检察机关不履行接受和配

---

① 参见刘治斌:《人民陪审员制度不能承受之重》,《中国社会导刊》2005 年第 14 期。

合监督义务、不履行介绍义务等方面的相应制裁性机制才更为重要。

四、借鉴人民陪审员制度法制化路径的观点之评析

虽然权利的享有并不以法律甚至是宪法的规定为要件，但权利本身具有被宪法和法律加以保障的天然渴求。即便将人民监督员制度定位为权利监督，也需要尽量争取通过正式的法律制度将其固定下来。人民监督员制度的法制化已成为实践部门和理论研究者们的共识和迫切需要解决的问题，但需采用何种路径还存在争议。有研究者提出，人民陪审员制度法制化的过程具有立法路径示范作用，可参照人民陪审员制度，采用中央层级的法律修改和立法，再制定具体的司法解释或实施细则的法制化路径。

笔者认为，这一方案是目前最为合适的途径。全国人大常委会对需要法律加以规范，同时不成熟或者又不具有单独制定法律条件或法律解释的事项采用决定的方式作出，已形成制度法制化的路径依赖。这种方式较正式的法律颁布而言具有灵活性，且由于其不需要严格依照法律规范的形式要件，较正式法律文本的制定而言阻力更小、成本较低。人民监督员制度较人民陪审员制度而言，其合法性还存在颇多争议，且其成熟性不够，采用决定的形式是较为可行的，待制度成熟完善之后再制定单行法律。

实践中地方各级人大关于人民监督员制度已有的规范性文件效力问题还需慎重对待。由于人民监督员所享有的是监督权利，同时又作为一种社会权力会对国家权力产生一定程度内的分享，涉及国家的诉讼制度。依据《中华人民共和国立法法》的规定，诉讼制度实行法律保留，只能由法律加以规定。然而实践中，基本上各个层级的地方人大都有出台关于人民监督员制度的规范性文件情形，其中也不乏享有地方法性法规制定权层级的人大。这些规范性文件对于人民监督员制度的推行和规范化具有重要的积极作用，但同时也存在各地规范性文件不统一甚至有较大差异的情形，以致实际上导致了刑事诉讼过程中不同地域犯罪嫌疑人被不同对待、受到不同程度保障的问题。

《立法法》中关于诉讼制度法律保留的规定有待商榷。一方面,其与我国宪法体制存在一定程度上的张力,我国人民法院、人民检察院由同级人大产生,对同级人大负责,受同级人大监督。人大对同级法院和人民检察院的重要事项应当享有决定权,相应应当享有规范性文件的制定权。另一方面,其与我国司法体制改革的实践相背离。地方各级人大在司法体制改革的过程中扮演了较为积极的角色,在制度尚未成熟但又必须加以规范的阶段,全国人大及其常委会不可能制定全国范围内统一的法律规范,地方各级人大的实验性立法或者制定规范性文件的探索活动不仅能够使各项改革措施有规则可依,而且能够为中央立法积累宝贵经验。因此,不宜一概否定其在诉讼制度方面制定不违反宪法和法律精神的规范性文件的权力,同时地方各级人大也应当提高规范制定技术。但在《立法法》尚未修改的情形下,地方各级人大制定的规范性文件只能作为中央立法的经验积累,不宜提倡,应尽快出台中央层面的统一规定,地方各级人大再依据中央层面的法律规范对原有规范性文件加以修改或重新制定。

第三节 监察体制改革与人民监督员制度的调适

在国家监察体制改革试点及全面推开后,一个重要问题随之产生,即人民监督员制度该向何处去?依据司法部会同最高人民检察院制定的《人民监督员选任管理办法》,以及最高人民检察院制定的《关于人民监督员监督工作的规定》,人民监督员制度适用范围是检察机关办理直接受理立案侦查案件工作中存在的 11 种情形。随着各级监察委员会的设立,检察机关职务犯罪侦查、预防职能全部转隶、整合至监察委员会。那么,在此情境下,以对检察权运行进行外部监督为初衷,并且主要监督检察机关办理职务犯罪案件的人民监督员制度就面临着存与废、调适与改革等重大问题。

一、人民监督员制度调适的三种方案

人民监督员制度是人民群众有序参与司法渠道、健全和完善检察权依法独立行使的外部监督制约机制。党的十八届三中、四中全会强调加强人民监督员制度建设，明确其监督重点为检察机关办理职务犯罪的全过程。依据司法部会同最高人民检察院出台的《人民监督员选任管理办法》以及最高人民检察院出台的《关于人民监督员监督工作的规定》两个文件，我们能够清楚地看到人民监督员制度适用范围是检察机关办理直接受理立案侦查案件工作中存在的11种情形。随着国家监察委员会的设立，及其对检察机关反腐败特别是反贪机构和职务犯罪预防机构的职能的整合，以形成对检察权运行外部监督为初衷，且主要监督检察机关办理职务犯罪的人民监督员制度必然需要调试和改革。目前来看，有三种方式可以采取且各具优劣。

第一种方案是将检察机关中的人民监督员制度并入国家监察委员会，并维持现有人民监督员制度的监督范围。这种方式意味着，将检察机关原先负责人民监督员工作的机构和人员一并划入国家监察委员会，维持人民监督员制度的监督范围，即针对办理职务犯罪，只是将人民监督员制度实践中涉及检察机关的部分全部调整为国家监察委员会办理职务犯罪的相关部门。而其他诸如人民监督员制度的启动、人民监督员制度的适用范围以及人民监督员评议复议制度皆可遵循既有的人民监督员制度规定，由最高国家监察委员会通过制定相关规范性文件或者通过制定《国家监察法》进行确定。这种方式的优点在于尊重了人民监督员制度既有的实践经验，现实容易操作，避免制度变革带来的不确定性，且有机会借助国家监察委员会立法契机将人民监督员制度通过立法加以确定。

第二种方案是将检察机关中的人民监督员制度并入国家监察委员会中，将其监督范围扩大到国家监察委员会的所有监督行为。不同于第一种方式，这种方法在将检察机关原先负责人民监督员工作的机构和人员一并划入国家监察委员会的同时，扩大了人民监督员制度的监督范围，即不仅针对国家监察委员会办理职务犯罪的行为进行监督，而且扩展到对国家监察委员会所有监督行为进行监督。国家监察委员会的设立整合了反腐资源，提高了反腐效率。与此同时，我们也应当看到，监督职能如此集中的一个机构，在其职能形成和扩张过程中，自身也应当受到必要的监督和制约。除了来自纪委的内部监督外，人大及社会公众的外部监督同样不可或缺。这种方式丰富了新形势下人民监督制度的内涵，有利于通过社会公众监督而对国家监察委员会形成必要的权力制约。缺点在于人民监督员制度将面临职能调整和重新设计，由此也会产生较大不确定性。

第三种方案是维持检察机关人民监督员制度不变，将其监督范围调整为检察机关除职务犯罪外的其他法律监督活动。这种方式意味着检察机关中原先负责人民监督员工作的机构和人员均保持不变，而将人民监督员制度的监督范围调整为检察机关除办理职务犯罪外的其他法律监督活动。这种方式适应了国家监察委员会对检察机关反贪、反渎职能的整合，同时也尊重了目前人民监督员制度的实践经验。缺点在于与人民监督设计初衷相违背，即针对检察机关查办职务犯罪案件过程中容易出现的问题、外部监督环节相对薄弱的环节而设立。此外，人民监督员制度在实践中的成熟度以及人民监督员自身履职能力是否能够支持其全面进入刑事诉讼活动是值得论证和思考的。

二、实现监察体制改革与人民监督员制度的衔接

人民监督员制度创设之初衷在于消解社会对检察机关办理职务犯罪案件的疑虑，加强检察机关职权行使的民主性，防范检察权的滥用。该制度于 2003 年正式启动试点工作，目前已在全国检察机关全面推行。然而，随着国家监察体制改革的不断推进，有关“人民监督员制度向何处去”的疑问亦随之产生。

根据全国人大常委会通过的国家监察体制改革试点工作决定，检察机关查处贪污贿赂、失职渎职以及预防职务犯罪等相关职能整合至监察委员会。而人民监督员制度所欲施以监督的对象，即为上述已经或者即

将整合至监察委员会的人员及机构。如此一来,人民监督员制度何去何从的问题无疑值得我们认真对待。

笔者认为,人民监督员制度作为颇具中国特色的外部监督形式和人民民主方式,当然应当予以保留,党的十八届四中全会亦明确提出完善人民监督员制度。同时,人民监督员制度也应当顺应改革的大趋势,尤其是要实现其与国家监察体制改革的衔接协调。

具体而言,随着检察机关反贪等部门转隶至监察委员会,假若不对人民监督员制度作任何改革,人民监督员的监督范围将极大限缩甚至不复存在,虽然检察机关可能会保留部分自办案件的侦查权。此即所谓的"皮之不存,毛将焉附"。不过,基于人民监督员制度的创设初衷,亦即在检察行为的自体监督之外引入外部监督,我们恰可在做适当改良之后,将此制度引入监察体制改革当中,并将其与当前纪委的特邀监督员制度、检察院的行风监督等实现有效整合。

随着国家监察体制改革的推进,国家的宪制架构将面临重大的调整。人民监督员作为中国司法领域已经试行多年的一项重要制度创新,已经正式写入中共中央全会决议,并已写入新的检察院组织法修改草案中,拟将固化上升为正式的法律制度安排。为了符合党的十八届四中全会提出的关于"完善人民监督员制度"的战略要求,人民监督员制度应在理清监督范围,完善监督程序,补强人民监督员的配套保障措施,提升人民监督员选任的民主程序方面作出更大的努力。尤其是要探索在人民检察院与司法行政机关之间有关人民监督员管理服务制度的职权分工和程序衔接问题。

此外,实现人民监督员制度改革与监察体制改革的衔接,绝非意味着人民监督员制度自此与检察机关"一刀两断"。一是因为检察机关仍有可能保留有部分自办案件的侦查权。二是因为纳入人民监督员监督范围的部分事项其实并非皆由监察委员会行使。例如,中央深化改革领导小组审议通过的《深化人民监督员制度改革方案》即将"拟不起诉的"纳入人民监督员的监督范围之中。三是因为人民监督员制度的功能并不完全限于"外部监督"。例如,党的十八届三中全会即将其与人民陪审员制度一并视为“人民群众有序参与司法的渠道”。故此，在人民监督员制度改革的过程中，亦需综合考虑和认识人民监督员制度的功能以及与之相关的各类制度间的关联。

至于改良后的人民监督员制度的样态，笔者认为至少有以下几层意味：一是人民监督员的监督范围将以监察委员会的监察行为为主，并要顾及检察机关的部分行为；二是人民监督员的选任与管理仍然以司法行政机关为主，以此维护人民监督员的中立地位；三是鉴于监察委员会的权威，更有必要完善人民监督员知情权保障机制；四是待改革经验成熟之后，推进人民监督员制度立法。

第十章
宪法实施与公正司法

实施宪法，并使宪法具有权威，在当下已经成为中国社会的共识。我们《宪法》序言载明：全国各族人民、一切国家机关和武装力量、各政党和各社会团体、各企业事业组织，都必须以宪法为根本的活动准则，并且负有维护宪法尊严、保证宪法实施的职责。人民法院作为我们国家的审判机关，其在推动宪法实施中同样扮演着颇为重要的角色。[①] 虽然宪法的司法适用未必能契合我国现有的宪制安排，但人民法院在宪法监督制度中的作用不应被忽视。

■ 第一节 对“宪法司法化第一案”的法理评析

最高人民法院于 2001 年 7 月 24 日公布、8 月 13 日开始实施的《最高人民法院关于以侵犯姓名权的手段侵犯宪法保护的公民受教育的基

---

① 参见梅贤明：《全面推动宪法实施，人民法院如何作为》，《人民法院报》2018 年 5 月20 日。

本权利是否应承担民事责任的批复》(以下简称《批复》)[①],一下子在中国法律界引发了对宪法司法适用问题的热烈讨论和深度关注,此案被认为是“宪法司法化第一案”。诸种媒体不论是法律专业性的抑或是面对社会大众的,都几无例外把《批复》针对的个案本身及相关的法律问题作为一个极富重要社会效应的问题来体认和看待,真可谓是“忽如一夜春风来,千树万树梨花开”,但《批复》本身及以《批复》为依据而作出的民事判决在实体内容和程序方面是否存在缺憾?司法解释在整个司法体制中如何恰当定位?司法解释的边界是什么?对相同法律问题的前后不一的司法解释其适用顺序如何?对没有在部门法中具体化的宪法基本权利是否一律都要寻求司法的最终救济?法院能否直接援引宪法条款对纯属公民私域的民事争议作出裁断?等等。这些问题都需要进一步厘清和探讨。

宪法是公法的提法有历史的合理性和现实的积极意义,但是以宪法的司法适用为借口,让宪法全面介入纯属公民私域的民事争议,隐含着巨大的社会风险。

一、解决宪法适用问题应重视目的价值和操作手段的统一

宪法应否具有法律的属性,宪法最高法律效力如何体现?宪法是否具备司法上的适用性,这些问题尽管学界尚存有歧见,但一般法律不能取代宪法,部门法的司法适用不能取代宪法的司法适用,宪法最高法律效力需要通过司法效力来体现,这些观点日益成为法学者尤其是宪法学者的主流认识。因为“法院是法律帝国的首都,法官是帝国的王侯”[②]。

---

① 该《批复》的重要参与者、时任最高人民法院民庭庭长的黄松有称其为中国“宪法司法化第一案”,此说法一出,即为法律界诸多人士及众多媒体所沿用而成为流行话语。但是,作者同意童之伟教授的看法,应以“宪法的司法适用”提法更为准确,因为那个“化”字在汉语中的原初意义是“完全彻底”,含有强烈的结果取向意蕴,依此推论,宪法司法化似乎就是指宪法适用只有司法适用一途,这种说法是有悖于我国宪法体制的。

② [美]德沃金:《法律帝国》,李常青译,中国大百科全书出版社 1996 年版,第 361 页。

所谓宪法不过是法官奉为宪法的法律，如果宪法不具司法适用性，那么宪法的法律属性将大打折扣，其权威性也将大大降低。

宪法适用的价值在于通过提高其适用性来缓解因社会变迁带来的宪法规范和社会现实之间的张力，弘扬宪法的权威和尊严，实现宪治的人文主义理念。但这些价值目标却必须依靠正当的法律操作程序和合理的操作手段来实现。否则，为了目标的正义而牺牲手段的正义，用非法治的手段来力求实现法治的目的，那无疑是饮鸩止渴，即便能得逞于一时，也终究会妨碍法治国战略目标的实现。① 从诉讼程序和实体判决而言，最高人民法院的批复和山东省高级人民法院的判决存在以下几点明显的缺憾。

第一，齐玉苓一案关涉四个被告，其中陈晓琪及其父亲陈克政的侵权行为性质属于民事侵权，而山东省济宁市商业学校、山东省滕州市第八中学、山东省滕州市教育委员会等单位的侵权事实如果成立，其行为的性质则属于行政侵权。行政侵权之诉与民事侵权之诉是不同的，这二者的审理程序、举证责任承担方式、归责原则和具体承担责任的形式都是不同的，因此，将上述所有侵权行为主体都作为共同被告，并判令承担民事侵权的赔偿责任是有悖于我国民事诉讼法和行政诉讼法规定精神的。

第二，在民事案件的审理中，各国法律都奉行当事人自由处分原则，我国民事诉讼法也明确肯定了这一原则。《民事诉讼法》第 13 条规定当事人有权在法律规定的范围内处分自己的民事权利和诉讼权利。本案一审原告齐玉苓提出请求人民法院依法判决被告停止侵犯姓名权并承担民事赔偿责任的诉求，枣庄市中级人民法院据此作了相应判决，后因当事人不服，上诉于山东省高级人民法院，而该院依法只能在当事人请求事项的性质和范围内进行审判。《民事诉讼法》第 151 条规定："第二审

---

① 本《批复》的出台，按照批复制作者阐释的法律背景，有明显的功利主义冲动之嫌。部分学者和媒体明知《批复》的种种不足，也作了不适当的回应甚至炒作。所谓"明修栈道，暗度陈仓"，"为了战略，不计战术"，"紧紧把握这个契机，推动宪法的深入司法化"等等，可作为支持作者上述判断的实证。

人民法院应当对上诉请求的有关事实和法律进行审查。”如果发现请求不当，诉的归类不准确，那么应以程序不当而将该案发回重审，但山东省高级人民法院依据最高人民法院的批复，直接改变本案案由并作出判决，在程序上有值得斟酌之处。

第三，在本案中山东省高级人民法院不论是直接以宪法法条为依据还是以最高人民法院 2000 年 8 月 13 日的《批复》为依据作出判决，都与最高人民法院 1986 年给江苏省高级人民法院《关于人民法院制作法律文书如何引用法律规范性文件的批复》的规定自相矛盾。1986 年的《批复》不仅规定了人民法院裁判案件不能援引宪法，而且还规定不能直接援引最高人民法院的司法解释。如此一来，山东省高级人民法院的判决应该是陷入了左右不得逢源的尴尬局面。按照司法解释的先例约束原则，最高人民法院 2001 年 8 月 13 日《批复》与最高人民法院 1955 年《批复》和 1986 年《批复》存在明显的抵牾。人民法院为何能舍后面两个批复不用而径直适用 2001 年《批复》，其法理依据何在？最高人民法院化解这种冲突的正当理由和正当方法是什么？《批复》并未作出明确具体的交代。

第四，关于宪法解释的对象，我国法学界并未达成共识，这些不同认识可归纳为三种观点：一是整体宪法说。这一观点认为宪法解释的对象是作为一个整体的宪法典。二是宪法规范说。这一观点将宪法解释指涉为对宪法条文的阐述。三是宪法原则性条文说。而以《批复》的内容来对照上述三种观点，可以断定《批复》涉及的解释对象就是宪法，已构成一种宪法解释。根据《中华人民共和国宪法》第 67 条的规定，我国有权解释宪法的机关只能是全国人大常委会。2001 年 7 月 1 日起正式实施的《中华人民共和国立法法》第 24 条更进一步明确地把法律解释权赋予全国人民代表大会常务委员会。凡是法律的规定需要进一步明确具体含义的或者法律制定出现新的情况需要明确运用法律依据的，都属于全国人大常委会行使解释权的范围。鉴于上述情况，最高人民法院无权进行宪法解释是确定无疑的。《立法法》颁布后，最高人民法院是否还能对法律适用进行司法解释也成为一个问题。

第五，本案能否适用《中华人民共和国教育法》而使原告齐玉苓受损害的权利得到司法救济，从而摆脱直接适用宪法造成的法理困境，是法律界特别关注而又看法不一的一个焦点问题。最高人民法院法官认为，《批复》中“宪法”不是指狭义宪法，即宪法典，而是指包括宪法典在内的宪法类法律。作为宪法类法律的《教育法》，以保护教育者享有平等接受教育的权利和选择教育方式的自由为根本出发点和任务，任何人限制、剥夺他人平等、自由接受教育的行为，均构成对法定义务的违反。童之伟教授认为，公民的受教育权在我国不仅是宪法权利，也是普通法律所确认和保障的权利，受教育权在学理上并不一定归类于民事权利。但《教育法》却是将其比照民事权利加以保障的，不能因为《中华人民共和国民法通则》没有规定就否认对它的民事保护。而且齐玉苓提起诉讼时没有超过诉讼时效期间，因此山东省高级人民法院或其下级人民法院完全可以依照《教育法》的有关规定审理和裁决齐玉苓诉陈晓琪等人的这个案子，没有必要向最高级人民法院请示。还有学者认为，本案侵权事实发生在 1990 年，而《教育法》1995 年才正式实施，若直接适用《教育法》，会违背法律不溯及既往的原则。本人认为，本案若作为侵犯受教育权之诉来交由法院裁决，由于陈晓琪等被告的侵权行为已于当时完成并产生不良后果，加上《教育法》第 81 条规定的受教育者从立法原意而言是对一个已然事实的描述（即正在教育机构或学校接受教育的人），因此，无论从诉讼时效是否存续还是从诉讼主体是否适格的角度来看，适用《教育法》都有值得斟酌之处。本案若以侵犯姓名权之诉来处理，姓名权是我国《民法通则》明确规定的一种民事权利，由于这样一种侵权行为处于一种持续状态，其诉讼时效以当事人知道或应该知道侵权事实发生的时间作为计算基点，是完全没有任何问题的。齐玉苓失去受教育的机会甚至一种盖然性劳动就业权，都可以作为侵权行为的损害结果来予以救济。最高人民法院法官通过把《教育法》归类于宪法性法律，回避承认受教育权也是一种普通法律权利来达到排斥《教育法》适用的目的，应该说其逻辑出发点是错误的。《教育法》在学理上我们可将其归类于宪法性法律，而在具体适用时，我们却将其与劳动法、选举法等一类法律的适用等同看待。在现代社会高度分工的条件下，公民享有受教育权，对于其心智的发达、人格的健全，都有极为重要的作用，因此本着对民事权利奉行非严格法条主义保护的精神，将受教育权利扩大类推为一种民事权利而予以保护，也不失为一种适当的办法。

二、“宪法司法化第一案”暴露了我国现行司法解释体制的局限与不足

司法解释在中华人民共和国的政治生活、法律生活中发挥了重要作用。与此同时，由于我国长期对司法解释的理论研究严重不足，制度设计极不严密，致使司法解释与社会主义法治国的建设目标明显不相适应。“宪法司法化第一案”一方面充分显露了我国现行司法解释体制的弊端，另一方面也为厘清和梳理司法解释体制的问题提供了一个不可多得的契机。当前我国司法解释体制存在的主要问题是：

（一）司法权的界定不明确，司法解释的主体不适格的现象大量存在

由于我国现行《宪法》没有明确规定司法权，而采用了分别规定审判权和检察权的立法体例，理论界对于司法权的性质范围及行使主体界说不一，加上历史上由于司法政策化，党政不分、政法不分形成的负面传统的影响，党的机关和司法机关，或者是行政机关和司法机关联合发布司法解释的现象一度十分突出。近年来，随着机构改革和党政关系不断向着科学化分工方向发展，司法解释中党的机构发布的文件与法律不分的现象大有改善，但司法解释主体不适格的现象仍大量存在。具体表现在以下几个方面：(1)有的行政机关仍然单独或参与作出司法解释，如公安部 2000 年 3 月 20 日发布的《关于对火灾事故责任认定不服是否属行政诉讼受案范围的通知》，对专属司法权范围的当事人诉权和法院受理行政诉讼的事项作了逾权规定。又如最高人民法院、最高人民检察院、公安部、司法部、新闻出版署《关于公安部光盘生产源鉴定中心行使行政、司法鉴定权有关问题的通知》（公通字〔2000〕21 号）在司法实务中，也被视作司法解释指导着相关司法活动。(2)银行等单位参与制定并与最高人民法院联合发布司法解释，如《最高人民法院、中国人民银行关于依法规范人民法院执行和金融机构协助执行的通知》（法发〔2000〕21 号）。

(3)最高人民法院的下级人民法院作出具有司法解释性质的规定,其中有的与法律规定相违背,有的与最高人民法院的有关解释相矛盾。这类情形较常见,例子可举出许多。其实,对于司法解释的主体,我国早就有规范性文件加以规定。1955 年 6 月,全国人大常委会《关于解释法律问题的决议》规定,凡关于审判过程中如何具体应用法律、法令的问题,由最高人民法院审判委员会进行解释。1954 年 9 月颁布、1983 年 9 月修订的《中华人民共和国法院组织法》第 33 条规定:"最高人民法院对于审判过程中如何具体应用法律、法令的问题,进行解释。"1981 年 6 月,全国人大常委会在《关于加强法律解释工作的决议》中进一步规定,最高人民法院和最高人民检察院有权分别就审判工作中和检察工作中具体应用法律问题进行解释。这是"两高"有权进行解释的法律依据。上述规定说明,在 1981 年以前,只有最高人民法院有司法解释权。1981 年以后,也只有最高人民检察院和最高人民法院才有司法解释权。由此可见,解决司法解释领域主体混乱不堪的现象,既要从改变有法不依,树立社会主义法制的极大权威方面做起,又要从更深层次的司法体制改革乃至政治体制改革方面着手,其中尤其要发挥宪法的核心指导作用。否则,司法改革只会成为各个部门借以强化本部门利益,加大利益割据现象的一个借口,甚至演变出一种"播的是龙种,生的是跳蚤"的怪现象。

(二)司法解释的透明度较差,公民对法律的知情权没有得到应有的重视和保护

在司法实践中,最高人民法院为指导下级人民法院的审判工作先后颁布了大量的司法解释,如《民法通则》总共才 156 条,但最高人民法院发布的关于贯彻《民法通则》问题的解释却达到 200 条,新的《合同法》颁布后,最高人民法院对其中第 73、74 条所作的司法解释就有 16 条。这些司法解释性质的文件一方面具有实际效力,另一方面公开发布的手段、渠道少。因此,许多司法解释普通公民、当事人、律师甚至下级人民法院(特别是基层法院和边远地区法院)都不知道、很少知道或者无法及时知道。这种情况既影响了法律的贯彻落实,又造成了人民群众对法律的疏远和不信任感。社会主义依法治国就是要打破"法令藏之于官府,而行之于百姓”的专制、神秘色彩，使法律为人们公开认识和掌握，打破法律为少数人“所得而私”的封建传统，使一切国家权力的行使都在人民的监督和控制之中，只有这样才能使社会主义法治建设获得真正的力量源泉。

（三）司法解释的程序不规范，形式不严格，执行不统一

这些现象具体表现在以下几个方面：

1.司法解释虽然践行了50多年，但迄今为止尚未形成一套行之有效的制定和发布解释的程序规范，随意性极大，这在很大程度上影响了司法解释的质量和效率。涉及某一法律事项的解释，是由司法机关内部专门机构从事制作工作，还是由司法机关的业务庭（室）先研究方案，提出意见，再交审判委员会讨论通过，这样一个严肃工作竟无统一的议事和行为规程。

2.司法解释到底与立法解释、行政解释有何区别，如何处理它们之间权限冲突问题，对此缺乏应有的监督、协调机制。人民法院、人民检察院对个案和个别事项作出的司法批复、司法解释与人民法院、人民检察院就贯彻某一项法律作出的全面规定，在形式上、效力上是否应有差别？司法机关对法律的解释应奉行严格解释还是弹性解释的原则？人民法院的司法解释与法律类推适用的区别是什么？这些问题没有统一的法律规定。最高人民法院在《中华人民共和国最高人民法院公报》发布的案例或者以最高人民法院文件的形式发布的、供人民法院审理同类案件参考、借鉴的已经发生法律效力的判决和裁定是否具有法律约束力的司法解释等问题，也没有权威的规定和说明。事实上，我国司法机关行政化倾向使得上级司法机关的指示、文件对下级司法机关的行为起着极大的支配和强制引导作用，与之相适应的关于如何使公民真正在二审终审的审级制度中得到自由地行使诉权、实现实体正义的机会等问题，已成为摆在我国法律界和法学界人士面前的一项重大课题。

3.司法解释不能在裁判文书中援引，造成重大弊端。如前所述，司法解释在我国事实上对立法起着拾遗补缺作用。在法律没有规定或者不同立法前后不一致或者立法不配套或者因实体法与程序法的不同时

间颁布施行而产生适用上的矛盾，都是依靠司法解释来补充不足、化解矛盾的，而在司法实践中，各级人民法院依据最高人民法院1986年批复，在裁判文书中很少公开引用司法解释。① 这便造成一方面部分裁判失去应有的法律依据，从而导致裁判本身的合法性不足；另一方面造成当事人不必要的申诉和上诉甚至缠诉，增加诉讼成本的问题，影响了法院审判效率。

4. 司法释的名称和格式不统一，严重影响司法解释的严肃性。目前，司法解释的名称繁多，极不规范。仅2000年，国家发布的司法解释就有“意见”“解释”“解答”“批复”“答复”“通知”“规定”“纪要”“复函”等等。其中有些名称，如“通知”“规定”等，与行政文件没什么区别，且文件中没有标明是司法解释文件。司法解释的格式（或者样式）也不规范，不仅标题、文号、尾部写法不统一，而且对解释中最重要的部分也简繁不同，表达不一。大多司法解释都写了解释机关的意见，但有的写得过于简单，原则笼统，少数则只写“我们同意来文所提的意见”，或者“我们同意你们提出的意见”，有的把下级司法机关请示的问题和司法批复机关的意见写在一段里，有的则分两段写。

我国司法解释目前存在的重大弊端是与相关理论的缺失密切联系在一起的。加强对司法解释的理论研究，科学地界说司法解释的概念、司法解释的基本特征、司法解释的对象、司法解释的范围、司法解释的功能、司法解释的效力、司法解释的形式和名称、司法解释的公开化、司法解释的监督机制，同时加强相应的制度建设，使司法解释法律化、制度化，应是救治当前司法解释弊端的当务之急。

三、如何看待“宪法司法化第一案”引发的“宪法私法化”问题

山东齐玉苓一案援用宪法对私人之间的权利争议作了裁判，由此引

① 1993年5月6日，最高人民法院《全国经济审判工作座谈会纪要》明确规定：“全国人大常委会对于法律所作的立法解释，以及最高人民法院关于具体法律的司法解释，各级人民法院必须遵守执行，并可在法律文书中引用。”由于纪要不是具有法律约束力的文件，因而其对司法实践所起的指导作用极为有限。

发理论界对宪法私法化问题的关注。宪法私法化问题，其中隐含着宪法是公法的逻辑前提。而对宪法是否应划归于公法，我国理论界各持己说。笔者认为，宪法是公法既有其历史合理性，也有现实方面的积极意义。公法和私法的划分，首创于罗马著名法学家乌尔比安。他认为，公法是调整宗教祭祀活动和国家机关活动的规范，它保护的是国家和社会的利益；私法是调整所有权、债权、婚姻家庭和继承关系的规范，它保护的是公民个人的利益。乌尔比安指出，公法是与国家组织有关的法律，私法是与个人利益有关的法律。查士丁尼在《法学阶梯》中肯定了这一观点，进一步规定："公法涉及罗马帝国的政体，私法则涉及个人利益。"① 近代以洛克、孟德斯鸠为代表的启蒙思想家在反对封建专制过程中，重新阐释了自然法理论，倡导了一种与亚里士多德的国家与社会一元观不同的国家与社会相区分的二元主义观念，认为宪法和法律应该有不同的效力渊源，并从自然状态推衍出自然权利、社会契约、人民主权、限权政府、公民自由等概念，将它们作为构筑宪法内容的要素。认为"政体之目的，即保障政治自由"②，为了保障自由，人们才通过契约组成政府。政府应是人民之"公器"，是为了保护人民的共同利益和自由而存在的，反映国家形态和统治形态的宪法当然也应该是公法。因此，近代启蒙思想家借用罗马法学家的公法、私法分类学说，来描绘已经建立的资产阶级的国家和法律，尽管他们未能准确揭示法律所调整的社会关系的差异和联系，掩盖了法律的阶级本质，但我们也不能抹杀他们对政治、政府、法律的美好真诚憧憬。启蒙思想家对公法学说的倡导，更使公法观念在法律文明体系中成为一个流行话语，成为人们交流语境中的一个共同平台，以至于马克思主义经典作家在强调用阶级分析的方法来分析两种类型的宪法（资产阶级宪法和无产阶级宪法）时，也认为资产阶级民主革命时期的公民自由就是在家庭、私事和财产方面的自由……政治自由就是人民处理全民的国家事务的自由。这种论述也不能不说受到资产阶级学

---

① 转引自何勤华：《西方法学史》，中国政法大学出版社 1996 年版，第 56 页。

② ［法］孟德斯鸠：《论法的精神》（上），张雁深译，商务印书馆 1963 年版，第 155 页。

者关于法律分类学说的影响。

在当代中国,对“公法”和“私法”这两个法理术语的借用,不能使我们产生公法比私法更有用或者产生只有宪法等公法才服务于普遍利益的判断。正如哈耶克所说,所谓只有公法旨在服务于“公益”的观点,只是在“公”于一特定狭隘的意义上被解释成那些与政府组织方面相关的利益而不被解释为“普遍利益”的同义词的时候才能成立,因此那种认为只有公法才服务于“普遍利益”而私法只保护个人私益,地位次于和渊源于公法的观点,实乃是对真相的完全颠倒。因为整个私法制度并不只是为了实现个人的利益,而且亦将经由保障个人利益而增进整个社会的普遍利益。市民社会和国家作为一个分离的对立面,在现代国家中这种分离实际上是存在的。在我国,随着经济体制改革的深入、市场经济的普遍化发展以及利益的多元化,造成了利益的代表和表达的多样化。这对打破传统自然、半自然经济和过去计划经济下国家和个人不分,“公共领地”和“个人私域”不分的状况,强化公民的主体意识,都是有积极意义的。正是在这样一种意义上,我们把宪法当作一公法,让宪法更多关注权力的合理构建和正当运用而给私域保留更多生成和发育的空间,在不能确保宪法是“良宪”的情况下,把有关公民个人财产自由方面的私事,更多地交给民、商法等私法去处理,亦应是现实之必然。我国公民所享有的没有在部门法中具体化的基本权利(尤其是个人的权利纠纷)没有必要一律要寻求司法的救济手段,这不仅因为现有的宪法体制没有给这种司法救济留下多少法律空间,也因为司法权力本身由人运作,故在目前的司法体制现状下我们无须对司法权力投射太多美丽光环,真正的宪法并非铭刻在铜鼎或大理石碑上,而是写在公民的心中。宪治精神和宪治理念是宪法之魂,宪法规范仅为宪法之壳,在当下中国,如果太关注宪法的司法适用问题或者刻意地追求宪法适用效应,则定然会消解宪法本身应具有的神圣性和根本性。

■ 第二节 法院在宪法监督制度中的角色

在现有宪制安排之下，宪法解释职权由全国人大常委会行使，此种意义上的宪法解释权乃是人民法院不能行使的。但在宪法监督制度中，人民法院同样可以扮演一些颇为重要的角色，例如作为宪法解释的提请主体，参与到监督宪法实施的过程中。

一、设立宪法委员会与宪法监督制度的完善

中国共产党是中国特色社会主义事业的领导核心，党的领导是社会主义法治最根本的保证。党的十八届四中全会通过的《中共中央关于全面推进依法治国若干重大问题的决定》强调，“依法治国，首先是依宪治国；依法执政，关键是依宪执政”，要求“完善全国人大及其常委会宪法监督制度，健全宪法解释程序机制；加强备案审查制度和能力建设，依法撤销和纠正违宪违法的规范性文件”。

党的十九大报告指出：“要加强宪法实施和监督，推进合宪性审查工作，维护宪法权威。”面对着全面深化改革和全面推进依法治国，实现国家治理体系和治理能力现代化的重大战略任务，为贯彻党的十九大会议精神，完善宪法监督和实施的专门机构设置，具体负责推进合宪性审查工作，草拟争议处理决定，同时制定相关法律，完善宪法监督和宪法解释程序，将是我国完善宪法实施和宪法监督制度的重大顶层设计，势必有利于维护党和人民的共同意志，有利于坚持和巩固党的领导地位和执政地位。

第一，有利于党代表和执行全国各族人民意志，维护宪法权威，捍卫宪法尊严，使党的领导地位更加稳固。宪法是党和人民意志的集中体现，是通过科学民主程序形成的根本法，反映了党带领人民进行革命、建设、改革取得的成果，确立了在历史和人民选择中形成的党的领导地位。

因此，宪法是保证党和国家兴旺发达、长治久安的根本法，具有最高权威。宪法明确规定，全国各族人民、一切国家机关和武装力量、各政党和各社会团体、各企业事业组织，都必须以宪法为根本的活动准则，并且负有维护宪法尊严、保证宪法实施的职责。一切违反宪法的行为都必须予以追究和纠正。然而，在国家治理和社会生活中，个别国家机关的立法、执法等权力行为涉嫌违宪而没有得到及时查纠，一些公民的宪法权利受到非法侵害而没有得到有效救济，这不仅损害了党和人民的利益，也严重损害了宪法的尊严和权威，长此以往甚至会动摇党的执政根基。通过设立专门的合宪性审查机构，完善宪法监督制度，研议违宪争议，纠正违宪行为，解释宪法规范，为宪法实施正本清源。通过宪法监督这种法治方式，党能够始终代表、执行和捍卫全国各族人民的意志，得到人民的拥护，从而使党的领导地位和执政地位更加稳固。

第二，有利于党掌控实现国家治理现代化的关键环节，集中精力研究和推进全面深化改革和法治国家建设。我国形成了“一元、两级、多层次”的立法体制，由法律、行政法规、地方性法规与自治条例、单行条例、规章等层次的法律规范构成了中国特色社会主义法律体系。基于贯彻党和人民意志，捍卫宪法尊严和权威的用意，党中央对多层立法主体制定的规范性法律文件都细致审核，对执法和司法工作都亲力亲为地把关，其综合成本和现实难度都极其巨大。宪法监督是宪法实施的重要环节和必要保障，是全面推进依法治国、建设社会主义法治国家的客观要求，也是推进国家治理现代化的现实需要和关键环节。通过设立专门性合宪审查机构，赋予其具体研议违宪争议、草拟处理意见的职权，由全国人大及其常委会按照法定程序及时纠正违宪行为，解释宪法规范的含义，党对相关问题的主张就可通过法定程序适时上升为国家意志，成本和难度均小于修改宪法，并且其效力依附于宪法典，全体公民、立法行政司法等一切国家机关和武装力量、政党和社会团体、企业事业组织都必须贯彻执行，若有违反，同样将受到严肃追究和纠正。由此可见，党中央只要掌控好宪法监督制度这个关键环节，由专门性合宪审查机构、全国人大及其常委会在处理违宪争议的过程中贯彻中央的决策意图，就能达到捍卫宪法尊严、维护法制统一和确保中央政令畅通的效果，中央的注意力就可以从掌控中低层国家机关、团体组织中转移出来，集中精力研究和推进全面深化改革和依法治国，在党执政兴国的关键领域切实发挥党的领导核心作用。

第三，有利于党运用法治思维和法治方式，妥善处理国家治理当中的宪法问题，体现并提升党的执政能力。当前，全面建成小康社会进入决定性阶段，改革进入攻坚期和深水区，国际形势复杂多变，党面对的改革发展稳定任务之重前所未有、矛盾风险挑战之多前所未有，迫切需要党运用法治思维和法治方式深化改革、推动发展、化解矛盾、维护稳定。通过设立专门的合宪性审查机构，党运用法治思维和法治方式，可以及时解决国家治理过程中出现各种的宪法问题，从而为实现经济发展、政治清明、文化昌盛、社会公正、生态良好的目标提供坚强的政治和法律保障。当然，在设立专门的合宪性审查机构，完善宪法监督和宪法解释程序以后，可能会有法律法规或个别国家机关的权力行为因违宪而被改变或撤销，这是法治国家宪法监督制度运行中必然出现的情形，如果没有法律法规或国家权力行为因为违宪而被查纠，那么宪法监督制度也就失去了存在的意义。因此，法律法规或国家权力行为被宣告违宪不仅不会损害党的形象与威信，反而能以法治方式重申党的主张，起到杜弊清源的作用。

此外，在专门性合宪审查机构设立后，特别是设立的初期，可能会收到大量的合宪审查请求，也可能有人针对政治问题提出合宪性审查请求，这些情况确实难以避免，但也不足因噎废食而舍弃设立专门机构。一方面，中央需要针对国家治理中的诸多宪法问题加强研究，做好回应和因势利导的准备，另一方面，即便出现了大量审查请求，特别是涉及上述问题的审查请求，由于该专门机构并非独立的国家机关，不具有终局决定权，它只是程序性受理审查请求，经过初步审查，符合违宪审查条件的才予以受理并进入研究审议程序，提出处理意见后，再交由全国人大或全国人大常委会终决。

对于特定的政治问题，宪法委员会可以起到程序过滤与缓冲政治风险的功能，依法不予受理；对于确实需要阐明或解决的问题，特别是带有一定政治风险的问题，党中央完全可以通过指示或答复全国人大常委会党组请示的渠道，以及发挥共产党员在全国人大代表和全国人大常委会组成人员中占绝对多数的政治优势，使宪法委员会在研议、全国人大和全国人大常委会在议决过程中都贯彻中央的决策意图。因此，设立专门的合宪性审查机构损害党的领导的可能性是极低的、风险是完全可控的，并且有利于党运用法治思维和法治方式妥善处理国家治理中的各种宪法问题，体现并提升党的执政能力。

第四，有利于党领导推进宪法的全面实施，树立党的威信，团结全国人民为中华民族伟大复兴而共同奋斗。党的领导是社会主义法治的根本要求，党领导人民制定宪法，宪法集中体现了人民意志和党的主张，因而实施宪法也要在党的领导下推进。基于一般规律，宪法监督是宪法实施的重要环节和必要保障，宪法监督的缺失必然会减损宪法实施的效果。如中央决定设立专门的合宪性审查机构，由其受理和研议违宪争议，草拟处理意见后报全国人大或全国人大常委会审议决定，势必将成为在党中央领导下完善宪法监督制度，健全宪法解释程序机制的重大制度安排。通过这套制度的运行，及时纠正违宪行为，阐明宪法规范含义，遵循法定程序作出的相关审查决定或宪法解释，党的领导就可以直接体现在宪法规范运作的范畴，体现党的执政能力和政治智慧，反映党以民为本、执政为民的执政理念，对全国人民能发挥更正面直观的影响，使全国人民对党的领导有更清晰、更积极的评判。同时，基于党中央树立的表率，也将促使各级党政机关的行为都符合宪法精神、尊重人民意愿、得到人民拥护，在全国各族人民心中进一步树立党的威信，使人民群众都衷心地拥护党的领导，自觉团结在党的周围，为实现国家富强、民族振兴和人民幸福，实现中华民族伟大复兴贡献力量。

第五，有利于党展现道路自信、理论自信、制度自信、文化自信，弘扬党与时俱进的品格，创造良好的内外舆论环境。宪法监督制度是现代国家实施宪法、维护宪法权威和尊严的必要制度，由于历史和现实条件各异，各国的宪法监督模式也有所不同，概括而言主要有立法机关监督模式、普通法院监督模式和专门机关监督模式。若我国设立专门的合宪性审查机构,完善宪法监督制度,所构建的宪法监督制度模式与前述三种传统模式均不相同,这是党中央立足我国国情,从实际出发,秉持稳妥可行的原则,坚持走中国特色社会主义法治道路,既与时俱进、体现时代精神,又不照抄照搬别国模式的重大制度选择,是对我国人民代表大会制度创新与发展,能够充分展现党对中国特色社会主义的道路自信、理论自信、制度自信。此外,过去始终有人指责我国只有宪法文本而没有宪法实施,攻击甚至污蔑我国的社会主义制度。通过设立宪法委员会,使宪法监督制度健全完善并真正运转起来,纠正违宪行为,保障公民权利与自由,能够彰显党与时俱进的政治品格和审时度势的政治决心,有助于在国内特别是在国际舆论中,呈现出中国共产党成熟自信、务实开明的政党形象,以及当代中国繁荣、发展、进步的大国图景,从而为中国和平崛起和民族复兴创造积极稳定的内外环境。

法治权威系于宪法权威,宪法权威来源于宪法实施,宪法实施又有赖于宪法监督。从根本意义上讲,维护宪法权威就是维护党和人民共同意志的权威,捍卫宪法尊严就是捍卫党和人民共同意志的尊严,保证宪法实施就是保证党和人民共同意志的实现。通过设立专门的合宪性审查机构,完善宪法监督制度和宪法解释程序机制,有助于党领导人民运用法治思维和法治方式维护宪法权威,捍卫宪法尊严,实现党和人民的共同意志,有助于党改进领导方式和执政方式,提升党的执政能力,树立党在人民群众中的威信,为改革、发展和稳定创造良好的内外环境。总之,设立宪法委员会,完善宪法监督制度,对于党的领导地位和执政地位而言,是一项有理、有据、有利的制度选择。

二、法院不宜作为解释宪法的主体

宪法是一国各政治力量通过理性博弈与妥协,经由缜密程序外化而成的国家共识,是调整国家和公民关系并以人权保障为终极价值追求的国家根本法。中国语境下的宪法“是党和人民意志的集中体现,是通过科学民主程序形成的根本法”,它的至上性和根本性体现在全国各族人民、一切国家机关和武装力量、各政党和各社会团体、各企业事业组织都必须以其为根本活动准则，普通法律的制定皆以其为依据。

然而，宪法的生命和权威在于实施——宪法的价值、功能和作用，都只能通过实施得以体现，否则就只是停留于政治宣言或法律文本层面。法定国家机关依照法定程序将宪法规范予以落实是宪法实施不可或缺的环节，它不但包括国家立法机关依法将宪法的原则性规定具体化，构筑健全良善法律体系的立法活动，更重要的是，还包括有权机关依照法定程序经常性地阐明宪法规范的含义，促成宪法规范落实的宪法解释活动，这是推进宪法实施的重要保证，甚至可以说，“在宪法解释之外再没有别的宪法”①。

宪法解释的主体即行使宪法解释权的机关。在世界范围内，由于各国政治发展的历史传统和宪法理念存在差别，因而在实践中形成了由不同的机关行使宪法解释权的制度机制，总体上看，宪法解释的主体通常是普通法院、代议机关、宪法法院或宪法委员会等专门机关。在我国，根据现行《宪法》第 67 条第 1 项的规定，全国人大常委会享有解释宪法的职权。我国人民代表大会制度这一根本政治制度，以全国人大常委会为宪法解释主体，其合理性与正当性主要基于以下三个方面。

其一，全国人大常委会是全国人大的常设机关，同时还担负有监督宪法实施的职权，由其负责解释宪法可以降低宪法原意被篡改的风险。宪法是人民意志的集中体现，宪法规定我国的一切权力属于人民，人民行使国家权力的机关是全国人大和地方各级人大。我国宪法由第一届全国人大第一次会议制定，此后虽经三次全面修改，但都确认全国人大是最高国家权力机关，有权修改宪法，全国人大常委会是它的常设机关。从制度建构的理论预设上看，全国人大权力的合法性来源于人民授权，而全国人大常委会作为其常设机关最能贯彻全国人大的意志，质言之，就是最能代表人民的意志。由此，全国人大常委会的意见与全国人大的

---

① 秦前红、涂四益:《“物权法之争”与宪法解释——兼与童之伟教授商榷》,《法学评论》2007 年第 3 期。

意见相冲突的可能性极小，即便发生悖逆，全国人大也可以“改变或者撤销全国人民代表大会常务委员会不适当的决定”。因而，由全国人大常委会解释宪法的正当性最强，宪法原意遭到篡改的风险也能降低。

其二，若由“一府两院”行使宪法解释权，有可能导致“一府两院”以宪法解释否定全国人大及其常委会立法的局面。在我国宪法所设定的权力格局中，全国人大是最高国家权力机，与其常设机关全国人大常委会一起行使国家立法权，国务院、最高人民法院和最高人民检察院由全国人大产生，向其负责，并受全国人大及其常委会的监督，同时全国人大常委会还有权撤销国务院制定的同宪法、法律相抵触的行政法规、决定和命令。如果宪法解释由作为执法机关的国务院或作为司法机关的最高人民法院和最高人民检察院作出，那么就完全有可能产生“一府两院”以宪法解释否决全国人大及其常委会立法的情形，这种“权力对冲”显然不符合我国的宪制宪理。另外，有学者认为，全国人大常委会在 1989 年和 1990 年的工作报告中分别提及“各级人大、政府、法院、检察院都负有保证宪法和法律实施的重要职责”和“要采取有效措施，切实保障宪法和法律的实施”①，全国人大以决议的形式批准了这两个报告，因而具备了法律效力，这意味着全国人大将保障宪法实施的职责扩大到各级人大、政府和司法机关②，并且从决议的目的来看，可以视为全国人大认可这些国家机关在其职权范围内，对宪法进行解释。③ 这种“推论”未免牵强附会，所得出的各级人大、政府、法院、检察院都有权解释宪法的结论，事实上也不符合我国单一制的国家结构形式和人民代表大会制的政权组织形式。

其三，由于会议间隔周期长、会期短、立法等任务繁重，加之宪法解释的专业性要求，全国人大也不适合担当此任。宪法解释是一项需要经常为之的工作，而宪法规定全国人大会议每年举行一次，虽经法定程序

---

① 刘政等主编：《人民代表大会工作全书：1949～1998》，中国法制出版社 1999 年版，第 576、581 页。

② 参见殷啸虎：《宪法学要义》，北京大学出版社 2005 年版，第 354 页。

③ 参见莫纪宏：《宪政新论》，中国方正出版社 1997 年版，第 107～121 页。

可以举行临时会议，但现行宪法施行以来还没有过此种实例。宪法和法律也未对全国人大会议的会期作出明确规定，会期长短由当次会议是否举行国家机构领导人选举、审议和表决议案数量的多寡等因素决定。从实践上看，以第十一届全国人大为例，第一次会议因举行国家机构领导人选举而会期最长，为13天半，其后四次会议会期则为8天半或9天半。若宪法解释只能留待每年一次、每次不足10天的时间内，经由提出和近3000名全国人大代表审议决定，显然不能满足宪法解释经常性的需求。同时，宪法解释是一项专业性要求极强的工作，需要深度掌握宪法原意，忠于宪法根本精神、基本原则和规则，按照一定的规则，严谨地运用法律思维作出，要求大多数全国人大代表具备这样的专业能力也是不现实的。

依据《全国人大组织法》和《全国人大常委会议事规则》，全国人大常委会会议一般每2个月举行一次，会期一般为1周，有特殊需要时还可临时召集会议，议事时间相对较多。常委会组成人员人数在170人左右，不少组成人员是专职，或是特定领域的专家，议事能力和法律素养较高。另外，全国人大各专门委员会、常委会若干工作机构也能为常委会行使宪法解释权提供辅助。

当然，这里还必须明确一个问题：宪法在字面上仅规定全国人大常委会享有解释宪法的职权，那么是否意味着全国人大就无权解释宪法？现行宪法在列举国家机关权力时，使用的是“职权”一词，所谓职权不同于权力、职责，它既是权力也是责任，是国家机关在一定情况下必须完成的工作职责，不作为就会构成失职，也是违法行为。① 全国人大有监督宪法实施的职权，而监督宪法实施的关键就是对法律法规是否与宪法相抵触进行审查判断，这个过程必然涉及对宪法条文意涵的阐明，从此角度上看，全国人大似也享有解释宪法的权力。然而，即便如此，我们认为，基于前述宪法解释经常性和专业性等特质，全国人大的这种“解释权”在通常情况下应当保持“谦抑”。第一，除非高度必要或特别紧急，全国人

① 参见蔡定剑：《宪法精解》，法律出版社2006年版，第311页。

大开会期间应尽量克制运用其宪法监督权作出专门的宪法解释。第二,如果全国人大在行使宪法监督权时阐明了宪法相关条文的意涵,这些阐释因为被包含于全国人大的相关决定中而具备了法律效力,那么事后也应由全国人大常委会依据这些决定作出专门的宪法解释。第三,依据宪法,全国人大还有权改变或者撤销全国人大常委会不适当的决定,基于立宪原意,此处的"决定"当然包括全国人大常委会作出的宪法解释。那么,倘若全国人大认为全国人大常委会作出的宪法解释"不适当",当然可以经法定程序予以撤销,其后全国人大常委会再按照全国人大的决定重新作出解释。

此外,作为兜底性授权条款,《宪法》第 62 条第 15 项还规定全国人大享有"应当由最高国家权力机关行使的其他职权"。这一条款体现了全国人大作为最高国家权力机关的"全权地位"。有学者援引此条款,认定全国人大享有解释宪法的职权。我们认为,虽然全国人大是最高国家权力机关,但其权力也不是无边无界的。"应当由最高国家权力机关行使的其他职权"是指某项职权宪法和法律虽没有明确划分其归属,但理论上从该项职权的性质和对全国人大是最高国家权力机关的性质判断,此项职权应当由它行使,而不是由全国人大常委会、国务院或其他机关行使。① 显然,宪法解释权并不属于宪法和法律"没有明确划分其归属"的情形——《宪法》第 67 条第 1 项已然明确,全国人大常委会享有解释宪法的职权。

综上,关于宪法解释的主体,《宪法解释程序法》规定"全国人民代表大会常务委员会行使解释宪法的职权"为宜。

三、法院可作为宪法解释的提请主体

宪法是人民意志的集中体现,是国家权力的"准生证"和公民权利的"保障书",也是全国各族人民、一切国家机关和武装力量、各政党和各社会团体、各企业事业组织的根本活动准则,而宪法解释也与他们的权力

---

① 参见蔡定剑:《宪法精解》,法律出版社 2006 年版,第 320 页。

或权利紧密相关。从此角度出发，宪法解释的请求主体就应当是前述的所有个人和组织。将此归纳于法律规范时，《宪法解释程序法》可以参照《立法法》有关规定，将宪法解释请求主体设定为国务院、中央军委、最高人民法院、最高人民检察院、全国人大各专门委员会和省、自治区、直辖市的人大常委会，以及前述以外的其他国家机关、社会团体、企业事业组织和公民。相比《立法法》第 99 条的规定，此处增加了全国人大各专门委员会作为请求主体，除了基于与《立法法》第 46 条关于法律解释请求权的规定相衔接的考量外，盖因与宪法解释的第三类事由相衔接。全国人大各专门委员会是具体承担法律法规审查工作的部门，其在审查过程中若认为法律、行政法规、地方性法规、自治条例和单行条例、规章等规范性文件可能与宪法相抵触，而相关的宪法条文具体含义有待明确的，应当请求全国人大常委会予以解释，待全国人大常委会作出相应的宪法解释后，再依据该解释内容继续进行审查并作出结论。

从《立法法》勾勒的抽象式法律审查请求程序来看，最高人民法院和其他所有下级法院均不能在法律适用过程中直接依据宪法而质疑有关规范性文件的合宪性，或者作出任何形式的“违宪裁决”“撤销裁决”。[①]这给审判机关在特定情形下适用法律造成了“两难”困境，应当加以疏通。另外，为落实宪法“国家尊重和保障人权”的规定，也应加强对公民基本权利保障和救济的宪制建构。因此，除了一般规定，宜在《宪法解释程序法》中，根据我国宪法实施的实践经验和基本国情，特别针对审判机关和公民个人请求解释宪法的条件作出适当的规定。比如，可以规定地方各级人民法院、专门人民法院在审理案件过程中，认为所适用的法律、行政法规、地方性法规、自治条例和单行条例、规章等规范性文件同宪法相抵触的，应当裁定中止诉讼程序，层报最高人民法院，由最高人民法院决定是否向全国人大常委会提出解释宪法的要求。[②] 最高人民法院在审

① 参见黄明涛：《两种“宪法解释”之概念分野与合宪性解释的可能性》，《中国法学》2014 年第 6 期。

② 参见朱福惠、刘木林：《论我国人民法院的宪法解释和违宪审查提请权——以立法法第九十条的规定为视角》，《法学评论》2013 年第 3 期。

理案件过程中发生前述情形的，也可以向全国人大常委会提出解释宪法的要求。又，在公民个人层面，公民认为法律、行政法规、地方性法规、自治条例和单行条例、规章等规范性文件可能与宪法相抵触的，可以向全国人大常委会提出解释宪法的建议；公民（当事人）在诉讼过程中认为所适用的法律、行政法规、地方性法规、自治条例和单行条例、规章等规范性文件同宪法相抵触，向人民法院书面提出的，人民法院也认为确实存在抵触的，人民法院应当按照前述程序，裁定中止诉讼程序，层报最高人民法院，由最高人民法院决定是否向全国人大常委会提出解释宪法的要求。此外，公民认为自己的基本权利受到国家机关和国家工作人员的侵害，穷尽所有的法律途径仍得不到救济时，也可以向全国人大常委会提出解释宪法的请求。

第十一章
域外公正司法的借鉴

近代以降的中国，可以说一个现代化后进国家，国家的法治(制)建设同样如此。在此过程中，我们国家尤为注重对域外现代化经验，包括法治(制)现代化经验的借鉴。清朝末年，西洋法律便作为“舶来品”来到中国。中华人民共和国成立后，我们同样注重对域外法律的学习。在全面推进依法治国的今天，学习域外法治先进经验同样是必不可少的。对此，党的十八届四中全会也明确提出，要“借鉴国外法治有益经验”。

■ 第一节 美国最高法院如何通过裁判说明塑造法院权威[①]

判决说理是附属于司法权的一项理性技艺，在不同法律传统中有不同表现。美国最高法院在宪法案件中的判决说理不仅是得出判决结果的必要论证过程，更实现了发展司法规则、提供原则论坛、呈现思辨过程和供给法律话语等诸多功能，并且在文辞上展现出思辨性、前瞻性、渐进

---

① 本节系与黄明涛合作，其主要内容曾发表于《中国刑事法杂志》2012 年第 3 期。本书有修改。

性和有限性兼容并包的风格。

那么，究竟是判决的正确造就了法院的权威，还是法院的权威保证了判决的正确？这不是循环论证的逻辑游戏，毋宁是司法过程的核心命题。至少对美国联邦最高法院而言，其判决的正确性、可接受性与其所拥有的巨大权威之间确实是互为因果、相辅相成的，而在正确性与权威性之间穿针引线的要素就是判决说理。

判决说理是司法权不可缺少的组成部分，这几乎是超越了不同宪政体制与法律传统的普适原理。但凡将法律的权威建立在理性而不是强权之上，则必须“以理服人”，因此作为法律适用之“现场”的司法判决也必须仰赖严谨、精细、雄辩的法律说理才能为法律争议的解决提供“触手可及”的正当性。不过，判决说理作为一项司法技术，在不同的法律传统下有着不同的展现。相对于大陆法国家“短小精悍”的法律文书而言，判例法国家的判决意见书常常是洋洋洒洒数万言①，这当中又以美国联邦最高法院的宪法案件的判决说理为典型。

一、何为判决说理

所谓判决说理，是指判决意见书当中为导出判决结果而提供的具有分析和论辩性质的文字。判决说理不是“判决意见书”本身，也不是判决意见书当中的所有文字。从形式意义上看，美国最高法院的每一个判决都撰写在判决意见书——即“judicial opinion”——当中。作为一份正式而完整的法律文书，判决意见书包含了与案件有关的一切正式信息，例如法庭所认定的案件事实、案件从初审至终审的简要回顾、应予适用的法律条文、当事人及其代理人的基本信息、法律分析与说理、最终的判决结果等等。但是，上述这些内容当中很多都不具有分析和论辩的性质，不属于判决说理。相对于“判决意见书”这个概念所指称的形式意义而言，判决说理更强调了实质意义的一面，即判决意见书当中对有关法律

① William Terley,“Mixed Jurisdictions：Common Law v. Civil Law(Codified and Uncodified),” *La. L. Rev.*, 677(60), pp. 702-703.

原则、规则进行解说、分析、批判，对有关公共政策和基本价值进行阐发和讨论的文字。

如果严格按照与判决结果的逻辑关系来定义，反对意见是不属于判决说理的，因为其不是导出判决结果的必要文字，反而凸显了诸位大法官之间的分歧或案件的复杂性。但是历史地来看，最高法院对每个宪法问题所抱持的理念都是会发展、变化的，今日的质疑亦是明日的主流——例如那位“伟大的反对者”[①]后来所受到的追捧，再比如大法官斯通那个著名的“脚注 4”宣告了最高法院审查重点的彻底转向。[②] 所以，在一个更为宽泛的视角下，反对意见同样应该纳入研究范围中来——执业律师也不会只盯着多数意见的。至于协同意见[③]，其提供了得出同一个判决的不同思路，扩宽了法律论证的思路，也应当归入判决说理的范畴中来。

要从美国最高法院的宪法判决书中准确地辨识出判决说理的文字，既要对判决书的结构和法院的程序规则有所了解，又需要结合一定的经验——甚至要熟悉不同的大法官的写作习惯，很难有绝对化的操作指南，不过至少有这样几项一般性的规律：(1)判决书往往在结构上分为几个部分，并使用序列号和小标题来提示读者，因此事实部分与法律部分一般情况下可以分开；(2)回顾先例判决要点和提出司法审查标准的文字应该予以重点关注，尽管有时不太容易从文本中准确锁定这些内容；(3)法庭回应双方律师之主张的文字以及多数意见与少数意见之间互相点评的文字往往就是争议的焦点，也是不应遗漏的。质言之，判决说理关键是在“质”的方面，而非“量”的方面。

在中文语境中，判决说理与其他几个相似的词汇或表达常交替使

---

① 指奥利弗·温德尔·霍姆斯大法官(Justice Oliver Wendell Holmes, Jr.)，他被美国法律界称为“伟大的反对者”(the Great Dissenter)。

② United States v. Caroline Products Co., 304 U.S. 144(1938), at footnote 4.

③ 协同意见即 Concurring Opinion，是指同意法庭多数意见的判决结果，却给出了不同的判决理由的意见。协同意见提出的规则不构成先例，或者说协同意见中不存在约束后续案件的文字。

用，如法律说理[①]、判决书说理[②]等。“法律说理”在国内拥有非常宽泛的使用方式，不仅指法院判决书里面的说理文字，还可能指检察机关对其依职权作出的法律决定或处理意见进行口头或书面的解释和说明[③]，甚至还有“行政处罚说理”或“说理式行政处罚决定书”的提法[④]，显得比较随意。考虑到表达的简洁性和突出本书论述的目的，我们认为仍以“判决说理”来指称美国最高法院的说理文字为宜。

二、最高法院判决说理的背景与条件

要准确理解判决说理的功能与文风，不可以将其与所处的外部条件割裂开来。联邦最高法院在美国宪政体制中的独特地位在很多方面塑造或限定了其判决说理的面貌；同时，宪法案件本身的特殊性也无时无刻不在影响着判决说理的论域和深度。这些外部条件或特点应当是我们理解判决说理的功能与文风的必要预设。

（一）判决的终局性

最高法院是包括宪法案件在内的全部联邦法律问题的终局裁判者，之后不会再有任何主体对其判决结果进行审核，理论上讲，它说什么都是可以的。判例法上的遵循先例原则对于最高法院的限制是有限的，因为相对于上级法院判例对下级法院的纵向约束而言，某个法院受自身先前判决的横向约束的力道要小一些，更不要说处于司法体制顶端的最高法院了——只要确信某个先例判决是错误的，它可以毫不犹豫地将其推翻。[⑤] 对宪法诉讼而言尤其如此，因为国会立法无法推翻宪法判例，如果

---

① 参见温登平：《论刑事判决说理的方法与准则》，《法律方法》2010 年第 2 期。

② 参见杨海霞：《判决书说理研究》，《法制与社会》2007 年第 5 期。

③ 参见薛培、杨辉刚：《不批准逮捕案件说理机制之探讨》，《中国刑事法杂志》2011 年第 6 期。

④ 参见洪志坚：《行政处罚说理与和谐执法关系的探索》，《中国工商管理研究》2009 年第 8 期。

⑤ Edgar Bodenheimer, John B. Oakley, Jean C. Love, *An Introduction to the Anglo-American Legal System*：*Readings and Cases*, Third Edition, St. Paul, Minn.：West Group, pp. 88-89.

最高法院自己不能果断抛弃不合理的规则或宪法解释，那么整个法律体系都将受到某个错误先例的掣肘而无法改进了[①]；反过来讲，既然需要留出一个改进法律规则的出口，那么最合适的机关显然就是最高法院了。因此，最高法院不光可以，而且应当时时站在法律以外看法律，这样一来，判决说理的篇幅自然就变得更长了。

对于诉至联邦最高法院的案件而言，之前在下级法院的数次庭审已经积累了大量的论述——尤其是来自于上诉巡回法院的论述（因为上诉法院也是以考虑法律问题为主，对于事实问题一般尊重初审法院的判断）或州最高法院的论述——这些论述需要得到最终的回应和评价；或者，同样类型的案件已经在不同的巡回区或不同的州遭遇不同的判决，亟须最高法院来统一司法适用[②]，这时候更加需要大量的判决说理文字来厘清数个不同的对法律的理解方式。上述原因都会导致最高法院的判决说理进一步拉长。

（二）作为宪法解释者的最高法院

马伯里诉麦迪逊案[③]已经声明，最高法院就是解释宪法的权威机关。一方面，解释权附带于司法权当中，不可能被人为的规定所颠覆；另一方面，在解决宪法争议的过程中也必然会细化、丰富、发展对宪法文本的理解。宪法解释寓于判决说理之中，因此宪法解释的难题也是判决说理的难题。一部宪法中会包含不同的价值考量，使得判决说理需要处理难以兼容的对立意见，或者宪法制定的年代背景与现时的新兴问题所产生的冲突放大了社会变迁与宪法之安定性之间的固有矛盾，所以说理的过程

---

① Thomas v. Washington Gas Light Co.，448 U. S. 261（1980），at 272，the footnote 18.

② 在美国联邦司法系统内（除开专门法庭），上诉巡回法院处于联邦地区法院和联邦最高法院之间。全美按地域管辖的原则设有 12 个上诉巡回法院，每个巡回法院所管辖的区域称为“上诉巡回区”，因此会出现不同上诉法院对同一问题的不同判决。各州有其专属管辖的法律部门，但有可能涉及与联邦宪法的冲突——例如刑事程序。当事人有权在州法院主张某项联邦宪法权利，但州法院保留具体适用的权力，因此不同的州可能会出现不同的判决。

③ Marbury v. Madison，5 U. S. 137 (1803).

不得不更加具有论辩性质。

宪法解释与判决说理是不同的。宪法解释既可以在名词意义上指宪法条文含义的某种特定解读方式或表述方式，例如美国宪法第二修正案可以被解读为“宪法保护个人在家中持有手枪的权利”①，也可以在过程意义上指经由各种方法将宪法文本予以细化、具体化直至可以为具体问题所适用之程度②，但总体上是强调了最终得出某种实体规则或实体含义。判决说理更偏重作为一种司法技艺，是一个修辞的过程、论辩的过程。宪法解释可以包含在判决说理当中，但是判决说理过程中不是必须有宪法解释——有的条款含义非常清晰以至于无需解释。

（三）宪法案件的复杂性和争议性

宪法提供了与公权力和公共政策进行抗衡的基础，很多时候扮演了少数人的保护伞，挑战多数人通过政治过程所形成的决策。在这种情况下，宪法诉讼就变成了市政大会、院外游说和国会辩论的延伸，法律分析演变成了综合性的社会政策的重新考量。例如，妇女堕胎权所引发的罗伊诉韦德案③以及凯西案④，实际上把最高法院的庭审厅变成了一场全民争议的风暴眼，此时无论最高法院的判决结果怎样，都必须提供充分的说理意见，否则无法向败诉的一方交代。重大社会争议反映的是复杂的利益格局、多元的价值观，无论放在哪一种制度框架内都是不容易解决的，会涉及多层次的游说、讨价还价或者攻击与驳斥。这一切转换成司法语言，就是“一言难尽”的判决书了。

虽然法院是否应当借“法律技术”的包装过度卷入社会政策的漩涡

① District of Columbia v. Heller，128 S. Ct. 2783 (2008).

② 德国语境中的宪法解释就是“对于基本法规范意义内涵的探求与确定”。参见刘飞：《宪法解释的规则综合模式与结果取向——以德国联邦宪法法院为中心的宪法解释方法考察》，《中国法学》2011 年第 2 期。

③ Roe v. Wade，410 U. S. 113 (1973).

④ Planned Parenthood of Southeastern Pennsylvania v. Casey，505 U. S. 833 (1992).

是一个普遍性的宪政课题[①]，但事实是，美国最高法院在普通民众心目中与另外两权之间的区别并没有学理上强调的那么大——它们都是决定重大事务的国家机关而已。所以最高法院既不能抱持“两耳不闻窗外事”态度，也不能假装对自己判决所引发的舆论海啸毫不知情。社会期待着判决说理能够对民众的关切有所回应——哪怕是批判式的回应。

三、判决说理的功能

裁决个案争议是司法权的底线功能，这一点至多是美国最高法院能够成为司法机关的必要条件，却远不能囊括其承担的更为丰富的制度功能。作为整个司法体系的操盘手和宪法的最终阐释者，美国最高法院不是仅仅停留在法律形式主义的狭隘空间内，而是以每个个案为契机，构建了一套立体的法律论述，践行着多项制度功能。应当注意的是，美国最高法院的判决说理的各项功能之间并不是绝对地彼此区分，而是在一定程度上互有覆盖与交叉，尽管我们能够从不同视角辨析其差异，但是判决说理本身作为整体不应当被割裂开来。

(一)创制和发展司法规则

司法规则[②]是判例法体制中法官赖以得出判决结果的直接规范依据。根据法律渊源的不同，司法规则可以分为两大类：普通法意义上的司法规则和制定法意义上的司法规则。对于普通法而言，法律规则和法律原则包含在先例判决当中，即法官在解决先前案件的过程中提出并予以适用的规则就是法律[③]，其表现形式就是司法规则。在美国，合同法、侵权法等法律部门属于典型的普通法，都是以司法规则作为首要的、主

---

① 有人认为，司法谦抑可以避免法院介入政治纷争，在一定程度上有助于司法权威的巩固。参见王书成：《司法谦抑主义与香港违宪审查权——以“一国两制”为中心》，《政治与法律》2011年第5期。

② 判例法和大陆法之间的界限已经日趋模糊，因此严格地讲，司法规则并不是判例法体系独有的。参见赵钢、王杏飞：《论民事司法权中的司法规则创制权》，《中国法学》2011年第3期。

③ Peter Wesley-Smith, *An Introduction to the Hong Kong Legal System*, Third Edition, Oxford University Press, pp. 76-79.

要的法律渊源。所谓的"法官造法",其所造的也正是这样的司法规则。质言之,在纯粹普通法语境中,司法规则就是法。当然,现代社会不可能脱离制定法而存在,即便是美国这样的继受普通法传统的国家,如今大多数的法源也是制定法[①],例如行政程序法、反垄断法、民权法、各州的刑法典等等。但是,制定法在具体的司法适用过程中还是会面临语义模糊或是法律漏洞的问题,这就需要司法规则作为连接制定法条文与个案事实的中介,才能完成每一次具体的判决。在制定法的语境中,"制定法文本+司法规则=法"。无论是纯粹普通法意义上的司法规则,还是细化了制定法文本的司法规则,都是得出判决结果的"临门一脚",其与判决结果之间的逻辑关系非常直观、明了,并且这两类"司法规则"在表达方式上没有差别。如果把法律条文与案件事实作为光谱的两端,则司法规则的位置就是居于两者之间。

美国联邦宪法是成文法典,相当于超级制定法,因此法院在适用宪法的时候所提出的司法规则就是制定法意义上的规则。对于宪法诉讼而言,最高的法律依据来自于宪法文本,在文本的统摄之下,有多个不同的司法规则,分别具体处理不同类型的宪法事实。以美国宪法第一修正案为例,其文本载明"国会不得制定剥夺言论自由的法律",但是光有这句话无法解决纷繁复杂的言论自由方面的争议。于是,在"言论自由条款"之下,逐步形成了一系列不同的规则,例如"事前限制规则"[②]专门处理出版审查制度、"时间、地点和方式"[③]规则专门处理与压制言论内容无关的言论限制措施、"政府言论规则"[④]则专门处理政府雇员所能享有的言论自由的程度。质言之,言论自由条款恰似金字塔的顶端,各项具体

---

① William Burnham, *Introduction to the Law and Legal System of the United States*, Fifth Edition, St. Paul, MN: West Group, 2011, pp. 49-50.

② Allan Ides, Christopher N. May, *Constitutional Law—Individual Rights: Examples and Explanations*, New York: Aspen Publishers, 2010, p. 337.

③ 参见邱小平:《表达自由——美国宪法第一修正案研究》,北京大学出版社 2005 年版,第 384 页以下。

④ Allan Ides, Christopher N. May, *Constitutional Law—Individual Rights: Examples and Explanations*, New York: Aspen Publishers, 2010, pp. 425-426.

的司法规则就是金字塔的基石，形成了一个结构清晰的、立体的规范体系，保证各类案件都能够对号入座、井然有序地得到处理。

判决说理的首要功能就是为司法规则的创制提供了舞台。司法规则是依附于司法适用而存在的，不是经由立法机关的审议、表决而产生的，而是经过法官的条分缕析慢慢地浮现出来。立法语言是宣告式的，干净利落，一旦通过便公告天下，白纸黑字让人一望即知。司法规则的正当性必须隐藏在其与个案的紧密关联中①，否则就越出了司法适用的范围进而篡夺立法者的权限了。因此，司法规则的语言形态可能是不明显的、辗转的、待梳理的、可争辩的，而判决说理就可以包容一项司法规则从提出到不断试错再到逐渐明确的全过程。

（二）原则与价值的开放论坛

宪法是人类为了追求良善治理和美好生活而进行的刻意的、理性的制度设计，所以每一个条文背后都蕴含了丰富的政治理念、社会政策、伦理信仰乃至国民情感。然而宪政时刻（constitutional moment）②总是罕见的，回归到日常的宪法实施的场景中，那些宪法原则和宪法价值是通过怎样的方式保持其鲜活的观念形态呢？

1. 判决说理能够以个案为切入点反思和强化宪法共识

其实就司法权的本分而言，是没必要摆出全民导师的姿态的，毕竟宪政秩序下的常态治理应该是法律的执行，而不是原则的反省。而且，在具有全局性、复杂性的重大争议面前，保持一种独立和超然的地位也是司法权自我保护的不二法则。然而，宪法诉讼的特点就在于其始终无法斩断原则与价值的思绪，即便美国最高法院想按照“自动售货机”的模式仅仅充当一个判决书的输出端口，在现实中恐怕也难以实现。布鲁斯·阿克曼教授也提醒我们，所谓最高法院的“反多数困境”无非是假定民选官员在常规政治（normal politics）中更有资格代表“我们人民”（We

① Sir John W. Salmond, “The Theory of Judicial Precedent”, *Law Quarterly Review*, 376(16), 1990, pp. 387-388(1900).

② Bruce Ackerman, *We the People*: *Foundations*. Cambridge, MA: The Belknap Press of Harvard University Press. 1991, p. 6.

the People),但其实除非到了真正的宪政时刻,谁也没有资格代表“人民”说话——既不是最高法院,也不是总统或国会,更不是盖洛普民调。因此,在宪政时刻到来之前或正在形成之时,最高法院可以暂时为宪政共识“代言”。① 于是我们可以反向地提出这样一个命题,即政治共同体得以被塑造的那些基本原则与价值应该以个案为契机不断地被所有人复习、反思并更新,以保持一个恰当水准的宪法共识和宪政信仰,那么最高法院的判决说理则提供了一个合适的公共论坛。

在具有里程碑意义的纽约时报诉沙利文案②当中,美国最高法院需要解决的问题是,假如新闻媒体因为对政府官员的不实报道而被诉诽谤,第一修正案上的言论自由权能否为其提供保护。这并不是一个容易裁决的案件,因为诽谤法是非常古老的法律部门,想通过言论自由权来排除诽谤民事责任的话,就需要对有关诽谤规则作出重大调整。也就是说,言论自由与诽谤之间的张力在这个案件中被凸显了出来,或许这是制宪者也未能谋划好的问题。③ 言论自由究竟可以在多大程度上改变既有的诽谤规则,从而降低媒体批评官员时需要承担的风险?或者反过来说,官员忍受媒体和公众对他们的议论和评价——包括不实、误传甚至谣言——的界限在哪里,其作为公权力代表的身份与作为普通人的人格尊严和私人空间如何进行平衡?这是一个超越了个案局限,具有原则性和全局性的命题。

代表多数意见的大法官布伦南说:“我们长久以来的判例已经表明一个基本立场,即有关公共问题的言论自由一直都得到第一修正案的保护。宪法所提供的保障就是要确保人们在如何不断改进我们的政治和社会生活方面的意见可以获得不受阻碍地交换。我们的宪政体制的根本原则是提供自由地进行政治讨论的机会,以期待人民的愿望能够得到

---

① Bruce Ackerman, *We the People: Foundations*. Cambridge, MA: The Belknap Press of Harvard University Press. 1991, pp. 263-264.

② New York Times v. Sullivan, 376 U. S. 254 (1964).

③ Leonard W. Levy, *Emergence of A Free Press*, Chicago, Ill.: Ivan R. Dee Publisher, pp. 218-219.

政府的回应，而改革也能够以合法的方式达成。”①他同时特别引用著名法官伦纳德·汉德话：“第一修正案推定，正确的观点更有可能从多元化的讨论当中总结出来，而不是由哪一家权威机构来审定。对很多人来说，这一点似乎显得荒谬，但其实我们的政体完全是依赖于这个原则的。”②最后，布伦南给本案定调：“……于是我们认为本案应该放在这样一个背景中来考虑，这也是我们国家的一项庄严承诺，即有关公共事务的讨论应该是不受限制的、坚持不渝的和广泛公开的，即便这个过程中可能会有针对政府官员的激烈的、刻薄的和难听的言辞。”③

可见，本案的判决说理首先暂时搁置具体的争议，转而引导大家去思考政治言论在这个体制当中的地位以及第一修正案之所以被写进宪法的初衷。布伦南通过他的论述实际上提出了这样的问题：我们应该期待所有的言论都是审慎、正确、高质量且切中要害的吗？难道只有专家的中肯点评才有资格享受法律保护，而平民百姓的闲言碎语就可以被随意禁止吗？是否有可能既清除掉所有针对官员的不实言论，同时又完好无损地保留充分的言论自由呢？活跃而开放的公共讨论究竟是立足于怎样的言论生态？通过对这些问题的思考，我们才有机会跳出沙利文（被纽约时报批评的这位官员）所遭遇的可能的名誉损害的窠臼，去重温人类政治文明进程中言论自由之得来不易，因为一部诽谤法——尤其是煽动性诽谤（seditious libel）——的历史几乎就是因言获罪的历史，就是文字狱的历史④；也是通过对这些问题的思考，我们才有机会去追问和理解言论自由的真实生态——言论市场中总会有劣质产品，这是我们必须

---

① Leonard W. Levy, *Emergence of A Free Press*, Chicago, Ill.: Ivan R. Dee Publisher, p. 269.

② Leonard W. Levy, *Emergence of A Free Press*, Chicago, Ill.: Ivan R. Dee Publisher, p. 270, citing United States v. Associated Press, 52 F. Supp. 362, 372.

③ Leonard W. Levy, *Emergence of A Free Press*, Chicago, Ill.: Ivan R. Dee Publisher, p. 270.

④ Leonard W. Levy, *Emergence of A Free Press*, Chicago, Ill.: Ivan R. Dee Publisher, pp. xiv-xv, 18, 102.

付出的代价①,也是一个生机勃勃的公民社会的正常现象,真正成熟的公民和政府能够预见、理解并容忍这些劣质言论,并且不会因此感到沮丧或恐慌。诽谤法当然有其存在的理由和管辖范围,并且其与言论自由的冲突也只是在严格限定的语境当中才成为一个真命题。但无论如何,布伦南雄辩的话语已经证明,判决说理的力量就在于将两相冲突的制度、规则融入一个更为广泛、更为根本的原则论域里进行整合,并提供一个更为坚实的、新的共识。这样的判决说理丝毫不亚于一次深刻的宪法教育,在此基础上得出的个案裁决显然拥有了强大的说服力。

2. 判决说理可以缓解极端对立的立场从而增强判决可接受性

有时候法律争议所折射的社会分歧是如此之大,判决说理并不能轻易地统合彼此冲突的价值观或视角,但是至少能够充分展现各方的考量和关切,在无法得出最优结果的情况下提供某种"次优"的论述,增加判决的可接受性和可理解性。

例如在罗伊诉韦德案中,美国最高法院需要考虑堕胎合法化的问题,而在如此多元化的一个国家,堕胎所牵动的神经实在太过复杂。因此布莱克门大法官在判词开篇就说:"必须承认,我们了解堕胎这个问题所牵涉的敏感性以及公众情感,我们知道存在有激烈对立的观点——即便在医生中间也是如此,我们也知道对这个问题可能已经形成了深刻的乃至极端的信条了。每个人的哲学观,人生经历,宗教养成,对待生命、家庭和其他价值的态度,其所坚守的道德标准都有可能影响到或者遮蔽到他对堕胎问题的看法和观点。"②接下来,布莱克门有如历史学家一般,细数了堕胎从一开始在古希腊、古罗马时期的司空见惯,再到英国普通法当中的允许早期妊娠阶段的堕胎,直到 19 世纪后期针对堕胎手术的刑事立法开始大规模出现的漫长历史演变,进而总结道:"主要有三大原因促使禁止堕胎的立法在 19 世纪开始大行其道并且一直延续至今:……第一,这是维多利亚时代社会风气的表现,主要是想杜绝不正当的性行为

---

① Cohen v. Califonia, 403 U. S. 15, at 25.

② Leonard W. Levy, *Emergence of A Free Press*, Chicago, Ill.: Ivan R. Dee Publisher, p. 116.

……第二，19世纪的堕胎手术还是一项相当危险的手术，从医疗安全和公共卫生的角度出发禁止堕胎是一项两害相权取其轻的政策……第三，则是各州在保护潜在生命方面的职责……”[①]由此我们看到了一个关于堕胎问题的全景式图画，它提醒我们有时候法律所反映的特定历史时期的社会观感会由于制度惯性而得不到及时的更新，或者我们当下所在乎的规则在一开始却是基于一种完全不同的考量。而我们除了继承了不变的文字之外并不存在与前人的理性交集，再或者科技的进步其实在同时推进两项彼此冲突的权利，但我们却选择了一个偏颇的立场——妇女的自由选择权在医疗技术进步的前提下得以扩大，但是医疗进步本身也导致胚胎更早地获得了主张其生命权的资格，而这个依附于妇女身体当中的新的权利主体恰恰有可能反过来遏制妇女的选择权！

或许这样的判决说理会让人觉得沮丧，因为它看起来制造了更多的问题而不是消除了分歧。它使得一个法律问题的复杂结构残酷、真实且全面地展现了出来，似乎已经预示了完满结局的不可能。但是公共事务本身何尝不是如此呢？社会结构的多元化和各阶层利益的分殊给我们的警示是，很难有“绝对正确”“一贯正确”的决策。相反，承认一项决策存在误判的可能性，同时保持对其进行不断反思与纠错的开放态度才更让人信服和放心。说理的力量就在于与人的理性思辨产生共鸣，不是靠强制，而是靠说服；不是靠回避或漠视，而是靠理解与承认。最高法院不是不投票，可即便是九比零的表决结果又能怎样？大法官的投票只是判决说理的副产品，而不像立法程序或总统大选——在那里，票数就是一切。

（三）呈现判决的思辨过程

在公共生活中，秘密会造成不信任和恐慌，公开与透明才能凝聚共识和认同。法治的基本要素包括法律的公开与明确，在判例法的场景下，判决说理的公开与明确就是法治原则的题中之义。法官所说的每一句话，要么是指导当下判决的规则，要么就正在演变成规则的过程中，因

---

① Leonard W. Levy, *Emergence of A Free Press*, Chicago, Ill.: Ivan R. Dee Publisher, pp. 147-150.

此民众服从法律的前提就是要有充分机会了解法官在想什么,法官说了什么,因此法官的思辨过程必须被呈现出来。

1.判决说理保证了判决背后确有理由

也许在理论上,没有用文字展现出来判决理由与根本没有判决理由存在差别,但是在实际意义上,这两者的效果是一样的。思想是不可探知的,除非通过语言或行为作为介质。司法权是理性的权力,因此必须交代其得出判决的来龙去脉,这样司法思维才是可认知的、可追溯的、可评价的和可监督的。不需要给出判决理由的判决,和根本不需要理由的判决,在外观上没有区别。即便是前现代的神明裁判或决斗裁判那样的"不可理喻"的判决形式,其内在逻辑依然是尽可能提供某种可认知的判决理由——当然是以当时的认知水平为准。质言之,要求提供判决理由的制度意义就是保证判决的背后确有理由。

判决理由的可辨识性其实具有超越狭义司法权的更为宽泛的必要性。行政机关在作出行政处罚决定的时候,需要明示其理由;立法程序中,提案主体向立法机构全体提出法律草案时也会交代立法的背景、目的和任务;当我们反思审判委员会制度违反司法公开原则时,在很大程度上指的就是其缺乏公开的、可查询的决定理由或评议理由。① 因此,任何一个理性的决定都是要有理由的。

在没有判决说理的情况下,人们对同样一个判决结果可以有多种解读方式,尤其对于宪法案件这种凸显不同价值之间的激烈冲突与艰难权衡的案件,更会放大其内在理路的不确定性。所以我们可以观察到,美国最高法院的宪法判例的判决说理部分一般都篇幅很长,虽然这一部分是判例法的惯性使然,但是更重要的是确保了越是重大的案件越不是出于武断、草率的决定,而是经过了全面、深刻、审慎和艰难的思考。

2.明示理由反向制约了表达者自身的裁量空间

判决说理给了法官发挥其学识、智慧与经验的舞台,在一定程度上

① 参见付俊宝:《我国审判委员会制度存在的问题与对策》,《学习月刊》2009年第11期。

扩展了其思辨的空间。但另一方面，明示判决理由实质上又制约了作为案件决定者的法官的裁量空间。面对一项艰难的决定时，如果允许法官不出具判决理由，实际上为其提供了某种保护，保留了一定的回旋余地；一旦法官被要求就某一个法律问题进行表态并详细交代其论证思路，则白纸黑字立此存照，实际上设定了对该问题进行后续思考与辩论的起点或框架，当法官未来想要抛弃原有思路时，就必须花大气力给出更加雄辩的理据，否则就会留给世人随意和专断的印象。

在某种意义上，明示理由与裁量空间是互为消长的，保护某个公权力机关或决策者的裁量空间就是允许其在不出具理由的情况下作出决定。站在法治的角度，我们至少可以作出这样的合理推断，即不公布判决理由可以用来保护某些不合理甚至荒谬的理由。因为一般的逻辑是，如果判决理由符合常识、引人共鸣、让人无法拒绝，那么又有什么必要不公布呢？从这个角度来讲，明示判决理由成为一项坚实的传统可以帮助我们限制大法官们可能的恣意与专断——毕竟在政治当中，我们不必假定"人人都是天使"。

（四）丰富和更新了法律共同体的话语体系

尽管除了法学之外，美国最高法院也同时属于政治学、政府学等学科的研究对象，但是毫无疑问的是，法律共同体是围绕着最高法院而形成的。判决说理作为对宪法的解读和司法规则的来源，则不断地输送着概念、术语、修辞和思想，这都是维系法律共同体的话语纽带和必要养分。

判决说理的语言很丰富，经常贡献新鲜的表达方式，引领理论界的讨论方向。例如在格里斯伍德诉康涅狄格案①中，最高法院提出，宪法没有明确规定的隐私权其实存在于那些明示的基本权利的"半影"②中。所谓"半影"就是处在完全的阴影与光亮之间的中间地带，暗示宪法中的基本权利条款有溢出效应，或者就像散热器，在其周围一定范围内也覆盖了热量。道格拉斯大法官代表法庭说："各种类型的明示权利都包含了

① Griswold v. Connecticut，381 U. S. 479 (1965).

② Griswold v. Connecticut，381 U. S. 479 (1965), at 484.

某种隐私空间。第一修正案的半影当中所包含的结社权就是一种隐私。第三修正案禁止士兵在和平时期未经主人允许进入任何房屋这一条在某种意义上也在保护隐私。第四修正案确保人们的身体、房屋、文件不受非法搜查与逮捕。第五修正案的禁止自证其罪条款也为公民创设了一个隐私空间。”①法庭借助“半影”这个略显奇怪但又颇具新意的词汇在判决说理中实现了某种“过渡”，在宪法文本缺乏对隐私权的明示规定的情况下，转而强调权利法案的其他条款具有为公民创设私密空间的目的和效应，从而提出了隐私权也为宪法所承认这样一项主张，即“半影说”促进了隐私权进入宪法权利话语体系的过程。

再比如“精细剪裁”(narrowly-tailored)②这个提法，同样不是来自宪法文本，并且外观上甚至具有法律语言所没有的生动性，也是经由判决说理的不断重述和积累，最终成为具有确定含义的、司法审查标准的要件之一。依据中度审查标准，政府如果想限制某一项公民权利，除了维护重要的公共利益、政府措施能够直接推进上述利益这几个要求之外，还必须举证证明这项限制权利的法律或措施是经过了“精细剪裁”，即像裁缝制作服装一样，对法律或政府措施的细节进行精心的设计、修订和打磨，减少了对权利的不必要的干预，只保留了为实现某项公共利益所必不可少的执法措施，因此整部法律或措施不会显得大而无当，而是合乎比例地平衡了对权利的保护和对正当政府职能的履行。

判决说理在用语上的多样性来自于说理本身就具有的发散型的特点，司法权的思辨过程通过判决说理呈现出来的时候有可能是未经打磨的语言表达，没有制定法那样的精确和规整。但是，一方面由于判决说理蕴含了通过多个案件的话语接力从而发展司法规则的可能性，另一方面由于论述的充分性而获得广泛接受，因而说理式的语言也可以逐渐变成具有精确含义和稳定表达方式的“概念”或“术语”。这一点从比较法的角度看尤其明显，在判决说理明显不够甚至匮乏的中国，司法过程中

---

① Griswold v. Connecticut, 381 U. S. 479 (1965), at 484.

② Board of Trustees of the State University of New York v. Fox, 492 U. S. 469 (1989); Liquormart, Inc. v. Rhode Island, 517 U. S. 484 (1996).

的语言也是贫瘠的。法律共同体更多地依靠理论界来供给话语营养，但是由于学理文字不具有判例法国家的判决说理文字那样的“准规范”地位，所以法律话语的发展既没有生机勃勃，也缺乏足够的统一性——宪法学话语尤其如此。

四、判决说理的文风

判决说理的文风与功能是密不可分且互为因果的，其宪政功能的实现在很大程度上是因为其特有的文风，而这些风格的形成本身也是其实践诸项功能的副产品。笔者行文的困难之一是，将判决说理的文风放在功能之后进行论述会造成某种对这两个范畴之关系的错误理解，因此特别值得强调的是，功能和文风的区分也不应绝对化，毋宁作为理解判决说理的两种互为补充的认知进路。

（一）思辨性和前瞻性

美国最高法院的宪法案件的判词给人最直观的感受就是其强烈的思辨性，以及通过这种思辨性所体现对法律发展方向的前瞻性——任何主张都是可以争辩的，尤其是由当事人提出却被法庭所回绝的论点，更是会得到特殊照顾——给出充分的分析和答复，唯恐当事人“不服”。

1. 挑战固有思维

不管是创制和发展司法规则，还是引领宪法原则的讨论，都不可能通过干巴巴的事实认定和法条罗列来完成。正相反，大法官们的文辞活泼、开放，常常发人深省，甚或振聋发聩。在洛克纳诉纽约案[①]中，最高法院的多数意见作出了被后人称之为宪法史上最臭名昭著的判决之一——以一部设定面包房工人每天最高工作时限的法律侵犯了雇主与工人之间的劳动合同自由权为理由宣布这部意在保护工人的法律违宪。当时美国经历着前所未有的经济繁荣，自由放任主义的市场经济理念被主流阶层——包括最高法院的多数大法官——推向极致，而社会福利和劳动保护等观念还只是方兴未艾，正在艰难地争取制度的认同。纽约州

---

① Lochner v. New York，198 U. S. 45 (1905).

出台的这部法律在保护劳工权益方面是一个进步,至少反映了纽约州多数人的意见,但是却被最高法院的多数意见以违背合同自由为理由而推翻。但是,大法官霍姆斯却在反对意见中冷静地写道:"这个判决所依赖的经济理论(指自由放任主义理论)其实并不为这个国家的大多数所认可。如果要问我是否同意这个经济理论,我想我应该先好好研究一下再决定是否接纳它。但是我不认为这是我的职责所在,因为我强烈地相信,不管我信奉这个理论或是反对这个理论,都不应阻碍社会的大多数将他们的(保护劳工的)意见写进法律的权利……"①霍姆斯的独到之处就在于,打破传统上对于自由放任主义的默认,从根本上质疑一部宪法是否只是为某一种经济理论背书,而罔顾大多数民众要求变革的呼声?固有思维是应当允许被怀疑和挑战的,尤其是一部古老的宪法仍然在治理着一个现代化国家的时候更是如此,兼具思辨性和前瞻性的判决说理使得公众对宪法的理解亦能"与时俱进"。

2. 转换讨论框架

判决说理的思辨性还表现在如何设定宪法问题的分析框架——即提出怎样的问题有时候比怎样回答问题更重要。同性恋者权利在 20 世纪下半叶以来一直是美国社会的敏感问题。尽管随着民权运动的发展,这一少数群体越来越得到社会观念和法律制度的宽容,但是前进的道路并非坦途,包括佐治亚州在内的 24 个州以及哥伦比亚特区在 1980 年代仍然对同性恋性行为进行刑事惩罚。有一个名叫迈克尔·哈德维克的男子被佐治亚州定罪之后向联邦最高法院提起上诉,认为有关刑法条款违反联邦宪法,这就是 1986 年著名的鲍尔斯诉哈德维克案。② 本案结果对于哈德维克来说是失望的,因为大法官怀特(Bryon R. White)撰写的多数意见将本案的争点表述为,宪法是否承认同性恋性行为作为一项根本权利(a fundamental right to engage in homosexual sodomy)。这是很难证成的命题,因为根本权利不是宪法明示权利,而是从"正当法律程

① Lochner v. New York, 198 U. S. 45 (1905), at 75.

② Bowers v. Hardwick, 478 U. S. 186 (1986).

序"条款引申出来的，从同性性行为权利到根本权利再到正当法律程序，这等于是跨越两级逻辑"闸门"。同时，"同性性行为是一项宪法根本权利"这样一个表述也实在是不讨喜。鉴于隐私权具有根本权利的属性，已经获得了宪法认可，所以一个可能的论证路径是把同性性行为往隐私权方面靠拢，争取获得宪法的接纳。但怀特还是认为，与隐私权所保护的婚姻、家庭、生育等价值相比，同性性行为实在是找不出任何相似度，因此不能认为其属于根本权利。

2003 年的劳伦斯诉得克萨斯案[①]面对同样的问题，却坚决推翻了上述判决，关键的一环就是重新设计了讨论主题。大法官肯尼迪代表多数意见说，鲍尔斯诉哈德维克案将讨论范围限定在宪法是否赋予公民进行同性性行为的权利上，"完全是没有意识到这个问题所涉及的公民自由的重要性……这就好比说婚姻权仅仅只是享受性生活的权利一样，是对个人的极大贬损"[②]。这类刑事法律都声称只是禁止了一种特定的性行为，但是其效果却不止于此。"它们触及到了人类最私密的行为——性行为——以及最私密的空间——家(哈德维克和劳伦斯均是在自己家中被捕)……这些法律试图把某种私密关系的存在当作犯罪来惩罚，可这些本属于公民自由选择的范围。"[③]肯尼迪认为，"成年人有权选择在自己家中和个人生活中享受某种特定的私密关系，同时仍然保有做人的尊严"[④]。也就是说，真正重要的不是人们具体在做什么，而是作为一个人是否有足够的自由去选择做什么或不做什么。无论隐私权也好、根本权利也好，其能够经由"正当法律程序"条款获得认可的关键都是其尊重了个人的基本自由，划定了一个完全属于自我掌控的生活空间，从而排除公权力和社会定见的干扰。从哈德维克到劳伦斯，同性恋者的身份和生活方式没有变化，变化的只是我们看待这一问题的角度。正如著名宪法学者 Tribe 所言："在思考某项权利是否符合我们传统上所认可的自由

---

① Lawrence v. Texas,539 U.S. 558 (2003).

② Lawrence v. Texas,539 U.S. 558 (2003), at 566,567.

③ Lawrence v. Texas,539 U.S. 558 (2003), at 567.

④ Lawrence v. Texas,539 U.S. 558 (2003), at 567.

时，关键是要上升到一个足够高的抽象程度来定义，才能使得那些非传统的行为能够获得与主流行为一样的法律保护。”①

（二）渐进性和有限性

渐进性不仅仅是保守或审慎，而是根植于判例法司法传统中的一种难以舍弃的思维风格。司法权以解决个案争议为本职工作，即便基于法律适用的需要不得不提出司法规则，这些规则的覆盖面也是有限的，不应超过处理当前争议的必要。一方面，判决说理在推动着司法规则不断地丰富和体系化；另一方面，这种丰富和体系化的方式又不是大刀阔斧的，而是小修小补的。正如德沃金所说，法官的工作就好比撰写一部永无止境的长篇小说，每位作者都影响了故事情节的走向，但都是以极其细微的幅度和手法，以便让这部不断被“接续”的小说看上去像出自一人之手②，即法律虽然不断地被修正和重述，但是始终能够保持基本理论上的融贯和一致性，或者说“法律的整体性”依然是可辨识的。渐进性和有限性的具体表现之一就是最高法院不会轻易地接纳某种新的权利的“诞生”，即便判决实际上提供了对某种利益的法律保护，但是从“利益”到“权利”的身份转换则没那么简单，即法院并不是以某种“权利”的名义来进行保护和施以救济。在罗伯茨诉 Jaycee 俱乐部案③中，最高法院就明显对“结社权”的宪法地位作出了保留。大法官布伦南说：“宪法保护人们以从事第一修正案所保护那些活动——言论、集会、请愿以及宗教信仰——为目的而进行联合的权利。宪法是把这项结社自由作为保存其他个人自由的必要手段来保护的。”④看起来，结社自由是因为有了第一修正案的“中介”才进入到宪法保护的范围的，并且也只是在从事那些已经获得承认的合法活动的范围内才存在这种“受保护的联合”，所谓的

① Lawrence Tribe, *American Constitutional Law*, 2nd ed., Mineola, New York: The Foundation Press, Inc., 1988, pp. 1427-1428.

② Ronald Dworkin, *Law's Empire*, Cambridge, Massachusetts: The Belknap Press of Harvard University Press, 1986, p. 229.

③ Roberts v. United States Jaycee, 468 U. S. 609 (1984).

④ Roberts v. United States Jaycee, 468 U. S. 609 (1984), at 618.

"结社权"并没有得到抽象意义上的承认。布伦南更进一步说,"宪法为结社自由所提供的保护的性质和程度取决于案件在何种程度上涉及了宪法所保护的自由"[①],即结社自由的法律地位需要经由已经获得宪法权利地位的"那些自由"在个案中予以具体定义,而不是打包式地一次性发放。可见,最高法院在给权利发放"执照"的过程中不太慷慨,而是典型的渐进式、有限度的。

"公共论坛规则"[②]的适用也展现了最高法院判决说理的渐进性和有限性。所谓公共论坛就是指那些言论自由可以被充分享有的地方,是相对于非公共论坛而言的。在非公共论坛,政府对于言论的限制有更大的灵活性。传统上,街道、公园是大众聚集并且进行意见交换的地方,因此被认为是公共论坛的典型。同时,美国最高法院也在一系列案件中提出,一个场所的历史和主要功能也是判断其是否构成公共论坛的重要参考。但是 International Socy. for Krishna Consciousness, Inc. v. Lee[③] 一案,最高法院却拒绝了将机场认定为公共论坛的主张。当事人认为,机场高密度的人来人往以及候机大厅的商业化味道与城市的街道很相似,并且人们也一直在机场进行着各种交流。可是最高法院的意见是,机场的主要功能并不是交流而是提供交通服务。这个说法单单从逻辑上其实讲不通,因为街道的主要功能同样不是交流,而是交通。由此可见,认定公共论坛究竟是依据一种类比的方法,还是应当依照概念推演的方法,其实并不那么明确。当我们为某个概念设定若干一般化、理性化的标准时,一方面增强了规则的清晰度,看似更容易理解了;但同时,逻辑推演会自动地将这个概念所指称的对象扩大好多倍,这又使得规则改变的幅度过大。因此在实际操作层面,美国最高法院即便使用了一般性的语言,也会倾向于限制其"一般性的含义",以保证规则改变的节奏是可控的。

---

① Roberts v. United States Jaycee, 468 U. S. 609 (1984), at 618.

② Erwin Chemerinsky, *Constitutional Law: Principles and Policies*, 3rd Edition, New York: Aspen Publishers, 2006, p. 1127.

③ International Socy. for Krishna Consciousness, Inc. v. Lee, 505 U. S. 672 (1992).

乍一看上去,“渐进性/有限性”与“思辨性/前瞻性”是有矛盾的,因为一般人心目中的“保守”应该是惜墨如金的,一旦把话匣子打开,任何立场和观点都可以挤进司法论辩的舞台,法院又如何保持渐进和有限的判决呢?然而这都是表面现象,最高法院恰恰是通过“多说几句”而实现“少判一点”!根据判例法的基本规则,除了判决之前最后提出的司法规则之外,其余部分并不是“法”,不是拘束性的先例。① 因此,判决说理虽然说了很多,并不表示法官创造了很多规则。相反,这些都可以被用来对规则的适用方式进行限定。美国最高法院的判词中常有这样的表述,“这是一个有限的判决……”(this is a narrow decision)或者“我们没有说……也没有说……我们只是说……”再或者“我们认为初审法院没有错误地运用他们的合理的裁量权,本庭的意见不应当被理解为在代替他们行使这项裁量权”。这些看似絮絮叨叨的话其实目的只有一个,告诉败诉方以及任何对“司法能动”表示抵制的人:我们这么做是有理由的、我们所提的规则是有条件的;不要只看我们最后说了什么,而是请多看看我们为什么会这么说。在某种程度上,判决书与制定法是很相似的,写得越简短,越容易被误读;写得越长越详细,则越能够清晰界定自己与其他机关的权力界限。说理的智慧有时就是一种自我保护。

五、结语:说理是一种精致的智慧

美国大法官爱德华·柯克说,司法是一门实践理性,未经训练,即便天资聪颖如国王也难以掌握。霍姆斯大法官也曾说,法律的生命不在逻辑而在经验。② 如果说人类认知过程的习惯就是总喜欢用抽象的标签来囊括丰富而微观的事务,那么柯克和霍姆斯就是在提醒我们,有些东西真实存在却又难以言表,虽然它带给你强烈的启示,但是千万不要轻易地下定义、做论断,最好的方式就是去感受、去体会、去深入发掘并且仔

① Edgar Bodenheimer/John B. Oakley/Jean C. Love, *An Introduction to the Anglo-American Legal System: Readings and Cases*, third edition, St. Paul: West Group, Minn., p. 116.

② Oliver Wendell Holmes, *The Common Law*, 1988, p. 1.

细研磨。这就是判决说理，它是一种精致的智慧，常常让人有巨大的折服感。但这智慧体现在细节的雕琢当中，并不适合宏大叙事者的习惯。

无论是创制和发展司法规则，还是开放一个原则化的论坛，抑或呈现一幅完整思维画卷，再或者为法律共同体的语言注入新鲜血液，判决说理在完成其使命时皆是“润物细无声”。判决说理不是被“规定”出来的，也无法被“叫停”。当法治的发展进入到精雕细作的阶段时，判决说理必然占据舞台的中心；或者反过来说，判决说理的精致智慧为自己搭建了舞台，赢得了观众。当法律规则、法治精神、法律思维和法学话语都得自于判决说理时，它已经不需要谁给它授权了。从这个角度看，虽然美国最高法院的判决说理是一个判例法传统的判决说理，但是其中的智慧并不囿于那个“人造”的边界，反而具有基于人类理性的必然通约性。只要社会治理仍然相信“以理服人”，判决说理的技艺和经验就会自然而然地生长，即便在中国也不会例外。

第二节 《欧洲司法改革报告(2011～2012)》及其对中国的启示①

司法改革的成功与否依赖于针对司法机关的组织和程序上的制度设计，欧洲司法委员会同盟发布的《欧洲司法改革报告(2011～2012)》在组织和程序设计方面提供了富有启发性的建议，中国司法改革可以借鉴和吸收有益的欧洲经验。结合中国特定的司法语境，中国司法改革应该首先着眼于以“司法职权配置和案件分配管理机制”为重心的内部性体制改革，然后逐步转向法院在组织、财政、人事上的相对独立。循此路径，中国司法改革应该是渐进的并最终将会通过宪法修改来完成。该报

① 本节系与涂云新合作，其主要内容曾发表于《河南财经政法大学学报》2013年第6期。本书收录时有修改。

告载明，欧洲各国一致认为，司法改革的目标是提升司法正义的质量，提高司法部门的效能，同时强化和维护司法部门的独立性，并加强对司法部门的问责机制，使其在享受独立的同时也受到严格的约束。

海内外关于司法改革的核心议题无一例外地都最后集中在法院的角色定位和制度设计上来，此中的缘由恰恰在于这样一种理念：法院是法治社会构建的拱心石，而司法审判之独立诚为任何民主法治社会的精髓和关键所在。什么是理想的或者优化的法院角色定位和功能设计？什么是高效公正的现代司法体制？如何构建司法改革的理想图景？这些问题都值得法律理论界的深刻检讨和实务界的不断摸索，综观各家观点，当下关于司法改革"理想愿景"的论证路径不外乎有二：(1)人权保障的论证路径；(2)组织和程序功能设计的论证路径。就第一种论证方式而言，公平不偏的司法裁判，从人权保障的角度来看，不仅它关乎作为个体意义上的公民人身是否自由、财产有无保障、市场契约得否获执行，更重要的在于此公正不偏的司法审判也是民主的一个前提，作为政治共同体意义上的人民意志表现在法律之中，若不能不偏不倚地解释、适用法律，人民的意志即不能实现。① 就第二种论证方式而言，公平不偏的司法裁判必定会涉及国家公权力运作的规则、边界和程序，这一方面是由于近代以降的宪政主义(Constitutionalism)预设即在于"有限政府"，司法权之运行被置于一个"权力分立与制衡"(check and balance)的宪法制度安排之中；另一方面也由于人权的救济并非倚靠立法中心的模式自动实现，相反，它必须经由制度化的"法律设施"(legal installations)予以组织和程序上的保障。中国和欧洲均为对人类文明产生重要影响的地区，不仅因为中国近代的法律制度广泛继受了欧洲的传统，更因为两者都处于一个全球化不断深化的时代背景下，中欧的人权对话和共同担负的国际法上的义务都使得两者的法律发展存在着相互交融，这种交融为两者在法律更新和发展的历史使命上提供

① 参见李念祖：《宪法案例Ⅱ：人权保障的程序》，(台北)三民书局 2008 年版，第 3～4 页。

了某种视域融合的可能。在新的世纪，中国和欧洲似乎都不约而同地将法治更新的重心之一聚焦在了司法改革领域。中国共产党的十八大报告将“进一步深化司法体制改革，坚持和完善中国特色社会主义司法制度，确保审判机关、检察机关依法独立公正行使审判权、检察权”作为新时期司法工作的政治指引。最高人民法院在十一届全国人大五次会议的工作报告中明确将深化司法体制机制改革作为法院工作的重点。在欧洲，欧洲司法委员会联盟（European Network of Councils for the Judiciary，简称ENCJ）就欧洲司法改革提供了极富启发性的报告和建议，其核心要点即在于透过欧洲各国司法机构的组织和程序优化来实现既能保障“正义不能离人民太远”又能确保公正不偏的司法体制新的整合和建构。本书将论述置于司法改革的组织和程序保障的主轴线上，意在经由对欧洲司法委员会联盟发布的《欧洲司法改革报告》的阐幽发微来理清司法改革中的结构性问题，并且通过一种“理论和制度旅行”将其法理运用于中国特色的司法改革实践之中。

一、欧洲司法改革报告

半个多世纪以来，欧洲各国的司法系统都始终处于一种国内法和欧洲共同体/欧洲联盟法（European Community/European Union Law）的紧密互动之中，这种互动关系的深化随着欧盟法朝着超国家主权宪法化的进程对欧盟27个成员国都产生了变革性的影响，法律统一和趋同成为任何一个具有古老传统的欧洲国家不得不直面的主题。一段时期以来，欧洲各国面临着诉讼案件陡增，司法机构的效能和公信力都在不同程度上遭受来自国内和欧盟层面的挑战和质疑。这些挑战和质疑包括快速更新的立法、对于法律解释和法律适用的新方法的出现以及欧洲法律和国际法的影响，随着经济的发展，出现了新的金融关系以及由此带来的新型纠纷；民众对于个人权利有了不同的理解，关于国际人权标准的诉讼在不断增加；还有一些新的社会问题产生，比如腐败问题、毒品问题以及犯罪率上升问题。有时候，社会将希望都寄托于法院和法官，希望他们能解决所有这些问题。如果没有成功解决，司法便被贴上效率低下或是履职不力的标签，这对于法院和法官而言显然是不公平的。正是在这种大背景下，欧洲司法委员会联盟(ENCJ)于2004年在罗马成立，该联盟于2007年在荷兰海牙通过了联盟赖以组织化运作的宪章性文件——欧洲司法委员会联盟规约(ENCJ Statute)，根据该规约，联盟的总部设于欧盟的首都布鲁塞尔，该联盟由全体大会(General Assembly)、督导委员会(Steering Committee)、执行局(Executive Board)和主席(President)四个机构组成，联盟每年举行一次全体大会和若干分会。该联盟设立的宗旨在于协调欧盟成员国、候选国司法委员会的司法政策和改革目标、推进司法领域的欧盟和国际标准。欧洲司法委员会联盟通过观察欧洲各国的司法运作实际认为欧洲司法改革的目标是提升司法正义的质量，提高司法部门的效能，同时强化和维护司法部门的独立性，并加强对司法部门的问责机制，使其在享受独立的同时也受到严格的约束。2011年6月8日至10日，欧洲司法委员会联盟(ENCJ)在立陶宛共和国首都维尔纽斯举行了全体大会。该大会通过了《维尔纽斯宣言》(Vilnius Declaration)，旨在为欧洲各国的司法机构提供一个应对新形势下经济、社会挑战的指导意见，该宣言也被视为欧洲司法委员会联盟推动欧洲司法改革进程的起点。翌年5月，欧洲司法委员会联盟在爱尔兰首都都柏林举行了全体大会并通过了《都柏林宣言》，随后，欧洲司法委员会联盟发布了三份报告——《欧洲司法改革报告(2011～2012)》(Report on Judicial Reform in Europe 2011-2012)、《最低司法标准报告Ⅱ》(Report on Minimum Judicial Standards II)、《法院、社会和媒体报告》(Report on Justice, Society and the Media)。这三份报告本质上都是欧洲司法委员会联盟对欧洲各国司法改革的建议(Recommendation)，也被视为欧洲司法委员会联盟自2004年正式成立以来在司法改革领域最富有成效的工作。笔者认为，这三份报告中尤为值得中国司法界研究和借鉴的是《欧洲司法改革报告2011～2012》。这份报告是根据近两年来欧洲司法委员会联盟在“海牙会议”(2011年9月15～16日)上发布的问卷答案以及后来在布鲁塞尔、布加勒斯特和罗马举办的一系列工作会议上的讨论意见形成的。该报告分为五章，第一章为前言介绍了欧洲司法改革的背景、目标、原则。第二章界定了报告的范畴和方法论。第三和第四章为报告的实体部分。其中第三章厘定了欧洲司法改革的实质内容，着重从司法机构的组织和程序的功能设计上评价了欧洲司法的现状并提供了五个方面的改革建议(Recommendation)；第四章提出了司法改革的过程论，司法机构的改革需要在“正义的可接近性”和“司法机构的效能”方面保持一种审慎的平衡。报告强调：无论何种不利的经济处境，基本权利必须在任何时候都得到保障。第五章总结了报告的十九个建议。

欧洲司法委员会联盟在报告中着重强调了五个方面的改革内容：第一，法院和检察院的组织结构合理化；第二，减少案件数量；第三，简化司法程序，改善案件管理，采用高新科技；第四，改革司法预算；第五，法院管理和法院及检察院工作量的合理配置。欧洲司法委员会联盟首先总结了欧洲各国在这五个方面的现有措施，其次对这些措施进行了利弊分析，然后针对具体的措施提出了改革的建议(参见表11-1)。

表11-1　欧洲司法改革的措施与建议

领域	现有措施	改革建议
法院和检察院组织机构的合理化	(1)重新划分司法管辖区；(2)提高平民法官参与度	**建议一**：法院的集中、合并必须以提高司法正义的质量为目的，而不只是为了节省费用、降低成本。 **建议二**：对法院进行集中、合并的同时，应当加大信息通信技术的应用，以减少当事人亲临法院参加庭审的频率。而且，应当运用信息通信技术增加法院工作的可见度，让更多人了解法院。 **建议三**：司法部门应当认真研究和评估集中、合并法院是否真正能够节省费用，而且必须注意到，节省费用的效果可能需要很多年才能显现。
减少案件数量	(1)提高诉讼收费标准；(2)减少上诉案件数量；(3)大力开发多元纠纷解决机制(ADR)	**建议四**：坚决不能把减少案件数量当作改革的唯一目的。任何改革措施(包括提高诉讼收费)，必须确保《欧洲人权公约》第6条所规定的享受司法救济权不受侵犯。既要把轻率滥诉、微不足道的案件挡在法院大门之外，也要保证具有重要法律价值的案件进入法院的渠道畅通无阻。

续表

领域	现有措施	改革建议
减少案件数量	(1)提高诉讼收费标准;(2)减少上诉案件数量;(3)大力开发多元纠纷解决机制(ADR)	建议五:在提高法院的诉讼收费标准时,必须考虑当事人的经济状况,并采取费用分类确定标准或者提供法律援助的方式解决相关问题。 建议六:对上诉权的限制应当首先由司法部门根据具体案件的实体问题、上诉的实质意义作出选择,而不能只是机械地考虑关于上诉的法律规则。
简化司法程序,改善案件管理,采用高新科技	几乎所有的欧洲国家都在努力简化诉讼程序,或者在诉讼程序中更多地使用数字化技术,从而缩短诉讼进行的时间	建议七:简化司法程序,改善案件管理,采用高新科技,都可以为司法的现代化提供机会和条件,进而畅通司法救济渠道,提升司法正义质量,提高司法工作效率。各国司法部门应当建立相关的改革项目以实现这些目标。 建议八:所有这些改革都需要对程序法进行现代化改造,这就需要司法机关与政府内负责立法的机构开展密切合作。而最重要的是,法官和检察官应当积极主动提前介入新程序法规则的制定和实施,参与相关司法科技系统的开发和应用。
改革司法预算	(1)削减司法预算;(2)降低司法官员的工资;(3)改革预算机制	建议九:司法界的普遍共识是,如果降低法官工资待遇的规定同样适用于政府其他部门,则可以认为司法的独立性没有受到破坏。 建议十:司法人员应当获得与其职业尊荣和神圣责任相符的工资待遇。因此,降低法官的工资待遇只能是极端严峻的经济形势下采取的特殊措施,而且其适用的时间长短应当严格限制。 建议十一:法官和检察官的工资待遇应当由法律来规定,从而确保司法的独立性,而且制定相关规则时有司法部门参与。关于工资待遇的决定不应当由政府自由裁量做出。 建议十二:司法部门的经费管理制度应当以满足其正常办案需求为目标。只有这样,才能保证分配正义的及时性。

续表

领域	现有措施	改革建议
改革司法预算	(1)削减司法预算；(2)降低司法官员的工资；(3)改革预算机制	**建议十三**：司法经费的投入应当以司法工作的产出为基础。这就要求建立对“司法工作产出”的工作量和工作时间的测评体系，而且这种测评体系应当简单易行。对测评结果的使用须十分谨慎，以免影响司法的独立性。不得将工作量测评的模型机械地应用于具体案件中。 **建议十四**：为加强各权力机关之间的分工负责、相互制衡，司法部门应当密切介入司法预算过程的各个环节，并在确定的预算范围内负责法院系统整体和各个法院财务的自主管理工作。
法院管理和法院及检察院工作量的合理配置		**建议十五**：对法院内部各项工作任务进行分类整合、合理配置，从而使法官集中精力完成最重要的司法工作。这本身就是一个重要目标，实际上也可以通过这一方法节约司法经费。为提高效率，法官必须配备各种必要的辅助支持，必须有足够的助手，而且这些助手应当素质优良。 **建议十六**：法院和法官的案件分配机制应当保持公开透明，同时要增加其灵活、便捷性，以更加优化法院和法官的人力资源配置。 **建议十七**：节约司法部门运转经费的做法值得鼓励，但必须审慎地平衡运转费用与案件量和办案时间之间的关系。从实体内容上看，欧洲司法改革的切入点集中在法院的组织架构、司法机构的效率、司法的财政保障方面。在针对以上方面提出相应的改革建议后，欧洲司法委员会联盟还就推动改革进程做出了具有启发性的论证，报告首先分析了司法改革成功所必须具备的条件，然后，明确了司法改革的目标的方法，最终提出了推动司法改革进程的两条建议（分别为建议十八和建议十九）。 **建议十八、建议十九**：强调了司法部门自身参与制定和实施改革的重要性以及各国司法部门应该更加有效地加强司法管理的必要性。

二、从视域融合到重叠共识:司法改革中的组织和程序议题

视域融合理论(Fusion of Horizons/Horizontverschmelzung)由德国哲学家伽达默尔所完整阐发,视域(horizons/Horizont)系借用目力所及的区域来表达人之立场与世界观,“视域融合”在伽达默尔看来就是指人的特定视域在历史对话境域中的相互融贯。简言之,不同主体间通过商谈而实现其原先所坚持的不同观点达成某种一致。在阐释学的语境下,这个概念还意味着在传统的触发下通过对问题的回应而形成一种主体间一致性的见解。① 在法律文化多元的世界中,法律体系之间的对等承认和错误承认所形成的空间就是“视域融合”产生的场域。② 司法改革的话题在欧洲和中国之间自然有诸多语境和问题意识的不同,因为欧洲各国的司法机构多是在一个相对成熟和建制化(established)的法治环境中运行,而其所直面的问题大多是在欧盟整合的背景下,欧洲趋向统一的司法标准和各国固有的司法标准之间的矛盾和整合。中国司法机构的问题相对来说则是在改革开放后中国特色社会主义法律体系初步建成的过程中所累积的问题,虽然中国也必须承担国家人权标准下司法体系的更新和适应,但是中国却缺乏一个类似于欧盟法律整合的语境。然而,中欧法治环境的这种分殊并非不能形成三种意义上司法改革设计上的视域融合。第一种是司法改革理念上的交融和沟通,这是司法价值论的层面。第二种是司法改革技术手段上的共享,即司法改革在案件管理、程序设计和高科技手段辅助诉讼方面具有超越不同法系传统的技术中立的领域,而这些技术中立的手段可以为中欧司法改革所共同分享。第三种是司法改革进路上的相互借鉴,正如本书开篇所提出的构建司法改革“理想愿景”的理论论证的路径,无论是基于人权保障的论证路径还是基于法院功能结构主义的论证路径,中欧都可以相互借鉴。司法改革

---

① Hans-Georg Gadamer, *Truth and Method*, New York:Continuum,1997,p. 302.

② Wendy Martineau,“Misrecognition and Cross-cultural Understanding:Shaping the Space for a ‘Fusion of Horizons’,”*Ethnicities* , 2012,12, p. 161.

理念、价值、技术和进路上的视域融合使得我们可以形成一种关于改革的重叠共识(overlapping consensus)。借用罗尔斯的观点,这种关于改革的重叠共识即使在对何为正义持有"非常不同见解"的个体或者群体间也是可以发生的。① 本书限于篇幅将讨论的重点放在司法改革进路上的对比观察上。

从《欧洲司法改革报告(2011～2012)》试图提供某种欧洲式解决方案的论证进路上看,司法改革的组织和程序保障是其核心的议题,这个核心议题可以分解为以下几个不同的方面:

(一)司法改革需要首先保障司法机构组织上、功能上的双重独立

首先,司法机关与立法机关、行政机关之间互不隶属。如果说立法机关是一个充满激情、充斥着政治利益、讨价还价的和平"角斗场"的话,司法机关则应当是一个摆事实(法律事实)、讲道理(含法理)、重技术(法律技术)的冷静的、理性的场所。因此,如果由这种政治性的机关(立法机关)来行使司法权,那么司法权公平、公正、理性的品质必将丧失殆尽。同时,司法机关在司法裁判中遵循"公平优先"、行政机关在行政执法中遵循"效率优先"的原则,司法机关注重"唯法律是从"、行政机关注重"唯命令是从",司法机关不采取"首长负责制"、行政机关采取"首长负责制",司法机关遵守"不告不理"的消极规则、行政机关遵守执法主动的积极规则等等。

其次,常常被忽略的是司法机构在功能上的独立。传统的观点仅认为司法权应该在权力分立的宪法体制安排下独立地被司法机关所行使,而欧洲司法改革报告中还强调了所谓司法功能上的独立。欧洲人权法院在 Beaumartin v. France 案中认为《欧洲人权公约》第 6 条要求立法和行政机关禁止通过其行使公权力的功能而给予司法机关某种特定的具有约束力的指示或者要求。②

---

① John Rawls, *A Theory of Justice*, Revised Ed., Harvard University Press, 1999, p. 340.

② Beaumartin v. France, No. 15287/89, Council of Europe: European Court of Human Rights, 25 October 1994.

(二)司法改革需要实现法院、检察院组织结构的合理化配置

法院、检察院组织结构的合理化配置议题在《欧洲司法改革报告(2011～2012)》中被明确提出,根据该报告,多数欧洲国家一直努力推动司法职能在地理上的集中化,其现有措施之一便是推动司法管辖区的重新划分。欧洲各国调整司法管辖区的原因不尽相同,有的国家为了提高司法正义的质量(如丹麦、挪威、荷兰)而不完全是经济方面的考虑。另外一些国家对法院检察院进行重组,除了提高司法正义的质量外,还能通过关闭案件较少甚至基本瘫痪的法院,把案件转移给其他法院审理,从而达到节省经费的目的(如葡萄牙、希腊、奥地利、爱尔兰、英国、波兰、罗马尼亚和土耳其)。

《欧洲司法改革报告(2011～2012)》在法院、检察院组织结构的合理化配置这一议题中的改革建议是通过司法改革的目的来倒推司法改革的手段。报告认为"确保当事人在合理时间内得到公平的审判"(ECHR Article 6/《欧洲人权公约》第 6 条)应该成为法院、检察院重组的根本目的,同时,"正义必须以让人看得见的方式实现"。据此,《欧洲司法改革报告(2011～2012)》认为确定法院和检察院组织上的合理配置应该考虑五个具体因素:(1)人口分布;(2)地理距离和公共交通的可达性;(3)后勤服务(support service)或者基础设施的可达到性;(4)足以充分有效利用法院和检察院的案件数量;(5)充足的法官、检察官及其辅助人员,从而确保在其他法官生病或请假时有人顶岗,而且还要从办案质量方面考虑能否达到相应的专业化程度。

(三)司法改革需要有财政和预算保障

在欧洲各国,司法系统的独立运作和超然地位,不仅仅是指司法系统在组织架构上与行政机关、立法机关互不隶属,更在于司法系统的预算概由其自己提出并编入中央的预算总案中,行政机关不能够干预、删减司法预算。《欧洲司法改革报告(2011～2012)》明确指出:"由谁负责给法院分配预算,以及由谁负责监督法院预算的使用"是司法改革的一个重点。应该说,司法财政和预算的多少应该以法院自身的判断为准,而制度设计上则着重考虑对司法预算执行情况的监督即可。所谓国家财政或者预算在司法上的投入可以从宏观和微观两个方面透视。宏观方面,法院组织运作需要立法机构通过预算和财政拨付加以维持。至于预算和财政经费的多少则应该遵从一种“目标决定手段”的理念,即司法部门的经费管理制度应当以满足其正常办案需求为目标。就司法机关的需求来说,案件越多,通常需要的预算也越多,否则诉讼拖延将会加剧。欧洲国家也在致力于发展出一种衡量案件数量和司法预算的客观标准。微观方面,正如《欧洲司法改革报告(2011～2012)》所提及的,法官的工资在欧洲各国向来被视为司法独立和勤廉的保障,故在国家经济情况恶化的情况下,法官工资的降低成为欧洲各国一个十分敏感的问题。欧洲司法委员会联盟在其报告中提供的意见是:如果降低法官工资待遇的规定同样适用于政府其他部门,则可以认为司法的独立性没有受到破坏。

(四)司法改革需要考虑现有司法资源的诉累负担

在欧洲,优化法院和法官的案件量分配机制(allocation of cases over courts and judges)在多数国家都是司法改革的重点。其实,法院案件量的分配和法官案件量的分配是两个独立但又相关联的问题,《欧洲司法改革报告(2011～2012)》对这两个问题一并进行了讨论。在报告中,欧洲司法委员会联盟给出了几种比较有代表性的解决方案:(1)依据客观标准并考虑法官的专业化要求,采用电脑随机分案的机制。一些国家采取相对灵活的办法来平衡法院之间的工作量,但这也同时意味着当事人不得不长途奔波到自己住地以外的法院打官司。(2)在一些国家,法院把选择权交给了当事人:要么排队等候有管辖权的本地法院很长时间之后审理自己的案件,要么到路途较远的外地法院应诉并很快就能拿到判决书。(3)“借调法官”制度,即让一个法院的法官到另外一个案件较多的法院临时帮忙办案。《欧洲司法改革报告(2011～2012)》提供了解决案件数量分配的原则性指导意见——对法院内部各项工作任务进行分类整合、合理配置,从而使法官集中精力完成最重要的司法工作。值得一提的是,我国铁路司法体制改革正在着力优化司法资源和案件的分配。2012 年 7 月,最高人民法院公布《关于铁路运输法院案件管辖范围的若干规定》,授权各高级法院可结合本地案件的整体情况,从平衡工作量出发,指定本辖区内的铁路法院受理其他民事案件和执行案件。[①]

(五)司法改革需要高效便民的司法程序和案件管理制度

《欧洲司法改革报告(2011～2012)》还强调了欧洲各国应该简化司法程序,改善案件管理。司法改革向简化程序、完善科技支持系统所迈出的改革步伐,可以为当事人提供更高质量的司法正义,同时也可以降低诉讼成本。关于诉讼程序本身,要采纳简化、快速的诉讼程序,则必须加强法官的掌控力度。

三、司法改革的中国场域和可能路径

回归司法改革的中国场域,本书在此试图将前述的《欧洲司法改革报告(2011～2012)》所揭示的法院组织和程序的法理运用到中国当下的司法语境之中。2008年以来,中国的司法体制改革主要是按照中央转发的《中央政法委员会关于优化司法体制和机制改革若干问题的意见》所确立的"优化资源配置,完善宽严相济司法政策,加强政法队伍建设,改革司法保障体制"等四个方面共60项改革任务进行的。[②] 2011年,法院、检察院、公安和司法行政部门等根据中央政法委《关于深化司法体制和工作机制改革若干问题的意见》确定的司法改革整体规划,继续有条不紊地推进改革,贯彻落实先前的改革举措,完成新安排的改革任务。[③] 2012年10月,国务院新闻办公室颁布了首部《中国的司法改革》白皮书,从司法制度和改革进程、维护社会公平正义、加强人权保障、提高司法能力、践行司法为民五大方面全面系统地阐述了我国司法改革的各项情况与总体进展,并基于司法改革的系统性、整体性和持续性,明确提出了我国司法改革的根本目标:保障人民法院、人民检察院依法独立公正地行

---

① 参见徐昕、黄艳好、卢荣荣:《中国司法改革年度报告(2012)》,《政法论坛》2013年第2期。

② 参见刘作翔:《中国的司法改革:问题与趋势》,《甘肃政法学院学报》2012年第4期。

③ 参见徐昕、黄艳好、卢荣荣:《中国司法改革年度报告(2012)》,《政法论坛》2013年第2期。

使审判权和检察权，建设公正高效权威的社会主义司法制度，为维护人民群众合法权益、维护社会公平正义、维护国家长治久安提供坚强可靠的司法保障。[①] 从中国司法改革新近的举措来看，我国法院的改革已经可以涵盖《欧洲司法改革报告（2011～2012）》所列举的五大方面。相较而言，《欧洲司法改革报告（2011～2012）》更加侧重从一个技术层面上贯彻欧洲各国形成共识的司法理念，我国司法改革的制度设计则侧重于司法与社会关系的战略设计，将司法置于一个宏大的政经结构中加以探讨。中欧尽管这种司法改革的问题意识不同，但两者都将司法改革放在了一个“组织和程序”保障的进路上。

诚如张千帆教授所言，中国司法改革最直接和最基本的局限仍然是权力结构。[②] 他同时指出了中国“司法综合征”包括相互关联的四个方面：(1)较低的职业化程度和资格限制；(2)缺乏来自于中央政府的充足经费，以致不得不依赖于当地政府并导致地方保护主义盛行；(3)法院内部低效的制度设置强调行政控制而损害了法官个人独立；(4)司法腐败比较严重。[③] 面对这种“司法综合征”，本书赞同张文显教授将司法改革区分为人民法院外部性体制改革和内部性体制改革两个方面的观点，前者着力点是正确处理好党与司法的关系、人大与法院的关系、政府与法院的关系；后者则着眼于保证公正司法、高效司法、文明司法、廉洁司法。[④] 有些学者也敏锐地指出，法院外部性的体制改革可由三个层次构成：第一个层次，司法权与立法权、行政权在权力形态上分置，形成一种由分工明确、职能集中的机构组成的体制结构。第二个层次，人民法院与公安机关、检察机关、司法行政机关等不同权力行使机关之间围绕纠

---

① 参见齐树洁、周一颜：《司法改革与接近正义——写在民事诉讼法修改之后》，《黑龙江省政法管理干部学院学报》2013 年第 1 期。

② 参见张千帆：《转型中的人民法院——中国司法改革回顾与展望》，《国家检察官学院学报》2010 年第 3 期。

③ 参见张千帆：《转型中的人民法院——中国司法改革回顾与展望》，《国家检察官学院学报》2010 年第 3 期。

④ 参见张文显：《人民法院司法改革的基本理论与实践进程》，《法制与社会发展》2009 年第 3 期。

纷的解决形成一种分工负责前提下合力解决纠纷的格局。第三个层次，以解决纠纷为目的，与司法机关及其他国家机关有广泛联系的社会各类行业、社区等民间机构、组织，依托各自特有的社会权威资源，构成解决纠纷的第一道屏障，同时接受司法的指导与监督，从而形成较为完善的立体化纠纷解决体制。① 按照系统论的观点，政治体制、司法制度和审判工作均处于一定的系统中，受到系统内外相关因素的制约。② 将这种系统论的观点运用于司法改革则改革的内容在于合理化地重新界定和配置司法机构同其他权力机构之间的权力。在此过程中，虽然司法机构与其他不同主体之间权力关系调整的内容有所区别，但总体趋向上是适度扩大司法机构的权力，尤其是减少其他权力主体对司法机构实施司法行为过程的干预，以保持司法地位的相对独立。③ 同时应该注意到的是司法权配置过程中所牵涉的垂直分权问题。尽可能采取措施，确保司法机构从依附于地方的体系中走出来，这可称为“机构保障”或者称为“体制保障”。司法的权力应当具有超脱性、普适性、中立性和一体性，它应放眼于全国范围内全部纠纷和全部当事人，而不是仅仅为地方服务的地域性机构。唯其如此，方能保证实现司法的公正性和司法的统一性，才能赢得当事人对于司法的信赖和倚重。④ 本书认为，正如《欧洲司法改革报告(2011～2012)》所揭示的，法院外部性体制改革的实质在于确保司法机关在组织上和功能上的双重独立，具体制度设计在于确保司法系统财政和预算上的相对独立。同时，中国法院的组织和功能独立既要处理法院在横向权力配置中与人大、政府、检察院的关系，又要处理各级法院在纵向权力配置中审判独立的问题。

就法院内部性体制改革而言，也正如刘作翔教授所指出的，司法改

---

① 参见沈明磊、谢新竹、王成:《司法改革的价值向度:民本视阈下司法改革进路之分析》,《法学》2011 年第 4 期。

② 参见夏锦文:《当代中国的司法改革:成就、问题与出路》,《中国法学》2010 年第 1 期。

③ 参见顾培东:《中国司法改革的宏观思考》,《法学研究》2000 年第 3 期。

④ 参见汤维建:《深化司法改革的六个着力点》,《团结》2012 年第 3 期。

革第一个方面的任务就是优化司法职权配置[①]，弄清楚法院究竟应该管哪些方面的事项。本书赞同“将司法的归司法”的观点，这是一种基于司法权本身在宪法功能设计上的考量。其要义有三：(1)从审判独立的层面而言，法院应当有抵抗外来非法干预之能力；“归法院”管辖的事情，其他机关不得染指。(2)从法院自律的层面而言，法院应当“干好分内事”，不要自我膨胀；并不是所有的纠纷都属于法院管辖，法院也没有能力解决所有纠纷，它只应且只能干好法律明文规定归它干的事情。(3)司法乃专业的纠纷解决机制，维持其应有的权威性与严肃性，是保障司法解纷实效的基本因素。[②] 目前的司法顽症，主要体现在司法行政化方面。我国的法院、检察院内部，都存在着巨大的“权力金字塔”，层层都有领导和长官意志，层层都可能产生司法不公和司法腐败，从而导致效率低下、腐败丛生。我们在改革中，必须采取对承办法官和案件的“扁平化”管理，“拍平金字塔”，减少甚至逐渐消灭“权力金字塔”中的层级权力结构，让法官只有一个“上司”——法律。本书认为，法院内部性体制改革有别于外部性体制改革那样具有高度的政治敏感性，相反，这是一个技术性极高的领域。《欧洲司法改革报告(2011～2012)》五大核心议题中的三项都可以被中国的司法实务所借鉴和吸收。循此，中国法院的内部性司法改革应该从“法院的司法管辖区重新划分”“简化诉讼程序，改善案件管理”“合理分配法院和法官的案件数量”三个方面着手。

四、结论

司法机构的组织和程序改革可以成为司法改革新的突破口，其核心目标在于既保障“正义不能离人民太远”又确保公正不偏的司法裁判。欧洲司法委员会同盟发布的《欧洲司法改革报告(2011～2012)》对于指导和推动欧洲各国司法改革提供了新的思路和建议。“他山之石，可以

---

① 参见刘作翔：《中国的司法改革和法律实施》，《河北法学》2012 年第 12 期。

② 参见江国华：《常识与理性(四)：走向综合的司法改革》，《河南财经政法大学学报》2012 年第 2 期。

攻玉。”中国司法改革可以借鉴和吸收欧洲司法改革的有益经验。

从中国法院的外部性体制改革上看：(1)司法改革需要首先保障法院系统在组织上、功能上的双重独立；(2)司法改革需要有法院在财政和预算上的独立，应该根据诉讼量来分配财政和预算。

从中国法院的内部性体制改革上看：(1)可以重新划定司法管辖区、确保司法职能在地理上的集中化并以此提高司法效率；(2)司法改革应该向简化程序、完善科技支持系统方向发展，切实确保当事人的诉权；(3)司法改革应该着力优化法院和法官的案件量分配机制。

就中国司法改革在组织和程序上的保障而言，以“重新划分司法管辖区、优化案件分配机制”为主要内容的法院的内部性体制改革应该成为我国未来司法改革优先考虑的事项，待法院内部性体制改革进行到一定程度，社会共识逐渐形成后，法院外部性体制改革可以通过宪法修改的方式来完成。

附　录
司法正义是人民对社会的预期
——40 年再出发

■ 司法体制改革从内到外推进

界面新闻：*改革开放后，当代中国司法制度恢复、重建，揭开了司法体制改革的序幕。司法体制改革大体分为哪几个阶段？每一阶段改革的重点是什么？*

秦前红：1978 年十一届三中全会，开启了中国的改革元年，是中国司法体制的恢复、重建和发展阶段。从灾难中恢复，建立民主和社会主义法制，立法层面上制定了多部重要法律。

1998 年以后，党和国家逐渐意识到现有的一套司法体制不太适应改革开放的要求，不太满足人民对司法正义、司法权威的关切。最高法从 1999 年开始，开启了“一五”改革和“二五”改革，2009 年又启动了“三五”改革，但这还是法院系统的内部改革。自“四五”改革，司法体制改革顶层设计的规格提高了，中央政法委开始着手协调司法改革的进程。这是以党的十八届三中全会提出全面深化改革为标志的，变成了整个司法领域的改革，在公检法系统全面铺开。2016 年，监察体制改革启动，为司法体制改革既增加了变量，又添补了内容。

综观 1998 年以来的司法体制改革，“四五”改革之前，着眼于审判制度改革，借用了“司法体制改革”的表述，在我看来，改革目标的设定，一是提高审判的效能，二是彰显制度的正义和权威，当时并没有触及到政治体制意义上的权力配置。因为触及政治体制，对法院内部是力所不逮的。这场改革没有变成全党的意志、全国的意志，改革的内容也十分有限。

界面新闻：*1998 年以来进行司法体制改革的动因是什么？*

秦前红：在我看来，原因有两个。客观上是由于 21 世纪初经济的发展，进入改革的深水区，整个社会对规则体系的认知发生了重要变化，对法院的期待值极大提高了。新类型的案件开始出现，对审判的效能提出了更高的要求。现有的审判方式能否迅速满足要求，法官的素质能不能跟得上，这是亟须解决的。主观上，肖扬院长，是法科教育出身，在政法系中成长，他其实有一种期待和抱负，脑海里勾画了对一个法官、法院权威的想象。法院应该是真正法院的样子，法官应该是真正法官的样子。

界面新闻：*当时中国司法体制的现状是怎么样的？*

秦前红：可以说，法院是政治性和专业性混合的产物，人员素质参差不齐，法官的定位也不清晰。当时，公务员、转业军人都可以成为法官，他们的政治素质是足够的。但是，民事、商事、涉外法律审判等新型案件不断出现，法院系统是应接不暇、不堪应付的。但是，这时候，法学研究、法学教育渐渐成熟，中美法律交流和合作很频繁。在中国，一个职业的法律人群体出现了，在思维方式、话语体系和对规则的执行、输出方面，这个群体都要开始发挥作用。

界面新闻：*司法体制改革的深入，连带着举证责任改革、庭审方式改革、审判方式改革、诉讼机制改革等也在推进。*

秦前红：不管是诉讼方式改革、庭审公开、举证责任、审判期限等方面的改革，总体是要满足一种解决争议的诉求。司法权是对案件事实和法律的判断权和裁决权。司法要对社会产生的争议给予一个决断，避免社会进入无序状态。法院作为第三方的裁判机制,要求不偏不倚,不能久拖不决。正义要以看得见的方式实现,我们需要及时的正义、快速的正义。最初的"一五"改革、"二五"改革,就是要解决这些问题。"三五"改革中,最高法院院长王胜俊强调,"法院努力践行司法为民宗旨,依法保障群众合法权益","坚持党的事业至上、人民利益至上、宪法法律至上","能动司法既要求司法的主动性,又要重视司法的有序性"等。"四五"改革之后,司法体制改革涉及很多外部关系,包括公检法、监察部门、党、人大之间的关系,怎么实现权力配置,怎么与媒体保持合适的距离,司法场域内怎么协调内部关系,这是一个结构性、系统性的顶层设计。

界面新闻:所以说,"四五"改革之前,有一种说法是,司法改革是法院、检察院搞内部改革。

秦前红:我们有一种"善良的推定",自己设计自己的改革,会有一种科学、理性的改革方案。但另一种推定是,陷入到本位主义,比如为了提升法院自身的地位,搞一些制度,但在权力配置上未必合适。

■ 司法是输送正义的方式

界面新闻:2013 年 7 月 1 日,中国裁判文书网开通运行。这一年 12 月,"中国法院庭审直播网"正式上线开通,审判全程公开,庭审直播以及加强裁判文书公开上网等改革措施,在实践推进中遇到了哪些困难,是怎么推进的?

秦前红:这些措施的积极效果要加以肯定,但随着时代的发展,信息公开的设施和条件远远超过了我们的想象。民众对信息公开也有更高的期待。实际上信息公开遇到了多重的阻力。过去,法院的审判是很粗糙的作业,一些基层法院对于信息公开,态度相当勉强,一副被动应付的状态。还有,信息公开需要设施、人力的投入,有些偏远地区做不到。所以,审判公开的推进是步履艰难的。

界面新闻:关于法官职业化改革,1983 年人民法院组织法增补规定,审判人员必须具有法律专业知识。1995 年,全国人大常委会通过了法官法。2002 年,首次国家统一司法考试举行,直到 2018 年被国家统一法律职业资格考试替代。怎么看待这些变化,带来了哪些影响?

秦前红:国家统一司法考试的施行,无疑提升了司法人员的素质,对这个职业建立了一个很高的门槛。筛选出来的法科教育背景出身的人,将来会建立一种共同体,有共同的法律思维、法律能力。

界面新闻:员额制改革后,中国法院从原有 21 万余名法官中遴选出 12 万余名员额法官。员额制改革的意义是什么,还有哪些需要进一步完善的?

秦前红:员额制,是法官队伍精英化、职业化的发展方向。司法要有权威,首先是法官要有权威。法官的人格、知识背景或者司法行为要让人信服。员额制改变了过去法官队伍的懈怠,有能力的、多干活的、能判好案子的,跟别人就有待遇上的差别,这也是员额制改革的初衷。员额制是可以为之期待的改革。改革要分步、有序地执行,一旦推进太快,法官会产生抵触心理,进而产生消极懈怠的情绪,造成法官队伍的不稳定。从现在法官员额制施行的效果来讲,一方面我通过接触各级法院的负责人,有所体会,确实员额制法官更优秀,更有资格去当一个法官,他们的待遇也有提高,这是正向的激励作用;另一方面,可能是不利的影响,即因为改革的冲击,造成整个法院队伍思想情绪的不稳定,落选的人难免有失落感、抵触感,并把这种状态带到工作中去。还有一个延伸的问题,有了员额制法官,司法这个职业对于社会的吸引力是下降的。现在,一个 25 岁的博士毕业,先进入基层法院,从书记员干起,不知道什么时候能入额,因为基层法院的名额很少。所以,他没有职业发展的预期。过去,没有搞员额制的时候,当书记员两三年,再去当法官助理,最后当法官。现在这个通道被堵死了,入不了额,书记员永远是书记员,那么,书记员如何有良好的职业的预期?这个设计没有做好。预期不良好,士气也是不高的。

界面新闻:您曾表达过这样的观点,国家治理体系和治理能力现代化就是良法善治,有一套好的制度,然后这套制度能够得到很好的执行,这就体现了治理体系和治理能力的现代化。这是不是体现了司法的重要性?

秦前红:司法与正义是相关联的,司法是输送正义的一种方式。司法正不正义,关系到人民对社会的预期,司法要让每个个体享受人权,得到有尊严的对待。无论怎么说司法的重要性,都是不过分的。国家的治理体系,既有端口,也有传输带,司法就是一个终端。所有的个体以及党和国家的努力,特定意义上,都在司法上表现出来。如果司法表现不好,前端的努力都付诸东流。这是我们要高度关切司法,把司法体制改革上升到党的意志、国家最重大的战略决策的原因所在。

■ 司法应当与舆论、民意保持一定的距离

界面新闻:怎么看待近几年来许多案件改判无罪?

秦前红:过去在关注司法体制改革时,我也曾说过,冤假错案的问题处理不好,对司法有摧毁性的效应。我们现在面临的时代,是一个媒体多元的时代,自媒体涌现。在过去,对主流媒体有效的管理方法是,明确指出哪些案子能报道,哪些不能报道。新媒体时代,有图有真相,一个冤假错案引发舆论效应,对司法是摧毁性的打击。比如,张氏叔侄案,他们以前有良好的工作收入,形象年轻英俊,出狱以后,媒体呈现的形象是家徒四壁,苍老、萎缩、悲切,这令人产生情感上的强大冲击,将人引入到司法何其不正义的观念里。所以,司法应当更好地保持自我矫正能力,应该通过改革,确保司法正义,避免出现重大冤假错案。

界面新闻:为什么改判无罪的案件,动辄花费一二十年,纠错的成本这么高?

秦前红:第一,自我纠错是很难的。纠错之后,出现一些后续的问题,比如高压问责,法官的声望下降。我的想法是,既然要去大力平反冤假错案,那就应该切割历史的包袱。第一,如果是制度性的原因,就不能对个人问责,否则法官队伍会产生抵触心理,找各种理由拖延案件的平

反。第二，司法是一个系统，一个冤假错案的形成是整个链条的原因，审判人员、合议庭、审委会甚至院长、上级法院等都被裹挟其中。法院之外，还有公、检系统。还有一种情况，是社会的不正确认知。司法的有些错误，是可以被允许的错误，司法也有可能错判，判案靠证据，但是证据也会发生变化。比如，一个谋杀案，一场大雨把血迹冲掉了，或者在人群密集的场合，现场被破坏了。法官只能在现有的证据下形成一个结论，当然有可能发生错误。我们现在讲，社会的期待，那是绝对正义。事实上我们只能实现相对的正义，每个案子得出最具有相对正确性的一个结论。

界面新闻：*民间有"个案推动法治"的期待，比如鹦鹉案、昆山龙哥案等，您怎么看，这是不是因为制度改变得太难，利益博弈错综复杂，长期固结，只能动辄依靠一个事件的舆论去推动一些改变？*

秦前红：包括山东于欢案、湖北佘祥林案、孙志刚案、唐慧案都是个案推动正义的典型案例。媒体的生态发生了变化，才使得个案能够推动正义。但个案推动正义其实与司法的规律是不相符的，司法应当与舆论、民意保持一定的距离。距离太近了，一定会让司法无所适从。如果每天去炒作一个个案，每个案子都批评法官的能力不足、以权谋私，整个司法就无权威可言了。制度不可能是完美的，它必是有瑕疵的。制度就是利益的切糕，利于社会的大部分人，也会不利于少数一部分人。如果都用舆论炒作，让个案推动正义，司法便会疲于应付，制度会呈现高度不稳定性的状态。

界面新闻：*在司法体制改革中，您认为将来要怎样协调公检法三者的关系？将来会不会有什么制度设计，提高法院的权威，真正实现以审判为中心？尤其现在各地在推行捕诉合一，这对公检法三者的关系会有什么改变吗？*

秦前红：改变的走势，当下还没有明朗化。从制度设计和文本意义的改变去观察，是正向的、乐观的。律师充分发挥作用，媒体合规地展开监督，案件要及时地宣判，不能久拖不决。这些举措做好了，都有助于提升法官的权威。

界面新闻：错案面临追责，尤其是终身追责的政策要求也在提，一些法官直言，面对法律规定不明晰的案子，压力很大。

秦前红：现在修改法官法，法院、检察院组织法，包括法院内部的相关文件规定，以及中央政法委关于改革的决议，都写入了司法责任制的内容。司法肯定要有责任制，因为不可能永远指望司法的自律，必然有一种他律的方式。我同意要有监督，但我不同意终身问责的说法，这不够科学。就算死刑犯，隐姓埋名二十年，过了案件的时效，就不再追诉了，为什么法官要终身问责呢？我觉得，这不太符合事物发展的规律。要有适当的问责制度，问责要体现专业化。

■ 监察执法遇到的新情况仍需要良好的制度设计

界面新闻：监察法的立法背景是什么？

秦前红：十八届四中全会讨论监察体制的问题，原先的想法是"小修小补"，对行政监察体制作一些完善，后来中纪委承接了重大改革议题制度设计的任务，不同意"小修小补"，要"伤筋动骨"，才把行政监察体制变成国家监察体制的改革，一个重要理由是国家行政监察的范围太狭小了，行使实质监察职能或者反腐败职能的除了行政监察以外，还有纪检、检察院等，这些反腐败的力量需要做一个整合，所以来了一场前所未有的国家体制性的改革。

界面新闻：监察法正式颁行后，您调研了全国十几个省市的监委，有什么结论吗？据您了解，实践效果怎么样？

秦前红：我是一个初步性的调研。国家监察法通过以来，现在有五个月了。法律的制度设计能不能达到理想的预期，需要一个观察的过程，现在时间没有给出充分的样本。实践中出现了很多新的情况，监察法不能全部顾及，我们需要重视监察执法中可能遇到的新问题、新情况。

界面新闻：比如哪些新问题？

秦前红：安徽芜湖有一位监察委主任，刚任命，就升职去做政协主席。那么,新来的监委主任如何任命,以前的怎么辞职,监察委的条文里没有规定辞职程序。还有,对人大代表逮捕的时候,要经过人大的批准。现在监察委对人大代表采取留置措施,那还要不要人大的批准?湖北一个寺庙方丈来找我,说监察委把他作为监察对象。哪些人员是监察对象,这个范围不明确。还有,监察委办案人员的安全怎么保护,也没有很明确的设计。

界面新闻:司法体制改革的一项重要制度设计,是设立法官纪律惩戒委员会、检察官纪律惩戒委员会等司法责任制度。当下已经展开的向法院、检察院派驻监察机构活动,二者如何相容或者嵌入,关于这方面的设计您有没有什么想法?

秦前红:最高人民法院于今年6月在福建泉州开会,专门讨论这个问题。这也是未来司法体制改革、监察体制改革要去解决的。总体原则是既要体现监察体制改革对公权力行使的全覆盖,又要尊重司法运行的规律。我建议,监察机关对其进行调查,惩戒委员会对性质作出判断,最后由院长会议或者监察机关作出处理结论,这样就把外部的监督和司法自身运行的规律作了兼容性的设计。

■ 司法去地方化不能一刀切

界面新闻:2013年底,《中共中央关于全面深化改革若干重大问题的决定》出台,提出"推动省以下地方法院、检察院人财物统一管理,探索建立与行政区划适当分离的司法管辖制度",司法去地方化是不是存在"一刀切"的问题?

秦前红:我们对司法的功能有一种期待,按照这种期待,去寻找配套的制度。最高人民法院前几天开了一场会议,组织我们去讨论去地方化的问题。省级人财物的统管,其实运作程序复杂,成本很高。省级专项财政人员,很难了解每个县的实际情况,往往造成不堪应付。一个法院的办案经费很可能因实际情况要作出调整,到了省一级,反应灵敏度未必足够，比如重大消防事故、公共疾病、自然灾害，很难作出及时反应。所以不能一刀切去地方化，起码在人财物的统管方面，地方要履行保障责任。正确区分好哪些由上级关注，哪些由地方处理。每个法院都有地方性，设计的系统既要解决中央积极性，又要解决地方的积极性，这套制度的设计不能绝对化。

界面新闻：当时推行这套制度的动因是什么？

秦前红：这是一个判断吧，司法出了一些问题，对司法的满意度不高，比如出了冤假错案，是不是地方党政干预的原因，是不是存在地方保护主义。另外，法官由当地党政部门任命考察，受制于人，案件本身的公正性会有影响。

界面新闻：现在设立专门法院，比如知识产权法院、金融法院、互联网法院等举措，能不能解决司法地方化的问题？关于司法责任制改革，本轮司法改革明确“让审理者裁判、由裁判者负责”，压实法官的责任。最高法巡回法庭堪称落实司法责任制的样本，巡回法庭落户地方，排除当地党政干部和人情因素干扰，给法官一个好的司法环境，怎么看待巡回法庭设立这几年的效果？

秦前红：设立专门的法院，我个人一直有不同的看法。像知识产权法院的设立，是为了应对知识产权案件频繁出现，呈现高度的新型性、复杂性，因而需要不断总结审判经验。但是跨行政区域法院，有些制度设计是和宪法、组织法的规定相违背。有的也不符合司法规律。司法是有一个终端的，对于终极判断，只能是唯一的判断，不同的巡回法庭和最高法院有同样效力，它就是最高法的派出法庭，而不是地方法院和最高法的中间地带，所以它对于排除地方党政干扰有一定意义，但是有限，反而现在出现了同案不同判的情况。解决这个问题，要审判公开、及时裁判、律师去发挥作用、媒体保持适度的监督，巡回法庭也有很多积极的意义，比如上访的数量分散到各地，加强社会的稳定性，也有便民的作用。

■ 法治被提到最重要的议程上，这是前所未有的

界面新闻：中国刑事诉讼法立法40年，大体可以分为哪几个阶段？回顾这40年立法，您觉得有什么经验和启示？

秦前红：1979年，我国出台第一部成文的刑法典。后来有大修，也有修正案的小修补。我的判断是，一个轨迹是刑法的立法更加精致化；第二是人权保障越来越突出，比如死刑的范围大幅度减少。刑法应当宽严相济，更加重视刑法在社会治理体系的作用，比如消费者权益保护、食品安全、药品安全，网络新兴犯罪等，立法应当去回应。至于经验和启示，我们要从运动法治走向常规法治，在社会的常态运营中，发挥刑法的作用。刑法有它的严厉威猛的一面，也有情感温度的一面，要不断强调刑法的人权保障，执法和司法都要符合宪法的精神。还有，刑法要去包袱，打掉一些沉疴。有一些罪名不太适应社会的情势，那就及时地修正。

界面新闻：为了协调国家监察体制改革和十八大以来司法改革，今年全国人大常委会以修正案的方式对刑事诉讼法进行修改，这次修法主要包括三个方面：一是完善监察法与刑事诉讼法的衔接机制；二是为加强境外追逃工作力度和手段，设立缺席审判制度；三是将认罪认罚从宽制度和速裁程序的试点工作中成功的经验上升为法律规范。您怎么看待这次修法，有什么建议？

秦前红：今年的修法，是对监察体制改革的回应吧。监察体制改革以后，出现了法律衔接的许多问题，比如监察委的调查权运用完毕后，怎么进入到下一步的刑事审判环节。国际追逃也和监察法有一定关系，因为监察法是反腐败的专门法律。近年来腐败呈现了国际化的趋势，给国家带来了巨大的损失。

界面新闻：回顾改革开放40年民法立法的历程，有哪些经验可以总结？

秦前红：民法是私法里的圣典。市场经济越发展，对民法的要求越

高。民事领域的立法需求呈现了迅猛发展,过去的立法是分散化、碎片化的,现在民法典的制定是法制建设中极其重要的工作。当然也涉及很多问题,比如,立法的条件是不是成熟,立法的素质是不是具备,学术研究的成果能否满足要求。对于制定出什么样的民法典,既有兴奋的情绪,也有惴惴不安的情绪。

界面新闻:怎么看待全面推进依法治国对实现优质法治环境的意义,怎么解读依法治国的成果?

秦前红:在党和国家的决策里面,法治已经被提到了最重要的议程上,这是前所未有的,包括从十八届三中全会以来,党和国家的若干重要会议、讲话,都把司法当作很重要的问题对待。改革开放40年以来,我们积累了足够的样本,既有经验又有教训,可以让我们展开充分的研究,从而为中国司法的发展道路奠定了探索、研究的基础。社会普遍对司法有所期待,人民也在献计献策,集众人之力去找寻司法发展的正确路径。改革开放以来,我们也积累了很多人才基础,一个不错的司法队伍,未来我们会对司法保持良好的期待。

(本文系根据界面新闻2018年10月采访整理的文字稿。记者:王昱倩)

参考文献

一、马克思主义经典著述

[1]《马克思恩格斯全集》第 6 卷,人民出版社 1961 年版。

[2]《列宁全集》第 34 卷,人民出版社 1985 年版。

[3]《列宁全集》第 43 卷,人民出版社 1987 年版。

[4]《邓小平文选》第 3 卷,人民出版社 1993 年版。

二、中文学术专著

[1]蔡定剑:《宪法精解》,法律出版社 2006 年版。

[2]蔡定剑:《中国人民代表大会制度》,法律出版社 2003 年版。

[3]陈陟云、孙文波:《法官员额问题研究》,中国民主法制出版社 2016 年版。

[4]陈弘毅:《香港特别行政区的法治轨迹》,中国法制出版社 2010 年版。

[5]陈奎、梁平:《司法运行的一般机理》,中国政法大学出版社 2014 年版。

[6]陈光中、徐静村主编:《刑事诉讼法学》,中国政法大学出版社 2015 年版。

[7]陈新民:《德国公法学基础理论》(上),山东人民出版社 2001

年版。

[8]陈新民:《宪法学释论》,(台北)三民书局 2014 年版。

[9]程竹汝:《依法治国与深化司法体制改革》,上海人民出版社 2014 年版。

[10]董必武:《论社会主义民主和法制》,人民出版社 1979 年版。

[11]董必武:《董必武法学文集》,法律出版社 2001 年版。

[12]法治斌、董保城:《宪法新论》,(台北)元照出版有限公司 2006 年版。

[13]韩大元主编:《中国检察制度宪法基础研究》,中国检察出版社 2007 年版。

[14]何华辉:《比较宪法学》,武汉大学出版社 2013 年版。

[15]何勤华:《西方法学史》,中国政法大学出版社 1996 年版。

[16]胡锦光、韩大元:《中国宪法》,法律出版社 2007 年版。

[17]黄茂荣:《法学方法与现代民法》,法律出版社 2007 年版。

[18]郭道晖:《法理学精义》,湖南人民出版社 2005 年版。

[19]江国华:《宪法哲学导论》,商务印书馆 2007 年版,第 35 页。

[20]李昌道、董茂云:《比较司法制度》,上海人民出版社 2004 年版。

[21]李念祖:《宪法案例 II:人权保障的程序》,(台北)三民书局 2008 年版。

[22]黎敏:《西方检察制度史研究——历史缘起和类型化差异》,清华大学出版社 2010 年版。

[23]林中梁编:《各级党委政法委的职能及宏观政法工作》,中国长安出版社 2004 年版。

[24]刘练军:《消极主义:宪法审查的一种哲学立场》,法律出版社 2010 年版。

[25]刘国:《宪法解释方法的变革——宪法解释的法理分析》,中国政法大学出版社 2008 年版。

[26]刘瑜:《民主的细节》,上海三联书店 2009 年版。

[27]《彭真传》编写组编:《彭真传》第 4 卷,中央文献出版社 2012

年版。

[28]乔石:《乔石谈民主与法制》(下),人民出版社、中国长安出版社2012年版。

[29]邱小平:《表达自由——美国宪法第一修正案研究》,北京大学出版社2005年版。

[30]宋英辉:《中国司法现代化研究》,知识产权出版2011年版。

[31]孙谦主编:《人民检察制度的历史变迁》,中国检察出版社2009年版。

[32]孙笑侠:《司法的特性》,法律出版社2016年版。

[33]谭世贵:《中国司法制度》,法律出版社2008年版。

[34]汤唯、孙季萍:《法律监督论纲》,北京大学出版社2001年版。

[35]童之伟:《法权与宪政》,山东人民出版社2001年版。

[36]王建国:《列宁司法思想研究》,法律出版社2009年版。

[37]王世杰、钱端升:《比较宪法》,商务印书馆2010年版。

[38]吴庚、陈淳文:《宪法理论与政府体制》(增订五版),(台北)三民书局2017年版。

[39]夏勇:《人权概念起源》,中国政法大学出版社2001年版。

[40]肖蔚云:《论宪法》,北京大学出版社2004年版。

[41]谢瑞智:《宪法新论》,(新北)文笙书局1999年版。

[42]颜运秋:《公益诉讼理念研究》,中国检察出版社2002年版。

[43]郑贤君:《基本权利研究》,中国民主法制出版社2007年版。

[44]中央纪委监察部案件审理室编:《纪检监察机关查处的"七类案件"办理程序及其文书式样》,中国方正出版社2005年版。

[45]周叶中:《代议制度比较研究》,武汉大学出版社2005年版。

[46]周天度、孙彩霞:《沈钧儒传》,人民出版社2006年版。

[47]左卫民:《最高法院研究》,法律出版社2004年版。

[48][美]阿奇博尔德·考克斯:《宪法与法院》,田雷译,北京大学出版社2006年版。

[49][美]伯纳德·施瓦茨:《美国最高法院史》,毕洪海等译,中国政

法大学出版社 2004 年版。

[50][美]波斯纳:《联邦法院挑战与改革》,邓海平译,中国政法大学出版社 2002 年版。

[51][美]C. H. 麦基文:《宪政古今》,翟小波译,贵州人民出版社 2004 年版。

[52][日]大贺须明:《生存权论》,林浩译,元照出版社 2001 年版。

[53][美]托马斯·戴伊、哈蒙·齐格勒、路易斯·舒伯特:《民主的反讽:美国精英政治是如何运作的》,林朝晖译,新华出版社 2015 年版。

[54][美]德沃金:《法律帝国》,李常青译,中国大百科全书出版社 1996 年版。

[55][美]弗兰克·古德诺:《政治与行政——政府之研究》,丰俊功译,北京大学出版社 2012 年版。

[56][德]哈贝马斯:《公共领域的结构转型——论资产阶级社会的类型》,曹卫东译,学林出版社 1999 年版。

[57][日]谷口安平:《程序的正义与诉讼》,王亚新、刘荣军译,中国政法大学出版社 1996 年版。

[58][美]杰罗姆·巴伦、托马斯·迪恩斯:《美国宪法概论》,刘瑞祥等译,中国社会科学出版社 1995 年版。

[59][德]卡尔·施米特:《宪法学说》,刘锋译,上海人民出版社 2005 年版。

[60][奥]凯尔森:《法与国家的一般理论》,沈宗灵译,中国大百科全书出版社 1996 年版。

[61][美]克里斯托弗·沃尔夫:《司法能动主义——自由的保障还是安全的威胁》,黄金荣译,中国政法大学出版社 2004 年版。

[62][美]拉里·亚历山大:《宪政的哲学基础》,付子堂等译,中国政法大学出版社 2007 年版。

[63][法]卢梭:《社会契约论》,李平沤译,商务印书馆 2011 年版。

[64][美]罗斯科·庞德:《通过法律的社会控制》,沈宗灵译,商务印书馆 1984 年版。

[65][日]芦部信喜:《宪法》,林来梵、林维慈、龙绚丽译,北京大学出版社 2006 年版。

[66][日]芦部信喜:《制宪权》,王贵松译,中国政法大学出版社 2012 年版。

[67][英]马丁·洛克林:《公法与政治理论》,郑戈译,商务印书馆 2002 年版。

[68][德]马克斯·韦伯:《论经济与社会中的法律》,张乃根译,中国大百科全书出版社 1998 年版。

[69][法]孟德斯鸠:《论法的精神》上卷,许明龙译,商务印书馆 2012 年版。

[70][美]莫顿·J.霍维茨:《沃伦法院对正义的追求》,信春鹰、张志铭译,中国政法大学出版社 2003 年版。

[71][意]桑德罗·斯奇巴尼选编:《民法大全选译(正义和法)》,黄风译,中国政法大学出版社 1992 年版。

[72][英]安东尼·弗卢等:《西方哲学讲演录》,李超杰译,商务印书馆 2000 年版。

[73][英]约翰·洛克:《政府论》下篇,叶启芳译,商务印书馆 1964 年版。

[74][美]约翰·伊利·哈特:《民主与不信任——关于司法审查的理论》,朱中一等译,法律出版社 2003 年版。

[75][美]约翰·J.麦休尼斯:《社会学》,风笑天等译,中国人民大学出版社 2009 年版。

三、中文期刊论文

[1]白平则:《论我国古代地方监察体制与监察权运行的关系》,《理论界》2012 年第 6 期。

[2]见蔡乐渭:《国家监察机关的监察对象》,《环球法律评论》2017 年第 2 期。

[3]陈光中、姜丹:《关于〈监察法(草案)〉的八点修改意见》,《比较法

研究》2017 年第 6 期。

[4]陈光中、邵俊:《我国监察体制改革若干问题思考》,《中国法学》2017 年第 4 期。

[5]陈卫东:《未来五年我国司法体制改革的若干建议》,《河南社会科学》2012 年第 2 期。

[6]陈卫东:《我国检察权的反思与重构——以公诉权为核心的分析》,《法学研究》2002 年第 2 期。

[7]崔建科:《论行政执法检察监督制度的构建》,《法学论坛》2014 年第 4 期。

[8]范进学:《宪法实施:到底实施什么?》,《学习与探索》2013 年第 1 期。

[9]封安波:《论我国检察权的“三层机”结构——基于〈宪法〉与〈刑事诉讼法〉衔接的考量》,《法学家》2015 年第 4 期。

[10]付凤、杨宗辉:《检察引导侦查与公诉引导侦查合理性辨析》,《中国人民公安大学学报》(社会科学版)2013 年第 3 期。

[11]顾培东:《中国司法改革的宏观思考》,《法学研究》2000 年第3 期。

[12]韩波:《公益诉讼制度的力量组合》,《当代法学》2013 年第 1 期。

[13]韩大元:《论全国人民代表大会之宪法地位》,《法学评论》2013 第 6 期。

[14]韩大元、王贵松:《中国宪法文本中“法律”的涵义》,《法学》2005 年第 2 期。

[15]韩永红:《我国法律体系中的行政检察监督权》,《广东行政学院学报》2014 年第 2 期。

[16]何海波:《行政法治,我们还有多远》,《政法论坛》2013 年第 6 期。

[17]胡锦光:《论监察委员会“全覆盖”的限度》,《中州学刊》2017 年第 9 期。

[18]胡云腾、于同志:《案例指导制度若干重大疑难争议问题研究》,

《法学研究》2008 年第 6 期。

[19]黄凤兰:《对检察机关提起公益诉讼的再质疑》,《中国行政管理》2010 年第 12 期。

[20]黄明涛:《两种"宪法解释"之概念分野与合宪性解释的可能性》,《中国法学》2014 年第 6 期。

[21]黄伟文:《从道德责任到职业伦理——法官责任的道德性》,《广东社会科学》2017 年第 5 期。

[22]黄学贤:《建立行政公益诉讼应该解决的几个问题》,《苏州大学学报》(哲学社会科学版)2008 年第 3 期。

[23]黄宇骁:《也论法律的法规创造力原则》,《中外法学》2017 年第 5 期。

[24]江国华:《常识与理性(四):走向综合的司法改革》,《河南财经政法大学学报》2012 年第 2 期。

[25]姜明安:《国家监察法立法的若干问题探讨》,《法学杂志》2017 年第 3 期。

[26]姜明安:《国家监察法立法应处理的主要法律关系》,《环球法律评论》2017 年第 2 期。

[27]姜涛:《检察机关提起行政公益诉讼制度:一个中国问题的思考》,《政法论坛》2015 年第 6 期。

[28]姜小川:《中国司法改革主体审视》,《时代法学》2006 年第 5 期。

[29]孔繁华:《行政诉讼基本原则新辨》,《政治与法律》2011 年第4 期。

[30]李桂林:《司法能动主义及其实行条件——基于美国司法能动主义的考察》,《华东政法学院学报》2010 年第 1 期。

[31]李红勃:《迈向监察委员会:权力监督中国模式的法治化转型》,《法学评论》2017 年第 3 期。

[32]李树忠、姚国建:《香港特区法院的违基审查权——兼与董立坤、张淑钿二位教授商榷》,《法学研究》2012 年第 2 期。

[33]李颂银、刘婷婷:《我国司法机关"法规制定权"探讨》,《法学评

论》2004 年第 1 期。

[34]梁上上:《异质利益衡量的公度性难题及其求解——以法律适用为场域展开》,《政法论坛》2014 年第 4 期。

[35]林彦:《从“一府两院”制的四元结构论国家监察体制改革的合宪性路径》,《法学评论》2017 年第 3 期。

[36]刘飞:《宪法解释的规则综合模式与结果取向——以德国联邦宪法法院为中心的宪法解释方法考察》,《中国法学》2011 年第 2 期。

[37]刘茂林:《国家监察体制改革与中国宪法体制发展》,《苏州大学学报》(法学版)2017 年第 4 期。

[38]刘峰铭:《国家监察体制改革背景下行政监察制度的转型》,《湖北社会科学》2017 年第 7 期。

[39]刘明祥:《许霆案的定性:盗窃还是信用卡诈骗》,《中外法学》2009 年第 1 期。

[40]刘树选、王雄飞:《关于中西检察权本源和属性的探讨》,《国家检察官学院学报》2002 年第 4 期。

[41]刘松山:《当代中国处理立法与改革关系的策略》,《法学》2014 年第 1 期。

[42]刘学在:《请求损害赔偿之团体诉讼制度研究》,《法学家》2011 年第 6 期。

[43]刘宗珍:《理解检察权:语境与意义》,《政法论坛》2015 年第 5 期。

[44]刘作翔:《中国的司法改革和法律实施》,《河北法学》2012 年第 12 期。

[45]龙宗智:《取证主体合法性若干问题》,《法学研究》2007 年第3 期。

[46]龙宗智:《监察与司法协调衔接的法规范分析》,《政治与法律》2018 年第 1 期。

[47]罗亚苍:《国家监察体制改革的实践考察和理论省思》,《理论与改革》2017 年第 5 期。

[48]吕明、李岩:《司法民主的空间:必要性、可能性及限度》,《云南社会科学》2013 年第 1 期。

[49]吕明、夏勇:《舍法求法与媒体正义——从敬一丹的〈声音〉说起》,《环球法律评论》2005 年第 1 期。

[50]苗连营:《宪法实施的观念共识与行动逻辑》,《法学》2013 年第 11 期。

[51]马怀德:《再论国家监察立法的几个主要问题》,《行政法学研究》2018 年第 1 期。

[52]马岭:《论监察委员会的宪法条款设计》,《中国法律评论》2017 年第 6 期。

[53]倪洪涛:《行政公益诉讼、社会主义及其他》,《法学评论》2014 年第 4 期。

[54]庞凌:《法院如何寻求司法能动与司法克制的平衡》,《法律适用》2004 年第 1 期。

[55]任文松、王晓:《社会主义法制视角下的检察权设计》,《山东师范大学学报》(人文社会科学版)2010 年第 5 期。

[56]上官丕亮:《法律适用中的宪法实施:方式、特点及意义》,《法学评论》2016 年第 1 期。

[57]沈明磊、谢新竹、王成:《司法改革的价值向度:民本视阈下司法改革进路之分析》,《法学》2011 年第 4 期。

[58]石少侠:《我国监察机关的法律监督一元论:对检察权权能的法律监督权解析》,《法制与社会发展》2006 年第 5 期。

[59]施嵩:《美国司法能动主义评析》,《云南大学学报》(哲学社会科学版)2010 年第 2 期。

[60]苏力:《制度是如何形成的?——关于马伯里诉麦迪逊案的故事》,《比较法研究》1998 年第 1 期。

[61]孙远:《“分工负责、互相配合、互相制约”原则之教义学原理:以审判中心主义为视角》,《中外法学》2017 年第 1 期。

[62]唐光诚:《中国检察制度面临的矛盾与宪法价值回归》,《东方法

学》2010 年第 1 期。

[63]童之伟:《将监察体制改革全程纳入法治轨道之方略》,《法学》2016 年第 12 期。

[64]童之伟:《国家监察立法预案仍须着力完善》,《政治与法律》2017 年第 10 期。

[65]王春业:《论行政强制措施的检察监督——以涉及公民人身、财产权益的行政强制措施为对象》,《东方法学》2016 年第 2 期。

[66]王芳:《破坏选举罪中"贿选"若干法律问题探讨》,《中国刑事法杂志》2014 年第 6 期。

[67]王贵松:《论法律的法规创造力》,《中国法学》2017 年第 1 期。

[68]王华伟、刘一玮:《试论行政执法检察监督方式之改进——以"检察督促令"为契点》,《湖北社会科学》2017 年第 6 期。

[69]王建国:《列宁一般监督理论的制度实践与借鉴价值》,《法学评论》2013 年第 2 期。

[70]王琦:《德国法官管理的特色制度及其对中国司法改革的启示》,《南海法学》2017 年第 1 期。

[71]王书成:《司法谦抑主义与香港违宪审查权——以"一国两制"为中心》,《政治与法律》2011 年第 5 期。

[72]王秀哲:《检察机关的公诉权和公益诉讼权》,《法学论坛》2008 年第 5 期。

[73]王文生、徐岱、刘平:《论检察机关法律监督权能之回归——"大检察"格局之构想》,《当代法学》2008 年第 5 期。

[74]王旭:《国家监察机构设置的宪法学思考》,《中国政法大学学报》2017 年第 5 期。

[75]王迎龙:《司法责任语境下法官责任制的完善》,《政法论坛》2016 年第 5 期。

[76]夏锦文:《当代中国的司法改革:成就、问题与出路》,《中国法学》2010 年第 1 期。

[77]肖金明:《建构、完善和发展我国行政检察制度》,《河南社会科

学》2011 年第 6 期。

[78]肖扬:《人民法院改革的进程与展望》,《国家行政学院学报》2000 年第 3 期。

[79]肖扬:《充分发挥司法调解在构建社会主义和谐社会中的积极作用》,《求是》2006 年第 5 期。

[80]肖世杰:《从吴英案看我国民间金融的监管困局与改革路径》,《法学论坛》2012 年第 6 期。

[81]谢铭洋、陈晓慧:《德国对网路服务之新规范——咨讯服务与通讯服务法(多元媒体法)》,《月旦法学杂志》总第 36 期。

[82]徐汉明等:《深化司法体制改革的理念、制度与方法》,《法学评论》2014 年第 4 期。

[83]徐汉明:《国家监察权的属性探究》,《法学评论》2018 年第 1 期。

[84]徐理响:《现代国家治理中的合署办公体制探析》,《求索》2015 年第 8 期。

[85]徐昕:《中国司法改革的现实与未来——兼谈 2009、2010、2011 民间司法改革年度报告》,《哈尔滨工业大学学报》(社会科学版)2012 年第 5 期。

[86]徐昕、黄艳好、卢荣荣:《中国司法改革年度报告(2011)》,《政法论丛》2012 年第 2 期。

[87]杨建军:《“司法能动”在中国的展开》,《法律科学》2010 年第1 期。

[88]喻中:《如何理解“检察院是国家的法律监督机关”——宪法第 129 条对于中国宪政体系的意义》,《长白学刊》2009 年第 3 期。

[89]詹建红:《我国法官惩戒制度的困境与出路》,《法学评论》2016 年第 2 期。

[90]张步洪:《行政检察基本体系初论》,《国家检察官学院学报》2011 年第 2 期。

[91]张弘:《行政法无因管理研究——以公民为行政机关从事行政活动为分析视角》,《东方法学》2011 年第 5 期。

[92]张建伟:《监察至上还是三察鼎力——新监察权在国家权力体系中的配置分析》,《中国政法大学学报》2018 年第 1 期。

[93]张建伟:《审判中心主义的实质内涵与实现途径》,《中外法学》2015 年第 4 期。

[94]张明楷:《许霆案的刑法学分析》,《中外法学》2009 年第 1 期。

[95]张千帆:《认真对待宪法——论违宪审查的必要性与可行性》,《中外法学》2003 年第 5 期。

[96]张千帆:《转型中的人民法院——中国司法改革回顾与展望》,《国家检察官学院学报》2010 年第 3 期。

[97]张树义,梁凤云:《现代行政权的概念及属性分析》,《国家行政学院学报》2002 年第 2 期。

[98]张文显:《人民法院司法改革的基本理论与实践进程》,《法制与社会发展》2009 年第 3 期。

[99]张智辉、谢鹏程:《现代检察制度的法理基础——关于当前检察理论研究学术动态的对话》,《国家检察官学院学报》2002 年第 4 期。

[100]赵钢、王杏飞:《论民事司法权中的司法规则创制权》,《中国法学》2011 年第 3 期。

[101]赵心:《香港反腐制度设计对内地国家监察体制改革的借鉴研究》,《理论月刊》2017 年第 8 期。

[102]郑曦:《监察委员会的权力二元属性及其协调》,《暨南学报》(哲学社会科学版)2017 年第 11 期。

[103]郑贤君:《论检察权与行政权的关系》,《河南社会科学》2011 年第 6 期。

[104]周安平:《许霆案的民意:按照大数法则的分析》,《中外法学》2009 年第 1 期。

[105]周长军:《司法责任制改革中的法官问责——兼评〈关于完善人民法院司法责任制的若干意见〉》,《法学家》2016 年第 3 期。

[106]朱福惠、刘木林:《论我国人民法院的宪法解释和违宪审查提请权——以立法法第九十条的规定为视角》,《法学评论》2013 年第 3 期。

[107]朱全宝:《论检察机关提起行政公益诉讼:特征、模式与程序》,《法学杂志》2015 年第 4 期。

[108]朱新力、唐明良:《现代行政活动方式的开发性研究》,《中国法学》2007 年第 2 期。

[109]左卫民:《健全分工负责、互相配合、互相制约原则的思考》,《法制与社会发展》2016 年第 2 期。

四、中文报刊文章

[1]蒋惠岭:《司法与媒体关系的再认识》,《人民法院报》2013 年 5 月 31 日。

[2]李乐平:《关注检察内在价值》,《检察日报》2016 年 12 月 2 日。

[3]孟建柱:《深化司法体制改革》,《人民日报》2013 年 11 月 25 日。

[4]孟建柱:《完善司法管理体制和司法权力运行机制》,《人民日报》2014 年 11 月 7 日。

[5]肖扬:《积极稳妥地推进司法政务作机制改革》,《人民法院报》2007 年 2 月 1 日。

[6]新华社:《厉行法治的航标 依法治国的宣言——〈中共中央关于全面推进依法治国若干重大问题的决定〉诞生记》,《人民日报》2014 年 10 月 30 日。

[7]杨建顺:《完善对行政机关行使职权的检察监督制度》,《检察日报》2014 年 12 月 22 日。

[8]张景义:《能动司法:三项重点工程的"助推器"》,《人民法院报》2010 年 5 月 7 日。

五、外文文献

[1] Adolf Arndt, *Das nicht erfüllte Grundgesetz. Ein Vortrag*, Tübingen:J. C. B. Mohr (Paul Siebeck), 1960,S. 22.

[2]Aoife Nolan,Bruce Porter,Malcolm Langford,"The Justiciability of Social and Economic Rights: An Updated Appraisal," CHRGJ

Working Paper,2007,No. 15.

[3]Craig M. Scott,"The Interdependence and Permeability of Human Rights Norms:Towards a Partial Fusion of the International Covenants on Human Rights," *Osgoode Hall Law Journal*,1989, No. 27.

[4]Christopher J. Casillas,Peter K. Enns & Patrick C. Wohlfarth, "How Public Opinion Constrains the U. S. Supreme Court?"*American Journal of Political Science*, 2011, No. 1.

[5]Erika De Wet, *The Constitutional Enforceability of Economic and Social Rights: The Meaning of the German Constitutional Model for South Africa*, Butterworth-Heinemann,1996.

[6]Eric J. Segall,Reconceptualizing Judicial Activism as Judicial Responsibility:A Tale of Two Justice Kennedys,*Arizona State Law Journal*,Fall 2009,41.

[7]Ewin Chemerinsky,*Constitutional Law*,Aspen Press ,2002.

[8]Frédéric Bastiat,"The Law," Chap. 2, in *Selected Essays on Political Economy* (Seymour Cain, trans.), Irvington-on-Hudson, NY,1995.

[9]Henry Shue,*Basic Rights: Subsistence,Affluence and U. S. Foreign Policy*,2nd Ed. ,Princeton University Press,1996.

[10]Marbury V. Madison,5 U. S. 137 (1803).

[11]John Rawls, *A Theory of Justice*, Revised Ed. , Harvard University Press, 1999.

[12]Robert Plant, "Needs,Agency and Rights," in C. Sampford & D. Galligan (eds.) , *Law, Rights and the Welfare State* , London: Croom Helm,1986.

[13] Maurice Cranston,"Human Rights: Real and Supposed", in *Political Theory and the Rights of Man*, edited by D. D. Raphael, Bloomington:Indiana University Press,1967.

[14]Sandra Liebenberg, "The International Covenant on Economic,

Social and Cultural Rights and its Implications for South Africa," *South African Journal on Human Rights*, 1995, Vol. 11.

[15]Stephen Holmes & Cass R. Sunstein, *The Cost of Rights: Why Liberty Depends on Taxes*, New York: W. W. Norton & Co., 1999.

[16]William Burnham, *Introduction to the Law and Legal System of the United States*, West Group, 1999.

[17]William Terley, "Mixed Jurisdictions: Common Law v. Civil Law(Codified and Uncodified)", *La. L. Rev.* 677(60).

[18]Wendy Martineau, "Misrecognition and Cross-cultural Understanding: Shaping the Space for a 'Fusion of Horizons'," *Ethnicities*, 2012, 12.

后　记

司法体制改革是近二十多年来中国法治领域内最重大的事件之一。我对司法体制改革问题的关注与思考，除了因为所从事专业本身与之密切关联外，还有一个更为直接的原因：国内最著名的政经杂志《财经》原副主编罗昌平先生曾邀请我为该刊《法眼观察》专栏连续多年撰写评论，从而使得我对当代司法改革有了同时态的观察和研究。此后，我也陆续为《财新》《凤凰周刊》等著名刊物撰写法治专栏，这些文章也构成了本书的重要组成部分。

我曾先后多次参加中央政法委、最高人民检察院、中国法学会等有关部门组织的关于司法改革、人民监督员制度和公益诉讼制度等方面的专家座谈会，以及《人民法院组织法》《人民检察院组织法》《刑事诉讼法》《法官法》和《检察官法》等法律的立法论证会。2016 年 1 月 8 日，我还参加了时任中央政法委书记孟建柱组织召开的司法改革专家座谈会。通过这些难得的经历，我得以对中国司法改革问题获取宝贵的经验性素材并促使我展开进一步的思考。司法改革是中国正在进行的伟大事业，对此必须立基于中国本土的问题意识来展开主体性探索，但智慧之门不能是封闭的，必须吸取和借鉴古今中外司法文明发展的宝贵经验，不可固守雷池，拘泥陈腐，狭隘地排斥他人的智识。

本书其中一些篇章原是过往与学生相互砥砺后共同发表的作品，此次也将其修订辑录。为此，特别感谢刊载相关作品的期刊和为之付出劳动的编务人员。

本书得以付梓出版,得益于著名公法学者肖金明教授的热情鼓励和慷慨支持。感谢我的学生苏绍龙博士和博士生刘怡达为整理本书书稿所付出的辛勤劳动。同时,也感谢本书编辑非常专业的审阅和润色工作。

秦前红

2018年12月12日于珞珈山